ENTRETIENS SUR LA MÉTAPHYSIQUE ET SUR LA RELIGION

DU MÊME AUTEUR

À LA MÊME LIBRAIRIE

De la recherche de la vérité, édition sous la direction de Jean-Christophe Bardout, 3 volumes, « Bibliothèque des Textes Philosophiques – Poches », 2006 (vol. 1 : *Livres I-III*, introduction aux 3 volumes de Jean-Christophe Bardout ; vol. 2 : *Livres IV-VI* ; vol. 3 : *Éclaircissements, Réponse à M. Regis et annexes*).

Conversations chrétiennes, édition sous la direction de Jean-Christophe Bardout, « Bibliothèque des Textes Philosophiques – Poches », 2010.

De l'imagination (*De la recherche de la vérité, Livre II*), introduction et notes de Delphine Kolesnik-Antoine, « Bibliothèque des Textes Philosophiques – Poches », 2006.

Œuvres complètes, publiées sous la direction d'André Robinet, 21 tomes en 23 volumes, « Bibliothèque des Textes Philosophiques », 1958-1968 (orthographe et typographie originales).

BIBLIOTHÈQUE DES TEXTES PHILOSOPHIQUES
Fondateur Henri GOUHIER Directeur Emmanuel CATTIN

Nicolas MALEBRANCHE

ENTRETIENS SUR LA MÉTAPHYSIQUE ET SUR LA RELIGION

Présentation, édition et notes
par
Marion LE ROUX-MICHAUD et Denis MOREAU

PARIS
LIBRAIRIE PHILOSOPHIQUE J. VRIN
6 place de la Sorbonne, V e

2017

Imprimé en France

ISSN 0249-7972

ISBN 978-2-7116-2560-4

www.vrin.fr

AVERTISSEMENT

Cette nouvelle édition des *Entretiens sur la métaphysique et sur la religion* a été établie à partir du texte de la quatrième édition publiée en 1711 à Paris, chez Michel David – la dernière édition parue du vivant de Malebranche et révisée par lui. Nous signalons en notes les quelques différences entre ce texte et celui donné au tome XII des *Œuvres complètes*. La pagination des *Œuvres complètes* est indiquée dans la marge du texte.

L'orthographe, la grammaire et la ponctuation ont été modernisées. Nous avons en revanche conservé la syntaxe de Malebranche, même lorsqu'elle présente des archaïsmes manifestes – dont les plus difficiles sont élucidés en note.

Les notes appellées par des astérisques (*) sont de Malebranche (les éventuels compléments que nous leur avons apportés sont alors entre crochets). Les autres notes sont les nôtres. Lorsqu'elles étaient incomplètes, les références aux textes cités par Malebranche dans ses propres notes ont été précisées.

Nous avons systématiquement donné en note une traduction des textes cités en latin par Malebranche.

Pour les textes de la Bible, nous avons suivi (en la modifiant parfois légèrement) la traduction du XVIIe siècle dite « de Lemaître de Sacy », dont Malebranche lui-même use en général lorsqu'il cite en français des passages de la

Bible[1]. Les abréviations utilisées pour les références aux textes bibliques sont celles aujourd'hui couramment admises (voir par ex. J.-Y. Lacoste (éd.), *Dictionnaire critique de théologie*, Paris, P.U.F., 1998, p. XXII-XXIII).

Pour les textes de saint Augustin, nous avons suivi, quand elles sont disponibles, les traductions de la collection « Bibliothèque augustinienne », en les modifiant souvent.

Nous tenons enfin à remercier Jean-Christophe Bardout pour l'aide qu'il nous a apportée.

1. Voir la réédition de cette traduction de la Bible par Ph. Sellier de *La Bible. Traduction de Lemaître de Sacy*, « Bouquins », Paris, Robert Laffont, 1990.

« VOUS VOYAGEREZ SANS CRAINTE DANS LE PAYS DES INTELLIGENCES »

> Oui, Ariste [...] vous voyagerez sans crainte dans le pays des intelligences. Vous en éviterez prudemment les lieux inaccessibles ou trop dangereux, et vous n'appréhenderez plus ces fantômes caressants qui engagent insensiblement dans l'erreur les nouveaux voyageurs de ces contrées. Mais ne vous imaginez pas de bien savoir ce que je viens de vous dire, et ce que vous avez répété vous-même. Vous ne le saurez exactement que lorsque vous y aurez médité souvent. Car on n'apprend jamais bien ce qu'on entend dire aux hommes, si la vérité intérieure ne nous le répète dans le silence de toutes les créatures. Adieu donc, Ariste. Je vous laisse seul avec la Raison. Consultez-la sérieusement, et oubliez tout le reste (*EMR* III, § 17).
>
> C'est beaucoup, Ariste, que de savoir [...] s'élever en esprit dans le pays des intelligences. Mais cela ne suffit pas. Il faut savoir un peu la carte de ce pays, quels sont les lieux inaccessibles aux pauvres mortels, et qui sont ceux où ils peuvent aller librement sans craindre les illusions. C'est, ce me semble, pour n'avoir pas bien pris garde à ce que je m'en vais vous faire remarquer, que la plupart des voyageurs de ces dangereuses contrées ont été séduits par certains spectres engageants, qui nous attirent dans des précipices dont le retour est moralement impossible (*EMR* III, § 1).

Quand paraissent en 1688 les *Entretiens sur la métaphysique et sur la religion*[1], Malebranche est déjà un philosophe reconnu et consacré, ce qui signifie aussi qu'il

1. Abrégés *EMR*. Autres abréviations utilisées : *OC* = *Œuvres complètes de Malebranche*, dir. A. Robinet, 21 vol., Paris, Vrin, 1958-1970 (dont *RV* = *Recherche de la vérité*, t. I-III ; *TNG* = *Traité de la nature et de la grâce*, t. V). AT = *Œuvres* de Descartes par Ch. Adam et P. Tannery, 11 vol., nouvelle présentation par B. Rochot, P. Costabel, Paris, Vrin-CNRS, 1964-1974. *OAA* = *Œuvres* d'Antoine Arnauld, édition dite « de Lausanne » en 43 tomes, Paris-Lausanne 1775-1783.

a été un philosophe exposé – aux discussions et polémiques. Pour préciser la portée et la nature de ces *Entretiens*, et saisir leur statut remarquable dans le corpus malebranchiste, il convient donc de les situer dans le parcours intellectuel de Malebranche depuis la parution de la première édition de la *Recherche de la vérité*, en 1674-1675.

MALEBRANCHE AVANT LES *ENTRETIENS SUR LA MÉTAPHYSIQUE ET SUR LA RELIGION*[1]

Assez longue à se dessiner, la vocation philosophique de Malebranche fut sans doute provoquée par la lecture, en 1664, du *Traité de l'homme* de Descartes trouvé chez un libraire parisien au hasard d'une promenade. L'entrée de l'oratorien sur la scène philosophique de son temps représenta en revanche une sorte de coup d'éclat : la *Recherche de la vérité* – parue en 1674 et 1675 et augmentée à partir de 1678 d'une importante série d'*Éclaircissements* – rencontra un succès immédiat, et jamais démenti depuis lors. Mais si la *Recherche* constitue le livre le plus connu de Malebranche, elle demeure aussi un texte de jeunesse, ou une sorte de « coup d'essai », comme tel souvent hésitant, conceptuellement parfois mal assuré, foisonnant et bigarré,

1. Nous ne revenons pas ici en détail sur la biographie et le parcours intellectuel de Malebranche. Parmi les différentes biographies qui lui sont consacrées, la plus complète, mais aussi la plus suspecte de complaisance, est *La Vie du R.P. Malebranche, prêtre de l'Oratoire, avec l'histoire de ses ouvrages* du Jésuite Y.-M. André (1675-1764), publiée seulement en 1886 (reprint, Genève, Slatkine, 1970). La plus claire et la plus abordable pour le lecteur contemporain est celle d'H. Gouhier dans *La Vocation de Malebranche*, Paris, Vrin, 1926. Enfin, les tomes XVIII, XIX et XX des *OCM* présentent la quasi totalité des documents disponibles sur la vie de l'oratorien.

très augmenté, voire déséquilibré au fil des nombreuses rééditions, lapidaire ou silencieux aussi sur certains thèmes et aspects importants du malebranchisme de la maturité (la grâce, les modalités de l'action divine). Il était donc normal que Malebranche, loin de se contenter de ce coup d'essai qui fut, aussi, à sa façon, un coup de maître, prolongeât et amplifiât sa réflexion par d'autres ouvrages.

On peut alors classer en trois catégories les textes publiés par Malebranche jusqu'en 1688.

On compte tout d'abord deux « Traités », qui précisent et approfondissent un domaine ou un thème particulier peu ou pas abordés dans la *Recherche* : c'est le cas du *Traité de la nature et de la grâce* (1680) consacré aux modalités de l'action de Dieu et à la grâce, puis du *Traité de morale* (1684), qui se propose d'établir de façon détaillée une morale rationnellement fondée sur les « idées » des êtres.

La deuxième catégorie comporte deux dialogues : les *Conversations chrétiennes* (1677) et les *Méditations chrétiennes et métaphysiques* (1683)[1]. « Dialogiquement » et stylistiquement parlant, ce dernier texte est d'allure particulière : pour figurer la thèse dite de la « vision en Dieu », il présente un dialogue entre un philosophe et le Verbe divin, la « Sagesse éternelle ». Les *Conversations chrétiennes* quant à elles mettent en scène (comme les *EMR*) trois personnages (Théodore, Aristarque et Éraste) et sont avant tout conçues comme un prolongement de la *Recherche*, pour en exposer les thèses de façon à la fois ramassée et abordable par un large public. C'est avec ce texte que Malebranche s'essaye, pour la première fois et avec un indéniable succès, à l'art difficile du dialogue

1. Le premier texte a été édité dans la même collection que celle où paraît le présent volume, par J.-C. Bardout en 2010.

philosophique, qui était un genre littéraire en vogue dans la seconde moitié du XVIIe siècle. Indépendamment du fond philosophique de l'ouvrage, la réussite formelle et stylistique de l'oratorien tient non seulement à ses indéniables qualités d'écrivain – Malebranche est un des grands représentants de la prose française du second XVIIe siècle – mais aussi à sa façon de mettre en scène avec beaucoup de subtilité des protagonistes dotés d'une réelle consistance psychologique[1]. Quelques années plus tard, les *EMR* représenteront une sorte d'aboutissement de cette familiarisation avec un mode d'exposition dialogique de la philosophie.

La troisième catégorie est constituée par un assez volumineux ensemble de textes de controverse. Malebranche n'aimait guère la polémique, la « dispute » publique ou encore ce qu'on appelait alors les « ouvrages de contention ». Il ne se priva pas de le faire savoir, et les *EMR* portent la trace de ce rejet : ils condamnent les disputes publiques et proposent, à diverses reprises (par ex. IV, § 22) un portrait du bon philosophe en « méditatif », attaché à « rentrer en lui-même », pour tenter d'écouter la voie ténue de la Raison qui « parle bas », plutôt qu'à se perdre dans les éclats, tracas, fracas et cortèges de passions tristes qui accompagnent inévitablement les débats publics Néanmoins et, d'après ce qu'il en dit, toujours à

1. Sur le sens de la forme dialoguée chez Malebranche, voir notamment J.-L. Chrétien, « L'Obliquité humaine et l'obliquité divine dans les *Conversations chrétiennes* de Malebranche », p. 99-116 dans *La Voix nue*, Paris, Minuit, 1990 ; J. Croizier « Les Voies de son maître. A propos des *Conversations chrétiennes* de Malebranche », p. 223-243 dans *Communications*, 1979 ; V. Wiel, *Écriture et philosophie chez Malebranche*, Paris, Champion, 2004, chap. IV et V.

contrecœur[1], Malebranche jugea souvent opportun de défendre, parfois assez vivement, sa doctrine lorsqu'elle était attaquée. La principale, et à bien des égards la plus violente et redoutable de ces attaques, vint d'Antoine Arnauld (1612-1694), ce « Grand Arnauld » chef de file du parti « janséniste » et gardien proclamé d'une certaine orthodoxie cartésienne en matière de philosophie. Dans les années 1660-1670 Malebranche et Arnauld étaient sans doute assez proches et le Port-Royaliste avait, dans l'ensemble, apprécié la *Recherche*. C'est au sujet du *Traité de la nature et de la grâce* que les relations entre les deux hommes se détériorèrent. Il semble que Malebranche ait fait lire une première version de son *Traité* à Arnauld, que ce dernier, sourcilleux défenseur de ce qu'il considérait comme l'orthodoxie augustinienne en matière de grâce, ait déconseillé la publication de l'ouvrage et que l'oratorien n'ait pas tenu compte de cet avis[2]. Quoiqu'il en soit, à partir de 1683, Arnauld passa à l'attaque, inaugurant une polémique en forme de gigantomachie philosophique[3] qui comporte plusieurs milliers de pages, se prolongea jusqu'à la mort d'Arnauld (et même au-delà avec la publication

1. Voir un texte, touchant, de la première réponse de Malebranche à Arnauld (*OC*, t. VI, p. 15) où l'oratorien évoque « l'aversion naturelle que j'ai pour les contestations, la crainte d'exciter les passions des hommes, source féconde de maux et présents et futurs, et sur le tout un chagrin mortel qui me désole lorsqu'il me faut monter sur le théâtre et parler au monde ».

2. Les différentes sources (pour la plupart regroupées en *OC*, t. XVIII, p 147-156 et 168-185) divergent à propos des circonstances exactes du début de cette querelle.

3. Voir Pierre Nicole, *Lettre à Quesnel* du 30-05-1682 donnée en *OC*, t. XVIII, p. 235 : « qui suivra les démarches de ces géants, en quel pays ne nous mèneront-ils point ? ».

de posthumes auxquels Malebranche répondit) et passionna – en ses commencements au moins – l'Europe intellectuelle.

Si Arnauld est un adversaire redoutable, ce n'est pas seulement parce qu'il est, depuis les années 1640 et les innombrables débats qui ont suivi la publication de l'*Augustinus* du théologien Jansenius, rompu à l'art de la polémique. C'est aussi parce qu'il est un lecteur d'une remarquable acuité intellectuelle : il a ainsi parfaitement compris la logique et l'architectonique du malebranchisme, en saisissant notamment que la théorie de la connaissance de l'oratorien représentait la condition de possibilité des thèses développées dans le *Traité de la nature et de la grâce*. C'est pourquoi, avant de s'en prendre ouvertement aux thèses de ce *Traité*, Arnauld entame les hostilités, en 1683, par un ouvrage consacré à la gnoséologie malebranchiste, *Des vraies et des fausses idées*[1]. En 1684, Malebranche rétorque, tant bien que mal, dans une *Réponse de l'auteur de la Recherche de la vérité au livre de M. Arnauld Des vraies et fausses idées*[2]. Arnauld renchérit la même année (*Défense de M. Arnauld Docteur de Sorbonne contre la réponse au livre Des vraies et des fausses idées*), Malebranche répond derechef en 1685 (*Trois lettres de l'auteur de la Recherche de la vérité touchant la Défense de M. Arnauld*). Estimant sans doute avoir assez porté le fer sur les questions de théorie de la

1. L'ensemble des ouvrages rédigés par Arnauld lors de sa polémique avec Malebranche se trouve en *OAA*, t. XXXVIII, XXXIX et XL. Un reprint en 6 volumes de ces ouvrages anti-malebranchistes et des principaux textes philosophiques d'Arnauld, est paru aux éditions Thœmmes, Bristol en 2003. Une édition moderne des *Vraies et fausses idées* a été publiée à la librairie Vrin en 2011.

2. L'ensemble des textes rédigés par Malebranche lors de la polémique avec Arnauld se trouve aux tomes VI à IX des *OC*.

connaissance, Arnauld publie alors (1685-1686) une véritable rafale de textes qui s'en prennent cette fois, de façon frontale et systématique, à la théologie de Malebranche et à la doctrine du *Traité de la nature et de la grâce : Dissertation (...) sur la manière dont Dieu a fait les fréquents miracles de l'ancienne Loi*, *Neuf lettres au Révérend P. Malebranche* et enfin trois livres de monumentales *Réflexions philosophiques et théologiques*[1].

Il est évidemment hors de question de présenter ici le contenu de cet ensemble de textes, au demeurant assez répétitifs et de plus en plus encombrés, au fur et à mesure que le débat s'envenime, par les considérations et piques personnelles[2]. Mais ce bref aperçu de cette polémique suffit pour faire comprendre que Malebranche, au milieu des années 1680, se trouve, intellectuellement parlant, en assez mauvaise posture : en permanence sur la défensive, passif, obligé de suivre le rythme imposé par Arnauld en parant ses coups les uns après les autres, contraint à adopter un genre littéraire – la querelle – qu'il n'apprécie pas et où son adversaire excelle. On exagérerait à peine ainsi en affirmant qu'en 1685-1686, le malebranchisme était, ou risquait d'être, comme saccagé, mis en charpie, par les incessants coups de boutoir du « Grand Arnauld », et de quelques autres[3].

1. Malebranche rédigea des réponses à chacun de ces textes.

2. Pour une étude d'ensemble de la polémique entre Malebranche et Arnauld, voir Denis Moreau, *Deux cartésiens. La polémique Arnauld Malebranche*, Paris, Vrin, 1999.

3. Bossuet (*Lettre au marquis d'Allemand* du 21-05-1687, donnée en *OC*, t. XVIII, p. 443-448), Fénelon (*Réfutation du système du P. Malebranche*, non publiée), Fontenelle, Nicole avaient notamment dans les années 1680 fait part de nombreuses, critiques, officieuses ou publiées, contre le malebranchisme en général et le *TNG* en particulier.

CIRCONSTANCES DE PUBLICATION ET NATURE DU TEXTE

C'est dans ces circonstances adverses que Malebranche, encouragé sans doute par ses amis et partisans[1], prit la décision de rédiger les *EMR*. La chronologie qui mène à la publication de l'ouvrage est dans l'ensemble bien établie. On trouve une première mention du projet dans une lettre de la fin 1686 : « On veut que je fasse une métaphysique. Je crois qu'effectivement cela est fort nécessaire, et que j'y aurais plus de facilité que bien des gens. C'est la bonne métaphysique qui doit tout régler et je tâcherai d'y bien établir les principales vérités qui sont le fondement de la religion et de la morale. Il me semble que ce que je ferai sera meilleur que ce que j'ai fait »[2]. À l'été 1687, Malebranche, comme il en a l'habitude pour rédiger ses ouvrages, a quitté Paris pour un lieu calme propice à la méditation solitaire : « Je suis à présent dans la solitude de Raroy, diocèse de Meaux, où je travaille à des *Entretiens sur la métaphysique* »[3]. L'ouvrage est achevé au début 1688 et paraît fin mai ou début juin 1688[4].

1. Sur la publication des *EMR*, voir la *Vie du RP Malebranche*... du P. André, p. 178-184, par ex. p. 178 : « ses amis lui demandaient une métaphysique où ses principes fussent liés d'une manière plus sensible que dans sa *Recherche* et dans ses *Méditations chrétiennes* ».

2. *Lettre à P. Berrand* du 26 décembre 1686, *OC*, t. XVIII, p. 427.

3. *Lettre à P. Berrand* du 16 juillet 1687, *OC*, t. XVIII p. 451.

4. Pour avoir une idée de la réception « immédiate » de l'ouvrage, on peut voir les comptes rendus qui en ont été donnés dans *l'Histoire des ouvrages des savants*, les *Acta eruditorum Lipsiæ* et le *Journal des savants*; ils figurent en *OC*, t. XII-XIII, p. 439-455.

Pour trois raisons au moins, il est important de resituer ainsi les *EMR* au terme de la première et principale séquence de la polémique avec Arnauld.

a) Même si cela n'apparaît pas immédiatement à la lecture des *EMR*, pour lesquels Malebranche a manifestement décidé de prendre du recul, ou de la hauteur, il est clair qu'il s'agit, en partie au moins, d'un ouvrage de type « responsorial », où bon nombre des développements et précisions apportées font suite à des objections soulevées par Arnauld. Ce point est confirmé par Malebranche lui-même (« Dans ces Entretiens, je tâche de prouver les principales vérités que M. Arnauld m'a contestées. C'est comme l'abrégé de mes Défenses contre ses attaques »[1]) aussi bien que par ses contemporains : « Les Entretiens sur la métaphysique ne sont qu'un renouvellement de toutes les objections qu'on lui a faites, mais si parfaitement résolues que rien n'est achevé comme le système que ce livre contient »[2]. « Il reprend toutes les matières qui lui avaient été contestées par M. Arnauld, et en leur donnant cette nouvelle forme, il les dépouille de cet air de dispute qu'elles avaient dans ses réponses à ce docteur »[3].

b) Quoiqu'on pense par ailleurs du tempérament querelleur d'Arnauld, il faut convenir qu'il faisait preuve d'une haute perspicacité philosophique et que ses critiques adressées à Malebranche étaient souvent pertinentes. Or Malebranche fait partie de ces – rares – auteurs qui n'ont jamais rechigné à remettre leurs ouvrages sur le métier, à

1. *OC*, t. IX, p. 995.

2. A. d'Allemans, *Mémoire sur Malebranche*, cité en *OC*, t. XIX, p. 980.

3. J. Lelong, *Mémoires pour la vie du P. Malebranche*, cité en *OC*, t. XII, p. x.

reprendre et faire évoluer leur pensée lorsqu'ils le jugent expédient et qui reconnaissent ainsi, de façon plus ou moins implicite, la pertinence des objections et critiques qui leur sont adressées[1]. Il déclare ainsi, à la toute fin de la *Préface* des *EMR*, en reprenant les mots de saint Augustin *fateor me ex eorum numero esse conari, qui proficiendo scribunt, et scribendo proficiunt*, « J'avoue m'efforcer d'être au nombre de ceux qui écrivent en progressant, et progressent en écrivant »[2]. De ce point de vue, les *EMR* apparaissent comme un ouvrage de maturité, au sens fort de l'expression, c'est-à-dire l'aboutissement précis et technique de l'ensemble des réflexions engagées par Malebranche depuis les années 1670.

c) Au résultat, les *EMR* constituent une majestueuse synthèse, un exposé général, magistral, organisé et fluide, « le plus riche exposé d'ensemble de la pensée de Malebranche »[3] ou encore une véritable « Somme » malebranchiste, qui mérite peut-être, plus que la *Recherche de la vérité*, d'être tenu pour le chef-d'œuvre de l'oratorien. Sainte-Beuve dans son *Port-Royal* ne s'y est pas trompé : [après les attaques d'Arnauld]

> Les *Entretiens sur la métaphysique et la religion* recomposèrent tout un ensemble majestueux, harmonieux, facile, éclairé et qui ne se ressentait aucunement en apparence de toutes les précédentes atteintes. À qui n'aurait lu que ce livre de Malebranche, il serait impossible

1. Sur les diverses évolutions doctrinales de Malebranche, l'ouvrage de référence reste celui d'André Robinet, *Système et existence dans la philosophie de Malebranche*, Paris, Vrin, 1966.

2. On pourrait compléter cet aveu par un *legendo objectiones Arnaldii*, « en lisant les objections d'Arnauld ».

3. G. Rodis-Lewis, *Introduction* à son édition des *Conversations chrétiennes* et des *EMR*, Paris, Folio-Gallimard, 1994, p. I.

> de comprendre les objections qui ont été faites précédemment et d'en reconnaître la justesse ; il n'en est aucune à laquelle il ne réponde sans en avoir l'air, et qui ne lui fournisse un motif de correction heureuse. [...] Le bel ange a réparé toutes ses plaies, il a retrouvé toute son agilité céleste[1].

L'ouvrage garde d'ailleurs un statut exceptionnel dans le corpus malebranchiste, ce qui signale sans doute la réussite qu'il constitue aux yeux de son auteur : jusqu'à sa mort en 1715, Malebranche ne rédigea plus de semblable exposé synthétique de l'ensemble de sa pensée, se consacrant plutôt, outre les débats dans lesquels il fut encore engagé, à approfondir des questions particulières (*Traité de l'amour de Dieu*, 1697 ; *Entretien d'un philosophe chrétien et d'un philosophe chinois*, 1708 ; *Réflexions sur la prémotion physique*, 1715).

Comme beaucoup d'autres livres de Malebranche, l'ouvrage connut le succès, ce dont témoignent ses rééditions en 1690, 1696, et 1711. À l'occasion de l'édition de 1696, Malebranche ajouta à son texte une copieuse *Préface* et, peut-être après qu'il eut été sérieusement malade, trois *Entretiens sur la mort*. Curieusement, ils parlent assez peu de la mort et nous avons décidé de ne pas les faire figurer dans le présent volume, pour ne pas l'alourdir.

Parmi les lecteurs des *EMR* aussi intéressés que prestigieux, il faut réserver une place particulière à Leibniz. En 1712, il lut l'édition de 1711, dans un exemplaire qui a été conservé et porte en marge quelques annotations de sa main[2]. Surtout, à la suite de cette lecture, Leibniz entreprit

1. Sainte-Beuve, *Port-Royal* VI, chap. 6, t. III, p. 396, « Bibliothèque de la Pléiade », Paris, Gallimard, 1955.

2. Voir A. Robinet, *Malebranche et Leibniz, Relations personnelles*, Paris, Vrin, 1955, p. 431-433 (p. 435 pour la citation donnée ci-dessous).

la rédaction d'un *Entretien de Philarète et d'Ariste*, resté inachevé, qui se présente explicitement comme une prolongation des *EMR* : le représentant de Leibniz (Philarète) y est mis en scène en train de dialoguer avec le personnage de l'apprenti-philosophe des *EMR*, Ariste, après que ce dernier a achevé sa discussion avec le représentant de Malebranche, Théodore. C'est l'occasion pour Leibniz-Philarète de faire connaître son jugement sur Théodore-Malebranche (« Le mérite de Théodore m'est connu par ses ouvrages, où il y a quantité de pensées grandes et belles : il y en a même beaucoup de bien vérifiées ; mais il y en a aussi, et de plus fondamentales, qui auraient encore besoin d'être éclaircies davantage ») et d'entamer la discussion sur un certain nombre de points de doctrine malebranchiste abordés dans les premiers des *EMR* : la réduction de l'essence des corps à l'étendue, la définition de la substance, la critique de l'occasionalisme comme une doctrine du « miracle perpétuel », etc.[1]

LA *PRÉFACE* DE 1696 ET « L'AUGUSTINISME » DE MALEBRANCHE

Le conseil paraîtra de prime abord curieux mais il est, croyons-nous, pédagogiquement opportun : au lecteur découvrant les *EMR*, nous recommandons de *ne pas commencer* sa lecture par celle de leur *Préface* ajoutée

Pour l'ensemble du dossier des réactions de Leibniz à sa lecture des *EMR*, voir tout le chapitre 10 de ce même ouvrage.

1. Pour le texte de cet *Entretien de Philarète et d'Ariste*, voir A. Robinet, *op. cit.*, p. 434-461. Sur les relations entre Leibniz et Malebranche, l'ensemble de cet ouvrage constitue une somme d'une richesse exceptionnelle.

dans l'édition de 1696. Il sera mieux venu de lire d'abord les quatorze Entretiens composant l'ouvrage, puis de revenir, le cas échéant, à cette *Préface*. En effet, cette dernière ne remplit pas la fonction d'introduction synoptique, ou synthétique, dévolue à l'accoutumée à ce genre de pièce liminaire. Il s'agit plutôt d'un texte de circonstance, dont seul le cœur est, en un sens, théoriquement important, mais aussi complexe à saisir.

Dans la lignée des trois *Entretiens sur la mort* de 1696, la *Préface* commence par quelques considérations générales et sans réelle originalité (elle évoquent les grandes lignes du fragment des *Pensées* de Pascal dit du « pari ») sur la vie et la mort, le temps et l'éternité, l'existence présente et les récompenses ou les peines futures, les « fins dernières ». Elle s'achève par des justifications et des protestations d'orthodoxie face aux attaques et accusations d'hérésie qu'un ancien prêtre de l'Oratoire, pamphlétaire brouillon et fâcheux notoire, Pierre-Valentin Faydit (circ. 1640-1709) avait portées contre Malebranche dans des *Éclaircissements sur la doctrine et l'histoire ecclésiastiques* parus en 1695.

La partie centrale de la *Préface*, quantitativement parlant la plus importante, attire en revanche l'attention. Elle revient sur la théorie de la connaissance malebranchiste que la tradition a retenue sous la spectaculaire dénomination de « vision en Dieu »[1] et qui avait été exposée dans les Entretiens I, III et V ; elle insiste sur le thème, caractéristique

1. Malebranche, à notre connaissance, ne se sert jamais de cette expression. Pour des exposés synthétiques de cette théorie, voir par exemple G. Rodis-Lewis, *Malebranche*, Paris, P.U.F., 1963, chap. 4 ou D. Moreau, *Malebranche. Une philosophie de l'expérience*, Paris, Vrin, 2004, chap. II.

de la pensée de Malebranche dans les années 1690, de l'« efficace » sur notre esprit des idées « vues en Dieu »[1] ; elle se signale enfin par un fait textuel rare chez l'oratorien, et qui doit donc attirer l'attention : une soudaine accumulation de longues citations latines[2], issues, pour la plupart, des œuvres de saint Augustin.

Cette intriguante rafale de citations s'explique à la fois par ce qui s'est passé lors de la polémique avec Arnauld, par le fait que Malebranche, depuis la *Recherche de la vérité*, s'est présenté en disciple et continuateur de saint Augustin ct aussi, plus tactiquement, parce qu'il écrit en ce Grand Siècle qu'on a pu désigner à juste titre comme « le siècle de saint Augustin »[3] – un siècle où, en France notamment et lorsqu'on est catholique, il est essentiel de montrer qu'on ne s'oppose pas à l'évêque d'Hippone et, mieux encore, qu'on s'accorde avec sa doctrine, non seulement dans les matières théologiques, mais aussi, autant que possible, en philosophie[4]. Or en 1683, aux chapitres 13 et 14 des *Vraies et fausses idées*, Arnauld, réputé, comme ses collègues Port-Royalistes, grand « ami de saint Augustin », a invoqué comme contraire à la théorie de la connaissance malebranchiste un texte canonique de

1. Sur ce thème, relativement tardif dans le corpus malebranchiste, de l'idée « efficace », voir notamment A. Robinet, *Système et existence*, II, chap. 3.

2. Conformément aux principes de la collection où paraît cette édition, nous les avons toutes traduites en notes.

3. J. Dagens, « Le XVIIe siècle, siècle de saint Augustin », p. 31-38 dans *Cahiers de l'association internationale des Études françaises*, 1953.

4. Qu'on songe par exemple aux rapprochements suscités par un augustinien comme Arnauld, dans les *Quatrièmes objections* faites aux *Méditations*, entre le « cogito » de Descartes et les formules qui peuvent l'évoquer chez Augustin.

l'évêque d'Hippone, la quarante-sixième des *Quatre vingt-trois questions* intitulée *De Ideis*, « Sur les Idées »[1]. Dans cette « question » courte et allusive, Augustin, se plaçant sous le patronage de Platon, parle des « Idées » « raisons » ou « formes » « stables et immuables » des êtres « contenues dans l'intelligence divine ». L'existence de ces « Idées » permet d'affirmer d'une part que Dieu a créé toute chose « selon sa raison propre et de manière rationnelle » et d'autre part que « l'âme rationnelle » de l'homme peut, d'une façon qu'Augustin ne précise pas, « s'appliquer à les voir ».

Pour Malebranche qui, depuis la *Préface* de la *Recherche de la vérité*, n'a jamais lésiné sur les citations destinées à attester l'accord entre sa pensée et celle de l'évêque d'Hippone[2] – sans toutefois, et curieusement, citer la Question 46 – la tentative d'usage anti-malebranchiste de cette « question » par Arnauld est lourde de menaces : désormais, il s'agit pour lui non seulement de défendre sa

1. Sur ce texte d'Augustin, et les nombreux commentaires auxquels il a donné lieu chez les médiévaux puis les modernes, voir le numéro de la *Revue thomiste* de juillet-septembre 2003 : *La Question 46*, De ideis *de saint Augustin. Réception et interprétations*.

2. Les citations de saint Augustin par Malebranche sont répertoriées dans l'*Index des citations*... qui accompagne les *Œuvres complètes* de Malebranche, Paris, Vrin, 1970 (voir les commentaires et les corrections proposés par G. Madec, « Les Citations augustiniennes de Malebranche », p. 375-403 dans *Études augustiniennes*, 1972) ; H. Gouhier, *La Philosophie de Malebranche et son expérience religieuse*, Paris, Vrin, [1926] 1948-2, notamment III, chap. 3 et *Appendice*, a établi que, pour citer Augustin, Malebranche se servait souvent d'une compilation de textes augustiniens composées par André Martin (ou Ambrosius Victor) : la *Philosophia christiana*, Paris, Promé, 1667 (pour les textes auxquels se réfère Malebranche au sujet de la « vision en Dieu », voir le t. II, chap. 2 à 16).

doctrine mais aussi de ne pas se laisser confisquer par son contradicteur des lignes qui, au fil des commentaires et gloses, ont fini par représenter aux yeux de la postérité *le* texte synthétisant la pensée augustinienne en matière de théorie de la connaissance. C'est ainsi qu'il faut comprendre le noyau de la *Préface* des *EMR*, qui constitue la contre-attaque de Malebranche en matière d'augustinisme appliqué à la théorie de la connaissance. L'oratorien annonce ainsi « divers passages de saint Augustin touchant les idées, et réflexions sur ces passages ». Il cite immédiatement, et pour la première fois, une bonne partie du texte de la Question 46 avant d'expliquer, en faisant appel à de nombreuses autres citations augustiniennes, en quoi la théorie de la « vision en Dieu » est selon lui parfaitement fidèle à l'inspiration augustinienne (et, en un sens, thomiste[1]) en matière de gnoséologie[2].

On voit pourquoi cette *Préface* est un texte complexe : il est très « contextualisé » ; il se justifie, une fois encore, par le déroulement de la polémique avec Arnauld et constitue de la sorte comme une retombée dans le mode « polémique » auquel Malebranche avait cherché à échapper en rédigeant les *EMR* ; et, pour toutes ces raisons, il propose une approche biaisée et en définitive peu explicite des points de doctrine qui y sont mentionnés. Considérée plus généralement, cette *Préface* offre en revanche une piste de réflexion sur la catégorie « augustinisme » ou « augustinien » en histoire

1. Aux chapitres 14 et 15 des *VFI*, Arnauld avait également invoqué, comme contraires à la doctrine de Malebranche, deux passages de la *Somme de théologie*, Ia, quest. 14 et 15. Malebranche rétorque en citant et commentant lui aussi ces questions 14 et 15 dans la *Préface* des *EMR*.

2. On trouvera encore une série de références malebranchistes à la 46ᵉ question dans une *Réponse à Arnauld* rédigée en 1699 : voir *OC*, t. IX, p. 910-915, 958-959, 971-972.

des idées, ou de la philosophie. Les échanges directs, ou comme ici, plus allusifs entre Malebranche et Arnauld montrent en effet qu'appliquée au XVIIe siècle français, « augustinisme » est une catégorie extrêmement générale, si compréhensive qu'elle finit par être dénuée de toute signification précise. On peut certes dire que le Grand Siècle fut « le siècle de saint Augustin », si on entend par là qu'il y eut dans ces années un extraordinaire regain d'intérêt pour les textes et la pensée de l'évêque d'Hippone. Mais il est clair qu'il y eut plusieurs augustinismes, ou bien différentes façons d'être augustinien : sur la grâce et la prédestination, Arnaud est, comme on le sait, augustinien, alors que Malebranche, lui, ne l'est sans doute plus[1]. En revanche, pour la théorie de la connaissance humaine, c'est bien Malebranche qui est fidèle à une position inspirée par Augustin – c'est-à-dire une théorie qui affirme la présence d'une illumination divine dans la connaissance naturelle – quand Arnauld, lui, s'en éloigne[2]. Ces auteurs qui de façon si différente se réclament d'Augustin indiquent donc qu'en histoire de la philosophie du XVIIe siècle, il faut, au moins, préciser le domaine auquel on applique la catégorie d'augustinisme (augustinisme épistémologique, augustinisme concernant la grâce et la prédestination) si on veut en user avec un minimum de rigueur.

1. Et parce qu'il remet en question, parfois, certaines affirmations d'Augustin (voir par ex. *OC*, t. VII, p. 456-457) ; et parce qu'il refuse le thème, discriminant dans ces années-là, de l'efficacité de la grâce, du moins au sens où l'entendaient les Port-Royalistes.

2. Arnauld finira d'ailleurs par le reconnaître de façon explicite dans certains textes des années 1690 écrits à la suite de ceux qu'il a rédigés contre Malebranche, et contre le bénédictin François Lamy qui défendait une thèse proche de la vision en Dieu malebranchiste. Voir *Dissertatio bipartita...* (art. 6 et 8) et *Règles du bon sens...* donnés dans Antoine Arnauld, *Textes philosophiques*, Paris, P.U.F., 2001.

Des entretiens

Le genre « dialogue philosophique » était en vogue au XVIIe siècle : qu'on songe par exemple au dialogue inachevé et de date incertaine que Descartes rédigea sous le titre de *Recherche de la vérité par la lumière naturelle*, aux nombreux dialogues leibniziens (*Confessio philosophi; Entretiens de Philarète et d'Ariste*, *Nouveaux essais sur l'entendement humain*, etc.), ou encore, quasiment contemporains des *EMR*, aux *Entretiens sur la pluralité des mondes* de Fontenelle (1686). Il n'est donc pas surprenant que Malebranche ait choisi – en l'adaptant aux exigences de sa philosophie – cette forme littéraire pour proposer sa « somme » à un public assez large « d'honnêtes gens », comme pouvait l'être Mme de Sévigné, qui avouait préférer les dialogues malebranchistes à *la Recherche de la vérité*, trop technique[1].

Les *EMR* mettent en scène trois protagonistes dont on peut penser qu'ils rendent concrètes les réflexions que Malebranche consacra à l'amitié, notamment dans le *Traité de morale*[2]. Leurs profils intellectuels sont bien définis et ils sont dotés d'une certaine épaisseur psychologique, ce qui les distingue des « ectoplasmes littéraires » réduits à une pure fonction d'exposition de thèses qu'on trouve parfois dans ce genre de textes.

Théodore (étymologiquement, le « don de Dieu », le même personnage, peut-on penser, que celui des *Conversations chrétiennes*) est le porte-parole de Malebranche, celui qui est justement chargé de transmettre

1. Voir *Lettre à Madame de Grignan* du 7 juillet 1680, p. 1002 dans *Lettres*, t. II, « Bibliothèque de la Pléiade », Paris, Gallimard, 1960.

2. Voir sur ce sujet M. Adam, « L'Amitié selon Malebranche », p. 31-49 dans *Revue de métaphysique et de morale*, 1982.

« le don de Dieu » qu'est la vérité. C'est lui qui, de façon très pédagogique, mène les conversations, oriente voire reprend parfois, mais toujours avec douceur, son interlocuteur. En ce sens, Théodore figure du point de vue de Malebranche un parfait « moniteur » (au sens où l'oratorien, pour réserver, comme le demandent d'ailleurs les Évangiles[1], le titre de « maître » à Dieu seul, stipule qu'un homme qui en instruit un autre ne peut être que son « moniteur »[2]) : un penseur et passeur à la fois intelligent, patient et bon.

Ariste, l'interlocuteur de Théodore, est sans doute le personnage le plus intéressant et le plus consistant d'un point de vue littéraire et psychologique, dans la mesure où il évolue de façon notable au fil des *Entretiens*. Le texte ne donne pas de renseignements précis sur son âge, mais on devine qu'à la différence de l'Éraste des *Conversations chrétiennes*, il n'est pas, ou plus, un jeune homme naïf et qu'il a, comme on dit, vécu : le premier des *Entretiens sur la mort* indique qu'il craint la mort en raison des « désordres de sa vie passée ». Il a également connu les succès mondains d'un brillant sujet, bon musicien (*EMR* III), « bel esprit » doté d'une « qualité qui [le] rend tout éclatant aux yeux des hommes, [lui] gagne les cœurs, [lui] assure l'estime » (I, *incipit*). Il est attaché au concret (voir la façon dont il frappe la terre du pied en disant « elle me résiste », I, § 7), parfois railleur, comme il sied à un homme du monde, mais sans méchanceté. Et Ariste a en effet, comme on dirait aujourd'hui, « bon fond » : homme aux « manières honnêtes et agréables » (III, § 10) », esprit « juste » (III,

1. *Matthieu*, 23, 10.

2. C'est-à-dire, étymologiquement, celui qui indique le chemin, fait signe vers la voie à suivre. Sur cette distinction entre « maître » et « moniteur », voir la *Préface* des *EMR*, p. 130 et *EMR*, III, § 9.

§ 17), il est désireux de découvrir la vérité et se révèle immédiatement un élève qui apprend vite – malgré quelques rechutes et certaines difficultés à suivre Théodore dans des développements qu'il juge « furieusement abstraits » (II, § 12)[1] – à s'installer au « pays de la vérité et des méditatifs » où Théodore veut le conduire. Il manifeste même à l'occasion certains débordements d'enthousiasme métaphysique que son « moniteur » doit s'employer à canaliser (II, § 1). En tant qu'il est le personnage du dialogue qui fait des objections, ou commet des erreurs et contresens, Malebranche l'utilise aussi pour présenter, mais sans jamais nommer quiconque, ses réponses aux critiques auxquelles avaient donné lieu ses œuvres précédentes. Enfin, au cas – pas nécessairement improbable – où le lecteur des *EMR* ne serait pas déjà ou spontanément malebranchiste, Ariste est aussi le personnage du dialogue auquel il peut le plus immédiatement s'identifier. « Qui ne voit que ce qui vaut pour les personnages peut aussi valoir pour le lecteur-auditeur [...] des *Entretiens* ? N'est-il pas, en effet, inclus de fait dans ce jeu de la communication indirecte, n'y trouve-t-il pas toute sa place non seulement en tant que lecteur-auditeur des œuvres mais aussi, cette fois au sein des dialogues, en lieu et place des interlocuteurs-auditeurs fictifs ? Ces derniers, par une sorte de mise en abyme, ne lui offrent-ils pas l'opportunité de se croire représenté dans le texte ? »[2].

Du point de vue de la crédibilité psychologique, on pourra s'étonner de la rapidité avec laquelle Ariste se dépouille de ses oripeaux et préjugés de « bel esprit » pour

1. V. Wiel, *Écriture et philosophie chez Malebranche*, p. 362-367 propose de voir en Ariste un personnage qui évolue selon le schéma crise / conversation / conversion.

2. *Ibid.*, p. 380.

revêtir les habits de l'homme nouveau malebranchiste en adhérant sans réelles résistances à la saine doctrine exposée par Théodore. Mais cette invraisemblance est aussi, pour Malebranche, une façon de mettre en scène le solide optimisme épistémique dont il ne s'est jamais départi : affirmer, comme il fait depuis la *Préface* de la *Recherche*, que les esprits de tous les hommes sont naturellement « unis à Dieu », revient à dire que chacun est doté des outils nécessaires pour connaître la vérité, pourvu qu'il soit placé dans des circonstances favorables et convenablement guidé de façon à atténuer, ou supprimer, tout ce qui peut venir brouiller ou parasiter cette union, c'est-à-dire, en premier lieu, ce qui tient à la seconde union qui définit l'esprit humain, son union au corps.

À partir du VIIe Entretien, le duo du « méditatif » et du « bel esprit » est complété par un troisième personnage, Théotime (étymologiquement : celui qui honore Dieu). Son arrivée est préparée à la fin des IVe et VIe *Entretiens* par un habile dispositif littéraire : on apprend qu'Ariste a « raillé » en société, en traitant Théodore et ses semblables de « méditatifs »[1]. Or un de ces méditatifs (on comprendra plus tard qu'il s'agit de Théotime) était justement présent dans l'assemblée et a défendu sa confrérie, avant, comprend-on également, de rapporter l'incident à Théodore. L'épisode a donné mauvaise conscience à Ariste, qui s'en confesse à Théodore, comprend que les deux « Théo » se connaissent et désire donc faire la connaissance de Théotime. Ce dernier entre ainsi en scène, au contentement général, au début de l'Entretien VII, et cette nouvelle voix va enrichir et complexifier le dialogue. Déjà convaincu de la

1. C'est un des qualificatifs qu'Arnauld, de façon critique, avait appliqué à Malebranche.

justesse du malebranchisme, Théotime intervient surtout pour épauler Théodore, l'aider à préciser certains thèmes ou termes qu'Ariste a mal compris. Il oriente aussi à plusieurs reprises la conversation vers des questions scientifiques, notamment biologiques : la formation des insectes et des plantes, dans le cadre des débats entre les partisans de la préformation et ceux de l'épigenèse qui agitent alors les milieux scientifiques, la génération spontanée[1], une ébauche – sans doute la première – d'explication des couleurs par la fréquence des vibrations (XII, § 1). Cet intérêt affiché pour ces questions scientifiques représente une nouveauté par rapport aux *Conversations chrétiennes*, d'où elles étaient quasiment absentes, et on peut y voir la marque d'une certaine évolution de Malebranche. Dans les années 1660-1670, sans doute marqué par la lecture de Pascal et la fréquentation des milieux Port-Royalistes, il avait tendance à ravaler l'intérêt pour les insectes au rang des « amusements » et des « divertissements » qui éloignent de Dieu : « les hommes ne sont pas faits pour examiner toute leur vie les moucherons et les insectes et l'on n'approuve pas trop la peine que quelques personnes se sont donnée pour nous apprendre comment sont faits les poux de chaque espèce d'animal, et les transformations de différents vers en mouches et en papillons » (*RV*, IV, 7). Le Malebranche des années 1680 aborde ces sujets de manière plus positive et sereine, sans oublier, toutefois, de leur conférer aussi une dimension religieuse puisqu'ils apprennent à reconnaître les merveilles de la providence (X, § 2 *sq.*) et qu'on peut en proposer, à

1. On pourra noter en particulier le passage des *EMR* (XI, § 8 à compléter par *RV*, XVIIe Écl., § 39), où Malebranche relate une expérience qui annonce celle de Pasteur sur la génération spontanée.

la façon de certains médiévaux, une interprétation symbolique (XI, § 13-15) qui représente, elle aussi, une particularité des *EMR* dans le corpus malebranchiste. Plus généralement ces développement proposés par les *EMR* sur les questions de biologie, d'acoustique etc. rappellent un aspect souvent méconnu de la vie de Malebranche, qui fut un fin connaisseur et un acteur important de la vie scientifique de son temps – il devint membre de l'Académie des sciences en 1699[1]. Le duo Théodore/Théotime représente ainsi comme les deux faces du P. Malebranche, d'une part le « méditatif » ou métaphysicien « céleste », préoccupé avant tout par la vie de l'esprit et sa relation avec Dieu (c'est la face « Théodore ») et d'autre part l'amateur éclairé de sciences, attentif aux expériences et aux faits positifs (face « Théotime »). Il reste que, dans la mesure où le dialogue intérieur que le philosophe malebranchiste établit avec le Verbe divin constitue la condition de possibilité de toute connaissance vraie, les *EMR* mettent en un sens en scène un dialogue non pas à trois, mais à quatre protagonistes, dont le plus silencieux et le moins apparent est aussi le plus important ou, si l'on préfère, la véritable « âme de la conversation » et le principe de la « société des esprits » qui s'établit au fil des Entretiens. Ariste déclare ainsi (VII, § 14) : « Ah, Théodore ! que vos principes sont clairs qu'ils sont solides, qu'ils sont chrétiens ! Mais qu'ils sont aimables et touchants ! J'en suis tout pénétré. Quoi ! c'est donc Dieu lui-même qui est présentement au milieu de nous, non comme simple spectateur et observateur de nos actions bonnes ou mauvaises mais comme le principe

1. L'ouvrage de référence sur les travaux scientifiques de Malebranche est le *Malebranche de l'Académie des sciences* d'A. Robinet, Paris, Vrin, 1970. Voir aussi la synthèse de G. Rodis-Lewis, *Nicolas Malebranche*, chap. 7.

de notre société, le lien de notre amitié, l'âme, pour ainsi dire, du commerce et des entretiens que nous avons ensemble ». Et Théodore renchérit : « Comment nous édifierons-nous les uns les autres dans la charité, si nous bannissons de nos entretiens celui que vous venez de reconnaître pour l'âme du commerce que nous avons ensemble, pour le lien de notre petite société ? » (VII, § 16)

Il faut être attentif à la façon dont Malebranche travaille, ou infléchit, la forme littéraire « dialogue » et ses aspects plaisants dans le sens que lui dicte sa philosophie, notamment sa théorie de la connaissance, sa conception des deux unions (à Dieu, aux corps) qui constituent l'esprit humain et la façon dont il thématise et évalue l'usage de la rhétorique et du plaisir, fût-ce sous sa forme littéraire.

Dès la *Recherche de la vérité*, l'oratorien avait en effet proposé une évaluation ambivalente des séductions de la sensibilité et de l'imagination, notamment sous les formes particulières qu'elles prennent dans les beautés et artifices littéraires et rhétoriques. Depuis le péché originel, dont les effets sont décrits de façon saisissante dans la *Préface* de la *Recherche*, les hommes sont spécialement, et beaucoup trop, attirés par tout ce qui est sensible, brillant, vif et ils sont détournés ainsi de l'intelligible, et de l'union de l'esprit avec Dieu. Dans le domaine littéraire, il conviendra donc de ne pas abuser des séductions de la rhétorique, d'éviter les éclats, les invectives ou les mots d'esprit faciles, les accumulations de tropes, les effets de manche tapageurs. Mais cette méfiance envers les séductions des lettres, qui pourrait conduire à l'idée d'un bannissement de la rhétorique et à l'adoption d'une écriture « blanche », au « degré zéro », est contrebalancée par un solide réalisme anthropologique dont Malebranche ne s'est jamais départi : il convient, aussi, de tenir compte de la condition actuelle des hommes captivés par le sensible, et de passer par ce canal pour les conduire, ou les élever, à l'intelligibilité souhaitable. Au fond, Malebranche s'inspire de la pédagogie même de son Dieu qui est « esprit », veut être « adoré en esprit et en vérité »[1] mais qui pour parvenir à cette fin s'est incarné, c'est-à-dire, comprend Malebranche, s'est rendu sensible :

> La Raison elle-même s'est incarnée pour être à la portée de tous les hommes, pour frapper les yeux et les oreilles de ceux qui ne peuvent ni voir ni entendre que par leurs sens. […] La vérité intérieure a paru hors de nous, grossiers et stupides que nous sommes, afin de nous apprendre d'une manière sensible et palpable les commandements éternels de la loi divine. […] C'est toujours la vérité intérieure qui nous instruit il est vrai ; mais elle se sert de tous les moyens pour nous rappeler à elle (*EMR* V, § 9)[2].

La Raison « ruse » donc en se donnant les moyens de sauver les hommes par ce qui les a perdus et les aveugle présentement. Malebranche-écrivain retient la leçon : le philosophe soucieux de capter l'attention mettra en œuvre sans hésiter les outils de séduction propres au sensible, puis « [couvrira] de quelque chose de sensible les vérités [qu'il veut] comprendre et enseigner aux autres, afin d'arrêter l'esprit qui aime le sensible, et qui ne se prend aisément que par quelque chose qui flatte les sens » (*RV*, VI, 1, 3). Les *EMR* seront donc un objet littéraire séduisant,

1. Cette citation de *l'Évangile de Jean* (4, 24) est un leitmotiv des textes malebranchistes. Voir *infra*, p. 100.

2. Sur cette conception malebranchiste d'une « rhétorique de l'Incarnation », voir les analyses de Th. Carr, *Descartes and the Resilience of Rhetoric*, Carbondale and Edwardsville, Southern Illinois U.P., 1980, chap. 5.

qui, pour attirer l'attention du lecteur, lui donnera du plaisir (littéraire). Mais comme l'Incarnation mène à l'Intelligible, toutes ces sollicitations sensibles et littéraires constituent seulement des préliminaires à partir desquels il faut organiser le passage à l'intelligibilité supérieure qui les annulera : « Il faut donc bien prendre garde à tempérer de telle manière la sensibilité de ses expressions, que l'on ne fasse que rendre l'esprit plus attentif. Il n'y a rien de si beau que la vérité, il ne faut pas prétendre qu'on la puisse rendre plus belle en la fardant de quelques couleurs sensibles. [...] On lui donnerait peut-être quelque délicatesse, mais on diminuerait sa force » (*RV*, VI, I, 3). De ce point de vue, les *EMR* sont une magnifique réussite, un modèle d'équilibre où Malebranche met en œuvre, avec une maîtrise qu'il n'a peut-être jamais atteinte ailleurs, les principes de sa pédagogie. En effet, la *Recherche* avec ses flamboiements, ses saillies, ses réponses fulminantes ajoutées au fil des éditions, invitait davantage à séjourner avec délectation dans le sensible qu'à « rentrer dans nous-mêmes, [nous rendre] attentifs et nous [unir] à la vérité éternelle, laquelle seule préside à l'esprit et le peut éclairer » (*RV*, VI, I, 3). Les deux *Traités* (de la nature et de la grâce, et de morale) demeuraient, comme le genre « traité » y invite, assez arides, peu attirants. La forme dialoguée, en revanche, est parfaitement adaptée aux thèses malebranchistes. De façon paradoxale, un dialogue confiant et serein comme ceux que l'oratorien met en scène permet de faire comprendre que « l'homme n'instruit pas l'homme » : « C'est une preuve que l'homme n'instruit pas l'homme. C'est que je ne suis pas votre maître, ou votre docteur. C'est que je ne suis qu'un moniteur, véhément peut-être, mais peu exact et peu entendu. Je parle à vos oreilles. Apparemment je n'y fais que trop de bruit. Mais notre unique Maître ne parle point encore assez clairement à votre esprit : ou plutôt la Raison lui parle sans cesse fort nettement; mais faute d'attention, vous n'entendez point assez ce qu'elle vous répond » (*EMR* III, § 9). La principale préoccupation du « moniteur » malebranchiste sera par conséquent d'apprendre à son disciple à se passer de lui. Il faudra pour cela l'amener patiemment dans la position qui lui permettra d'accomplir ce « retour en soi-même » auquel invite Théodore dès le début des *EMR*. Le malebranchisme est une philosophie de l'introspection et de l'intériorité, mais une « intériorité » bien particulière puisqu'elle est immédiatement identifiée à ce qui, en moi, n'est pas moi : la Raison qui « parle bas », bien plus bas en général que le monde et les sensations qui peuvent toujours venir parasiter, voire interdire, le dialogue intérieur désiré par le malebranchiste puisque « le bourdonnement d'une mouche, ou quelque autre petit bruit, [...] est capable malgré tous nos efforts de nous empêcher de considérer des vérités abstraites et fort relevées » (*RV*, III, I, 4, § 3). Tout un pan de la réflexion de Malebranche est donc consacré à décrire de façon concrète cette attitude permettant de bien philosopher qu'il appelle « méditation », et à préciser les principales caractéristiques de la figure du bon philosophe, le « méditatif ». Ces textes originaux sur le fond mais sans difficultés majeures (voir notamment le début des *EMR* et IV, § 22) expliquent en substance comment, pour bien « méditer », il faut adopter une posture minorant autant que possible les sollicitations sensibles, sans néanmoins les supprimer : c'est le sens de la scène inaugurale des *EMR* où Théodore met en place la façon dont vont se dérouler les Entretiens, au calme dans une pièce assombrie par des rideaux tirés[1], c'est-à-dire en « évitant avec soin toutes les sensations trop vives, et toutes les émotions de l'âme qui remplissent la capacité de notre faible intelligence. Car le plus petit bruit, le moindre éclat de lumière, dissipe quelquefois la vue de l'esprit » (*RV*, *Préface*). « Méditez, et tout ira bien » (*EMR* IV, § 22).

Le texte des *EMR* apparaît ainsi comme un objet littéraire complexe, très soigneusement réfléchi et en un sens atypique, puisqu'il doit à la fois organiser la captation d'attention nécessaire à sa promotion et les modalités de son abandon en faveur d'une intériorité qu'il aura contribué à manifester. Le « moniteur » doit convaincre tout en apprenant à se passer de lui. Et les mots de Malebranche ou de ses représentants doivent conduire au silence, ce silence qui clôt les dialogues et que recommande le Verbe divin dans les *Méditations chrétiennes* (XX, § 16 *sq.*). Mais ce silence n'a rien à voir avec le mutisme méprisant, exaspéré et vide de sens par lequel Calliclès décide d'achever le *Gorgias*, ni avec un silence mystique dans la mesure où la philosophie ne perd jamais ses droits[2] ; c'est le silence qui permet ce dialogue intérieur donnant sens à nos paroles échangées lorsqu'elles échappent à l'insignifiance.

PLAN DU TEXTE

Les *EMR* utilisent de façon récurrente les métaphores de la « carte » destinée à s'orienter, sous la conduite du guide-Théodore, lors d'un « voyage » ou d'une

1. C'est également, au témoignage de J. L'Enfant, la posture qu'adoptait Malebranche pour philosopher : voir *OC*, t. XVIII, p. 291.

2. Voir le débat sur la valeur d'un éventuel silence au sujet des attributs divins à la fin du septième des *Entretiens sur la métaphysique*.

« navigation » au milieu des écueils, dans un « pays » qui reste à découvrir et dont on ne sait trop s'il est étrange ou familier : « Non, je ne vous conduirai point dans une terre étrangère » (I, incipit) ; « C'est beaucoup, Ariste, que de savoir quitter son corps quand on le veut, et s'élever en esprit dans le pays des intelligences. Mais cela ne suffit pas. Il faut savoir un peu la carte de ce pays, quels sont les lieux inaccessibles aux pauvres mortels, et qui sont ceux où ils peuvent aller librement sans craindre les illusions » (III, § 1) ; « Vous voilà prêt à faire mille et mille découvertes dans le pays de la vérité » (III, § 8) ; « Vous voyagerez sans crainte dans le pays des intelligences. Vous en éviterez prudemment les lieux inaccessibles ou trop dangereux, et vous n'appréhenderez plus ces fantômes caressants qui engagent insensiblement dans l'erreur les nouveaux voyageurs de ces contrées » (III, § 17) ; « Marcher d'un pas ferme et assuré dans ce pays des méditatifs » (II, incipit).

Mais en fait de « carte », la seule structuration explicite du texte est celle qui l'organise en quatorze entretiens apparaissant comme autant de petits traités consacrés à un thème particulier – abstraction faite des redites ou des retours sur un thème déjà traité qu'amènent parfois la psychologie (résistances, hésitations) des interlocuteurs et la recherche d'un certain réalisme dans l'usage de la forme dialoguée. Pour le reste, Malebranche lui-même n'indique pas de plan qui organiserait son ouvrage, et aucun ne s'impose de façon évidente[1]. Tenter de suivre la piste, souvent opératoire pour organiser les textes du Grand Siècle, qui consisterait à découper le texte en fonction des moments

1. Voir toutefois J.-C. Bardout, *Malebranche et la métaphysique*, Paris, P.U.F., 1999, I, § 4, qui propose un plan se rapportant à la manière dont Malebranche conçoit la métaphysique.

où il parle, ou ne parle pas, de Dieu, se révèle ici inopérant : dans la vision du monde théo-centrée qui est celle de Malebranche, il est en permanence question de « Dieu », aussi bien lorsque ce dernier est l'objet explicite de la réflexion que lorsqu'on s'intéresse aux opérations cognitives (« vision en Dieu ») ou aux relations causales (occasionalisme). On peut même dire qu'en un sens, le geste philosophique premier ou l'intuition fondamentale caractérisant les *EMR* consiste à faire apparaître que *Dieu est partout présent et agissant* y compris là où spontanément nous ne le repérons pas, le « voyage » malebranchiste consistant de la sorte moins à se déplacer qu'à convertir son regard pour comprendre que « l'homme qui ne voit que par les yeux, est assurément un étranger au milieu de son pays »[1]. Cette thèse philosophique est indéniablement forte et originale, mais elle complique la tâche de celui qui veut repérer des divisions ou des articulations dans un texte qui, en un sens, ne parle que de « ça » (Dieu) et « y » ramène en permanence.

C'est peut-être par là que s'explique le sentiment qui peut saisir le lecteur des *EMR* : avoir affaire à la fois a) à un texte peu ordonné, voire relativement désordonné, assez répétitif, où il est difficile en tout cas de restituer des « chaines de raisons » linéaires qui traverseraient les coupures scandées par les différents entretiens, b) mais à un texte qui permet néanmoins, lorsqu'on s'attache à y

1. V, incipit. Sur ce thème d'une expérience de l'étranger/étrangeté s'opérant sans déplacement, voir aussi I, incipit : « je ne vous conduirai point dans une terre étrangère, mais je vous apprendrai peut-être que vous êtes étranger vous-même dans votre propre pays. Je vous apprendrai que ce monde que vous habitez n'est point tel que vous le croyez. [...] Vous le verrez, Ariste, sans sortir de vous-même ». Sur la différence établie par Malebranche entre « voir » et « regarder », voir *EMR* I, passim.

étudier un sujet donné, de reconstruire une argumentation ordonnée à partir d'éléments épars dans le texte[1]. Comment expliquer que Malebranche ait ainsi, en un sens, masqué un, ou des, « ordre(s) des raisons », qui manifestement structurent sa pensée et qu'on parvient à mettre au jour lorsqu'on s'attache de près à son texte ? Trois hypothèses paraissent envisageables.

On peut tout d'abord, avec Voltaire et de façon philosophiquement peu charitable, invoquer le caractère « imaginatif » d'un Malebranche qui aurait sacrifié la clarté de l'exposition de ses thèses à la beauté littéraire de son texte[2]. On peut en deuxième lieu, avec Ferdinand Alquié, estimer que Malebranche rédige les *EMR* en étant encore préoccupé par les polémiques où il vient d'être pris, si bien que ces démonstrations et raisonnements sont coupés, et en définitive désorganisés, par les réponses faites à ses contradicteurs[3]. Cette hypothèse permet sans doute de comprendre pourquoi certains passages des *EMR* sont entrecoupés par des développements à l'évidence réfutatifs et polémiques, mais elle ne rend pas compte de quelques sinuosités ou retournements argumentatifs qu'on y peut

1. Voir par ex. ce que nous tenterons plus bas (p. 84 *sq.*) au sujet des rapports entre la foi et la raison.

2. De Voltaire et sur cet aspect du malebranchisme, voir par ex. *Le Siècle de Louis XIV, Catalogue de la plupart des écrivains français*, entrée « Malebranche » : « l'un des plus profonds méditatifs qui aient jamais écrit. Animé de cette imagination forte qui fait plus de disciples que la vérité, il en eut » ; *L'Ingénu*, chap. X ; et *Lettre à Helvétius* du 03-10-1739, p. 222 dans *Correspondance*, II, 1739-1748, « Bibliothèque de la Pléiade », Paris, Gallimard, 1965 : « Le père Malebranche était quelquefois poète en prose ».

3. *Le Cartésianisme de Malebranche*, Paris, Vrin, 1974, p. 64 : ceci expliquerait pourquoi « Malebranche a choisi la forme du dialogue plutôt que celle de l'exposé continu et de la méditation ».

constater : comment peut-on envisager de faire de la physique (III, V) avant d'avoir par la foi prouvé l'existence des corps (VI) ? Et comment fournir une telle « preuve » alors que l'idée d'une « fondation » de cette foi en raison n'intervient quant à elle que très tardivement (XIII et XIV) ? Etc. En dernier recours, on peut faire l'hypothèse que cette manière de désordre a valeur de thèse philosophique. De Descartes, Malebranche conserverait l'idée que l'ordre qu'on suit en philosophie est un ordre métaphysique du réel : il existe comme corrélat de la connaissance qui l'édifie en s'engendrant, pas en soi. Mais à la différence de Descartes, Malebranche identifie d'emblée la raison humaine à la Raison divine, où règne, pour ce qui est de la connaissance, la loi du *totum simul*, une parfaite simultanéité qui implique une absence d'ordre (chrono) logique. De la sorte, si un ordre des raisons existe pour nous, être imparfaits et capables de rejoindre de façon seulement partielle la pensée divine, c'est uniquement comme protocole d'exposition contingent et interchangeable. Ce serait là la grande différence avec Descartes : cet ordre, ou ces ordres, d'exposition de la philosophie peuvent se constituer à partir de n'importe quelle des idées ou vérités aperçues en Dieu. Ainsi, il existerait bien chez Malebranche quelque chose comme un « ordre des raisons », parce que l'entendement humain procède par étapes, de manière discursive, et se révèle donc incapable de saisir la vérité toute entière et simultanément, telle qu'elle se trouve dans « cet autre monde tout rempli de beautés intelligibles » (*EMR* I, incipit) qu'est l'entendement divin. Mais on pourrait rentrer dans la chaîne des raisons par le maillon de son choix, et s'y orienter comme on l'entend. L'apparent désordre de l'exposition des matières dans les *EMR* serait ainsi un effet de ce que Martial Gueroult nommait la

« déhumanisation de la raison »[1] malebranchiste, et aurait pour fonction de signifier que le seul ordre pleinement « objectif » dont nous avons en définitive à nous préoccuper est l'Ordre qui constitue la loi d'action de Dieu-même. Le caractère interchangeable, contingent en un sens, de nos points d'entrée dans la réflexion rationnelle et de nos façons de constituer la philosophie viendrait ainsi de ce qui constitue l'horizon intellectuel de toute activité philosophique selon Malebranche : une superposition de notre raison humaine à la Raison divine.

Si l'on conserve néanmoins l'idée que les *EMR* ont pour but de dresser une « carte du pays des intelligences » (c'est-à-dire non seulement les esprits humains, mais aussi Dieu et les anges) et qu'on cherche à délimiter les grands secteurs de cette carte, on peut suggérer l'organisation suivante. Après une sorte de prologue (Entretiens I et II) consacré aux deux principaux objets dont il va être question, l'esprit de l'homme et Dieu, le texte s'agence en deux grands volets qui pivotent autour de l'Entretien VIII portant sur la connaissance de Dieu : les Entretiens III à VII sont consacrés à l'homme et aux créatures ; les Entretiens IX à XIV à Dieu en action, sous tous les aspects. Soit, en précisant un peu :

Prologue. Les deux principaux objets du texte (I-II)
A) L'homme, notamment comme esprit (I)
B) Dieu (II)

I L'homme et les créatures (III-VII)
A) La connaissance : sensation et idée (III-V)
B) L'existence des corps (VI)
C) L'impuissance des êtres finis, la causalité (VII)

1. *Malebranche*, 3 vol., Paris, Aubier, 1955-1959, t. III, p. 358.

VIII : La connaissance de Dieu

II Dieu en action (IX-XIV)[1]
A) Dieu créant (IX)
B) Dieu agissant dans le monde, la « Providence » (X-XIV)
a) Le monde matériel (X-XI)
b) Le monde spirituel (XII-XIII)
c) Le Christ, sommet et but de la création ; la méthode (XIV)

Cinq remarques préciseront cette proposition de plan.

1) Le mouvement général qui organise le texte – depuis le *cogito* explicitement rappelé en *EMR* I, § 1 jusqu'aux développements sur le Christ et l'Incarnation qui dominent dans l'Entretien XIV – est celui d'une anabase, une montée vers Dieu. Il est vrai que le « je pense donc je suis » conserve ici une place inaugurale – ce qui singularise le texte des *EMR* par rapport à d'autres grands exposés du malebranchisme, dont la *Recherche de la vérité*. Mais les *EMR* ne s'émancipent pas pour autant du mouvement de « déchéance du *cogito* » diagnostiqué par Martial Gueroult et caractéristique de la théorie de la connaissance malebranchiste. En effet, il ne reste ici quasiment rien de la triple priorité du *cogito* cartésien : priorité chronologique, dans la mesure où il est le premier énoncé à résister au doute sous sa forme radicale ; priorité logique, dans la mesure où c'est à partir de lui que se rebâtit l'ensemble de la philosophie ; priorité épistémologique, puisqu'il fournit le modèle permettant de déterminer clarté et

1. Voir IX, § 2 : « Je prétends aujourd'hui considérer la divinité dans ses voies, et comme sortant, pour ainsi dire, hors d'elle-même, comme prenant le dessein de se répandre au-dehors dans la production de ses créatures ».

distinction comme critères de la vérité. Épistémologiquement, ce sont chez Malebranche les idées « vues » en Dieu qui fournissent le modèle d'un savoir clair et assuré, quand la connaissance que nous avons de nous-mêmes ne renvoie qu'aux « ténèbres » de nos propres modifications : « comprenez bien cette importante vérité. L'homme n'est point à lui-même sa propre lumière. Sa substance, bien loin de l'éclairer, lui est inintelligible elle-même. Il ne connaît rien que par la lumière de la Raison universelle qui éclaire tous les esprits, que par les idées intelligibles qu'elle leur découvre dans sa substance toute lumineuse » (III, § 3). Logiquement, c'est bien plutôt de ces idées, ou de la notion que nous avons de Dieu, qu'il faut partir pour s'orienter efficacement dans le « pays des intelligences ». Et chronologiquement enfin, on comprend vite à la lecture du texte que le rappel du *cogito* au début de l'Entretien I s'apparente davantage à un hommage rendu au moniteur Descartes ou à une concession formelle au cartésianisme éventuel du lecteur qu'à une thèse philosophiquement constituante : comme on l'a vu et même s'il permet d'établir une première démonstration de l'hétérogénéité de l'esprit et du corps, le *cogito* n'est qu'une porte d'entrée en philosophie, parmi une multitude d'autres envisageables.

2) En un sens, l'organisation des *EMR* inverse, ou en tout cas complique, la structure en *exitus* / *reditus* (sortie du principe / retour au principe) caractéristique de la *Somme de théologie* de Thomas d'Aquin[1]. Ici, on a plutôt affaire à un premier mouvement de retour (*reditus*) au principe : les Entretiens I à VII montrent qu'une série de phénomènes

1. Voir M.-D. Chenu, *Introduction à l'étude de Thomas d'Aquin* [1950], Paris, Vrin, 1990, p. 266-273.

cognitifs et causaux où nous n'identifions pas spontanément Dieu y reconduisent comme à leur condition de possibilité. Et une fois identifié et décrit ce principe (Entretien VIII), on étudie comment il sort de lui-même (*exitus*) en agissant *ad extra* (*EMR* IX à XIII). Mais Dieu ne pouvant avoir pour fin que lui-même, c'est-à-dire visant avant tout, dans la création, le Verbe incarné en Jésus-Christ, le texte s'achève par un second mouvement de « retour-*reditus* » à Dieu (Entretien XIV)[1].

3) Une autre façon de décrire les deux volets du plan ici proposé consiste à dire que le premier envisage avant tout les questions de théorie de la connaissance (l'esprit, les idées des corps et les sensations, Dieu) et que le second s'attache à l'étude des modalités de l'action divine, sous tous leurs aspects. Or cet ordre d'examen des thèmes dominants du malebranchisme correspond exactement à celui qui avait été suivi par Arnauld, dans les textes rédigés contre l'oratorien à partir de 1683 : tout d'abord les questions de théorie de la connaissance, avec les *Vraies et fausses idées* (1683) et la *Défense contre la réponse aux Vraies et fausses idées* (1684) ; puis la « providence divine », dans l'ordre de la nature aussi bien que dans celui de la

1. On sait que deux écoles théologiques s'opposent au sujet de la fonction de l'Incarnation du Verbe qu'il faut tenir pour prévalente. À la suite de Thomas d'Aquin, certains affirment qu'il s'agit de la fonction rédemptrice (voir *Somme théologique*, IIIa, quest. 1, art. 3. Mais Thomas, prudent, propose seulement sa réponse comme la plus probable. Ce sont ses commentateurs qui durciront cette affirmation). Un autre courant prétend en revanche que l'Incarnation est indépendante du péché, sa principale fonction étant de glorifier Dieu, et de justifier *a parte Dei* une création si imparfaite et manquante au regard de l'infinie perfection divine que l'acte créateur serait inconcevable si Dieu n'avait ajouté un être divin à sa création. Cette seconde position, après avoir été adoptée par Duns Scot (*Ordinatio*, III, VII, 3) et Suarez (*De Incarnatione Verbi*, disp. IV, 2 et 12), est défendue par Malebranche dans les *EMR*.

grâce, abordée tout d'abord au prisme de la question particulière des miracles dans la *Dissertation sur la manière dont Dieu a fait les fréquents miracles de l'ancienne Loi* (1685), puis, de façon globale et développée, dans les trois Livres des monumentales *Réflexions philosophiques et théologiques* de 1685-1686. Derechef, on pourra donc considérer que sous leur apparence de synthèse apaisée, les *EMR* sont bien un texte de nature responsoriale. Mais plus fondamentalement, cela peut aussi signifier qu'Arnauld a remarquablement saisi la structure profonde et les modalités de déploiement de la pensée de Malebranche : la théorie de la connaissance, et notamment la vision en Dieu et l'univocité au moins tendancielle de la connaissance entre l'homme et Dieu qu'elle implique, constitue la condition de possibilité des descriptions de l'action divine et des jugements portés sur elle qu'on trouve dans le *Traité de la nature et de la grâce* (qui fut la cause du courroux d'Arnauld) et dans la seconde partie des *EMR*. Le *Traité de la nature et de la grâce* avait ainsi affirmé :

> Si je n'étais persuadé que tous les hommes ne sont raisonnables que parce qu'ils sont éclairés de la Sagesse Éternelle, je serais sans doute bien téméraire de parler des desseins de Dieu, et de vouloir découvrir quelques-unes de ses voies dans la production de son Ouvrage. Mais comme il est certain que le Verbe Éternel est la Raison universelle des esprits, et que par la lumière qu'il répand en nous sans cesse nous pouvons tous avoir quelque commerce avec Dieu ; on ne doit point trouver à redire que je consulte cette Raison, laquelle quoique consubstantielle à Dieu même, ne laisse pas de répondre à tous ceux qui savent l'interroger par une attention sérieuse[1].

1. *TNG*, I, § 7 (texte présent dès la 1re éd. ; mais avant 1701 on avait « je consulte cette lumière » au lieu de « je consulte cette Raison »).

Et Théodore rappelle à Ariste que puisque nous connaissons, au moins partiellement, comme Dieu connaît, que nous connaissons l'« Ordre » et que cet Ordre est la loi immanente à Dieu qui règle sa volonté et ses actions, nous sommes fondés à évaluer ce que Dieu veut et fait. Du point de vue malebranchiste, il n'y a donc pas, comme on disait au XVIIe siècle, de *témérité* à juger, et dans certains cas à critiquer, la conduite de Dieu et ses résultats :

> C'est en Dieu et dans une nature immuable que nous voyons la beauté, la vérité, la justice, puisque nous ne craignons point de critiquer son ouvrage, d'y remarquer des défauts. [...] Il faut bien que l'Ordre immuable, que nous voyons en partie, soit la Loi de Dieu même, écrite dans sa substance en caractères éternels et divins, puisque nous ne craignons point de juger de sa conduite par la connaissance que nous avons de cette Loi (*EMR* IX, § 13).

L'opération de connaissance appelée vision en Dieu rend donc légitimes les jugements sur la valeur des êtres, leurs fins dans la création, ainsi que sur la nature et la qualité des voies d'action divines. L'intrépidité des démarches de théologie naturelle des Entretiens IX à XIV trouve ainsi sa justification méthodologique et sa légitimité théorique dans l'analyse malebranchiste des opérations fondatrices et des conditions de possibilité de la connaissance humaine. Le lecteur, que la fréquentation des *Essais de théodicée* de Leibniz a peut-être habitué à ce type de discours qui décrit puis évalue l'action divine, ne perdra pas de vue a) ce que ce discours a de théologiquement étonnant et d'historiquement situé, dans la période où les philosophes ont, un temps, estimé qu'ils pouvaient, en partie au moins, « penser comme Dieu pense » et par là juger de ce que Dieu veut et fait ; b) que si on décèle, dans ce domaine de la « théodicée » une parenté d'inspiration et quelques points communs entre Leibniz et Malebranche, c'est – on l'oublie trop souvent – parce que le premier a en partie été déterminé par le second : le fameux *Discours de métaphysique* (1686) leibnizien peut se lire comme une réponse au *Traité de la nature et de la grâce* (1680) dont il constitue en un sens un commentaire; c) enfin que, sur cette question de la « théodicée » (Malebranche n'utilise pas ce mot, créé par Leibniz en 1696), l'oratorien affirme, contrairement à Leibniz et de façon tout à fait originale, que notre monde n'est pas le « meilleur des mondes possibles » et qu'il est grevé (« défiguré », écrit-il parfois) par des maux et désordres nombreux et bien réels. Bon nombre des développements des *Essais de Théodicée* (1710) sur le meilleur des mondes possibles sont donc eux aussi des réponses à Malebranche, par exemple à ce texte de l'Entretien IX (§ 9).

> THÉOTIME : Mais, Ariste, ne serait-ce point que les dérèglements de la nature, les monstres, et les impies mêmes sont comme les ombres d'un tableau qui donnent de la force à l'ouvrage et du relief aux figures ?
> ARISTE : Cette pensée a je ne sais quoi qui plaît à l'imagination, mais l'esprit n'en est point content. Car je comprends fort bien que l'univers serait plus parfait, s'il n'y avait rien de déréglé dans aucune des parties qui le composent; et il n'y en a presque point au contraire où il n'y ait quelque défaut[1].

1. J'ai essayé de faire apparaître la profonde originalité de la « théodicée » de Malebranche dans *Deux cartésiens*, partie II et « Malebranche and Physical Evil : Manichæism or Philosophical Courage ? », p. 81-100 dans le Collectif *The Problem of Evil in Early Modern Philosophy*, éd. E.J. Kremer, Toronto, University of Toronto Press, 2001, 2e éd., 2007. L'échange épistolaire qui eut lieu entre les deux auteurs en 1711, après que Leibniz eut envoyé les *Essais de théodicée*

4) Par conséquent, ce ne sont sans doute pas les éléments de théorie de la connaissance présentés dans les premiers Entretiens qui singularisent les *EMR* : ils reprennent, sous une forme plus concentrée et agréable, mais aussi moins technique, des analyses déjà proposées dans les différentes éditions de la *Recherche de la vérité*, les *Méditations chrétiennes* et les premières *Réponses à Arnauld*. La nouveauté réside davantage dans la partie constituée des Entretiens IX à XIV. Certes, les thèmes qu'elle aborde étaient déjà présents et développés dans le *Traité de la nature et de la grâce* : théorie générale des modes d'action de Dieu (simplicité des voies et généralités des volontés), éventuelles entorses à cette généralité (les miracles), sage combinatoire entre le monde matériel (« le physic ») et le monde des esprits (« le moral »), le premier étant subordonné au second. Mais ces analyses sont ici réorganisées autour d'un concept dont la récurrence est d'autant plus frappante qu'il n'était pas très présent dans les précédents ouvrages de Malebranche (il avait été en revanche largement mis en avant dans les *Réflexions philosophiques et théologiques* d'Arnauld) : la Providence. Tout en reprenant et affinant les thèses présentées en 1680 dans le *Traité de la nature et de la grâce*, en répondant aussi à certaines des objections formulées par Arnauld, Malebranche tente donc, dans cette seconde partie des *EMR*, de synthétiser sa théologie naturelle autour de cette notion-clé de la doctrine chrétienne. Les Entretiens IX à XIV constituent ainsi un texte sans réel équivalent dans le corpus malebranchiste : ce qu'on peut désigner comme le « traité de la Providence » de l'oratorien.

5) Une absence frappe à l'examen de ce plan aussi bien qu'à la lecture des *EMR* eux-mêmes : il y est très peu

à Malebranche, atteste de leurs divergences. Voir ces textes dans A. Robinet, *Malebranche et Leibniz, relations personnelles*, p. 417-419.

question de la grâce. Plus précisément, les *EMR*, en rencontrant la question générale des voies d'action divines, envisagent pour ainsi dire en passant la nature des modalités de distribution de la grâce – par des volontés générales déterminées par ces causes occasionnelles que sont les désirs du Christ (IX, § 12 et XIII, § 9-12). Ils maintiennent aussi, répétitivement, l'idée que l'ordre de la nature est subordonné à celui de la grâce. Mais leur silence est quasi total sur toutes ces questions complexes qui avaient passionné le XVIIe siècle français en nourrissant les polémiques autour de Jansenius et Port-Royal : la distinction entre différents types de grâce ; la question de leur efficacité ; la conciliation entre préordination divine et liberté humaine ; le salut des païens ; etc. Le seul texte quelque peu développé des *EMR* à ce sujet (XII, § 15-20) est tellement elliptique qu'il est pratiquement impossible de se faire à sa lecture une idée claire de la conception malebranchiste de la grâce. Cette absence de « traité sur la grâce » dans les *EMR* est un fait, qui se constate et qui interdit de voir dans ce texte une synthèse complète de la pensée malebranchiste, ou une réponse à la totalité des sujets qui avaient été mis en discussion par Arnauld. Il reste à interpréter ce fait. Il ne signifie évidemment pas un désintérêt de principe pour les questions ayant trait à la grâce. La réflexion malebranchiste à ce sujet existe, elle est même tout à fait élaborée et se révèle de grand intérêt. On la trouve par exemple, pour les textes publiés avant les *EMR*, dans le *Traité de la nature et de la grâce* et le *Traité de morale* de 1684 ; et, pour les textes plus tardifs, dans les derniers ouvrages de Malebranche, notamment le *Traité de l'amour de Dieu* (1697) et les *Réflexions sur la prémotion physique* (1715). Outre un maintien de la pleine réalité de notre libre arbitre telle que le « sentiment intérieur » nous la fait expérimenter, cette théorie repose pour l'essentiel sur la distinction que

Malebranche établit entre deux principales sortes de grâces actuelles[1] qui correspondent aux « deux principes qui déterminent directement et par eux-mêmes les mouvements de notre amour : la lumière et le plaisir ». La première sorte de grâce, dont traite la seconde partie du *Second Discours* du *Traité de la nature et de la grâce* et dont les *EMR* ne parlent pas alors même que les occasions d'aborder le thème sont nombreuses dans le texte, est la grâce de lumière ou « grâce du créateur », « communiquée par Jésus-Christ comme Sagesse éternelle », c'est-à-dire comme Verbe ou entendement divin : cette grâce est constituée par la connaissance du vrai ou du bien qui prédispose notre volonté à agir comme il le faut. Ce type de connaissance est « pour l'ordinaire de l'ordre naturel » et dans le cas de la connaissance rationnelle, il dépend généralement de nous de l'obtenir grâce à un effort d'*attention*, qui nous fait parvenir à la connaissance du vrai ou du bien par union de notre esprit à la Raison divine. Cela signifie – on le notera – que la rencontre d'un « moniteur » qui nous conduit sur le chemin de la vérité, ou la lecture d'un bon livre, comme les *EMR*, peuvent être comprises comme des grâces. Malebranche se garde toutefois d'aller trop loin dans cette voie qui pourrait conduire à une position de type gnostique, prônant le salut par la seule connaissance. « La grâce de lumière ne peut guérir un cœur blessé par le plaisir » : depuis le péché d'Adam et Ève, la lumière de la connaissance ne suffit plus à contrebalancer les effets de la concupiscence renforcée par l'augmentation d'intensité de l'union de l'âme et du corps. Un autre type de grâce est donc devenu nécessaire, qui non seulement nous présente le bien mais aussi nous le fasse « goûter ». Malebranche l'appelle

1. Voir par ex. *TNG*, II, § 30 *sq*. d'où sont tirées, sauf indications contraires, les citations qui suivent.

« grâce de sentiment », « grâce du réparateur » ou encore « grâce du Christ ». Il retrouve pour la décrire des thèmes et un vocabulaire classiques chez Augustin et les augustiniens : cette grâce est un « saint plaisir », une « sainte concupiscence », une « délectation » qui produit en nous « des plaisirs et des horreurs contraires à ceux de la concupiscence ; des plaisirs par rapport aux vrais biens, et des horreurs ou des dégoûts par rapport aux biens sensibles » (*TNG*, II, § 29). Cette grâce fortifie ainsi notre liberté en combattant la concupiscence sur son propre terrain et par ses propres moyens, à la manière dont un poids compense l'effet d'un autre sur les plateaux d'une balance (voir *TNG*, III, § 19-20). Comme on le verra plus bas, une des originalités de Malebranche, corrélée à sa conception de la distribution de la grâce par « volontés générales » divines, est de penser que la grâce opère aussi, et peut-être avant tout, ailleurs que dans l'extraordinaire, le spectaculaire, le miraculeux, qu'il existe ainsi une certaine banalité, ou discrétion, de la grâce à l'œuvre[1].

Mais de tout cela, les *EMR* ne parlent pas, ou seulement de façon fort allusive. Comment interpréter ce silence, d'autant plus étonnant qu'il s'agit, aussi, d'entretiens sur la *religion* ? On peut, en un sens, y voir un geste libérateur de Malebranche qui, tout en ne renonçant pas à aborder dans ses *Entretiens* certaines questions théologiques centrales (Incarnation, Providence), refuserait la focalisation, voire la saturation, si caractéristiques du catholicisme post-tridentin, des débats théologiques sur la question de la grâce. Plus topiquement, il est probable que l'oratorien n'a pas souhaité alourdir et compliquer sa belle somme philosophique par des considérations sur ces lieux hyper-polémiques, que les attaques d'Arnauld les années

1. Voir le texte de *TNG*, II, II, § 40-44 cité plus bas, p. 80-81.

précédentes avaient encore rendu plus délicats à aborder. Le thème de la grâce de lumière en particulier, considéré de façon critique et infidèle à l'inspiration de Malebranche, pouvait par exemple susciter le soupçon alors gravissime de « pélagianisme », en donnant l'impression que l'homme pourrait faire son salut au moyen des seules forces et outils naturels dont il est doté. On comprend dès lors que dans ces conditions, le bon, doux et méditatif Père Malebranche, désireux de se situer « au dessus des partis »[1] et lassé de ces interminables polémiques sur la grâce, ait cru opportun de ne pas revenir sur ce thème dans les *EMR*. Ces derniers apparaissent alors comme un texte incomplet, et qui attend qu'on le parachève par un étage théologique qui présenterait les thèses du *TNG* sur la grâce : ce que les *EMR* présentent comme étant de foi s'expliquera alors par la grâce du Fils ; ce qu'ils présentent comme des vérités rationnelles par celle du Père. Et le surnaturel reprendra ses droits.

Il reste qu'un texte est aussi, et peut-être surtout lorsqu'il est explicitement présenté par son auteur comme récapitulatif de sa pensée, une unité qui vaut pour son lecteur en tant que telle, hors de toute considération externe. Si c'est principalement la *Recherche de la vérité* qui assura au XVIIIe siècle la postérité du malebranchisme, on sait que les *EMR* continuèrent eux aussi à y être lus[2]. Et cette absence de référence à la grâce rend compréhensible l'influence qu'ils purent exercer sur la pensée religieuse « naturaliste » de Voltaire, Rousseau et quelques autres, puisque, plus que les autres ouvrages de Malebranche, les

1. H. Gouhier, *La Philosophie de Malebranche*..., p. 193.

2. Voir par exemple le copieux commentaire manuscrit des *EMR* rédigé par le jésuite Jean Hardouin dans les années 1710-1720 : ce manuscrit se trouve à la Bibliothèque nationale de France, site Richelieu, Fonds français 14706 a ; il m'a été signalé par Angela Ferraro.

EMR sont un texte qui, considéré isolément et dans ses grandes lignes, donne prise à l'idée d'une religion naturelle ou raisonnable. À nouveau, il n'était sûrement pas dans les intentions explicites de Malebranche de s'avancer sur ces terrains : « Ô cœur endurci ! La grâce ne vous parle point »[1], aurait probablement répondu, dans les termes de la *Profession de foi du Vicaire savoyard*, Malebranche-l'inspiré à Rousseau-le-raisonneur. Mais comme on l'a souvent noté depuis le grand ouvrage de F. Alquié *Le Cartésianisme de Malebranche*, un texte peut toujours se retourner contre les intentions explicites de son auteur : les « Éclaircissements » malebranchistes ont ainsi nourri les « Lumières » qui suivirent le Grand Siècle, et les pieuses réflexions du P. Malebranche ont pris une coloration « vicaire savoyard » qui n'a pas échappé aux commentateurs, et qui est frappante à la relecture de la « profession de foi » rousseauiste. Dans le parcours désormais bien documenté qui fit de Malebranche un inspirateur majeur de Voltaire, Rousseau et des Lumières françaises en général, les *EMR* constituèrent donc sans doute, autant que la *Recherche*, un maillon essentiel, qui explique l'étonnante relation menant du pieux Malebranche aux déistes et partisans de la religion naturelle du XVIIIe siècle.

Puisque les *EMR* constituent une synthèse, présenter de façon détaillée leur contenu reviendrait à exposer l'ensemble de la doctrine malebranchiste – ce dont il ne saurait être question dans le cadre de cette introduction. Nous ne retiendrons donc dans ce qui suit que deux aspects du malebranchisme spécialement riches et que les *EMR* mettent en valeur de façon particulière : en premier lieu

1. *Profession de foi du Vicaire Savoyard*, p. 616 dans Rousseau, *Œuvres complètes*, « Bibliothèque de la Pléiade », Paris, Gallimard, t. IV.

la vision d'un univers tout entier structuré par la théorie de la causalité dite « occasionaliste » qui permet de rendre compte des modes d'action de Dieu en sa « providence générale » ; en second lieu, une réflexion dense et élaborée sur les rapports entre « métaphysique et religion » ou bien, si l'on préfère, entre foi et raison.

LA PROVIDENCE ENVISAGÉE AU PRISME DE L'OCCASIONALISME[1]

Une des particularités des *EMR* se rencontre dans ce que nous avons appelé plus haut le « traité de la providence » : en une présentation qui atteint un degré de synthèse et de systématisation absent des œuvres antérieures, Malebranche y articule étroitement l'exposé des modes d'action de la « providence générale » telle qu'il la conçoit et celui de sa théorie de la causalité que la tradition a retenue sous le nom d'occasionalisme[2].

On sait que ce qui spécifie cet occasionalisme malebranchiste est, d'une part, qu'il constitue une théorie *globale* de la causalité stipulant que, dans notre monde, *toutes* les relations de causalité efficace repérables sont de type occasionnel ; et, d'autre part, que cette théorie est appuyée sur une substructure métaphysique originale innervée par des principes rigoureux, que voici pour rappel.

1. Ce paragraphe développe certains éléments d'un texte à paraître aux éditions Brepols. Je remercie ses éditeurs, Emanuela Scribano et Matteo Favaretti Camposampiero, d'en avoir autorisé la reprise.

2. Sur cette articulation entre théorie de la Providence et occasionalisme, on pourra lire les belles pages consacrées à Malebranche par G. Agamben, *Le Règne et la gloire, Homo sacer II, 2*, trad. fr. Paris, Seuil, 2008, p. 389-403.

1) Le premier principe, qui est comme la charte fondamentale de l'occasionalisme généralisé de Malebranche, stipule que Dieu seul est cause efficace, unique détenteur de la « puissance » (*EMR* VII, § 10 *sq.*).

2) Le second principe est celui qu'on a pris l'habitude d'appeler (à strictement parler, le syntagme ne se trouve pas sous la plume de Malebranche) « principe de la simplicité des voies ». La Sagesse de Dieu lui prescrit en effet d'agir par des « volontés générales », c'est-à-dire, si l'on considère la façon concrète dont ces volontés organisent notre monde, par les lois les plus simples possibles. Le Dieu malebranchiste combine donc, d'une part la simplicité des voies ou des lois qu'il met en œuvre, et d'autre part la perfection du monde que ces volontés et lois produisent[1].

3) Le troisième principe est celui qui permet d'articuler sur le plan causal l'un et le multiple, c'est-à-dire d'une part la cause « générale » et « véritable », Dieu, et d'autre part les « causes particulières » et « naturelles ». Ce principe stipule que « Dieu ne communique sa puissance aux créatures, et ne les unit entre elles, que parce qu'il établit leurs modalités causes occasionnelles des effets qu'il produit lui-même ; causes occasionnelles [...] qui déterminent l'efficace de ses volontés en conséquence des lois générales qu'il s'est prescrit pour faire porter à sa conduite le caractère de ses attributs » (*EMR* VII, § 10).

4) Enfin, la détermination concrète de la nature des lois de l'occasionalisme ainsi entendu s'opère par la conjugaison de deux mouvements. En premier lieu, un mouvement déductif, *a priori*, qui prend pour point de départ la notion que nous avons de Dieu, notre « idée de l'Être infiniment

1. Pour un aperçu de la façon dont s'opère cette combinatoire, voir le texte, complexe, de *l'Abrégé du TNG*, § 5-10, *OC*, t. IX, p. 1084-1087.

parfait ». Ce mouvement aboutit à la position de ce qu'on pourrait appeler la forme légale de la structure générale du monde, à l'affirmation du fait que ce dernier est organisé par des lois simples. En second lieu, un ensemble de constats, opérés *a posteriori*, qui permettent de remplir la forme-loi de la loi avec le donné empirique, expérientiel, dont nous disposons sur la nature des causes occasionnelles, sur les types de connexions causales à l'œuvre, bref, sur le contenu des lois qui organisent notre monde. On a là comme une reprise amplifiée des deux mouvements que Descartes articule dans les articles 36 et 37 de la *Deuxième partie* des *Principes de la philosophie*, lorsqu'il engage la détermination de ce que sont les « lois de la nature » : d'une part une affirmation de l'« immuabilité », de la « constance », de la régularité de l'action divine ; d'autre part l'attention portée aux « changements que nous voyons dans le monde », aux « divers mouvements que nous remarquons dans les corps ». En un sens, on n'est également ici pas très loin de Kant et de sa théorie des deux sources de la connaissance valide telle qu'elle est exposée dans la *Critique de la raison pure* : d'une part l'appareil catégorial a *priori*, comme condition de possibilité de toute entente possible du monde, et d'autre part le donné empirique.

Cela posé, le texte de l'article 9 du treizième des *EMR* propose une remarquable – et, à notre connaissance, unique dans le corpus malebranchiste – synthèse des principales lois de l'occasionalisme. Le tableau qui suit l'abrège.

*Les lois de l'occasionalisme malebranchiste (*EMR *XIII, § 9 : « Voici, Ariste, les lois générales selon lesquelles Dieu règle le cours ordinaire de sa providence »)*

Lois de l'occasionalisme	**Domaine de la réalité**	**Causes occasionnelles**	**Élément constaté *a posteriori* constituant le contenu de la loi formellement déduite**
1. Lois générales des communications des mouvements	Corps	Chocs des corps	Expérience (physique expérimentale)
2. Lois de l'union de l'âme et du corps	Homme	Modifications de l'âme et du corps	Expérience psycho-physique (par ex. volonté, sensation)
3. Lois de l'union de l'esprit avec la Raison Universelle	Esprit (connaissance)	Attention	Vie intellectuelle (expérience de l'idéation consécutive à l'effort d'attention)
4. Lois qui donnent aux anges bons et mauvais pouvoir sur les corps	Événements corporels d'apparence miraculeuse de l'Ancien Testament	Désirs pratiques des anges (notamment Michel)	Textes de l'Ancien Testament
5. « Lois par lesquelles Jésus-Christ a reçu la souveraine puissance sur le ciel et sur la terre […] pour répandre dans les cœurs la grâce ».	Grâce	Désirs du Christ	Textes du Nouveau Testament

Les deux premiers groupes de lois sont, à des degrés et sous des formes divers, présents chez la plupart des théoriciens de l'occasionalisme. Le troisième est plus original. C'est lui qui spécifie les modalités d'effectuation de la « vision en Dieu » : à l'occasion de cet effort, de cette tension intellectuels qui s'appelle « attention », Dieu produit en nos esprits telle ou telle idée. Il faudrait étudier le détail de cette théorie de l'attention spirituelle, philosophiquement intéressante[1] et dont nous reparlerons plus bas à propos du concept « d'attention alternative ». Remarquons simplement ici que si l'on considère la nature des substances mises en rapport par cette troisième loi de l'occasionalisme, on n'est pas, bien sûr, dans le cadre d'un rapport de corps à corps. On n'est pas non plus – même si Malebranche a écrit de belles pages sur les répercussions somatiques de l'effort d'attention – dans le cadre d'une relation de corps à esprit ou d'esprit à corps. On est avant tout dans le cadre d'une relation d'esprit à esprit, c'est-à-dire entre l'esprit divin et l'esprit humain dont l'attention est la cause occasionnelle de la production, par Dieu, du phénomène d'idéation. Cette relation causale occasionnelle de type esprit-esprit, mérite d'attirer, si l'on peut dire, l'attention, dans la mesure où elle a été quelque peu négligée dans le renouveau contemporain des études sur l'occasionalisme, qui se sont surtout focalisées sur les cas des relations corps-corps et esprit-corps.

1. Voir à ce sujet P. Blanchard, *L'Attention à Dieu selon Malebranche*, Paris-Bruges, Desclée De Brouwer, 1956 et S. Greenberg « "Things that Undermine Each Other" : Occasionalism, Freedom and Attention in Malebranche », p. 113-140 dans le vol. IV des *Oxford Studies in Early Modern Philosophy*.

Sur le quatrième groupe de lois

Le quatrième groupe de lois présenté en *EMR* XIII, § 9, qui tisse les liens de l'occasionalisme et de l'angélologie, synthétise la réflexion menée par Malebranche dans le *Quatrième Éclaircissement* ajouté en 1684 au *Traité de la nature et de la grâce*. Une des conséquences marquantes du thème de la simplicité des voies et des volontés générales divines est la tendance malebranchiste à essayer de diminuer le nombre de miracles entendus, *stricto sensu*, comme des dérogations aux lois générales organisant la nature, c'est à dire les résultats de ce que Malebranche appelle des « volontés particulières » divines. Sans pour autant nier qu'il puisse exister, dans quelques rares circonstances, de véritables miracles, Malebranche met ainsi en œuvre, au grand dam d'Arnauld et de Bossuet[1], différentes tactiques de réduction, c'est-à-dire de réinscription dans un cadre

1. Du premier voir par exemple *Lettre à Du Vaucel* du 24-08-1685, *OAA*, t. II, p. 553-554 : « …le Père Malebranche, dont il est plus important qu'on ne le croirait de réfuter les erreurs. Car j'apprends qu'il y a beaucoup de gens qui se piquent de bel esprit à qui ses sentiments ne déplaisaient pas, jusque là que l'auteur des *Nouvelles de la République des Lettres* prétend dans celles du mois dernier qu'il est fort probable que le Déluge universel n'a été qu'une suite des lois générales de la communication des mouvements. Vous voyez assez où cela va. Cependant le P. Malebranche avait le premier proposé cette pensée » (effectivement, dans les *Nouvelles de la République des Lettres* de juillet 1685 Bayle examine cette hypothèse « que les eaux [du Déluge] n'aient pas été produites par miracle, dans le dessein particulier de faire périr les hommes, mais qu'elles n'aient été qu'une suite des lois générales de la communication des mouvements » de Bossuet, voir *Lettre au marquis d'Allemans* du 21-05-1687 (parfois dite *Lettre à un disciple du Père Malebranche*) donnée en *OC*, t. XVIII, p. 443-448 : « il se vante d'avoir le premier pensé expliquer le déluge de Noé par la suite des causes naturelles ; vous l'embrassez aussitôt sans faire réflexion qu'à la fin elle vous conduirait à trouver dans les mêmes causes [l'explication des autres miracles bibliques] ».

légal et général, des événements qui peuvent de prime abord nous apparaître comme miraculeux[1]. On peut considérer que Sainte-Beuve, dans son *Port-Royal* (VI, chap. 5), n'a pas fondamentalement tort lorsqu'il affirme, de façon quelque peu brutale : « Malebranche essaie de rester chrétien avec le moins de miracles possible ». Ou encore :

> La stratégie de Malebranche consiste dans le fait d'exclure plus ou moins complètement de la Providence les volontés particulières et à réduire le problème du gouvernement divin aux termes de la relation entre la volonté générale et les causes qu'il définit comme occasionnelles[2].

Le *IVe Éclaircissement* du *TNG* – qui donna lieu a un vif et long échange avec Arnauld[3] – s'inscrit dans cette atmosphère générale de déflation marquée en matière de miracles et présente l'intérêt d'opérer ce mouvement déflationniste en contexte proprement occasionaliste. Malebranche avoue en effet que l'objection lui a été faite : il semble y avoir dans l'Ancien Testament beaucoup trop de miracles pour un Dieu qui agit habituellement par volontés générales.

1. Outre les textes cités ci-dessous, voir notamment *Méditations chrétiennes*, VII et VIII et *EMR* XII.

2. G. Agamben, *Le Règne et la gloire, Homo sacer II, 2*, p. 390.

3. En février 1685, Arnauld fait paraître la *Dissertation [...] sur la manière dont Dieu a fait les fréquents miracles de l'ancienne loi par le ministère des anges*, où il se livre à une démolition en règle du *IVe Éclaircissement* malebranchiste. Malebranche rétorque aussitôt par une *Réponse à une dissertation de Monsieur Arnauld contre un Éclaircissement du Traité de la nature et de la grâce*, qui paraît au mois de juillet 1685. Arnauld répond à son tour dans les quatre premières de ses *Neuf lettres [...] au P. Malebranche* dont la parution est échelonnée d'août à novembre 1685. Le texte des *EMR* synthétise ces débats.

> Le dessein de l'Éclaircissement, c'est de répondre à cette objection. Pendant le temps de l'Ancien Testament les miracles étaient fort fréquents, puisque les biens temporels étaient proportionnés à l'obéissance que les Israélites rendaient à la Loi. Or tous les miracles sont faits par des volontés particulières de Dieu. Donc Dieu agit souvent par des volontés particulières (*Réponse à la Dissertation* , chap. 5, § 3, OCM, t. VII, p. 503).

Mais cette critique vient selon l'oratorien d'un malentendu sur le statut de l'occasionalisme et du principe de la simplicité des voies, que les objecteurs ont en l'occurrence conçus de manière réductrice, en en limitant le domaine d'application aux lois qui régissent le monde physique et sans comprendre qu'il s'agit d'une théorie d'extension universelle :

> Je ne vois pas encore que cela [les miracles rapportés par l'Ancien Testament] combatte mes sentiments, si ce n'est qu'on veuille supposer que je ne reconnais point d'autres lois générales selon lesquelles Dieu exécute ses desseins que celles de la communication des mouvements (*TNG*, IV e Ecl., p. 197).

Si miraculeux que paraissent les événements dont il est ici question (par exemple, parmi les présumés miracles dont parle Malebranche dans ce *IVe Éclaircissement*, la donation de la manne aux hébreux, l'imprévisible défaite du roi Assyrien Sennachérib face aux hébreux suite au fléau qui frappa son armée assiégeant Jérusalem, la peste que David attira sur les hébreux pour avoir voulu les dénombrer[1]), il faut donc penser – car la raison et les

1. Voir respectivement : *Exode*, 16; *Rois* II, 18, 13 – 19, 37 et *Isaïe*, 36-37; *Samuel* II, 24, 1-25 et *Chroniques* 1, 21, 1-25.

résultats philosophiques du malebranchisme l'exigent[1] – qu'ils sont, comme les autres événements, les effets de volontés générales divines déterminées par des causes occasionnelles. À l'issue de ce premier moment qui constitue le mouvement déductif *a priori* de la pensée de Malebranche, il reste à déterminer quelles sont ces causes.

On peut alors passer au deuxième moment, celui du constat *a posteriori*, de la colligation d'expériences. L'Écriture joue ici le rôle tenu par l'expérience au sens habituel du mot lorsqu'il s'agit de déterminer le contenu des volontés-lois qui régissent le mode physique : elle nous apprend que Dieu agit souvent par le ministère des anges[2]. Il faut à ce stade se garder de négliger le principe fondamental de l'occasionalisme, faute de quoi nous retomberions dans l'erreur spontanée de la philosophie commune, qui attribue aux créatures une efficace propre en oubliant que « Dieu exécute toujours, comme cause véritable, ce que les créatures font comme causes occasionnelles, auxquelles Dieu a communiqué sa puissance selon certaines lois générales » (*TNG*, IVe Ecl., p. 201). Cette précaution prise, on peut formuler les lois de l'occasionalisme que la sommation du déduit et du constaté a permis de construire. Il s'agit des :

> lois générales qui donnent aux Anges bons et mauvais pouvoir sur les corps. [...] C'est par l'efficace de ces lois

1. Sur le caractère impératif de cette exigence, voir *TNG*, IVe Écl., p. 198 : « Je suis persuadé que la plupart des effets miraculeux de l'ancienne Loi se faisaient en conséquence de quelques lois générales, puisque que la cause générale *ne doit point* exécuter ses desseins par des volontés particulières ».

2. Voir *TNG*, IVe Écl., p. 200 : « Il y a dans l'Ancien Testament une infinité de passages qui prouvent clairement que les Anges avaient soin des Israélites ; qu'ils récompensaient les observateurs de la Loi, et punissaient les autres : il n'est pas nécessaire que je les rapporte ».

> que les anges ont gouverné le peuple Juif. [...] Les causes occasionnelles de ces lois sont leurs désirs pratiques (*EMR* XIII, § 9).

On peut encore améliorer la formulation de cette loi en regardant l'Écriture de plus près. On y voit que parmi les anges, l'archange Michel occupe une place privilégiée. On posera donc que :

> Dieu a gouverné le peuple Juif par des lois générales dont l'efficace était déterminée par l'action de saint Michel et de ses Anges (*TNG*, IV e Écl., p. 205).

Ce qui, appliqué à la question qui a motivé ce développement, permet de conclure :

> Les miracles de l'Ancien Testament ne sont que des suites des lois générales que Dieu s'est faites pour communiquer sa puissance à l'Archange Michel (*TNG*, IV e Écl., p. 203). Dieu ne faisait la plupart de ces miracles que par l'action, c'est-à-dire selon les désirs de l'Ange que Dieu avait choisi pour conduire son peuple [1].

L'objection initiale est ainsi résolue : Dieu n'a pas dérogé à l'exigence d'agir par volontés générales, tandis que les miracles de l'Ancien Testament sont préservés en

1. *TNG*, IV e Écl., p. 202. Malebranche pousse très loin l'application de cette conclusion puisqu'il assure, en s'appuyant sur un passage ambigu des *Actes des Apôtres* (VII, 35-38) que ce n'est pas Dieu lui-même et par une volonté particulière, mais un ange, qui a donné la Loi à Moïse sur le mont Sinaï (voir *TNG*, IV e Écl., p. 200-201). Les remarques indignées d'Arnauld à ce sujet (*Dissertation...*, chap. 5 et 6) conduiront, comme souvent, l'oratorien à adoucir un peu son propos (*Réponse à la Dissertation* , chap. 16) en distinguant les lois du Décalogue, pour lesquelles il admet « que Dieu les a écrites lui-même par une volonté particulière et sans l'entremise des anges » (p. 598), des autres lois « cérémoniales » du *Deutéronome*.

tant qu'événements ayant réellement eu lieu, mais non pas en tant que miracles au sens strict du terme.

Si, du point de vue de l'histoire des idées, les anges, délaissés par Descartes[1], font ici un retour remarquable sur la scène philosophique, ces développements paraissent aujourd'hui quelque peu datés. Certains contemporains de Malebranche les considéraient déjà avec un étonnement goguenard. Pierre Nicole écrivait ainsi : « Ce qu'il [Malebranche] dit du choix de saint Michel [...] est une chose fort plaisante, et qui peut attirer un grand ridicule. [...] C'est comme s'il disait que Dieu a donné le peuple juif à gouverner aux anges au rabais des miracles, et qu'ayant trouvé que saint Michel s'en acquitterait à un meilleur marché, il l'a préféré à tous les autres »[2]. Dans le numéro de mai 1684 des *Nouvelles de la République des Lettres* (p. 50), Bayle renchérissait : « Voilà l'hypothèse du monde la plus commode pour expliquer les effets les plus étranges ».

Mais cette extension angélique est révélatrice de certaines tendances fondamentales de l'occasionalisme malebranchisme qui, justement parce qu'elles s'investissent ici dans un domaine singulier, s'y donnent à voir de manière particulièrement frappante.

1) La matière angélique est évidemment surprenante, mais structurellement parlant, ce qui se passe dans le cadre de ces quatrièmes lois se laisse décrire comme un cas particulier, et spectaculaire, de relation entre d'une part un ou des esprits (les anges) et d'autre part des corps du

1. Nous pensons ici au texte de l'*Entretien avec Burman*, AT, t. V, p. 157, et à sa critique de l'angélologie thomiste. Voir aussi la *Lettre à Morus* d'août 1649, AT, t. V, p. 402.

2. Cité par Arnauld au début de ses *Réflexions philosophiques et théologiques*, *OAA*, t. XXXIX, p. 160.

monde sur lesquels ils interviennent (Malebranche précisant bien que ces « lois générales donnent aux anges bons et mauvais pouvoir *sur les corps*, substances inférieures à leur nature »). On se trouve donc ici face à un cas typique, et remarquablement pur dans la mesure où il n'est pas compliqué par les données phénoménologiques et affectives de la conscience que nous avons de nous-mêmes, du canonique *mind body problem* (dans le sens esprit => corps). En terrain occasionaliste, ces développements suggèrent ainsi la fécondité d'une opération analogue à celle mise en œuvre dans le domaine de la théorie de la connaissance par les commentaires de Desmond Connel et Emanuela Scribano[1] : en partant d'un modèle angélique, on dégage dans toute leur pureté les caractéristiques fondamentales de nos opérations cognitives (d'après Emanuela Scribano ou Desmond Connel) ou de la relation causale de l'esprit vers le corps dans le cas qui nous intéresse.

2) On prendra garde aux effets d'emboîtement, et donc de complexification, qui s'observent entre les différentes lois : la puissance des anges ne porte peut-être que sur les corps, mais on peut supposer que ce faisant et par l'intermédiaire des lois de l'union, elle atteint indirectement les esprits : par exemple, quand, au Deuxième livre des Rois, 19-35, le fléau de Dieu (« l'ange du Seigneur » dit le texte) décime le camp des assyriens qui assiégeaient Jérusalem, cela a évidemment des retentissements (la frayeur, le désespoir) sur l'état mental du roi Sennachérib et de ses troupes (dans le sens corps => esprit) ; ces

1. Voir D. Connel, *The Vision in God, Malebranche's Scolastic Sources*, Louvain, Nauwelærts, 1967 et « Cureau de la Chambre, source de Malebranche » p. 158-168 dans *Recherches sur le dix-septième siècle*, II, Paris, CNRS, 1978 ; E. Scribano, *Angeli e beati. Modelli di conoscenza da Tommaso a Spinoza*, Rome-Bari, Laterza, 2006.

retentissements ont eux-mêmes des effets (décision de levée du siège que menaient les assyriens, fuite) dans le monde des corps (dans le sens corps => esprit et corps => corps) ; et ces changements dans le monde des corps engendrent eux-mêmes (dans le sens corps => esprit) des phénomènes psychologiques joyeux chez les hébreux (soulagement, enthousiasme). Là encore, on observe de façon spécialement frappante et épurée, dans ce cas particulier, un état de fait valable pour l'ensemble des phénomènes traités par l'occasionalisme, et que les analyses séparées de chaque groupe de lois ont tendance à faire perdre de vue : chaque groupe de lois ne concerne pas de façon autonome, insulaire, compartimentée, une série de phénomènes sans rapport avec ceux qui sont pris en charge par d'autres groupes de lois. Mais il existe au contraire une très étroite intrication entre chaque groupe, par exemple, dans le cas qui vient d'être décrit, entre les premier, deuxième et quatrième.

3) Les anges causes occasionnelles tels que les présente Malebranche ont avant tout une fonction d'évitement des miracles, d'opérateurs de rigoureuse déflation dans ce domaine. Ils sont (ou pourrait-on dire « ne sont que », dans la mesure où il est vrai qu'on en reste à une angélologie purement fonctionnelle, et en tant que telle pauvre en contenu par rapport aux questions abordées dans les grands traités d'angélologie médiévaux[1]) des intégrateurs causaux dont la fonction est d'éviter à Dieu des volontés particulières

1. Soit, au minimum, la nature des anges, leur capacité à se mouvoir, leur type de connaissance, leur volonté, leur langage et la manière dont ils communiquent entre eux, la hiérarchie entre les différents anges, la possibilité pour un ange d'être mauvais (pour un aperçu commode de ces questions chez un auteur chronologiquement proche de Malebranche, voir Scipion Dupleix, *Métaphysique* III, livres 6, 7 et 8).

et de sauvegarder par là la simplicité des voies divines : on le voit de façon spécialement nette dans la manière dont l'oratorien explique les miracles de l'Ancien Testament. Les anges, mais aussi, au nom des équivalences fonctionnelles entre les différents types de causes occasionnelles repérées par Malebranche, les corps et les esprits considérés en tant que causes occasionnelles, apparaissent donc comme une courroie de transmission démultipliant la généralité et la simplicité du vouloir divin en un faisceau causal qui lui permet de s'appliquer différentiellement à des événements dont la diversité et la multiplicité contredisent en apparence cette généralité et cette simplicité. Ainsi, ces textes sur la causalité occasionnelle angélique sont peut-être ceux où Malebranche, comme par anticipation, se donne le plus nettement les moyens conceptuels de répondre à une critique du type de celle que formule Leibniz, lorsqu'il voit dans l'occasionalisme une doctrine du miracle perpétuel[1]. Tout au contraire, on comprend ici que l'occasionalisme malebranchiste constitue un dispositif à réduire autant que faire se peut les miracles, jusqu'à intégrer les événements d'apparence miraculeuse dans un système explicatif-causal on ne peut plus standardisé et universel.

La distribution de la grâce et le cinquième groupe de lois

Les cinquièmes lois de l'occasionalisme présentées dans la synthèse d'*EMR* XIII, § 9 concernent quant à elles la distribution de la grâce par Jésus-Christ. Le sujet est extrêmement complexe. Il l'est contextuellement, puisqu'on est encore, lorsque Malebranche met au point sa doctrine

1. Voir par exemple *Essais de théodicée*, § 207 *sq*. et Gerhardt, *Die philosophischen Schriften*, t. IV, p. 594-595.

en ce domaine, dans un horizon historico-idéologique où les querelles sur la grâce qui ont déchiré le Grand Siècle sont loin d'être éteintes. Il l'est aussi théologiquement, dans la mesure où, comme on l'a souvent remarqué, Malebranche avance à ce sujet des propositions sur les effets de l'ignorance ou de l'obscurité dans l'âme du Christ qui semblent audacieuses du point de vue catholique[1]. Mais on a aussi vu plus haut que, de prudente manière, les *EMR* font le choix de ne pas s'étendre sur ces sujets controversés.

Dans leur structure générale, ces cinquièmes lois de l'occasionalisme sont homologues aux quatre précédents groupes de lois – et qu'il y ait, justement, homologie structurale entre la légalité de l'ordre de la nature et celle de l'ordre de la grâce, constitue un fait remarquable. Voici une restitution des grandes lignes du mouvement qui conduit à la position de ce cinquième groupe de lois.

1) Nous savons que Dieu veut le salut de tous les hommes (cf. *Première lettre à Timothée*, 2, 4, cité en *EMR* IX, § 12 et XIII, § 10). Il leur accorde donc la grâce, et, comme toute action divine, cet octroi s'opère par volontés générales et lois simples : c'est le moment déductif *a priori* de la réflexion malebranchiste, présenté dans la seconde partie du premier discours du *TNG* où l'on trouve notamment le célèbre parallèle (repris en *EMR* IX, § 12) entre la pluie

1. Arnauld a largement critiqué cet aspect de la doctrine malebranchiste dans les parties II et III de ses *Réflexions philosophiques et théologiques*. Pour une approche plus charitable et dépassionnée, voir par ex. M. Brun : « Un aspect de la théologie de Malebranche : le Christ cause occasionnelle de la grâce », p. 80-115 dans *Doctor communis*, 1952 et M.-F. Pellegrin, « L'Obscurité de l'âme christique chez Malebranche. Le Christ et la rédemption de tous les hommes », *Revue de métaphysique et de morale*, 2003, p. 379-396.

dans le monde physique, comme phénomène météorologique, et la pluie de la grâce.

2) Il faut alors découvrir quelle est la « cause qui règle et détermine l'efficace de cette cause générale, celle qu'on peut appeler seconde, particulière, occasionnelle » (*TNG*, II, I, § 2). Malebranche propose à cette fin un raisonnement assez complexe (*TNG*, II, 1 § 4-11) dont voici les principales étapes :

L'oratorien pose tout d'abord ce qu'on peut appeler un principe de convenance[1] occasionnelle, qui stipule qu'une cause occasionnelle doit entretenir un rapport signifiant avec la visée divine dans l'établissement du groupe de lois où cette cause intervient.

> Pour peu que l'on consulte l'idée de l'ordre intelligible, ou que l'on considère l'ordre sensible qui paraît dans tous les ouvrages de Dieu on découvre clairement que les causes occasionnelles qui déterminent l'efficace des lois générales et qui servent à les établir doivent nécessairement avoir rapport au dessein pour lequel Dieu établit ces lois. Par exemple, l'expérience fait voir que Dieu n'a point pris, et la Raison convainc qu'il n'a pas dû prendre[2], le cours des planètes pour causes occasionnelles de l'union de notre âme avec notre corps. Il ne doit pas vouloir que notre bras se remue de telle manière, ni que notre âme souffre le mal de dents, lorsque la lune sera jointe au soleil, si cette conjonction n'agit sur le corps. Le dessein de Dieu étant d'unir notre âme à notre corps, il ne peut donner à l'âme des sentiments de douleur, que lorsqu'il arrive dans le corps quelques changements qui lui sont contraires. Ainsi, il ne faut point

1. Au sens de la *convenentia* des scolastiques : ce qui est approprié, raisonnable, bienvenu, sans pour autant être absolument nécessaire.

2. On notera comment dans ce texte, Malebranche conjugue constamment les deux sources de la raison et de l'expérience.

> chercher ailleurs que dans notre âme ou notre corps les causes occasionnelles de leur union[1].

La conséquence de ce principe est (§ 5) que les causes occasionnelles de distribution de la grâce, qui concernent au plus haut point la vie de l'esprit, doivent être de nature spirituelle, c'est-à-dire que « la cause occasionnelle de la grâce ne peut se rencontrer qu'en Jésus-Christ, ou en l'homme ».

Or l'expérience nous apprend clairement que l'obtention de la grâce ne dépend pas de notre volonté, et donc que « nos désirs ne sont point les causes occasionnelles de la grâce » (§ 6).

Donc :

a) de manière résiduelle (§ 7 : « nous sommes donc *réduits à dire* que [il n'y a que Jésus-Christ] qui puisse fournir les occasions des lois générales, selon lesquelles la grâce est donnée aux hommes ») ;

b) et en nous basant sur ce que « la foi nous apprend »[2] – c'est-à-dire sur la révélation dont on voit à nouveau qu'elle joue, dans les choses ayant Dieu pour objet, le rôle de l'expérience dans les matières physiques et psycho-physiques – nous sommes conduits à conclure que « ce sont les désirs continuels de l'âme de Jésus (…) que Dieu

1. *TNG*, II, I, § 4. Au XVIIe siècle, les réfutations philosophiques de l'astrologie ne manquent pas (voir par exemple, dans un horizon idéologique proche de celui de Malebranche, Antoine Arnauld et Pierre Nicole, *Logique* dite « de Port-Royal », *Discours* I, Paris, Vrin, 1993, p. 17). Mais il est intéressant de noter qu'on a ici une modulation spécifiquement *occasionaliste* de ce genre de réfutation.

2. § 11 : « *la foi nous apprend* que Dieu a donné à son Fils une puissance absolue sur les hommes, en l'établissant chef de son Église, et cela ne se peut concevoir, si les diverses volontés de Jésus-Christ ne sont suivies de leurs effets ».

a établis causes occasionnelles de l'efficace des lois générales de la grâce » (§ 11).

Ce sont les cinquièmes lois de l'occasionalisme, celles qui marquent à présent l'entrée du Nouveau Testament, ou de la seconde Alliance, dans l'orbite de la topique occasionaliste.

Nous présenterons quatre remarques sur ce cinquième groupe de lois, avant d'en venir à des conclusions plus générales sur ce déploiement occasionaliste de la Providence générale telle que la présente Malebranche dans les *EMR*.

1) Cette restitution du raisonnement qui conduit Malebranche à la position de ces cinquièmes lois montre bien comment s'entrelacent à différents niveaux, de façon complexe et particularisée, les deux sources (la déduction rationnelle, l'expérience sous ses diverses formes) dont la convergence fait la spécificité de la démarche malebranchiste lorsqu'elle se déploie en terrain occasionaliste.

2) Cette restitution permet de mettre au jour des explications à portée générale, qui concernent aussi les autres lois de l'occasionalisme mais qui sont souvent moins explicitement dégagées dans les autres champs où l'oratorien a déterminé ces lois. C'est par exemple le cas de ce que nous avons appelé le « principe de convenance occasionnelle », qui vaut pour les cinq groupes de lois, mais qui n'est pas présent comme tel dans la majorité des réflexions et des exposés malebranchistes portant sur des relations causales phénoménologiquement plus immédiatement attestées, comme celles entre corps et corps ou entre corps et esprit. C'est pourquoi, outre l'aspect théologique de la question, il peut-être opportun, pour qui s'intéresse à l'occasionalisme malebranchiste en général, de se pencher

sur ces cinquièmes lois : leur caractère éminemment abstrait, extra-mondain, (désincarné, si l'on veut, même si l'expression n'est sans doute pas très heureuse dès lors que Jésus-Christ est concerné) rend plus aisément perceptibles les éléments systémiques qui les organisent.

3) En terme de nature des substances en présence, on est ici, avec ces cinquièmes lois, dans le cas d'une relation d'esprit (du Christ) à esprit (humain). De ce point de vue le rapprochement se fait tout naturellement, ou tout surnaturellement, entre ces cinquièmes lois et les troisièmes : théologiquement, ce rapprochement est celui entre grâce de lumière et grâce de sentiment, grâce du créateur et grâce de Jésus-Christ.

4) Enfin, ce grand tableau synthétique de l'occasionalisme proposé en *EMR* XIII, § 9 ne mentionne de façon explicite et détaillée que ces cinq groupes de lois de l'occasionalisme. Cependant, Malebranche n'écarte pas totalement, dans le texte lapidaire et assez intrigant qui suit l'énoncé de ces cinq groupes, qu'il en existe d'autres et il indique qu'on pourrait, par analogie avec celles que nous connaissons, conjecturer ce que sont ces « autres volontés, comme sont celles par lesquelles le feu de l'enfer a le pouvoir de tourmenter les démons, les eaux du baptême celui de nous purifier et autrefois les eaux très amères de la jalousie celui de punir l'infidélité des femmes[1], et ainsi des autres » Mais étant donné le matériau expérimental (au sens large : expérimental et scripturaire) dont nous disposons, ces cinq groupes de lois sont les seuls qui peuvent être caractérisées avec précision.

1. Pour cette allusion biblique, voir *Nombres*, 5, 23-28.

Conclusions sur la synthèse occasionaliste des EMR

1) Le premier groupe de remarques porte sur les différentes façons de classer ces lois. Un des intérêts de la récapitulation des lois de l'occasionalisme proposée en *EMR* XIII est d'en offrir une vue synoptique et, par là, de rendre plus aisément pensables différentes façons de distinguer et combiner ces lois organisant les cinq plans de la réalité[1] selon Malebranche : plan matériel; plan psycho-physique; plan psycho-intellectuel; plan angélique; plan évangélique. Quant à la distinction de ces groupes de lois, on a parfois dit que les trois premiers étaient ceux de l'ordre de la nature, les deux autres ceux de l'ordre de la grâce. Mais il faut manier cette première démarcation avec prudence : de prime abord, il n'est pas question de « grâce » dans l'ordre de la causalité angélique des quatrièmes lois; et les troisièmes concernent non seulement les opérations d'idéation à l'œuvre dans le champ de la connaissance théorique par idée, mais aussi cette grâce qu'est la connaissance vraie, ce que Malebranche appelle la grâce de lumière. Il convient donc – et c'est là une précaution qu'il faut généralement garder à l'esprit lorsqu'on lit Malebranche – de se garder des coupures hâtives et par trop tranchées entre nature et grâce, ou nature et surnature.

À l'évidence, l'ordre de présentation de ces lois dans le texte des *EMR* XIII n'est pas un ordre hiérarchique décroissant : ce n'est pas parce que les lois de la communication des mouvements sont présentées en premier qu'elles sont les plus importantes. C'est même plutôt l'inverse : dans la mesure où pour Malebranche, les esprits l'emportent

1. Je préfère cette expression à celles de « cinq mondes » qu'utilisait M. Gueroult, *Malebranche*, t. II, p. 263. Pour Malebranche, il n'y a qu'un « monde ».

sur les corps, la grâce sur la nature et la seconde Alliance biblique sur la première, on va bien plutôt, dans cet exposé, du moins important jusqu'à l'essentiel. L'ordre de présentation de ces lois dans le texte des *EMR* obéit plutôt à une contrainte d'ordre pédagogique identique à celle qui justifiait dès le chapitre 1 de la *Recherche de la vérité* qu'on réfléchisse aux facultés de l'esprit humain (entendement et volonté) en les comparant aux configurations et mouvements dans le monde matériel : puisque nous sommes, depuis le péché originel, davantage captivés par les corps que par les esprits, il est gnoséologiquement bienvenu de nous introduire au domaine des seconds par analogie avec ce qui se passe dans celui des premiers. Mais comme toujours chez Malebranche, il ne faut pas perdre de vue que les corps sont ordonnés aux esprits et que le sensible doit conduire à l'intelligible. Ainsi, s'il est pédagogiquement bienvenu, pour comprendre de quoi il retourne lorsqu'on s'intéresse à l'occasionalisme malebranchiste, de commencer par étudier les lois 1 et 2 (corps-corps et corps-esprit), on conserve une vue partielle sur cet occasionalisme en ne considérant qu'elles.

Dans ces conditions, on peut proposer d'autres façons de classer ces lois, c'est-à-dire d'envisager les structures fondamentales de l'univers selon Malebranche. On peut par exemple prendre pour critère les substances impliquées comme causes occasionnelles et lieux de la causation.

Substances concernées par la relation de causalité occasionnelle	**Groupes de lois**
Corps et corps	1
Corps et esprit	2, 4
Esprit et esprit	3, 5

On peut également prendre pour critère la nature et par là les propriétés de la cause occasionnelle. Dans cette optique, au moins une distinction s'impose : certaines causes occasionnelles sont de nature spirituelle, et sont par là dotées de liberté ; d'autres ne le sont pas. L'application de ce critère conduit à scinder le second groupe de lois, selon le sens (corps => esprit ou esprit => corps) dans lequel s'exerce la relation causale.

Causes occasionnelles matérielles et non dotées de liberté	1 2 (dans le sens corps => esprit)
Causes occasionnelles spirituelles et dotées de liberté	2 (dans le sens esprit => corps) 3 4

2) Cette présentation systématique de l'occasionalisme possède aussi une réelle puissance interprétative, en ce qu'elle permet de relire et clarifier des lieux canoniques du malebranchisme, et même du christianisme en général. Pour le malebranchisme, on peut par exemple interpréter au prisme des lois de l'occasionalisme un texte aussi central que la *Préface* de la *Recherche de la vérité* et sa présentation de la variation d'intensité des deux unions de l'esprit – à Dieu, aux corps – avant et après le péché[1]. Chez Adam avant le péché, les trois premiers groupes de lois sont ainsi subordonnés : l'attention de l'esprit organise l'union de l'esprit et du corps, qui domine elle-même les lois du mouvements corporels. Après le péché, les trois premiers groupes de lois demeurent (et l'Ordre est donc toujours respecté, ce qui est essentiel pour Malebranche) mais leur agencement de précession est inversé : les mouvements

1. À compléter, ici, par *RV*, I, 5, § 1 « Deux manières d'expliquer la corruption des sens par le péché » et *IVe Éclaircissement*.

des corps préoccupent beaucoup l'esprit, ce qui parasite son attention à Dieu, et c'est le règne de la concupiscence.

Plus largement, l'homologie et l'articulation des lois quatre et cinq permettent à Malebranche de déployer par un schéma causal – ce qui est tout à fait original – le thème ultra-classique chez les auteurs chrétiens d'une correspondance réglée et d'une relation de préfiguration entre Ancienne et Nouvelle Alliance : « Saint Michel et ses Anges étaient aux Juifs ce que Jésus-Christ est aux Chrétiens » (*TNG*, IVe Ecl., p. 203).

3) L'occasionalisme tel qu'il est synthétisé dans le texte d'*EMR* XIII, § 9 apparaît comme une voie royale pour percevoir en quoi le malebranchisme est une philosophie systématique. L'univers tel que le conçoit Malebranche est en effet structurellement homogène. Quel que soit le secteur de la réalité qu'on considère, on y retrouve à l'identique, ou presque, un même schéma d'organisation formelle : seule varie la nature de la cause occasionnelle qui détermine l'application de l'efficace divine. De là une série d'équivalences fonctionnelles remarquables puisqu'elles sont établies entre des êtres ou des éléments appartenant à des ordres à première vue totalement hétérogènes (les colonnes trois et quatre du tableau récapitulatif, *supra* p. 57).

On a néanmoins affaire à une systématicité souple, non brutale, adaptative. Les principes généraux organisant les cinq sphères de l'occasionalisme sont identiques, les démarches intellectuelles mises en œuvre pour constituer chacun des cinq groupes de lois sont semblables, mais Malebranche est toujours attentif aux particularités qui affectent chacun des domaines concernés.

Martial Gueroult parlait à ce sujet – et sans doute avec une nuance péjorative dans la mesure où cet état de fait affectait selon lui la cohérence du malebranchisme – d'« accidents » : « Sans doute l'unité systématique impose-t-elle des solutions analogues dans les sphères différentes : ainsi l'occasionalisme impose son cadre aux cinq sphères du monde. Mais ce thème originel est toujours affecté d'accidents »[1]. On pourrait à l'inverse suggérer que ces variations autour d'un thème originel repérables dans chacune des cinq sphères de l'occasionalisme n'ont rien d'*accidentel*, c'est-à-dire qu'elles ne sont ni superflues ni architectoniquement problématiques. C'est plutôt la grandeur de Malebranche que de ne jamais succomber – alors qu'il en aurait sans doute les moyens conceptuels – à l'esprit de système, de refuser d'araser la complexité du réel tel qu'il se donne à nous par l'application mécanique et univoque de ses principes. De sorte qu'au diagnostic de systématicité « accidentée » de Martial Gueroult, on peut préférer cette description du malebranchisme par Victor Delbos, qui s'applique remarquablement à la façon dont l'oratorien développe son occasionalisme.

> C'est une philosophie compliquée. Et la complication qu'elle révèle résulte de ce que chacune des questions qu'elle pose et qu'elle résout n'y est pas seulement posée et résolue par une extension ou une application de principes généraux, mais qu'elle y donne occasion à un examen et à une solution propres à la question particulière qui se trouve en jeu. Le fait est d'autant plus remarquable que la philosophie de Malebranche est une philosophie systématique. Mais, si réel et si profond que soit l'accord des diverses thèses du système, cet accord n'en laisse

1. M. Gueroult, *Malebranche*, t. III, p. 370. Il ajoute (p. 372) : « ces complications constituent souvent en elles-mêmes de graves difficultés » et diagnostique, tout au long de son magistral commentaire, de nombreuses « apories » dans la philosophie de Malebranche.

> pas moins subsister le sens de chacune des thèses prise en particulier. Malebranche affirme l'unité de cause, mais il n'affirme pas l'unité de substance. [...] Il affirme que l'union de l'âme et du corps, réalités substantiellement distinctes, fait correspondre des sentiments de l'âme a des états organiques et inversement ; mais il n'admet pas que l'on ne doive trouver dans l'âme que des états ou des opérations susceptibles d'être traduits dans le corps. Il affirme que la causalité de Dieu fait tout en nous et hors de nous ; mais il assigne aux causes occasionnelles la fonction de déterminer selon des lois l'efficace divine. Il affirme que la causalité de Dieu fait tout en nous, entendez tout ce qui est faisable par cette causalité, tout ce qui a une réalité physique ; mais il spécifie que cette causalité ne fait pas l'acte du consentement, lequel n'est pas assimilable à une réalité physique. [...] Voilà donc, dans une philosophie justement réputée systématique, mises en présence de données fondamentales, une série de contreparties qui tendent à assurer à l'ensemble le bénéfice d'un équilibre complexe. Une logique simple et étroite n'aurait pas manqué de supprimer ces contreparties [1].

La grandeur de Malebranche est ainsi de nous léguer une systématicité sans simplisme ni étroitesse.

4) Nonobstant ces contreparties et singularités, une forte homologie structurale (en l'occurrence : légale) n'en demeure pas moins entre ce qu'on peut appeler (en gardant à l'esprit ce que cette coupure a de schématique) l'ordre de la nature (lois un, deux, et trois) et l'ordre de la grâce (lois quatre et cinq). C'est un des points qui ont scandalisé Arnauld lorsqu'il a envisagé le domaine de la grâce tel

1. V. Delbos, *Étude de la philosophie de Malebranche*, Paris, Bloud et Gay, 1924, p. 338-339.

qu'en a traité Malebranche : quand bien même on admettrait – illusoirement, du point de vue d'Arnauld – que l'oratorien a raison pour ce qui concerne l'organisation de l'ordre de la nature selon des lois et volontés générales, rien n'autorise à transférer de semblables principes dans celui de la grâce[1]. Il y a pour Arnauld une forme de scission entre les deux ordres : il accorde – et en cela s'exprime de façon manifeste son cartésianisme – que la nature ressortit au champ du légal, du calculable, du rationnel ; il renvoie en revanche l'ordre de la grâce à celui de la transcendance divine, de l'impénétrabilité des desseins de ce Dieu à propos duquel saint Paul s'écrie « O altitudo ! »[2], bref et pour ainsi dire à l'ordre du « hors la loi » (ou du moins du « hors des lois » que notre raison est capable de saisir). Rien de tel chez Malebranche, qui abolit cette scission au profit d'une symétrie équilibrante entre lois de la nature et lois de la grâce, dont il ne considère pas qu'elles relèvent de rationalités différentes. Comme on vient de le voir, parmi

1. Voir *Réflexions philosophiques et théologiques*, I, chap. 1, *OAA*, t. XXXIX, p. 174 : « L'ordre de la Grâce est si différent de celui de la Nature que, quand Dieu agirait dans ce dernier comme il [Malebranche] se l'est persuadé, il n'y aurait aucune raison de prétendre qu'il dût agir de la même sorte dans l'ordre de la Grâce » ; et III, chap. 9, p. 734 : « Le Système des volontés générales de Dieu, à l'exclusion des volontés particulières, est certainement faux dans l'ordre de la Grâce, quand on lui pourrait donner quelque fausse vraisemblance dans l'ordre de la Nature ».

2. *Épître aux Romains*, XI, 33-34, cité en *EMR* XI, § 6 : « O altitudo divitiarum sapientiæ et scientiæ Dei ! Quam incomprehensibilia sunt judicia ejus, et investigabiles viæ ejus ! Quis enim cognovit sensum Domini ? Aut quis consiliarum ejus fuit ? ». « Ô profondeur des trésors de la Sagesse et de la science de Dieu ! Que ses jugements sont impénétrables et ses voies incompréhensibles ! Car qui a connu les desseins du Seigneur, ou qui est entré dans le secret de ses conseils ? ». Sur les commentaires croisés de ce texte par Arnauld et Malebranche, voir D. Moreau, *Deux cartésiens*, p. 299-301.

les différents schémas, outils, principes philosophiques dont use l'oratorien, ce sont en premier lieu ceux opérant pour définir l'occasionalisme qui déterminent cet effet d'homogénéité. Il y a là quelque chose de singulier, qui n'est, schématiquement, ni médiéval ni moderne : dans une vision « médiévale » du monde, nature et grâce sont étroitement liées mais ni l'une ni l'autre ne sont pensées dans le cadre général-légal qui va caractériser l'essor de la nouvelle science à l'âge classique ; dans la vision « moderne », on désintrique les deux ordres que les médiévaux laissaient imbriqués, mais en faisant le plus souvent (Descartes, Arnauld) refluer l'intelligibilité rationnelle produite par la légalité de la nouvelle science du côté de la seule nature. Malebranche quant à lui, de façon remarquable, conserve, comme les médiévaux, l'imbrication des deux ordres mais, comme un moderne, les pense tous les deux dans le cadre de l'intelligibilité légale apportée par la systématique occasionaliste. En ce sens, Malebranche, anticipe l'intuition d'Henri de Lubac dans *Surnaturel* – un des livres-clés de la théologie catholique au XXe siècle – quand il voyait dans une coupure trop marquée entre nature et surnature l'erreur fondamentale de la théologie depuis les XVIe et XVIIe siècles. Et dans cette optique de la réduction d'une coupure drastique entre nature et grâce, il serait ainsi d'un grand intérêt d'étudier de près un texte comme celui du *Traité de la nature et de la grâce*, Second Discours, Seconde partie, § 40-44 :

> Il faut chercher la cause [occasionnelle de la grâce du créateur] dans l'ordre de la nature. Il y a bien [des] effets naturels qu'on pourrait avec raison regarder comme des grâces. [...] Comme la grâce est jointe avec la nature, tous les mouvements de notre âme et de notre corps ont quelque rapport au salut. [...] Il n'y a rien de si indifférent

> par lui-même qui n'ait quelque rapport à notre salut, à cause du mélange et de la combinaison des effets qui dépendent des lois générales de la nature avec ceux qui dépendent des lois générales de la grâce. [...] Je crois qu'on peut donner le nom de grâce à tous les effets naturels, lorsqu'ils ont rapport au salut. [...] Les lois générales de [ces sortes de grâce] sont les lois générales de la nature.

Ainsi, le monde tel que le conçoit Malebranche n'est pas « clivé » entre nature et grâce, mais pour ainsi dire « stratifié », c'est-à-dire tel que ses phénomènes peuvent être décrits simultanément du point de vue de la nature et de celui de la grâce. Dans cette ordre d'idée, un texte décisif pour la bonne intellection du malebranchisme en général et de l'occasionalisme en particulier est les *Petites Méditations pour se disposer à l'humilité et à la pénitence*[1], qui étaient jointes aux *Conversations chrétiennes* en 1677. Avant même son contenu, c'est la structure de ce texte qui est déterminante. Malebranche y articule à plusieurs reprises une « considération » constituée d'une de ses thèses philosophiques à une « élévation » d'ordre spirituel. La seconde « considération » rappelle par exemple la façon dont les rapports de l'esprit et du corps sont conçus dans le cadre de l'occasionalisme :

> L'homme n'est que faiblesse et qu'impuissance par lui-même [...] l'homme ne pourrait pas même remuer le bras [...] s'il [Dieu] ne déterminait ensuite, selon les différentes volontés de l'homme impuissant, le mouvement des esprits, en les conduisant vers les tuyaux des nerfs.

1. *OC*, t. XVII-1, p. 385-413. Ce texte peu étudié figure également, avec une copieuse notice, à la fin de l'édition de poche des *Conversations chrétiennes* aux éditions Vrin.

> [...] Ainsi, c'est l'homme qui veut remuer son bras, mais c'est Dieu seul qui peut et qui sait le remuer.

L'« élévation » qui suit, et qui témoigne bien de la réception de quelque chose comme une grâce, explique alors :

> Mon Dieu, que je sache toujours que sans vous je ne puis rien vouloir ; que sans vous je ne puis rien faire ; et que je ne puis pas même sans vous remuer la moindre partie de mon corps. Vous êtes toute ma force, ô mon Dieu ; je mets en vous toute ma confiance et toute mon espérance. Couvrez-moi de confusion et de honte, et faites-moi intérieurement de sanglants reproches, lorsque je suis si ingrat et si téméraire que de me servir de mon bras pour vous offenser, puisque c'est uniquement par l'efficace de votre volonté, et non par l'effort impuissant de la mienne, qu'il se remue lorsque c'est moi qui le remue.

Quant à cette grande et frappante homogénéisation occasionaliste de l'univers, on a souvent dit, et en présentant généralement ceci comme une critique, voire une accusation, que Malebranche « naturalisait le surnaturel »[1] – comme s'il était évident que le domaine où il existe proprement de la légalité est la nature et que ce n'est que de façon analogique, dérivée, secondaire que cette légalité est transposée dans l'ordre de la grâce.

On repère en premier lieu une sorte de préjugé chez ces auteurs formulant cette remarque comme une critique : pour eux, il semble indiscutable qu'il ne serait *pas bien* de naturaliser le surnaturel (c'est-à-dire de penser les lois 4 et 5 à partir des lois 1, 2 et 3). Or sur le fond, ce jugement de valeur est loin d'aller de soi : il n'est pas à tous égards

1. Voir par exemple F. Alquié, *Le Cartésianisme de Malebranche*, notamment p. 442-452 et 478-486.

indiscutable qu'il ne soit *pas bien* de naturaliser ainsi le surnaturel.

Dans tous les cas, cette critique éventuelle n'atteint pas vraiment Malebranche : hormis peut-être selon un ordre pédagogique, c'est, aussi bien ontologiquement qu'épistémiquement et axiologiquement, dans le sens 5, 4, 3, 2, 1 qu'il faut envisager les lois de l'occasionalisme. C'est d'ailleurs ce que répète le IXe des Entretiens, en une sorte de leitmotiv dont il faudrait toujours se souvenir lorsqu'on travaille sur Malebranche : Dieu ne pouvant « agir que pour sa gloire » (*EMR* IX, § 4, 5, 10, 12 ; XII, § 21) il n'a pu avoir d'autre dessein en créant le monde que l'Incarnation du Christ et l'établissement de l'Église. « [Le Christ comme cause occasionnelle de la distribution de la grâce] est donc partie intégrante de la machine gouvernementale de la Providence, et il occupe en elle l'articulation déterminante qui en assure l'exécution dans tous les milieux, et pour tous les individus »[1]. Autrement dit, la cinquième loi de l'occasionalisme commande toutes les autres, elle est la plus importante. Elle est aussi si l'on peut dire la plus riche, puisqu'elle fait intervenir deux causalités par liberté et l'être humain tout entier, en tant qu'il y est affecté de plaisir, de sorte qu'il est beaucoup plus facile de passer, par soustraction, ou émondage, de cette cinquième loi aux quatre autres, que d'opérer le mouvement inverse.

Somme toute, aussi bien dans sa vision du monde que dans son épistémologie en général et son occasionalisme en particulier, le geste de Malebranche n'est pas de naturaliser la surnature, mais bien plutôt de surnaturaliser

1. G. Agamben, *Le Règne et la gloire, Homo sacer II, 2*, p. 394.

la nature, comme l'a remarquablement mis en lumière Alain Badiou :

> Dans le parallélisme nature/grâce, lois générales de la nature/lois générales de la grâce, on pourrait s'imaginer qu'on va avoir affaire à une sorte de naturalisation de la grâce, c'est-à-dire finalement une sorte de résorption de la logique de la grâce dans la logique de la nature. Or, c'est à bien des égards l'inverse. Chez Malebranche l'intelligibilité de la nature requiert d'emblée des paramètres qu'habituellement on ne fait entrer en scène qu'à propos de la grâce. Il ne s'agit cependant pas d'une extension de la grâce à l'intellection de la nature. C'est bien plutôt que, dès l'intellection de la nature, on rencontre des concepts, des paramètres, des critères, qui d'ordinaire n'entrent en scène qu'à propos des problèmes de la grâce, de la religion, du salut. En un certain sens, la mathématisation homogène se fait à partir des catégories chrétiennes, y compris en ce qui concerne la nature. Plutôt qu'à une naturalisation de la grâce, on est confronté à une christianisation de la nature[1].

Et le déploiement de la doctrine malebranchiste de la Providence au prisme de l'occasionalisme conduit ainsi à la phrase sur laquelle s'achève le *Journal d'un curé de campagne* de Georges Bernanos : « Tout est grâce ».

FOI ET RAISON

Les *Entretiens sur la métaphysique* et *sur la religion* : quand la grammaire lui apprend que ce « et » coordonne, le lecteur peut se demander comment, et de quel droit. Rien de moins évident après tout que de placer ainsi côte

1. A. Badiou, *Le Séminaire, Malebranche. L'être 2 – Figure théologique*, 1986, Paris, Fayard, 2013, p. 83-84.

à côte dans le cadre unique d'un titre singulier qui annonce *une* œuvre deux domaines que d'emblée on aurait plutôt tendance à tenir pour disjoints, voire opposés, au nom d'une séparation qui vient naturellement à l'esprit : celle qui distingue le savoir de la croyance, ou encore la métaphysique, entendue comme le domaine d'une science rationnelle fondamentale élaborée par tout un travail de méditation, et la religion, tenue pour un ensemble de croyances immédiatement données par une autorité reconnue comme telle. Ce titre, qui annonce une œuvre là où beaucoup en attendraient deux, est à sa manière une prise de position, voire un coup d'éclat, philosophiques. Là n'est d'ailleurs pas la seule source d'étonnement pour le lecteur qui poserait un regard non prévenu sur les *EMR* : un premier contact avec le texte peut laisser l'impression d'une confusion entre « métaphysique » et « religion », d'un mélange disparate entre vérités mises au jour par la raison et dogmes de foi. Et celui qui est venu à Malebranche après avoir un peu fréquenté Descartes – qui, lui, sépare et cloisonne beaucoup plus nettement les deux domaines – restera sans doute décontenancé devant ce qui lui apparaîtra comme un curieux patchwork philosophico-religieux. Il ne sera pas le seul : de l'abbé Simon Foucher à Maurice Blondel[1], nombreux ont été les lecteurs à reprocher à Malebranche de mêler, ou plutôt d'emmêler de façon injustifiable, la métaphysique et la religion.

« Je demande de ne pas juger de mes opinions avant que de les avoir sérieusement examinées dans mes livres »

1. Du premier, voir les extraits de sa *Critique de la Recherche de la vérité* donnés en *OCM*, t. II, p. 493 ; du second « L'Anti-cartésianisme de Malebranche », *Revue de métaphysique et de morale*, 1916, p. 24 : « [il faudrait] démasquer les artifices de cohésion que [Malebranche] emploie pour relier des matériaux disparates… ».

(*EMR*, Préface). Sur le point ici évoqué comme pour d'autres, cette requête malebranchiste doit être entendue. Les *EMR* présentent en effet, comme aucun autre texte de Malebranche, sa position sur la question classique des rapports entre « foi et raison ». Et cette conception, riche, rigoureuse, précise et nuancée gagne à être regardée de près. Faute de place pour traiter intégralement ce sujet qui mériterait un ouvrage entier, on synthétisera ici en dix points la doctrine des *EMR* à ce sujet[1].

1) *La foi est fondée en raison.* Le texte-clé – dont il est intéressant de noter, dans le prolongement des remarques proposées plus haut sur l'apparent désordre des *EMR,* qu'il apparaît seulement à la toute fin de l'ouvrage (XIV, § 3) – est le suivant :

> Souvenez-vous néanmoins, Ariste, que la foi humble et soumise de ceux qui se rendent à l'autorité n'est ni aveugle ni indiscrète ; *elle est fondée en raison.* Assurément l'infaillibilité est renfermée dans l'idée d'une religion divine, d'une société qui a pour chef une nature subsistante dans la sagesse éternelle, d'une société établie pour le salut des simples et des ignorants. Le bon sens veut

1. Sur la conception malebranchiste des rapports entre foi et raison, voir notamment A. Cuvillier, *Essai sur la mystique de Malebranche*, Paris, Vrin, 1954 ; A. Decourtray, « Foi et raison chez Malebranche », *Mélanges de sciences religieuses*, 1953, p. 90-103 ; G. Dreyfus, « Philosophie et religion chez Malebranche », *Revue philosophique*, 1976, p. 1-25 ; H. Gouhier, *La Philosophie de Malebranche*... et « Philosophie chrétienne et théologie. À propos de la seconde polémique de Malebranche », *Revue philosophique*, 1938, p. 151-193 ; N. Grimaldi, « Religion et philosophie chez Descartes et Malebranche », *Archives de Philosophie*, 1990, p. 229-244, repris dans *Études cartésiennes*, Paris, Vrin, 1996 ; J. Vidgrain, *Le Christianisme dans la philosophie de Malebranche*, Paris, Alcan, 1923 ; R. Vielle, « Raison et foi chez Malebranche », *Nouvelle revue théologique*, 1980, p. 539-563.

> qu'on croie l'Église infaillible. Il faudra donc se rendre aveuglément à son autorité. Mais c'est que la Raison fait voir qu'il n'y a nul danger de s'y soumettre, et que le chrétien qui refuse de le faire dément par son refus le jugement qu'il doit porter des qualités de Jésus-Christ. Notre foi est parfaitement *raisonnable* dans son principe. Elle ne doit point son établissement aux préjugés, mais *à la droite raison.*

Cette idée d'une « fondation en raison » de la foi, et de son caractère raisonnable, se déploie à deux niveaux :

a) « Si vous n'êtes pas convaincu par la raison qu'il y a un Dieu, comment serez-vous convaincu qu'il a parlé ? Pouvez-vous savoir qu'il a parlé sans savoir qu'il est ? » expliquait Théodore dans les *Conversations chrétiennes* (*OCM*, t. IV, p. 14), alors qu'une note ajoutée à ce texte dans l'édition de 1702 renvoie au passage des *EMR* II, § 5 qui propose la preuve de l'existence de Dieu dite « par simple vue ». Malebranche se rattache donc à la tradition qui considère que la raison est susceptible de poser des « préambules à la foi » (*præambula fidei*), mais il pousse loin ce thème en semblant indiquer que la condition de possibilité même de l'idée de révélation est d'ordre rationnel, métaphysique.

b) Une fois attestée métaphysiquement l'existence de Dieu, il reste à voir quelle foi révélée, quelle « religion », on doit embrasser. Les *EMR* proposent alors comme une déduction rationnelle de la nécessité d'une vraie religion, et des réquisits qui la constituent. Ils sont au nombre de trois :

– Dieu n'agissant que pour lui-même, il ne peut créer des êtres humains sans vouloir qu'ils se rapportent à lui, pour le glorifier. L'existence d'une religion est donc métaphysiquement nécessaire.

– Dieu étant infini et le monde fini, il faut que la vraie foi indique le principe d'une mise en rapport du fini et de l'infini : on peut donc métaphysiquement poser l'existence d'un médiateur entre Dieu et sa création.

– La justice divine exige que cette religion soit proposée à tous les hommes, et le principe de la simplicité des voies réclame que cette proposition s'opère par une voie générale, et non de façon particulière, au coup par coup : « il faut trouver dans la Providence des moyens généraux qui répondent à la volonté que Dieu a que tous les hommes viennent à la connaissance de la vérité » (*EMR* XIII, § 10). La nécessité de l'existence d'une structure qui fasse autorité pour proposer à tous les contenus de la foi, c'est-à-dire d'une « Église », est donc métaphysiquement établie.

Un mouvement déductif *a priori* conduit ainsi à poser les réquisits de la véritable religion : elle existe, professe l'existence d'un médiateur entre l'homme et Dieu, et celle d'une structure (une « Église ») qui dispense et valide les contenus de la foi par voie d'autorité. Dans un second moment, celui du constat *a posteriori*[1], on examine la nature et les contenus des religions existantes. Et c'est selon Malebranche le christianisme, dans sa version catholique[2], qui correspond le mieux aux trois réquisits qui ont été dégagés.

1. On retrouve là, en un autre domaine, cette conjugaison de l'*a priori* et de l'*a posteriori* déjà observée (*supra*, p. 56-57) pour la construction des lois de la physique en particulier, et de l'occasionalisme en général.

2. La fin des *EMR* propose quelques passages de polémique anti-protestante organisés autour de la notion « d'Église » : en étant dépourvu, ou plutôt étant divisé en de nombreuses Églises peu ou mal coordonnées, le protestantisme est selon Malebranche contraire à la simplicité des voies qui doit caractériser l'action divine, y compris dans le domaine de la conservation et de la transmission de la révélation.

Il faut prendre garde à la subtilité et aux nuances de cette réflexion malebranchiste. À strictement parler, elle ne propose pas une déduction rationnelle, ou une démonstration contraignante, de la vérité du catholicisme dans tous ses contenus, ou encore ce que la sixième des *Conversations chrétiennes* appelait, en une expression peut-être forcée et qu'on ne retrouve pas en tout cas dans les *EMR*, une « preuve métaphysique de la religion chrétienne » (*OCM*, t. IV, p. 132). Cette réflexion pose rationnellement une série de réquisits définissant les caractéristiques de la vraie religion. La raison indique ainsi ce que doit être la vraie foi, fait signe vers ses caractéristiques essentielles, mais sans la poser ou la constituer. Pour passer de la métaphysique à la religion, il demeure un saut qualitatif dont Malebranche minimise sans doute l'ampleur par rapport à bien d'autres auteurs, mais qu'il ne tait pas. De la sorte, si l'oratorien estime que sa foi catholique est « fondée en raison », ce n'est pas au sens où on pourrait en démontrer tous les contenus, mais parce qu'on peut en rendre raison, argumenter en sa faveur. C'est dire que la foi catholique telle que la conçoit Malebranche, sans être parfaitement et intégralement rationnelle, est à tout le moins raisonnable.

Cette idée, à tous égards remarquable chez un philosophe post-cartésien, d'une fondation métaphysique de la validité du christianisme en ses contenus essentiels, invite à porter un nouveau regard sur la lettre déjà citée que Malebranche écrivit à son ami P. Berrand au moment où il préparait les *EMR* : « On veut que je fasse une métaphysique. Je crois qu'effectivement cela est fort nécessaire, et que j'y aurai plus de facilité que bien des gens. *C'est la bonne métaphysique qui doit tout régler* et je tâcherai d'y bien établir les principales vérités qui sont le fondement de la religion et de la morale. Il me semble que ce que je ferai sera meilleur que ce que j'ai fait »[1]. « C'est la bonne métaphysique qui doit tout régler », y compris, découvre-t-on à présent, ce qui touche à la religion. On est donc ici très éloigné d'une position « fidéiste » affirmant que la foi seule se suffirait, et que la raison ne servirait à rien en matière de religion. On est loin aussi, comme on le verra mieux encore plus bas, d'une exaltation de la « foi du charbonnier ». On est loin encore d'une position semblable à celle de Kierkegaard, pour qui la foi est avant tout l'expérience d'une rencontre avec le paradoxal, voire l'injustifiable. On est enfin aux antipodes de la thèse – dont il resterait toutefois à vérifier qu'elle a un jour été soutenue – véhiculée par le slogan *credo quia absurdum*, « je crois parce que c'est absurde »[2]. Malebranche prétend au contraire qu'il existe des raisons, des justifications pas du tout absurdes, et même dotées d'un haut degré de validité épistémique, qui peuvent conduire à embrasser la foi chrétienne. Il soutiendrait sans doute ainsi que *credo non*

1. *Lettre à P. Berrand* du 26 décembre 1686, *OC*, t. XVIII, p. 427. L'ouvrage de J.-C. Bardout *Malebranche et la métaphysique* est, en un sens, une tentative pour prendre au sérieux la portée malebranchiste de cette idée que « la bonne métaphysique doit tout régler ».

2. Rappelons que ces mots partout cités semblent n'avoir été prononcés par aucun grand auteur chrétien. On les attribue parfois à saint Augustin, chez qui ils ne se trouvent pas à notre connaissance. D'autres en créditent Tertullien, chez qui nous ne les avons pas non plus rencontrés. Chez ce dernier, l'affirmation la plus proche se trouve dans le traité *De carne Christi*, chap. 5, *credibile est, quia ineptum est*, « c'est croyable parce que c'est inepte ». Mais le contexte de ce passage (une polémique contre des écrivains gnostiques, dont Marcion, qui contestaient la réalité de l'Incarnation au motif que c'était là quelque chose de dégoûtant, d'indigne d'un Dieu) montre que Tertullien n'entend pas, ici, réfléchir à la question des « justifications épistémiques » de la croyance.

quia absurdum, sed rationabile, je crois non parce que c'est absurde, mais parce que c'est raisonnable.

On pourra évidemment toujours rétorquer, de façon critique ou soupçonneuse, que Malebranche prend ses désirs religieux pour des réalités philosophiques, que sous le métaphysicien avance masqué un croyant qui sait bien depuis le début des *EMR* où il veut en venir, et que ces réflexions ne sont ainsi que des simulacres d'arguments orientés et informés par un but antéposé. Mais plus charitablement, on pourra aussi estimer qu'il y a là des arguments (en tant que tels naturellement discutables) en faveur de la plausibilité et de l'intérêt du christianisme, notamment dans sa version catholique.

Dans l'économie des *EMR*, cette validation métaphysique du christianisme joue en tout cas un rôle essentiel : en donnant des raisons de se rapporter avec confiance, ou foi, aux contenus de la révélation chrétienne, elle ouvre un nouveau champ d'énoncés recevables, dont Malebranche, comme on va le voir, use abondamment.

2) *Provenant d'une identique source, foi et raison, religion et métaphysique, sont deux expressions d'une même vérité*, l'une rationnelle, l'autre plus imagée et moins élaborée, parce qu'elle est à destination des simples (ou de ce qu'il peut demeurer de « simple » en chacun de nous) ou parce qu'elle présente des contenus (« mystères ») inaccessibles à la raison. La distinction entre foi et raison existe pour nous, êtres humains, pas en soi, puisqu'elle renvoie en son principe à une même vérité qui se présente comme diffractée en deux modes d'expression distincts.

> Je ne croirai jamais que la vraie philosophie soit opposée à la foi, et que les bons philosophes puissent avoir des sentiments différents des vrais chrétiens. Car soit que

> Jésus-Christ selon sa divinité parle aux philosophes dans le plus secret d'eux-mêmes, soit qu'il instruise les chrétiens par l'autorité visible de l'Église, il n'est pas possible qu'il se contredise [...] La vérité nous parle en diverses manières : mais certainement, elle dit toujours la même chose. Il ne faut donc point opposer la philosophie à la religion (*EMR* VI, § 2).

3) *Dans ces conditions, non seulement il n'est pas concevable qu'il existe, comme dans le cas des doctrines dites de la « double vérité », des oppositions ou des contradictions entre d'une part la « vérité vraie » philosophiquement déterminée et d'autre part la foi bien entendue, mais encore elles se régulent réciproquement.* Cette relation de régulation s'établit en premier lieu dans le sens d'un contrôle de la révélation par la raison : c'est par exemple le cas lorsque la notion philosophique que nous avons de Dieu nous amène à corriger ou affiner les « anthropologies »[1] présentes dans les images qu'en offre la Bible. Mais symétriquement, Malebranche considère que si la « foi » (la révélation chrétienne, reprise et interprétée par les autorités compétentes) affirme quelque chose et que la raison s'approche de résultats opposés voire contradictoires, cela justifie qu'on remette en question, et sur le métier, les résultats rationnellement établis. Les données de la foi jouent donc ainsi un rôle de principe de contrôle des raisonnements et déductions du philosophe. De là le parallèle original que dresse Malebranche entre l'expérience dans le domaine de la physique et les dogmes dans celui de la théologie : les deux représentent ce dont il faut partir pour élaborer la réflexion, et ce dont on doit prendre garde de ne pas s'écarter lorsqu'elle se développe.

1. Nous parlerions aujourd'hui d'anthropomorphismes. Voir *EMR* VII, § 5.

Tous ces thèmes sont synthétisés dans un texte essentiel, en *EMR* XIV, § 3-4, qui représente comme le « discours de la méthode » malebranchiste sur les rapports entre foi et raison, et peut-être sur la « méthode » en général – l'absence de considérations développées sur la méthode dans le reste du texte des *EMR* est d'ailleurs frappante, tout comme le fait que le thème de la méthode ne soit ainsi abordé que de manière terminale, dans le dernier Entretien[1].

> THÉOTIME : Donnez-nous, je vous prie, quelques principes qui puissent nous conduire à l'intelligence des vérités que nous croyons, qui puissent augmenter en nous le profond respect que nous devons avoir pour la religion et pour la morale chrétienne ; ou bien donnez-nous quelque idée de la méthode dont vous vous servez dans une matière si sublime.
> THÉODORE : Je n'ai point pour cela de méthode particulière. Je ne juge des choses que sur les idées qui les représentent dépendamment des faits qui me sont connus : voilà toute ma méthode. Les principes de mes connaissances se trouvent tous dans mes idées, et les règles de ma conduite par rapport à la religion, dans les vérités de la foi. Toute ma méthode se réduit à une attention sérieuse à ce qui m'éclaire et à ce qui me conduit. En un mot, Ariste, je tâche de bien m'assurer des dogmes, sur lesquels je veux méditer pour en avoir quelque intelligence. Et alors je fais de mon esprit le même usage que font ceux qui étudient la physique. Je consulte, avec toute l'attention dont je suis capable, l'idée que j'ai de mon sujet, telle que la foi me la propose. Je remonte toujours à ce qui me paraît de plus simple et de plus général, afin de trouver quelque lumière. Lorsque j'en trouve, je la

1. Cette façon de n'aborder le thème de la méthode qu'à la fin des ouvrages est une constante du malebranchisme : c'était déjà le cas dans la *Recherche*, où le livre consacré à la méthode était le sixième et dernier.

> contemple. Mais je ne la suis qu'autant qu'elle m'attire invinciblement par la force de son évidence. La moindre obscurité fait que je me rabats sur le dogme, qui dans la crainte que j'ai de l'erreur, est et sera toujours inviolablement ma règle, dans les questions qui regardent la foi.
>
> Ceux qui étudient la physique ne raisonnent jamais contre l'expérience. Mais aussi ne concluent-ils jamais par l'expérience contre la Raison. Ils hésitent, ne voyant pas le moyen de passer de l'une à l'autre. Ils hésitent, dis-je, non sur la certitude de l'expérience, ni sur l'évidence de la Raison, mais sur le moyen d'accorder l'une avec l'autre. Les faits de la religion ou les dogmes décidés sont mes expériences en matière de théologie. Jamais je ne les révoque en doute. C'est ce qui me règle et qui me conduit à l'intelligence. Mais lorsqu'en croyant les suivre je me sens heurter contre la Raison, je m'arrête tout court, sachant bien que les dogmes de la foi et les principes de la Raison doivent être d'accord dans la vérité, quelque opposition qu'ils aient dans mon esprit. Je demeure donc soumis à l'autorité, plein de respect pour la Raison, convaincu seulement de la faiblesse de mon esprit, et dans une perpétuelle défiance de moi-même.

La raison et la foi apparaissent ainsi dans une relation de régulation et de fécondation réciproque qu'on peut – comme cela apparaîtra mieux encore par la suite – qualifier de « dialectique ».

4) On l'a vu plus haut (p. 32-34) au sujet des principes fondamentaux de la pédagogie malebranchiste, qui prend pour modèle la pédagogie divine : l'intelligible s'est rendu sensible en s'incarnant en Jésus-Christ, qui a proposé les vérités de foi conduisant au salut de façon le plus souvent imagée, infra-rationnelle. *Le rapport, et la différence, entre*

foi et raison sont donc pensés sur le modèle du rapport et des différences entre le sensible et l'intelligible. De là découlent une série d'oppositions terme à terme entre foi et raison : obscurité et confusion / clarté et distinction; facilité / difficulté; autorité / évidence; égalitarisme (les vérités de foi peuvent être crus par tous, y compris les « simples ») / élitisme (seul un petit groupe de *happy few* méditatifs parvient à une large entente rationnelle du donné révélé). La *Recherche de la vérité* (I, 3, § 2) synthétisait en une formule (« Pour être fidèle, il faut croire aveuglément; mais pour être philosophe, il faut voir évidemment ») ce que le texte d'*EMR* V, § 9 présente de façon plus développée :

> Oui, c'est [de la Raison] seule que nous recevons la lumière. Mais elle se sert de ceux à qui elle se communique, pour rappeler à elle ses enfants égarés, et les conduire par leurs sens à l'intelligence. [...] La Raison elle-même s'est incarnée pour être à la portée de tous les hommes, pour frapper les yeux et les oreilles de ceux qui ne peuvent ni voir ni entendre que par leurs sens. Les hommes ont vu de leurs yeux la Sagesse éternelle, le Dieu invisible qui habite en eux. Ils ont touché de leurs mains [...] le Verbe qui donne la vie. La vérité intérieure a paru hors de nous, grossiers et stupides que nous sommes, afin de nous apprendre d'une manière sensible et palpable les commandements éternels de la loi divine : commandements qu'elle nous fait sans cesse intérieurement, et que nous n'entendons point, répandus au-dehors comme nous le sommes. [...] C'est toujours la vérité intérieure qui nous instruit, il est vrai : mais elle se sert de tous les moyens possibles pour nous rappeler à elle, et nous remplir d'intelligence.

5) Dans l'univers intellectuel malebranchiste, il est hors de doute que l'intelligible est préférable au sensible,

le clair au confus, etc. Des deux points précédents découle donc l'idée suivante : *il est autant que possible souhaitable de « passer » de la foi à l'intelligence, cette dernière est « préférable » à la foi.* Le *Traité de morale* l'expliquait en un passage canonique (I, 2, § 11) :

> Mais, dit-on, la Raison est corrompue : elle est sujette à l'erreur. Il faut qu'elle soit soumise à la foi. La philosophie n'est que la servante. Il faut se défier de ses lumières. Perpétuelles équivoques. [...] La religion, c'est la vraie philosophie. [...] L'évidence, l'intelligence est préférable à la foi. Car la foi passera, mais l'intelligence subsistera éternellement. La foi est véritablement un grand bien, mais c'est qu'elle conduit à l'intelligence de certaines vérités nécessaires, essentielles, sans lesquelles on ne peut acquérir ni la solide vertu, ni la félicité éternelle. Néanmoins la foi sans intelligence – je ne parle pas ici des mystères dont on ne peut pas avoir d'idée claire ; la foi, dis-je, sans aucune lumière, si cela est possible, ne peut rendre solidement vertueux. C'est la lumière qui perfectionne l'esprit et qui règle le cœur : et si la foi n'éclairait l'homme et ne le conduisait à quelque intelligence de la vérité [...] assurément elle n'aurait pas les effets qu'on lui attribue. Mais la foi est un terme aussi équivoque que celui de Raison, de philosophie ou de science humaine.

Les *EMR* (VI, § 1) renchérissent :

> Ainsi pour réduire en deux mots tout ceci, il me paraît évident que le meilleur usage que nous puissions faire de notre esprit, c'est de tâcher d'acquérir l'intelligence des vérités que nous croyons par la foi, et de tout ce qui va à les confirmer. Car il n'y a nulle comparaison à faire de l'utilité de ces vérités avec l'avantage qu'on peut tirer de la connaissance des autres. Nous les croyons ces grandes vérités ; il est vrai. Mais la foi ne dispense pas ceux qui le peuvent, de s'en remplir l'esprit, et de s'en

> convaincre de toutes les manières possibles. Car au contraire la foi nous est donnée pour régler sur elles toutes les démarches de notre esprit, aussi bien que tous les mouvements de notre cœur. Elle nous est donnée pour nous conduire à l'intelligence des vérités mêmes qu'elle nous enseigne.

Il est donc difficile de prendre une position plus rationaliste en matière de théologie, et de s'inscrire de façon plus catégorique dans la grande tradition de la *fides quœrens intellectum*, la foi qui cherche l'intelligence. De là l'intrépidité théologico-rationnelle partout à l'œuvre dans les *EMR*, la soif malebranchiste de comprendre tout ce qui concerne Dieu, par exemple en ses modes d'actions : quand tant d'autres en appellent à l'impénétrabilité des voies du Seigneur ou s'écrient avec saint Paul *O altitudo*, Malebranche, lui, dans toute la partie des *EMR* consacrée à la « providence » divine, décrit et sonde avec hardiesse les modes d'action de Dieu dans sa création. De Descartes, Malebranche conserve certes, au moins nominalement, l'idée que Dieu en ses attributs et son rapport providentiel au monde est « incompréhensible », que la pensée humaine peut « toucher », mais non « embrasser », la divinité en sa nature et ses œuvres[1]. Mais il est clair que l'incompréhensibilité divine telle que la thématise Malebranche n'est plus celle qui poussait l'auteur des *Méditations métaphysiques*, tout comme Antoine Arnauld à sa suite, à faire preuve d'une forme de timidité, ou de retenue rationnelle, devant la transcendance. Malebranche, lui, fait

1. Voir par ex. *EMR* II, § 6 ; VIII, § 8 ; XI, § 7. Rappelons que chez Descartes, l'« incompréhensible » est ce que nous savons sans l'embrasser, ce que nous « touchons de notre pensée » (*intelligere*) sans le prendre-avec (*cum-prehendre*), sans pouvoir en faire le tour par notre esprit. Voir par ex. *Lettre à Mersenne* du 27-05-1630, AT, t. I, p. 152.

bien plus qu'effleurer de sa pensée la divinité. Son toucher, son atteinte ou son aperception des modes d'action de Dieu s'apparentent davantage à une exploration poussée. Le parcours intellectuel d'Ariste dans la partie des *EMR* consacrée à la « Providence générale » est ici remarquable. Il craint initialement de « se perdre bientôt dans un si vaste sujet ». « Contemplez », lui enjoint alors le moniteur Théodore, « admirez la Providence générale du Créateur. Je vous ai placé au point de vue d'où vous devez découvrir une sagesse incompréhensible » (X, § 17). L'opération réussit : quelque pages plus loin, après qu'on lui a expliqué la généralité des voies divines et appris à admirer la conduite et les ouvrages du créateur, Ariste, converti à la théorie malebranchiste de la providence, remercie son ami : « Vous m'avez placé au véritable point de vue d'où on découvre la sagesse infinie du créateur » (XI, § 3). Qu'a découvert Ariste au terme de cette initiation malebranchiste ? Il le dit lui-même : « Je *comprends clairement et distinctement* que la Providence générale porte le caractère d'une intelligence infinie et qu'elle est *tout autrement incompréhensible* que ne s'imaginent ceux qui ne l'ont jamais examinée » (XI, § 5). Si on admet l'hypothèse qui voit dans les *Entretiens* une réponse à Arnauld (qui avait, dans ses textes anti-malebranchistes, longuement insisté sur l'incompréhensibilité divine), l'usage du verbe « comprendre », appliqué aux modalités de notre connaissance de la providence divine, peut se lire comme un défi à l'adversaire[1]. Il est certes difficile de faire la part

1. Voir par ex. *EMR* IX, § 12 : « je *comprends* même que la raison de la prédestination des hommes se doit nécessairement trouver dans votre principe [de la simplicité des voies] » ; X, § 1 ; § 4-5 (quatre occurrences du terme) ; § 8 ; § 14 ; et encore XI, § 4-5 : « *Comprenez* donc avec quelle sagesse il a fallu régler les premiers mouvements de la

dans ces textes de ce qui relève d'un sens affaibli du terme (« se faire comprendre d'un interlocuteur »), de ce qui témoigne des difficultés à rendre *intelligere* dans le français de la fin du XVIIe siècle, et de ce qui renvoie au sens technique-cartésien du verbe « comprendre ». On peut encore invoquer le peu de souci de précision terminologique de l'oratorien. Mais il faut aussi considérer que cet usage massif du terme est sans équivalent dans les autres ouvrages malebranchistes, et remarquer que la proximité entre l'affirmation réitérée de l'incompréhensibilité de Dieu, ses attributs et sa providence, et les textes que nous venons de citer crée, en contexte cartésien, un effet de contraste trop évident pour être fortuit. Il signale que, de façon délibérée, Malebranche retravaille la notion d'incompréhensibilité divine pour lui donner un sens nouveau qui, sans dénier la transcendance de Dieu, ouvre un vaste champ d'enquête à la raison faisant œuvre théologienne.

Habitués que nous sommes à fréquenter les textes d'autres penseurs rationalistes (Spinoza, Leibniz, Hegel), nous peinons peut-être à mesurer ce qu'a de remarquable cette belle, sereine et joyeuse confiance malebranchiste dans les capacités de la raison humaine appliquée à Dieu. Elle s'oppose là encore à toute une tradition de type fidéiste, celle qui tend à penser que la foi seule suffit, que la raison faisant œuvre théologienne au mieux ne sert à rien, au pire corrompt le donné de la foi, que la « foi du charbonnier » constitue l'horizon indépassable de tout discours sur Dieu. Qu'on pense, par exemple, à saint Bonaventure, du moins en tant qu'il craignait, dit-on, que, chez Thomas d'Aquin, « l'eau de la raison » n'altérât le « bon vin de la Parole de Dieu ». Ou bien entendu à Pascal, scientifique génial et

matière. […] *Comprenez* donc […] que tous les effets de la providence générale sont tellement liés ensemble… » ; etc.

curieusement entêté à « humilier » cette raison dont il savait si bien se servir : « Que j'aime à voir cette superbe raison humiliée et suppliante » ; « Il n'y a rien de si conforme à la raison que ce désaveu de la raison » ; « Nous n'estimons pas que toute la philosophie vaille une heure de peine » ; « Humiliez-vous raison impuissante » (*Pensées*, n°52, 182, 84, 131 dans le classement de Lafuma). « Dieu parle bien de Dieu », écrivit-il aussi en un texte assez mystérieux (Lafuma 303), dont on comprend souvent qu'il signifie que seule la révélation est pertinente pour parler de Dieu, quand tous les autres discours, dont celui de la raison, seraient vains, vides, insipides. Et c'est bien le mémorial pascalien qui, en une formule canonique, oppose le « Dieu des philosophes et des savants » et celui « d'Abraham, d'Isaac de Jacob, de Jésus-Christ », celui de la révélation, « sensible au cœur » et qui « ne se trouve que dans les voies enseignées dans l'Évangile ».

Malebranche, lui, ne craint pas que l'eau de la raison corrompe le vin de la parole de Dieu, il pense plutôt que la rencontre de ces deux sources produit, comme aux noces de Cana, le meilleur vin qui se puisse concevoir. De là ses citations répétées d'un texte de l'*Évangile de Jean* (IV, 24) qui lui permet d'exprimer sa confiance en la raison, et sa conviction qu'il faut « passer » de la foi à l'intelligence : « Dieu est esprit, et il veut être adoré en esprit et en vérité » (*EMR* VII, § 16, XIV, § 7 et § 12).

6) *Ainsi entendue, la conception malebranchiste des rapports entre la foi et la raison esquisse comme un schéma général de l'histoire selon Malebranche.* On y discerne quatre époques. L'époque édénique tout d'abord, celle d'Adam : c'est celle où l'esprit humain est parfaitement uni à Dieu, Adam étant pour ainsi dire spontanément bon

philosophe. L'époque post-édénique (de la chute d'Adam au Christ) : l'homme et les philosophes, corrompus par le péché, se perdent dans le sensible. L'époque christique (du Christ à Descartes et Malebranche) : c'est la première phase du rachat ; la révélation est donnée aux hommes afin qu'ils puissent malgré tout savoir par la foi ce qui est nécessaire à leur salut et qu'ils ne comprennent pas. L'époque philosophique, qui parachève la rédemption : l'homme comprend que son intelligence est l'Intelligence divine et entreprend une rationalisation, au moins partielle, du donné de la foi. Il s'agit, d'une certaine manière, d'un retour à l'état adamique : selon l'heureuse formule de Ferdinand Alquié, « Adam était malebranchiste avant l'heure… »[1], mais il l'était de façon immédiate et spontanée quand nous, philosophes, ne le devenons que par un sérieux effort de réflexion et d'attention. La formule « la foi passera, mais l'intelligence subsistera éternellement » synthétise donc une conception optimiste de l'histoire de la pensée entendue comme un progrès dont le terme sera l'annulation ou l'atténuation de certains effets de la faute originelle par réintégration de la pensée humaine dans la Pensée divine. À ce schéma général, Malebranche ajoute parfois des considérations d'apparence « dialectique », il est vrai classiques chez les théologiens, sur la bienfaisante faute d'Adam qui est à l'origine de ce processus historique : « cette chute a été l'occasion de ce grand ouvrage si digne de la grandeur et de la miséricorde de Dieu, et si admirable en toutes manières : *O felix culpa*, chante l'Église, *quæ*

1. F. Alquié, *Le Cartésianisme de Malebranche*, p. 464. Mais le thème de l'Incarnation empêche par ailleurs Malebranche de penser l'histoire sur un schéma simplement cyclique : « L'Univers réparé par Jésus-Christ vaux mieux que le même univers dans sa première construction » (*EMR* IX, § 5).

talem ac tantum meruit habere Redemptorem »[1]. Sans pousser trop l'identification, on peut alors juger tentant le rapprochement proposé par Sainte-Beuve (*Port-Royal* VI, chap. 6) : « Du plus haut de cette construction métaphysique de Malebranche, j'entrevois déjà tout au bout Hegel et son cortège »

7) On n'est pas néanmoins dans le cadre d'un rationalisme absolu, comme c'est le cas chez Hegel et, peut-être, Spinoza[2], qui estiment que le « passage » traduisant ce qu'il y a de vrai dans les contenus de la foi en savoir rationnel est non seulement souhaitable, mais encore intégralement réalisable – sans qu'il demeure, donc, de « reste », ou de résidu, de foi. *Malebranche, lui, maintient qu'il existe des limites aux possibilités de rationalisation de la révélation : les « mystères ».* Les *EMR* signalent à plusieurs reprises l'existence de ces éléments de la révélation chrétienne telle que la reçoit Malebranche et que nous ne pouvons pas rendre intelligibles (ou peut-être vaut-il mieux écrire « rendre *pleinement* intelligibles », dans la mesure où rien n'interdit d'essayer de les éclairer par la raison) : la Trinité, l'Incarnation, la présence réelle du Christ dans l'eucharistie, etc. Le malebranchisme n'est donc pas un pan-rationalisme, tant d'ailleurs en philosophie (puisque certains secteurs du réel ne nous sont pas accessibles sur le modèle paradigmatique de la connaissance rationnelle

1. *Conversations chrétiennes*, II, p. 52-53. La phrase latine est tirée de l'*Exultet*, une prière de la célébration de la nuit de Pâques : « Ô bienheureuse faute, qui nous valut un tel et un si grand rédempteur ».

2. Le « peut-être » faisant ici droit à l'idée avancée au § 7 du chapitre XV du *Traité théologico-politique* : « on ne peut pas démontrer par la raison » « le fondement de la théologie », « à savoir que les hommes sont aussi sauvés par l'obéissance seule ».

par idées claires : notre âme, les autres esprits) qu'en théologie.

8) Structurellement parlant, la doctrine malebranchiste des rapports entre foi et raison telle qu'elle a été jusqu'ici restituée est d'allure assez classique, en contexte rationaliste. Elle reprend par exemple les trois catégories d'énoncés distingués par Descartes dans le texte canonique des *Notæ in programma quoddam* (AT VIII, p. 353-354) qui fournit la meilleure synthèse de sa propre conception des rapports entre foi et raison : les énoncés qui concernent la raison seule (mathématiques, physique, etc.) ; ceux qui concernent la foi seule (les « mystères » : Trinité, Incarnation, etc.) ; ceux qui constituent ce qu'on peut appeler le « domaine partagé » ou la « pièce commune » c'est-à-dire les énoncés proposés par la foi, mais qu'on peut « rationaliser » en les faisant « passer » à l'intelligence. La principale différence entre Descartes et Malebranche réside dans le nombre et la nature des énoncés qu'ils placent dans cette dernière catégorie : l'auteur des *Méditations* y fait principalement figurer « l'existence de Dieu, et la distinction entre l'âme humaine et le corps », Malebranche y ajoute, au moins, tout ce qui touche aux modes d'actions généraux de la providence divine.

La position malebranchiste se complique, s'enrichit encore et devient à proprement parler originale quand l'oratorien examine certains thèmes ou certaines situations où selon lui la raison seule ne suffit plus pour développer la réflexion et doit être épaulée par la foi. On sort alors du schéma classique de la *fides quærens intellectum* (la foi cherchant l'intelligence) pour passer à celui de la *fides ferens intellectum* (la foi portant, aidant l'intelligence).

On repère ainsi dans les *EMR* au moins trois lieux où la raison touche ses limites, se retrouve confrontée à une difficulté, ou une aporie, qu'elle ne parvient pas à dépasser seule, mais qu'elle surmonte avec l'aide de la foi. Ce sont :

a) *La question du péché originel*, qui avait été amplement développée dans la *Préface* de la *Recherche de la vérité* et sur laquelle les *EMR* reviennent rapidement (IV, § 16-18). Une fois posée l'existence d'un Dieu créateur, bon et agissant selon l'Ordre, il est en effet manifeste que l'homme n'est pas ce qu'il devrait être : une créature chez qui l'esprit domine sur le corps, qui préfère l'intelligible au sensible et qui est spontanément orientée vers son créateur. C'est la foi qui vient dénouer cette contradiction entre les exigences de la raison et les données de l'expérience : elle nous apprend qu'a eu lieu un événement, le péché originel, qui a commué la condition primitive des humains. Théodore synthétise : « Oui, sans doute, il y a là du mystère. Que les philosophes, mon cher Ariste, sont obligés à la religion, car il n'y a qu'elle qui les puisse tirer de l'embarras où ils se trouvent ! » (IV, § 17). On est ici proche, en faisant l'économie de certains effets de dramatisation stylistique propres aux *Pensées*, de l'idée pascalienne que l'homme « est inconcevable à soi-même sans le secours de la foi », que « sans ce mystère » [du péché] « nous sommes incompréhensibles à nous-mêmes. [...] De sorte que l'homme est plus inconcevable sans ce mystère que ce mystère n'est inconcevable à l'homme » (Lafuma, 131).

b) *La question de l'existence des corps* (*EMR* VI). Reprenant les arguments traditionnels en contexte cartésien pour mettre en doute l'existence des corps (rêves, hallucinations, illusion des amputés), Théodore est conduit à évoquer devant un Ariste médusé l'hypothèse que l'anéantissement du monde ne nous empêcherait pas de le percevoir comme nous le faisons actuellement (I, § 5 et 6), Malebranche considère donc que la raison seule n'a pas les moyens d'établir une « démonstration exacte » (VI, § 4) de l'existence du monde matériel[1]. C'est selon lui la révélation qui vient dénouer cette difficulté, et permet donc à la raison de continuer à réfléchir de façon assurée à tout ce qui touche au monde matériel : « La foi m'apprend que Dieu a créé le ciel et la terre. Elle m'apprend que l'Écriture est un livre divin. Et ce livre ou son apparence me dit nettement et positivement, qu'il y a mille et mille créatures. Donc voilà toutes mes apparences changées en réalités. [...] Il y a des corps : cela est démontré en toute rigueur, la foi supposée. Ainsi je suis assuré qu'il y a des corps, non seulement par la révélation naturelle des sentiments que Dieu m'en donne, mais encore beaucoup plus par la révélation surnaturelle de la foi » (VI, § 8).

c) *L'aporie de la création*, envisagée à plusieurs reprises dans les *EMR* (par ex. IX, § 2 à 8) : laissée à elle-même, la raison seule ne comprend pas pourquoi et comment un Dieu infini, parfait et à qui rien ne manque a pu créer autre chose que lui, comme il l'a manifestement fait. C'est à nouveau la foi qui fournit la réponse : en créant un monde où est programmée l'Incarnation de la seconde personne de la Trinité, Dieu se vise lui-même, il est à lui même sa propre fin et se rend « gloire » à lui-même.

En ces trois lieux, la raison malebranchiste progressant de façon autonome touche donc ses limites, se retrouve confrontée à un blocage qu'elle ne surmonte que grâce à l'apport exogène de la révélation, à l'inoculation, dans les

1. Voir aussi les textes où Malebranche propose de distinguer, à propos de l'existence de la matière, « preuve » et « démonstration » : *RV*, VIe Écl., *OC*, t. III, p. 60-61 ; *Rép. Arnauld, OC*, t. VI, p. 183.

chaînes des raisons philosophiques, d'une vérité de foi. Aidée par la foi, la raison malebranchiste accueille ainsi en son activité réflexive propre une autre source d'intelligibilité qu'elle-même sur le réel. De la sorte, la foi ne bloque pas l'intelligence, ne se contente pas de lui imposer autoritairement des limites infranchissables, mais lui ouvre au contraire de nouveaux espaces d'intelligibilité qui lui permettent de progresser dans ses réflexions. Malebranche s'inscrit, de façon originale, dans la tradition qui affirme, après saint Augustin (Sermon 43), *Crede ut intellegas*, « crois pour comprendre », ou encore, à la suite de certaines versions d'un passage du livre d'Isaïe (VII, 9) : *Nisi crediteritis, non intelligetis*, « si vous ne croyez pas, vous ne comprendrez pas ».

9) *L'attention alternative.* La conception malebranchiste des rapports entre foi et raison, ou « métaphysique » et « religion », telle qu'elle est exposée dans les *EMR* se révèle donc élaborée et complexe, bien plus nuancée – c'est-à-dire à la fois riche mais aussi fragile et contestable – que le soi-disant « séparatisme » de Descartes ou l'ultra-rationalisme de Spinoza. On pourrait sans forcer le trait parler de relations « dialectiques » entre foi et raison : la raison fait apparaître la foi chrétienne comme raisonnable, mais se heurte à une série de limites que seule cette foi permet de dépasser, sans que soit toutefois abandonnée l'exigence d'une rationalisation maximale de vérités de foi. Tout cela est synthétisé dans le passage déjà cité d'*EMR* XIV, § 4, un véritable discours sur la méthode suivie au fil de l'ouvrage, qui introduit le concept remarquable d'« attention alternative. »

> Ceux qui étudient la physique ne raisonnent jamais contre l'expérience. Mais aussi ne concluent-ils jamais par

> l'expérience contre la Raison. Ils hésitent, ne voyant pas le moyen de passer de l'une à l'autre. Ils hésitent, dis-je, non sur la certitude de l'expérience, ni sur l'évidence de la Raison, mais sur le moyen d'accorder l'une avec l'autre. Les faits de la religion ou les dogmes décidés sont mes expériences en matière de théologie. Jamais je ne les révoque en doute. C'est ce qui me règle et qui me conduit à l'intelligence. Mais lorsqu'en croyant les suivre je me sens heurter contre la Raison, je m'arrête tout court, sachant bien que les dogmes de la foi et les principes de la Raison doivent être d'accord dans la vérité, quelque opposition qu'ils aient dans mon esprit. Je demeure donc soumis à l'autorité, plein de respect pour la Raison, convaincu seulement de la faiblesse de mon esprit, et dans une perpétuelle défiance de moi-même. Enfin si l'ardeur pour la vérité se rallume, je recommence de nouveau mes recherches, et par une *attention alternative aux idées qui m'éclairent, et aux dogmes qui me soutiennent et qui me conduisent, je découvre sans autre méthode particulière le moyen de passer de la foi à l'intelligence.*

L'attention étant chez Malebranche une notion technique, qui désigne la cause occasionnelle de l'idéation, cette expression « d'attention alternative » a sans doute été soigneusement choisie. Et ce n'est pas non plus un hasard si les *EMR* s'achèvent par un passage pour ainsi dire polyphonique, où les voix de Théodore et d'Ariste se mêlent pour célébrer les vertus de l'audace rationnelle en matière de théologie, faire profession de foi anti-fidéiste et chanter les noces de la métaphysique et de la religion, c'est-à-dire, au fond, le travail accompli au long des *EMR* :

> THÉODORE : Pour moi, quand un homme a pour principe de ne se rendre qu'à l'évidence et à l'autorité, quand je m'aperçois qu'il ne travaille qu'à chercher de bonnes

preuves des dogmes reçus, je ne crains point qu'il puisse s'égarer dangereusement. *Peut-être tombera-t-il dans quelque erreur. Mais que voulez-vous ? Cela est attaché à notre misérable condition. C'est bannir la Raison de ce monde, s'il faut être infaillible pour avoir droit de raisonner*.

ARISTE : Il faut, Théodore, que je vous avoue de bonne foi ma prévention. Avant notre entrevue j'étais dans ce sentiment, qu'il fallait absolument bannir la Raison de la religion, comme n'étant capable que de la troubler. Mais je reconnais présentement, que si nous l'abandonnions aux ennemis de la foi, nous serions bientôt poussés à bout, et décriés comme des brutes. Celui qui a la Raison de son côté a des armes bien puissantes pour se rendre maître des esprits. Car enfin nous sommes tous raisonnables, et essentiellement raisonnables. Et de prétendre se dépouiller de sa raison, comme on se décharge d'un habit de cérémonie, c'est se rendre ridicule, et tenter inutilement l'impossible. Aussi dans le temps que je décidais qu'il ne fallait jamais raisonner en théologie, je sentais bien que j'exigeais des théologiens ce qu'ils ne m'accorderaient jamais. Je comprends maintenant, Théodore, que je donnais dans un excès bien dangereux, et qui ne faisait pas beaucoup d'honneur à notre sainte religion, fondée par la souveraine Raison, qui s'est accommodée à nous afin de nous rendre plus raisonnables. Il vaut mieux s'en tenir au tempérament que vous avez pris, d'appuyer les dogmes sur l'autorité de l'Église, et de chercher des preuves de ces dogmes dans les principes les plus simples et les plus clairs que la Raison nous fournisse. Il faut ainsi faire servir la métaphysique à la religion (car de toutes les parties de la philosophie il n'y a guère que celle-là qui puisse lui être utile), et répandre sur les vérités de la foi cette lumière qui sert à rassurer l'esprit, et à le mettre bien d'accord avec le cœur.

10) *Une philosophie chrétienne ?* Près de deux cent cinquante ans après la rédaction des *EMR*, cette originalité de la conception malebranchiste des rapports entre foi et raison a reçu une manière de consécration rétrospective lors d'un épisode marquant de la vie intellectuelle française de la première moitié du XXe siècle : la querelle de la « philosophie chrétienne ». L'histoire de cette dernière notion reste à écrire. L'idée même est sans doute assez banale, ne serait-ce que parce que dans l'iconographie des premiers siècles du christianisme, le Christ est souvent figuré avec les attributs des « philosophes » : vêtu du pallium, la main droite tenant un parchemin, à ses pieds une boite contenant des rouleaux, entouré de ses élèves. À la suite du travail déjà réalisé par Étienne Gilson à la fin de *L'Esprit de la philosophie médiévale*[1], il faudrait en revanche pister précisément les occurrences de l'expression « philosophie chrétienne », et il n'est pas assuré que la moisson serait, jusqu'à une époque relativement récente, très abondante. L'expression ne figure pas en tout cas dans le Nouveau Testament[2]. À notre connaissance et sous toutes

1. É. Gilson, *L'Esprit de la philosophie médiévale*, Paris, Vrin, 1969, qui donne, p. 413-440 de copieuses « Notes bibliographiques pour servir à l'histoire de la philosophie chrétienne ». L'usage de ces « notes » est cependant rendu malaisé par le fait qu'elles mêlent des textes où l'expression « philosophie chrétienne » apparaît *verbatim*, et de façon plus arbitraire, des textes où se trouvent « des expressions équivalentes ou qui, sans lui donner son sens propre tournent autour de cette notion et peuvent en éclairer le sens » (p. 413). Nous complétons ci-dessous cette liste gilsonienne par quelques références de textes où l'expression se retrouve en tant que telle.

2. Où la seule occurrence du mot « philosophie » est péjorative : « Prenez garde à ceux qui veulent faire de vous leur proie par leur philosophie trompeuse et vide » (*Lettre aux Colossiens*, 2, 8).

réserves, elle apparaît sous la plume d'un auteur du IVe siècle, Rufin d'Aquilée[1]. On en trouve au moins une occurrence chez saint Augustin : *nostra christiana, quæ una est vera philosophia*[2]. Elle est rare, sinon inexistante, chez les scolastiques, qui parlent plutôt de *sacra doctrina, christiana sapientia, mundana philosophia*. À la Renaissance, on la remarque chez Érasme[3]. Ainsi, dans les quinze ou seize premiers siècles du christianisme et contrairement à ce qu'on pourrait penser, cette expression n'est pas du tout fréquente. Les années 1670 représentent sans doute une étape importante dans cette histoire. En 1667, l'oratorien André Martin (1621-1695) publie, sous le nom d'Ambrosius Victor, une anthologie de textes de saint Augustin classés par thèmes : la *Philosophia christiana*, qui fut très influente dans les trente dernières années du Grand Siècle. En particulier, comme l'a montré Henri Gouhier[4], Malebranche a abondamment puisé dans ce texte lorsqu'il eut besoin de références augustiniennes. Et si l'oratorien ne définit jamais sa propre pensée comme une « philosophie chrétienne » (alors qu'il utilise l'expression « philosophe chrétien »[5]), il cite à plusieurs reprises, en le

1. *Historia ecclesiastica*, II, 8, Migne, Patrologie latine, t. XXI, p. 517, col. B : « Florebat igitur Ægyptus ea tempestate, non solum eruditis in christiana philosophia… »

2. Dans le *Contra Julianum Pelagianum* IV, 14, 72. Voir G. Madec, « "Philosophia christiana" (Augustin, *Contra Iulianum*, IV, 14, 72) », p. 585-597 dans *L'Art des confins, Mélanges offerts à Maurice de Gandillac*, éd. A. Cazenave, J.-F. Lyotard, Paris, P.U.F., 1985.

3. Voir l'*Epicureus*, p. 125 dans *Les Colloques d'Érasme*, éd. L. Halkin, Québec, Presses de l'Université de Laval, 1971 : « … le maître adorable de la philosophie chrétienne » [*adorandus ille christianæ philosophiæ princeps*].

4. Voir *supra*, p. 23, note 2.

5. Voir *Traité de morale*, I, chap. 8, § 4 : « J'écris pour des philosophes, mais des philosophes chrétiens… ».

traduisant en français, le titre de l'ouvrage d'Ambrosius Victor : « la savante collection qu'en [le « sentiment de saint Augustin »] a faite Ambroise Victor dans le second volume de sa *Philosophie Chrétienne* » (*RV*, Xe Écl., IVe obj., *OC*, t. III, p. 157) ; « le second volume de la *Philosophie Chrétienne* d'Ambroise Victor » (*Réponses à Arnauld*, *OC*, t. VI, p. 207 et 238). De là date, peut-être, la diffusion de l'expression en langue française : on la retrouve ensuite fréquemment aux XVIIIe et XIXe siècles, au long duquel paraissent annuellement, à partir de 1830, des *Annales de philosophie chrétienne* et qui voit la publication d'ouvrages comme l'*Histoire de la philosophie chrétienne* de Heinrich Ritter[1]. On la trouve sous la plume de Victor Cousin, dans le *Rapport à l'Académie française sur la nécessité d'une nouvelle édition des* Pensées *de Pascal*[2]. Chez les catholiques enfin, l'expression est consacrée par l'encyclique *Æterni Patris* du pape Léon XIII (1879), dont le sous-titre est *De philosophia christiana ad mentem sancti Thomæ aquinis*, « sur la philosophie chrétienne comme la concevait saint Thomas ». De façon assez curieuse, ce rapide aperçu laisse ainsi l'impression que durant la période où l'on serait tenté d'estimer que l'idée de « philosophie chrétienne » allait de soi, l'expression

1. Heinrich Ritter, *Histoire de la philosophie chrétienne*, Paris, Ladrange, 1843. Il s'agit de la traduction d'une partie de la *Geschichte der Philosophie* (Hambourg 1829 *sq.*) de cet auteur, qui a également publié en 1858-1859 *Die christliche Philosophie bis auf die neuesten Zeiten. Ein Supplement zur Geschichte der Philosophie.*

2. Victor Cousin, *Rapport à l'Académie française sur la nécessité d'une nouvelle édition des* Pensées *de Pascal*, Paris, Ladrange, 1843, p. 216 : « On ne sait, on ne peut savoir, quels services a rendus Descartes qu'après avoir sondé longtemps le vide qu'avait laissé dans les esprits et dans les âmes la chute de la scolastique, c'est-à-dire de la philosophie chrétienne… »

elle-même est peu, ou pas, utilisée ; et qu'elle se répand et devient d'usage fréquent lorsque le christianisme perd, petit à petit, son hégémonie idéologique.

C'est dans ce contexte qu'intervint, dans la France des années 1930, un débat – qui reste lui aussi à étudier dans le détail – autour de l'expression « philosophie chrétienne ». Le point de départ en fut un article d'Émile Bréhier dans la *Revue de métaphysique et de morale* en 1931, « Y a-t-il une philosophie chrétienne ? » (Bréhier répondait par la négative). La discussion qu'il inaugura dès avant sa parution fut touffue et nourrie. De nombreux grands noms de la philosophie de l'époque (Maurice Blondel, Henri Gouhier, Jacques Maritain, Gabriel Marcel, Antonin-Gilbert Sertillanges[1]) y prirent part, et elle culmina en un sens lors de la séance de Société Française de philosophie du 21 mars 1931[2], notamment dans la joute mémorable qui opposa alors Étienne Gilson à Léon Brunschvicg. Dans ce débat, tout le monde s'accorda sur l'existence de « philosophes chrétiens », c'est-à-dire de chrétiens faisant de la philosophie. Le désaccord éclata en revanche quant à la légitimité de l'expression « philosophie chrétienne ». Étienne Gilson la défendit dans son exposé et en choisissant une optique « augustinienne », au nom de l'unité des « sujets concrets » ayant réalisé de telles philosophies : « le réel, c'est [...] l'homme lui-même, unité profonde indissociable en éléments juxtaposés comme seraient les

1. Le débat eut aussi des prolongements en Allemagne, avec, notamment, une intervention d'Heidegger : « Théologie et philosophie », trad. fr. p. 101-131 dans *E. Cassirer, M. Heidegger, Débats sur le kantisme et la philosophie [ ] et autres textes de 1929-1931*, Paris, Beauchesne, 1972.

2. Voir le compte-rendu de ces débats dans le *Bulletin de la société française de philosophie*, séance du 21 mars 1931.

fragments d'une mosaïque, et où la nature et la grâce, la raison et la foi, ne sauraient fonctionner chacune pour soi comme dans un mécanisme dont les morceaux auraient été achetés au magasin de pièces détachées. Si donc un homme est chrétien philosophe, et s'il s'exprime vraiment dans sa philosophie, celle-ci ne saurait manquer d'être une philosophie chrétienne. Et elle sera, de bout en bout, à la fois chrétienne et philosophique, sans qu'on puisse l'analyser en éléments dont chacun équivaudrait à la négation du tout » (p. 45) ; « Pour que le rapport entre les deux concepts [...] soit intrinsèque, il ne suffit pas qu'une philosophie soit compatible avec le christianisme, il faut que le christianisme ait joué un rôle actif dans la constitution même de cette philosophie » (p. 48). Dans sa réponse à Étienne Gilson, Léon Brunschvicg soutint « qu'il n'y a d'intérêt à examiner la notion de philosophie chrétienne que si on intercale entre le substantif et l'adjectif un adverbe, et, sans doute, y aura-t-il quelqu'un qui, là, verra immédiatement le diable se dresser en tant que grammairien. [...] Le problème est celui d'une philosophie spécifiquement chrétienne » (p. 73) ; « On comprend alors comment on peut bien reconnaître qu'il y a philosophie et christianisme, sans avoir le droit d'en conclure qu'il y ait philosophie chrétienne. Si on est philosophe, le substantif demeure, en quelque sorte, immuable devant l'adjectif » (p. 75) et dans l'idée de philosophie chrétienne « l'adjectif nie radicalement le substantif [...] l'auteur d'un système de philosophie peut assurément être chrétien, mais ce n'est là qu'un accident sans rapport avec cette philosophie, comme nous le dirions pour l'auteur d'un traité de mathématique ou de médecine » (p. 76).

Le débat était intéressant, mais semblait aussi tourner au dialogue de sourds entre les tenants du « sujet concret » et les amateurs d'analyse grammaticale. Pourtant, en un curieux moment, comme un instant de grâce, l'accord se fit entre Étienne Gilson et Léon Brunschvicg. Ce dernier déclara en effet « Il y aurait cependant un cas à réserver, où nous devrions reconnaître qu'il existe ce qu'il conviendrait d'appeler, sans équivoque et sans compromis, une philosophie chrétienne. C'est le cas où un métaphysicien, réfléchissant de façon profonde et 'ingénue' tout à la fois sur les difficultés de la philosophie en tant que philosophie, arriverait à cette conviction que la philosophie n'aboutit qu'à poser des problèmes, qu'à s'embarrasser dans des difficultés. Plus elle aura une conscience nette de ces problèmes, plus elle mesurera l'abîme dans lequel la jettent ces difficultés, plus elle se persuadera qu'aux problèmes philosophiques satisfont seules les solutions propres au christianisme. Or cette position me paraît être celle de Malebranche. Malebranche, en tant que disciple de Descartes, découvre en lui-même l'éternité, l'immutabilité, l'infinité des idées mathématiques et, corrélativement, il suit l'élan de liberté qui ne peut s'arrêter qu'au bien en général ; puis, confrontant ces résultats avec l'état misérable dans lequel l'homme se trouve, il constate l'impossibilité de rejoindre le monde sensible, soit dans l'ordre spéculatif, soit dans l'ordre pratique, au monde intelligible. Le philosophe en tant que tel ne peut aller plus loin. La lumière lui viendra de ce qui est le fond du christianisme, de la dualité des aspects du Verbe, le Verbe incréé, le *Logos* de saint Jean, et, d'autre part, le Verbe Incarné, le Messie, le fils de Dieu. Ainsi, avec Malebranche, il me semble que se produit une philosophie spécifiquement chrétienne. […] À mes yeux il serait par conséquent équitable de maintenir pour Malebranche le privilège et l'honneur d'avoir été […] le représentant typique et essentiel d'une philosophie chrétienne » (p. 76-77). Et Étienne Gilson répondit, après un assez vif échange qui accusait son désaccord avec Léon Brunschvicg : « En ce qui concerne Malebranche, je suis très heureux de l'éloge que vous en avez fait. Je suis tout à fait persuadé que Malebranche est un philosophe chrétien, et un chaînon dans l'histoire de la philosophie chrétienne. Il en représente avec profondeur [...] des aspects importants. Par conséquent, sur ce point-ci, je serai tout à fait d'accord avec vous » (p. 82)

Dans cette âpre *disputatio* qui menaçait de virer à l'aigre, ce fut donc comme un tour de force posthume du doux P. Malebranche en ses lumineux *Entretiens* : avoir réussi à mettre d'accord des penseurs qui différaient tant, dans leurs présupposés comme dans leurs conclusions, et être apparu comme un, voire le seul, représentant indiscuté de cette si problématique « philosophie chrétienne ».

NICOLAS MALEBRANCHE

ENTRETIENS SUR LA MÉTAPHYSIQUE ET SUR LA RELIGION

On a déjà vu plusieurs éditions de cet ouvrage ; mais outre que celle-ci est la plus exacte, l'on y a ajouté trois Entretiens sur la mort et l'éternité qui la suit. Ce sujet est pour nous de la dernière conséquence, s'il est vrai que nous serons éternellement, s'il est vrai que maintenant notre âme est en épreuve dans notre corps, et que le jour viendra où Dieu rendra à chacun selon ses œuvres. Le temps, comparé à l'éternité, n'est qu'un instant. Tous les biens de la vie présente, richesses, honneurs, plaisirs, joignez-y une santé parfaite, et que rien ne manque de ce que met Aristote dans la définition du souverain bonheur : cet assemblage est imaginaire, mais fût-il très réel, tout ce qui passe approche si fort du néant, quand on le compare avec l'éternité bienheureuse que nous espérons, qu'il n'est pas possible que l'homme soit content de sa conduite lorsqu'il donne toute son application et tous ses soins pour obtenir si peu de chose. Nous voulons tous invinciblement être heureux ; je dis solidement heureux, éternellement heureux. Mais la mort est inévitable. Elle rompt tous nos desseins. Elle doit donc changer aussi toutes nos vues. Elle doit nous forcer de chercher des biens qu'elle ne puisse nous enlever.

Il est bien juste que la mort nous traverse dans nos desseins ; car ils sont bizarres et mal réglés quand nous ne suivons pas ses avis. Bien loin qu'elle s'oppose à notre véritable bonheur, c'est elle qui nous y conduit. La pensée de la mort ne nous fait mépriser que ce qui est méprisable. Elle lève le voile et les apparences trompeuses des biens 8 sensibles ; mais elle laisse aux vrais | biens toute leur réalité, et tout leur prix ; et elle nous les approche de si près, ces vrais biens, elle nous les fait considérer si attentivement, que tout le reste disparaît. C'est même cet effet ordinaire de la pensée de la mort qui la rend désagréable, de sorte que bien des gens voudraient n'y penser jamais.

Le sage en tout temps veut être détrompé. Mais l'homme charnel et insensé se plaît dans l'illusion. S'il dort d'un sommeil doux et agréable, s'il n'a que de plaisants songes, la mort qui le délivre de son assoupissement est une importune. Il faut que la douceur de son sommeil soit troublée par quelque fantôme terrible, afin qu'il se réveille avec plaisir. Cependant ce temps que nous passons dans l'assoupissement nous est donné pour nous faire un établissement éternel. L'alternative des récompenses et des peines futures est inévitable. Nous sommes immortels ; et ce néant prétendu qui succède aux derniers moments, est de toutes les chimères la plus extravagante et la plus folle. Ce n'est pas ici le lieu[1*] de le prouver. Le doute seul me suffit ; car le doute le plus léger touchant l'éternité de notre être suffit à tout homme raisonnable pour suspendre la plupart de ses desseins, jusqu'à ce qu'il ait bien reconnu ce qui en est. Quelque désagréable que paraisse l'examen de cette importante question, celui qui la néglige est un insensé, du moins s'il règle sa conduite indépendamment du futur. Mais celui qui s'y applique et qui s'y trompe est bien malheureux ; je pourrais dire aussi bien stupide et

1* 1er *Entretien sur la mort*, [OC, t. XIII].

bien aveugle ; mais sa stupidité n'est pas si visible, si inexcusable que celle que je crois commune à une infinité de gens. Car combien y en a-t-il qui doutent de l'immortalité de l'âme, ou qui même en sont convaincus, qui cependant font choix d'un état de vie sans penser à ce qui la suit ? Entre leurs différents motifs, l'éternité n'y entre point, ou on la compte pour rien. Quelle étrange stupidité ! Et comment l'accorder avec notre amour-propre, avec cette impression invincible que nous avons pour la félicité ?

Ce qui nous touche, ce qui nous frappe actuellement, c'est là ce qui nous ébranle ; c'est là ce qui détermine naturellement nos mouvements. Les enfants comptent pour rien les objets éloignés, quelque grands qu'ils soient en eux-mêmes : ils ne s'intéressent point dans le cours des astres. Si une épine les pique, si un insecte les mord, les voilà plus alarmés que si toute la nature s'allait | renverser. **9** Tel est le jugement des sens, lorsque la raison n'y a point de part, lorsqu'elle est faible, cette raison, et assujettie aux impressions du corps. Mais à mesure qu'elle se fortifie, l'esprit s'étend. Du présent il passe au futur ; et de ce qui l'environne, il pousse jusque dans les objets les plus éloignés. Par la comparaison qu'il fait des choses entre elles et avec lui, il devient de plus en plus susceptible de crainte et d'espérance. Le futur et l'éloigné l'ébranlent, aussi bien que le présent. De sorte qu'enfin on ne craint point de souffrir actuellement des douleurs très vives, d'essuyer mille et mille fatigues pour se mettre en repos sur la fin de ses jours. Mais toutes les vues qu'ont les hommes pour leur félicité se bornent d'ordinaire à la vie présente : ils ne s'arrêtent qu'au sensible. S'ils se fatiguent à trente ans pour se reposer dans leur vieillesse, c'est qu'ils voient souvent des vieillards, et qu'ils sont jeunes. Ce sentiment les frappe et les persuade qu'un jour ils seront comme eux. Mais ce sont des enfants par rapport aux vrais biens. L'éternité leur paraît comme ces espaces imaginaires, qu'on croit au-dessus des cieux. Ils n'y trouvent rien de solide, rien qui les touche, rien par conséquent qu'ils veulent préférer au présent dont ils jouissent avec plaisir. Voilà pourquoi l'éternité n'entre point en compte parmi les motifs de nos déterminations. Éternité cependant qui seule peut empêcher toutes nos fausses démarches, et régler nos pas pour arriver sûrement à la félicité que nous désirons.

Je tâche dans quelques-uns de ces Entretiens de bien convaincre Ariste, l'un des interlocuteurs, que les objets sensibles ont bien moins de réalité qu'on ne s'imagine, et qu'ils n'ont sur nous aucune action, que toutes les sensations que nous en avons viennent uniquement de l'efficace des idées divines, que l'âme n'est directement, immédiatement unie qu'à Dieu, qu'à la souveraine Raison, en qui se trouve, dit saint Augustin*, la puissance qui nous donne l'être, la lumière qui nous éclaire, et la règle immuable de notre conduite : *causa subsistendi, ratio intelligendi, et ordo vivendi*[1]. En un mot, je tâche de délivrer l'esprit des préjugés des sens et de l'imagination. Et dans les trois derniers je **10** joins aux principes de la philosophie naturelle | ceux de la religion, pour guérir le même Ariste de la crainte de la mort. Je tâche de diminuer en lui cette horreur que nous en avons naturellement, afin qu'il y pense plus sérieusement qu'il n'avait fait, qu'il se familiarise pour ainsi dire avec elle, qu'il prenne volontiers ses avis, et qu'il suive les chemins qui conduisent à la félicité que nous espérons par JÉSUS-CHRIST. *Si enim homo ita creatus est, ut per id quod*

* *La Cité de Dieu*, VIII, 4.

1. « La cause de l'existence, la raison de l'intelligence, et l'ordre de la vie » [sont en Dieu selon Platon], *La Cité de Dieu*, VIII, 4.

in eo præcellit, attingat illud quod cuncta præcellit, id est unum verum optimum Deum, sine quo nulla creatura subsistit, nulla doctrina instruit, nullus usus expedit ipse quæratur ubi nobis secura sunt omnia ; ipse cernatur, ubi nobis certa sunt omnia ; ipse diligatur, ubi nobis recta sunt omnia. Augustin, *De civitate Dei*, Lib. VIII, cap. 4[1].

Je n'explique point ici le détail de ces Entretiens ; la table des chapitres suffit pour le reconnaître, et je ne crois pas non plus devoir rendre raison du choix des matières que j'ai traitées. Il me semble que ce choix est à la liberté des auteurs. Cependant j'ai été obligé d'en user comme j'ai fait. Presque toutes les vérités que j'expose, et que je défends, sont celles qu'on m'a contestées. Je n'en dis pas davantage. Mais comme je soutiens dans cet ouvrage ce paradoxe qui révolte l'esprit, ou plutôt l'imagination de bien des gens : *que c'est en Dieu que nous voyons toutes choses*, je crois le devoir prouver encore une fois par l'autorité de saint Augustin, quoique je l'aie déjà fait ailleurs*. Un si grand nom tiendra peut-être les esprits en respect, et les disposera à examiner sans prévention une vérité de la dernière conséquence, et que je crois avoir évidemment démontrée.

* *Réponse au Livre des vraies et fausses idées*, chap. VII et XXI [OC, t. VI, p. 63-69 et 143-150].

1. « Car si l'homme a été créé pour atteindre, par ce qu'il a de supérieur en lui, ce qui est supérieur à toute chose, c'est-à-dire le Dieu unique, véritable et parfait, sans lequel aucune créature ne subsiste, aucune doctrine n'instruit, aucune conduite n'est utile : que ce soit lui qu'on cherche, en qui pour nous sont toutes choses assurées ; lui que l'on contemple, en qui pour nous sont toutes choses certaines ; lui qu'on aime, en qui pour nous sont toutes choses droites », Augustin, *La Cité de Dieu*, VIII, 4.

Divers passages de saint Augustin touchant les idées, et réflexions sur ces passages

Saint Augustin, *Livre des quatre-vingt-trois questions*, question XLVI, parle ainsi des idées. *IDEAS Plato primus appellasse perhibetur : non tamen si hoc nomen antequam ipse institueret, non erat, ideo vel res ipsæ non erant, quas ideas vocavit, vel a nullo erant intellectæ. ... Nam non est verisimile, sapientes aut nullos fuisse ante Platonem ; aut istas, quas Plato ideas vocat, quæcumque res sint, non intellexisse. Si quidem in eis tanta vis constituitur, ut nisi his intellectis sapiens esse* 11 | *nemo possit... Sed rem videamus quæ maxime consideranda est atque noscenda... Sunt ideæ principales formæ quædam vel rationes rerum stabiles atque incommutabiles, quæ ipsæ formatæ non sunt, ac per hoc æternæ ac sempter eodem modo sese habentes quæ in divina intelligentia continentur. Et cum ipsæ neque oriantur neque intereant, secundum eas tamen formari dicitur omne quod oriri vel interire potest... Quod si recte dici vel credi non potest ... Deum irrationabiliter omnia condidisse restat ut omnia ratione sint condita. Nec eadem ratione homo qua equus : hoc enim absurdum est existimare. Singula igitur propriis sunt creata rationibus. Has autem rationes ubi arbitrandum est esse, nisi in ipsa mente Creatoris ? Non enim extra se quidquam positum intuebatur, ut secundum id constitueret quod constituebat : nam hoc opinari sacrilegum est. Quod si hæ rerum omnium creandarum creatarumve rationes in divina mente continentur, neque in divina mente quidquam nisi æternum atque incommutabile potest esse ; atque has rationes principales appellat Plato : non solum sunt ideæ, sed ipsæ veræ sunt quia æternæ sunt, et ejusmodi atque incommutabiles manent; quarum participatione fit, ut sit quidquid est, quoquo modo est*[1].

Il est clair que saint Augustin a cru 1°) que la question des idées était de la dernière conséquence. *Maxime consideranda atque noscenda*[2]. Il n'y a point en effet de sentiment de philosophie qu'il ait eu plus à cœur, et dont il ait tiré plus de conséquences avantageuses à la religion, que de celui qu'il a eu sur leur nature. Aussi n'y a-t-il point

1. « C'est Platon qui est connu comme ayant le premier donné leur nom aux IDÉES. Non toutefois que, si le nom n'existait pas avant qu'il l'eût institué, les choses mêmes qu'il a appelées Idées n'aient pas existé ou n'aient été conçues par personne. [...] Car il n'est guère vraisemblable, ou qu'il n'y ait pas eu de sages avant Platon, ou qu'ils n'aient pas conçu ce que Platon, avons-nous dit, appelle des Idées, quelle que soit leur réalité : étant donné qu'on y met tant de puissance qu'on ne saurait être sage sans les avoir conçues. [...] Mais voyons la chose, qui est au plus haut point à considérer et connaître. [...] Les Idées sont en effet des formes, principes ou raisons stables et immuables des choses, non pas formées elles-mêmes, et par là éternelles et subsistant toujours identiques dans l'intelligence divine qui les contient. Et comme elles-mêmes ni ne naissent ni ne disparaissent, c'est pourtant selon elles qu'on dit que se forme tout ce qui peut naître ou disparaître. [...] Si l'on ne peut dire ou croire à bon droit que Dieu a tout constitué irrationnellement, il reste qu'il a tout constitué par raison. Et non pas l'homme suivant la même raison que le cheval : ce serait absurde de le penser. Toutes choses ont donc été créées selon leurs raisons propres. Mais ces raisons, où faut-il les situer, sinon dans l'esprit même du Créateur ? Car il ne considérait rien d'extérieur à lui comme modèle de ce qu'il créait : une telle opinion serait en effet sacrilège. Que si ces raisons de toutes choses créées ou à créer sont contenues dans l'esprit divin, et qu'il ne peut rien y avoir dans l'esprit divin que d'éternel et d'immuable, alors ces raisons ou principes des choses que nomme Platon sont non seulement les Idées, mais elles-mêmes sont vraies parce qu'elles sont éternelles et qu'elles demeurent ainsi immuables : et c'est en y participant qu'existe tout ce qui est, quel qu'en soit le mode ».

2. « Elle est au plus haut point à considérer et connaître ».

de principe plus fécond ; on le verra bien dans la suite de cet ouvrage. Les idées, dit-il, ont tant de force, que sans elles on ne peut être sage : *In eis tanta vis constituitur, ut nisi his intellectis sapiens esse nemo possit*[1].

2°) Selon ce saint docteur, les idées sont éternelles et immuables : *æternæ et semper eodem modo sese habentes*[2].

3°) Elles sont les exemplaires, ou les archétypes des créatures : *Sunt ideæ principales formæ quædam, vel rationes rerum stabiles atque incommutabiles*[3], etc. *Ideæ* et *rationes*, dans saint Augustin, sont synonymes. Cela est clair par ce passage seul. Et on n'en doutera pas, si on lit entièrement cette question XLVI. Quand saint Augustin dit *omnia ratione sunt condita ; nec eadem ratione homo qua equus*[4] ; il veut dire que toutes les créatures ont leurs idées ou leurs archétypes.

12 | 4°) Les idées sont en Dieu. Car c'est une impiété de croire qu'en créant le monde, il regardât hors de lui-même le modèle sur lequel il l'a formé. *In ipsa mente Creatoris. Non enim extra se quidquam intuebatur*[5], *etc.* Et si Platon n'avait point cru que les idées étaient séparées de l'essence divine, comme on l'en accuse*, saint Augustin en cela serait platonicien. Au reste la multiplicité infinie des idées qui sont en Dieu, n'est nullement contraire à la simplicité de son essence, *Cæterum dictus est in Scripturis sanctis*

* Aristote, *Métaphysique*, 3 [997, b].

1. « On y met tant de puissance qu'on ne saurait être sage sans les avoir conçues ».

2. « éternelles et subsistant toujours identiques ».

3. « Les Idées sont en effet des formes, principes ou raisons stables et immuables ».

4. « Toutes choses ont été constituées par raison. Et non pas l'homme suivant la même raison que le cheval ».

5. « dans l'esprit même du Créateur. Car il ne considérait rien d'extérieur à lui ».

spiritus sapientiæ multiplex, eo quod multa in se habeat : sed quæ habet, hæc et est, et ea omnia unus est. Neque enim multæ, sed una sapientia est, in qua sunt immensi quidam atque infiniti thesauri rerum intelligibilium, in quibus sunt omnes invisibiles atque incommutabiles rationes rerum, etiam visibilium et mutabilium, quæ per ipsum factæ sunt. De Civitate Dei, Lib. XI, cap. x[1].

Tout cela s'accorde avec ce que dit saint Thomas, [Somme théologique], 1re partie, question XV, art. 2. *Deus essentiam suam perfecte cognoscit. Unde cognoscit eam secundum omnem modum, quo cognoscibilis est. Potest autem cognosci non solum secundum quod in se est, sed secundum quod est participabilis, secundum aliquem modum similitudinis, a creaturis. Unaquæque autem creatura habet propriam speciem, secundum quod aliquo modo participat divinæ essentiæ similitudinem. Sic igitur in quantum Deus cognoscit suam essentiam ut sic imitabilem a tali creatura, cognoscit eam ut propriam rationem et ideam hujus creaturæ, et similiter de aliis. Et sic patet quod Deus intelligit plures rationes proprias plurium rerum, quæ sunt plures ideæ*[2]. Et dans la question précédente,

1. « Au reste, il est dit dans les saintes Écritures que l'Esprit de Sagesse est multiple, à cause des nombreuses choses qu'il renferme en lui-même ; mais il est ce qu'il a, et tout cela est un. Car la Sagesse n'est pas multiple, mais une, et en elle sont des trésors sans limites mais infinis des choses intelligibles contenant toutes les raisons invisibles et immuables des choses, même visibles et muables, qui sont faites par lui » *Cité de Dieu*, XI, 10, § 3.

2. « DIEU connaît parfaitement son essence, il la connaît donc selon toutes les manières dont elle est connaissable. Or elle peut être connue non seulement en elle-même, mais selon qu'elle est participable, selon un certain mode de ressemblance, par les créatures. Mais chaque créature a son espèce propre, selon le mode par lequel elle participe de la ressemblance de l'essence divine. Ainsi, quand Dieu connaît sa propre essence comme imitable par telle créature, il la connaît comme étant la

art. 6. *Cum essentia Dei habeat in se quidquid perfectionis habet essentia cujuscumque rei alterius, et adhuc amplius : Deus in se ipso potest omnia propria cognitione cognoscere : propria enim natura uniuscujusque consistit secundum quod per aliquem modum naturam divinam participat*[1].

On voit par ce passage de saint Thomas que les idées divines ne sont que l'essence divine, en tant que les créatures peuvent l'imiter, ou y participer, et que les mots *ideæ et rationes* sont synonymes : *Deus intelligit plures rationes* 13 *proprias plurium | rerum quæ sunt plures ideæ*[2]. Presque tous les théologiens convienent de ce que disent ces passages. Mais voici qui révolte l'imagination de bien des gens.

DE UNIVERSIS quæ intelligimus non loquentem qui personat foris, sed intus ipsi menti præsidentem consulimus veritatem, verbis fortasse ut consulamus admoniti. Ille autem qui consulitur, docet. QUI IN INTERIORE HOMINE HABITARE DICTUS EST CHRISTUS ID EST INCOMMUTABILIS DEI VIRTUS, ATQUE SEMPITERNA SAPIENTIA : quam quidem omnis anima rationalis consulit, sed tantum cuique panditur, quantum capere propter propriam sive malam, sive bonam voluntatem potest. Et si quando fallitur, non fit vitio consultæ veritatis, ut neque hujus quæ foris est, lucis vitium est, quod corporei oculi sæpe falluntur. Saint Augustin,

raison propre et l'idée de cette créature, et de même pour les autres. Et ainsi il est clair que Dieu a l'intelligence d'une pluralité de raisons propres d'une pluralité de choses, qui sont une pluralité d'idées ».

1. « Comme l'essence de Dieu contient en elle tout ce qu'il y a de perfection dans l'essence de quelque autre chose que ce soit, et bien davantage, Dieu peut connaître en lui-même toutes choses d'une connaissance propre. Car la nature propre d'un être quelconque consiste en ce qu'il participe en quelque façon à la nature divine ».

2. « Dieu a l'intelligence d'une pluralité de raisons propres d'une pluralité de choses, qui sont une pluralité d'idées ».

De Magistro, *cap. 11*[1]. Et plus bas, chap. XIV : *Quis tam stulte curiosus est qui filium suum mittat in scholam, ut quid magister cogitet discat? AT ISTAS OMNES DISCIPLINAS quas se docere profitentur, ipsiusque virtutis atque sapientiæ, cum verbis explicaverint, tum illi qui discipuli vocantur, utrum vera dicta sint, apud semetipsos considerant, interiorem illam veritatem pro viribus intuentes. TUNC ERGO DISCUNT : et cum vera dicta esse intus invenerint laudant, nescientes non se doctores potius laudare quam doctos, si tamen et illi quod loquuntur sciunt. Falluntur autem homines, ut eos qui non sunt, magistros vocent. Quia plerumque inter tempus locutionis et tempus cognitionis nulla mora interponitur; et quoniam post admonitionem sermocinantis cito intus discunt, foris se ab eo, qui admonuit, didicisse arbitrantur*[2].

1. « POUR TOUT ce dont nous avons l'intellection, ce n'est pas la parole qui résonne au dehors, mais à l'intérieur la vérité qui se tient devant l'esprit même, que nous consultons, peut-être avertis par des paroles qu'il faut la consulter. Or celui que nous consultons et qui ENSEIGNE EST LE CHRIST QUI EST DIT HABITER L'HOMME INTÉRIEUR, C'EST-À-DIRE LA PUISSANCE IMMUABLE DE DIEU ET LA SAGESSE ÉTERNELLE : certes toute âme rationnelle la consulte, mais elle ne s'ouvre à chacun qu'autant qu'il peut la recevoir par sa volonté propre, qu'elle soit bonne ou mauvaise. Et s'il arrive qu'on se trompe, ce n'est pas par un vice de cette vérité qu'on consulte, de même que ce n'est pas la faute de la lumière extérieure si les yeux du corps se trompent souvent ». (*Le Maître*, XI, § 38).

2. « Qui serait si stupidement curieux pour envoyer son propre fils à l'école afin qu'il apprenne ce que pense le maître? Mais TOUTES CES DISCIPLINES que les maîtres font profession d'enseigner, sur la vertu elle-même et sur la sagesse, quand ils les ont expliquées par des mots, alors ceux qu'on appelle des disciples considèrent en eux-mêmes si ce qui a été dit est vrai, en contemplant cette vérité intérieure selon leurs forces. ALORS DONC ILS APPRENNENT : et quand ils ont trouvé intérieurement que ce qu'on leur a dit est vrai, ils louent [les maîtres], sans savoir qu'ils ne louent pas des enseignants mais plutôt des enseignés, si toutefois eux-mêmes savent aussi ce qu'ils disent. Or les hommes se trompent en appelant maîtres ceux qui n'en sont pas. Parce que le plus souvent entre

Il est donc clair que les hommes que nous appelons nos *maîtres* ne sont en effet que des *moniteurs*, que s'ils comprennent ce qu'ils nous disent, en cela ils sont *doctes*, mais ils ne sont pas véritablement nos *docteurs*, qu'enfin nous n'avons point d'autre *maître* dans les sciences, philosophie, mathématique, qu'on en raille tant qu'on voudra, que la *Sagesse éternelle qui habite en nous*, et que tous les esprits consultent par leur attention. *At omnes istas disciplinas quas se docere profitentur*[1], et le reste. C'est là le dessein du livre *De Magistro. Ut jam non crederemus tantum*, dit saint Augustin, *sed etiam intelligere inciperemus,* 14 *quam | vere scriptum sit autoritate divina, ne nobis quemquam MAGISTRUM dicamus in terris, quod unus omnium magister in cœlis sit*[2], chap. dernier. Et dans ses *Rétractations*, Livre I, chap. XII : *SCRIPSI librum, cujus est titulus* De Magistro, *in quo disputatur, et quæritur, et INVENITUR* (remarquez ce mot ET INVENITUR) *magistrum non esse, qui docet hominem scientiam, nisi Deum, secundum illud etiam quod in Evangelio scriptum est : Unus est magister vester Christus*[3]. On a maintenant de la peine à comprendre ce

le temps de la formulation et le temps de la connaissance, nul instant ne s'interpose ; et puisqu'après l'avertissement de celui qui parle, ils apprennent aussitôt intérieurement, ils estiment l'avoir appris par celui qui, hors d'eux, les a avertis » (*Le Maître*, XIV, § 45).

1. « Mais toutes ces disciplines que les maîtres font profession d'enseigner ».

2. « De sorte que nous ne croyions plus seulement, mais aussi que nous commencions à comprendre combien est véridique ce qui a été écrit par l'autorité divine, à savoir que nous ne devons appeler personne « maître » sur la terre, quand il y a un seul maître de tous dans les cieux » (*Le Maître*, XIV, § 46).

3. « J'ai écrit un livre intitulé *Le Maître*, où l'on discute, et cherche et TROUVE [...] qu'il n'y a pas de maître qui enseigne la science à l'homme, sinon Dieu, selon ce qui est également écrit dans l'Évangile : Unique est votre maître, le Christ [Mt XXIII, 10] ».

que saint Augustin assure que le jeune Adeodatus savait à seize ans : *ipse* (Adeodatus in libro *De Magistro*) *mecum loquitur. Tu scis illius esse sensa omnia, quæ inseruntur ibi ex persona collocutoris mei, cum esset annis sexdecim*[1]. *Confessions*, livre IX, chap. VI.

Voici encore quelques passages pour expliquer plus en détail la doctrine de saint Augustin.

Quæ propter nullomodo negaveris esse incommutabilem veritatem, hæc omnia quæ incommutabiliter vera sunt continentem, quam non possis dicere tuam vel meam, vel cujusquam hominis, sed omnibus incommutabilia vera cernentibus, tamquam miris modis secretum et publicum lumen, præsto esse ac se præbere communiter. OMNE AUTEM QUOD COMMUNITER OMNIBUS RATIOCINANTIBUS ATQUE INTELLIGENTIBUS PRÆSTO EST, AD ULLIUS EORUM PROPRIE NATURAM PERTINERE QUIS DIXERIT ? Meministi enim, ut opinor, quid de sensibus corporis paulo ante tractavimus ; ea scilicet quæ oculorum vel aurium sensu communiter tangimus, sicuti sunt colores et soni, quos ego et tu simul videmus, vel simul audimus, non pertinere ad oculorum nostrorum vel aurium naturam, sed ad sentiendum nobis esse communia. Sic ergo illa quæ ego et tu communiter propria quisque mente conspicimus, NEQUAQUAM DIXERIS AD MENTIS ALICUJUS NOSTRUM PERTINERE NATURAM. Duorum enim oculi quod simul vident, nec hujus nec illius oculos esse poteris dicere sed aliquid tertium in quod utriusque conferatur aspectus[2]. De Libero Arbitrio, Livre II, chap. XII.

1. « C'est lui (Adéodat, dans le livre *Le Maître*) qui parle avec moi. Tu sais que ce sont tous ces sentiments qui sont présentés là, en la personne de mon interlocuteur, alors qu'il était dans sa seizième année ».

2. « C'est pourquoi tu ne nieras en aucune façon qu'il y a une vérité immuable, qui contient tout ce qui est immuablement vrai ; et tu ne peux dire qu'elle est à toi, à moi ou à quiconque ; mais elle se présente et s'offre en commun à tous ceux qui aperçoivent les vérités immuables,

On voit clairement par ce seul passage que selon saint Augustin, les *idées* sont bien différentes des *perceptions* que nous en avons, bien différentes de nos propres modalités : car les idées sont immuables, et communes à tous les esprits. 2°) Que ces idées qui nous éclairent ne se peuvent trouver qu'en Dieu, dans la souveraine et immuable vérité. *Dic quia tu tibi lumen non es*, dit-il ailleurs, *ut*
15 *multum oculus es ; lumen non es. Quid prodest* | *patens et sanus oculus, si lumen desit ? Ergo dic a te tibi lumen non esse ; et clama quod scriptum est* : Tu illuminabis lucernam meam Domine : Lumine tuo illuminabis tenebras meas. *Meæ autem nihil nisi tenebræ : Tu autem lumen fugans tenebras, illuminans me. Non a me mihi lumen existens, sed lumen non participans* NISI IN TE. (Remarquez ces paroles, *nisi in te.* Il ne dit pas, *nisi a te.*) *Sic et Joannes amicus sponsi, Christus putabatur, lumen putabatur*, Non* erat ille lumen, sed ut testimonium perhiberet de lumine. *Quod autem erat lumen ?* Erat lumen verum. *Quid est*

* Jn 1 [8-9].

comme une lumière secrète et publique à la fois selon des modalités admirables. OR DE TOUT QUI SE PRÉSENTE EN COMMUN À TOUS CEUX QUI FONT USAGE DE LEUR RAISON ET DE LEUR INTELLIGENCE, QUI DIRAIT QUE CELA APPARTIENT EN PROPRE À LA NATURE DE L'UN D'EUX ? Tu te souviens, en effet, je pense, de ce que nous avons dit un peu avant sur les sens corporels : les objets que nous atteignons en commun par les sens des yeux ou des oreilles, comme les couleurs et les sons, que nous voyons ensemble, toi et moi, ou que nous entendons ensemble, n'appartiennent pas à la nature de nos yeux ou de nos oreilles, mais nous sont communs en tant qu'objets de sensation. De même, donc, les objets que nous apercevons en commun, toi et moi, chacun par notre propre esprit, TU NE DIRAS EN AUCUNE FAÇON QU'ILS APPARTIENNENT À LA NATURE DE L'ESPRIT DE L'UN D'ENTRE NOUS. En effet, ce que les yeux de deux personnes voient simultanément, on ne peut dire que cela appartient aux yeux de l'une ou de l'autre, mais c'est une troisième chose vers laquelle se portent les regards de l'un et de l'autre ».

verum? Quod illuminat omnem hominem[1]. *Sermon 67, selon l'ordre nouveau.*

Si l'on était bien persuadé de ce que dit saint Jean, que le *Verbe qui s'est fait chair, est la vie, la lumière commune des intelligences*, ou que ὁ λόγοσ est cette Raison qui éclaire intérieurement tous les hommes, que deviendrait le Socinianisme? Car rien n'est plus évident que toutes les créatures sont des êtres particuliers, et que la Raison est universelle et commune à tous les esprits. *Ubique veritas præsides omnibus consulentibus te, simulque respondes omnibus etiam diversa consulentibus. Liquide tu respondes, sed non liquide omnes audiunt. Omnes unde volunt consulunt; sed non semper quod volunt audiunt*[2]. *Confessions*, Livre X, chap. XXVI.

Il ne faut pas s'imaginer que saint Augustin soit le premier qui ait cru que JÉSUS-CHRIST selon sa divinité était notre lumière, notre maître intérieur. Entre les Pères qui

1. « Reconnais que tu n'es pas à toi-même ta lumière, au plus tu es l'œil, mais tu n'es pas la lumière. À quoi sert d'avoir l'œil ouvert et sain si la lumière manque? Donc reconnais que la lumière ne vient pas de toi, et proclame avec l'Écriture : *C'est toi Seigneur qui illumineras mon flambeau. Par ta lumière tu illumineras mes ténèbres* [Ps, 27, 31]. Quant à moi, je n'ai rien que ténèbres; et toi tu es lumière chassant les ténèbres en m'illuminant. Ce n'est pas par moi que la lumière existe pour moi, et CE N'EST QU'EN TOI que je participe à la lumière. Et ainsi de Jean, l'ami de l'époux, quand on croyait qu'il était le Christ, qu'il était la lumière : *il n'était pas la lumière, mais devait rendre témoignage à la lumière* [Jn 1, 8]. Mais quelle était la lumière? *C'était la lumière véritable*. Que veut dire véritable? *Qui illumine tout homme* [Jn 1, 9] », (Sermon 67; 8 dans l'ancien ordre).

2. « Ô Vérité, partout tu assistes tous ceux qui te consultent, et en même temps tu réponds à tous, même à ceux qui te consultent sur des sujets différents. Tu réponds clairement, mais tous n'entendent pas clairement. Tous consultent sur ce qu'ils veulent, mais ils n'entendent pas toujours ce qu'ils veulent » [*Confessions*, IX, 26, § 37].

l'ont précédé, il y en a plusieurs * qui se sont déclarés pour ce sentiment ; et je ne crois pas qu'il s'en trouve un seul qui l'ait combattu. Ils l'avaient appris ce sentiment, ou comme saint Augustin** l'avoue de lui-même, dans les livres des platoniciens estimés alors, ou dans ceux de Philon, et des autres Juifs*** : et ils s'en étaient convaincus 16 | par le huitième chapitre des Proverbes de Salomon, et surtout par l'Évangile de saint Jean, qui dit positivement**** que le Verbe de Dieu, la Sagesse éternelle, la Raison était *la vie et la lumière des hommes, cette vraie lumière qui éclaire tout homme qui vient en ce monde.* Il était assurément notre lumière intérieure, avant qu'il se fût fait homme, pour être notre conducteur et notre modèle ; mais on peut dire qu'alors la lumière luisait dans les ténèbres. Car si JÉSUS-CHRIST n'était que simple moniteur, comment serait vrai ce qu'il dit de lui, qu'il est notre UNIQUE MAÎTRE, qu'il *est la voie, la vérité, et la vie*, qu'il est *la lumière du monde* ? N'est-ce pas la Raison universelle, qui est cette vraie lumière qui éclaire tous les hommes, quoique tous les hommes n'en soient pas également éclairés ? Et lorsque les législateurs établissent des lois justes, peut-on dire que la souveraine Raison n'y ait point de part ?***** *Ego Sapientia habito in consilio, et eruditis intersum cogitationibus ; per me reges regnant, et legum*

* St Justin martyr, *Apologie* II [§ 8] ; Clément d'Alexandrie, *Le Pédagogue* [I, 4].

** Voyez les *Confessions* de saint Augustin liv. VII. chap. 9. *De Civitate Dei*, liv. VIII, chap. 7.

*** Selon les anciens Pères, c'est des Juifs que Platon avait tiré ce qu'il y a dans ses ouvrages, qui se rapporte à ce que nous croyons. Ce n'est pas ici le lieu de le prouver.

**** Chap. 1.

***** Prov., chap. 7.

conditores justa decernunt[1]. Ces paroles ne sont-elles pas décisives ?

On croit ordinairement que les idées purement intelligibles ne sont rien, et que tout ce qui est dans l'esprit y est entré par les sens. Saint Augustin n'est pas de ce sentiment. *Ea quæ intelligit animus cum se avertit a corpore, non sunt profecto corporea : et tamen sunt,* MAXIMEQUE SUNT, *nam eodem modo semper sese habent. Nam nihil absurdius dici potest quam ea esse quæ oculis videmus, ea non esse quæ intelligentia cernimus, cum dubitare dementis sit, intelligentiam incomparabiliter oculis anteferri*[2]. *De immortalitate animæ*, chap. X, et dans ses *Confessions,* livre X, chap. XI : *Continet memoria numerorum dimensionumque rationes et leges innumerabiles, quarum nullam corporis sensus impressit ; quia nec ipsæ coloratæ sunt, aut sonant, aut olent, aut gustatæ, aut contrectatæ sunt. Audivi sonos verborum quibus significantur cum de his disseritur : sed illi alii, istæ autem aliæ sunt. Nam illi aliter græce, aliter latine sonant ; istæ vero nec græcæ nec latinæ sunt, nec aliud eloquiorum genus. Vidi lineas fabrorum, vel etiam tenuissimas, sicut filum aranæ, sed illæ aliæ sunt : non sunt* | *imagines earum quas mihi nunciavit oculus carnis. Novit eas, quisquis sine ulla* 17

1. « Moi, la Sagesse j'habite avec la prudence, et j'assiste aux pensées savantes. Les rois règnent par moi et c'est par moi que les législateurs ordonnent ce qui est juste » [Pr, 8, 12 et 15].

2. « Ces choses dont l'esprit a l'intelligence lorsqu'il se détourne du corps ne sont assurément pas corporelles. Elles sont cependant, et ELLES SONT AU PLUS HAUT DEGRÉ, car elles se comportent toujours de la même manière. Et l'on ne peut rien dire de plus absurde que de prétendre que ce sont les choses que nous voyons avec les yeux, mais non pas celles que nous apercevons par l'intelligence – car il serait insensé de douter que l'intelligence soit incomparablement supérieure aux yeux » [*De l'immortalité de l'âme*, chap. X, § 17].

cogitatione qualiscumque corporis intus agnovit eas. Sensi etiam numeros omnibus corporis sensibus quos numeramus : sed illi alii sunt quibus numeramus, nec imagines istorum sunt, ET IDEO VALDE SUNT. RIDEAT ME ISTA DICENTEM QUI EOS NON VIDET ; ET EGO DOLEAM RIDENTEM ME[1].

Saint Augustin croyait donc que c'est en Dieu que nous voyons les nombres nombrants qu'il appelle ailleurs *éternels et divins**, DIVINOS AC SEMPITERNOS ; et que ces nombres sont bien plus réels que les choses nombrées. Il avait le même sentiment des figures géométriques. *Quis mente tam cæcus est*, dit-il, *qui non videat istas figuras quæ in geometria docentur, habitare in ipsa veritate*[2] *? Soliloquia*, Livre II. Lorsque nous les découvrons ces idées, nous ne les formons pas de notre substance, nous ne les produisons pas. *NEQUE id est invenire, quod facere aut gignere ;*

* *De ordine*, II, 14.

1. « La mémoire contient les raisons des nombres et des mesures et leurs lois innombrables, dont aucune ne fait impression sur les sens corporels ; car elles non plus ne sont pas colorées, ni sonores, ni odorantes, ni goûtées, ni touchées. J'ai entendu les sons des mots qui les signifient, quand on en discute ; mais autres sont les mots, autres les choses. De fait, les mots ont d'autres sons en grec, d'autres en latin ; mais les choses ne sont ni grecques ni latines, ni d'un langage d'autre sorte. J'ai vu des lignes tracées par des artisans, même très fines, comme un fil d'araignée. Mais celles-ci [les lignes mathématiques et remémorées] sont autres ; elles ne sont pas les images de celles que m'a présentées l'œil de chair. Celui-là les connaît qui, sans penser nullement à un objet corporel quelconque, les a reconnues intérieurement. J'ai senti également par tous les sens du corps les nombres que nous nombrons ; mais autres sont les nombres par lesquels nous nombrons, ils ne sont pas les images des premiers ET C'EST POURQUOI ILS SONT PAR EXCELLENCE. QU'IL RIE DE M'ENTENDRE PARLER AINSI CELUI QUI NE LES VOIT PAS ; ET MOI, JE LE PLAINDRAI DE RIRE DE MOI » [*Confessions*, X, 12, § 19].

2. « Qui serait assez aveugle en son esprit, pour ne pas voir que ces figures qu'on enseigne en géométrie ont leur siège en la vérité même ? » [*Soliloques*, II, 18, § 32].

ALIOQUIN ÆTERNA GIGNERET ANIMUS INVENTIONE TEMPORALI, nam æterna sæpe invenit : quid enim tam æternum quam ratio circuli[1] *? De immortalitate animæ*, cap. IV. *Non enim sic fuerunt ut esse desinerent, aut sic futura sunt quasi non sint : sed idipsum esse semper habuerunt, semper habitura sunt. Manent autem non tanquam in spatiis locorum fixa veluti corpora, sed in natura incorporali sic intelligibilia præsto sunt mentis aspectibus, sicut ista in locis visibilia vel contrectabilia corporis sensibus. ... Ad quas mentis acie pervenire paucorum est ; et cum pervenitur, fit rei NON TRANSITORIÆ TRANSITORIA COGITATIO. De Trinitate*, Livre XII, chap. XIV[2].

Nous ne voyons pas seulement en Dieu les nombres, les figures, toutes les vérités spéculatives, mais encore les vérités de pratique, les lois éternelles, les règles immuables de la morale. *In Deo conspicimus incommutabilem formam justitiæ secundum quam hominem vivere judicamus*[3]. *De Trinitate*, Livre VIII, chap. IX et plus bas Livre XIV,

1. « Or découvrir, CE N'EST PAS faire, ni produire. Autrement, LES [VÉRITÉS] ÉTERNELLES SERAIENT PRODUITES EN UNE INVENTION TEMPORELLE, par l'esprit, car il découvre souvent des [vérités] éternelles : qu'y a-t-il en effet d'aussi éternel que la raison du cercle ? » [*De l'immortalité de l'âme*, IV, § 6].

2. « En effet, elles n'ont pas été comme si elles allaient cesser d'exister, ni ne seront comme si elles n'étaient pas encore : même elles ont toujours possédé cet être même, et le posséderont toujours. Et ce n'est pas qu'elles demeurent en tant que fixées, à la façon des corps, dans des espaces localisés, mais c'est que dans leur nature incorporelle, les intelligibles sont ainsi présents aux regards de l'esprit, comme les objets qui se trouvent dans un lieu sont visibles ou tangibles par les sens du corps. [...] Seul un petit nombre parvient à la pointe de l'esprit. Et quand on y parvient s'opère LA PENSÉE TRANSITOIRE D'UNE CHOSE NON TRANSITOIRE » [*De la Trinité*, XII, 14, § 23].

3. « En Dieu nous contemplons la forme immuable de la justice, selon laquelle nous jugeons que l'homme vit » *De la Trinité*, VIII, 9, [§ 13].

chap. XV : *Sed commemoratur, ut convertatur ad Dominum, tanquam ad eam lucem qua etiam cum ab illo averteretur quodammodo tangebatur. Nam hinc est quod etiam impii cogitant æternitatem, et multa recte reprehendunt, recteque* **18** *laudant in hominum moribus.* | *Quibus ea tandem regulis judicant, nisi in quibus vident quemadmodum quisque vivere debeat, etiam si nec ipsi eodem modo vivant? Ubi eas vident?* * *Neque enim in sua natura, cum procul dubio mente ista videantur, eorumque mentes constet esse mutabiles, has vero regulas immutabiles videat quisquis in eis, et hoc videre potuerit; nec in habitu suæ mentis, cum illæ regulæ sint justitiæ, mentes vero eorum constet esse injustas. Ubinam sunt istæ regulæ scriptæ, ubi quid sit justum et injustus agnoscit ubi cernit habendum esse quod ipse non habet? Ubi ergo scriptæ sunt nisi in libro illius quæ Veritas dicitur? Unde omnis lex justa describitur?*[1].

* J'ai expliqué en plusieurs endroits ce que c'est que l'ordre immuable de la justice, et comment on le voit en Dieu. Premier chapitre du *Traité de Morale* [OC, t. XI] et ailleurs.

1. « Mais on peut la [l'âme] faire se souvenir pour qu'elle se tourne vers le Seigneur comme vers la lumière qui la touchait en quelque manière, lors même qu'elle se détournait de lui. De là vient en effet que même les impies pensent à l'éternité, qu'ils blâment justement, louent justement de nombreuses choses dans la conduite des hommes. Par quelles règles finalement jugent-ils, sinon celles où ils voient comment chacun doit vivre, et même si eux ne vivent pas ainsi ? Où les voient-ils ? Ce n'est pas en effet dans leur propre nature, puisque sans nul doute c'est par l'esprit qu'on voit de telles choses et qu'il est clair que leurs esprits sont changeants, alors que ces règles apparaissent immuables à quiconque a pu voir cela en elles ; et ce n'est pas non plus dans une disposition de leur esprit, puisque ces règles sont règles de justice, alors qu'il est clair que leurs esprits sont injustes. Où donc ces règles sont-elles inscrites, où ce qui est juste et injuste est-il reconnu, où ce qui doit être possédé par celui-là même qui ne le possède pas est-il vu ? Où donc sont-elles inscrites,

Il serait inutile de transcrire un plus grand nombre de passages pour prouver que saint Augustin a cru que la Sagesse éternelle est la lumière des intelligences, et que c'est par la manifestation de sa substance, en tant qu'archétype de tous les ouvrages possibles, en tant qu'art immuable, que Dieu nous éclaire intérieurement, et *sans l'entremise d'aucune créature* *. Mais il est à propos que je prouve ici que suivant la doctrine du même saint Docteur, il faut dire nécessairement *que c'est aussi en Dieu que nous voyons les corps*. Car la proposition que je soutiens, *qu'on voit en Dieu toutes choses*, est générale.

Je suppose pour cela deux vérités prouvées dans cet ouvrage, dans la *Recherche de la vérité*, et ailleurs. La première, que les couleurs ne sont point répandues sur la surface des objets, et que ce ne sont que des modifications ou des perceptions de l'âme produites en elle par l'idée de l'étendue à l'occasion des ébranlements du cerveau. C'est une vérité dont je ne crois pas que puissent douter ceux qui ont examiné cette matière. Aussi passe-t-elle pour incontestable dans l'esprit de bien des gens.

La seconde, que nous ne voyons point les objets en eux-mêmes, et que nul corps ne peut par lui-même agir sur l'esprit, ni lui donner la modification de couleur, ou la perception de son idée. | Je suppose que quand tous les **19** corps qui nous environnent seraient anéantis, nous pourrions les voir ; et que nous les verrions effectivement comme nous les voyons, si leurs idées nous affectaient comme elles nous affectent à leur présence. Et cela ne manquerait

sinon dans le livre de ce qu'on appelle la Vérité ? C'est là qu'est écrite toute loi juste » [*De la Trinité*, XIV, 15, § 21].

* *Humanis mentibus nulla natura interposita præsidet. De Musica*, VI, 1 et *De Utilitate credendi*, chap. XV. [« [Dieu] est présent aux esprits humains sans l'intermédiaire d'aucune créature »].

pas d'arriver si notre cerveau était ébranlé par le cours des esprits animaux, ou par quelque autre cause, de la même manière qu'il l'est par la réflexion de la lumière. Ce qui se passe dans le sommeil et dans les fièvres chaudes, est une preuve suffisante de cette vérité. Cela supposé, examinons ce que c'est que *voir les corps*.

Lorsque nous fermons les yeux, nous avons présente à l'esprit une étendue qui n'a point de bornes. Et dans cette étendue immatérielle, et qui n'occupe aucun lieu, non plus que l'esprit qui la voit, comme je l'ai prouvé ailleurs*, nous pouvons y découvrir toutes sortes de figures, de même qu'on peut former une sphère ou un cube d'un bloc de matière. Cette étendue et ces figures sont *intelligibles*, parce qu'elles ne se font nullement sentir. Mais lorsqu'on ouvre les yeux, cette même étendue devient sensible à notre égard, par cela seul qu'elle nous touche plus vivement, et qu'elle produit dans notre âme une infinité de perceptions toutes différentes, que nous appelons couleurs. J'expose mon sentiment sans le prouver ; ce n'en est pas ici le lieu. Il me suffit que dans la vue que nous avons des objets, de ce papier par exemple, on n'y trouve que de l'étendue et de la blancheur ; encore un coup cela me suffit. Lorsque l'on ouvre les yeux au milieu d'une campagne, toute cette variété d'objets que la vue découvre ne vient certainement que de la distribution des couleurs différentes qui semblent répandues sur diverses parties de l'étendue. Car il est évident que ce n'est que par la variété des couleurs que nous jugeons de la différence des corps que nous voyons. Or, selon saint Augustin, c'est en Dieu que nous voyons l'étendue intelligible. Car elle est éternelle cette étendue ;

* *Première lettre touchant la défense de Monsieur Arnauld* [OC, t. VI, p. 193-274].

elle est immuable, infinie, efficace, capable de modifier l'esprit et de l'éclairer; qualités certainement qui ne peuvent convenir aux créatures. Selon lui c'est en Dieu que nous voyons les figures géométriques; et il est clair que, comme on ne peut former une sphère matérielle, par exemple, sans étendue matérielle, l'esprit | ne peut concevoir de sphère **20** sans étendue intelligible : c'est-à-dire, sans l'idée de la longueur, de la largeur, et de la profondeur. Donc, selon la doctrine de ce saint Docteur, c'est en Dieu que nous voyons les corps. Car nous ne les voyons, autant que nous sommes capables de les voir, que parce que l'étendue intelligible devient visible à notre égard, lorsqu'elle cause en nous la perception de couleur; et nous ne les sentons que parce qu'elle devient sensible à notre égard, lorsqu'elle cause en nous un sentiment plus vif, tel qu'est la douleur. Car la douleur, par exemple, que sent un manchot comme répandue dans son bras, n'est point certainement dans le bras qui n'est plus. Ce n'est point ce bras-là qui lui fait mal. Il ne lui en fit même jamais, s'il est vrai que les corps ne puissent agir sur les esprits et les rendre malheureux; s'il est vrai qu'il n'y a que l'intelligible, que les idées divines qui puissent affecter les intelligences. On verra les preuves de tout ceci dans les deux premiers Entretiens, et dans le second sur la mort.

J'avoue que saint Augustin n'a jamais dit que l'on voyait les corps en Dieu. Il n'avait garde de le dire, lui qui croyait qu'on voyait les objets en eux-mêmes, ou par des images corporelles, et que les couleurs qui les rendent visibles étaient répandues sur leur surface. Assurément si l'on voit les corps en eux-mêmes, ce n'est pas en Dieu qu'on les voit; cela est clair. Mais s'il est démontré, comme je le crois, qu'on ne les voit point en eux-mêmes, et que les traces qu'ils impriment dans le cerveau, ne leur ressemblent nullement, comme le savent tous ceux qui ont étudié l'optique; s'il est certain de plus que la couleur n'est que la perception par laquelle l'âme les voit, je soutiens que suivant les principes de saint Augustin, on est obligé de dire que c'est en Dieu qu'on voit les corps.

En effet, je reconnais et je proteste, que c'est à saint Augustin que je dois le sentiment que j'ai avancé sur la nature des idées. J'avais appris d'ailleurs que les qualités sensibles n'étaient que dans l'âme; et que l'on ne voyait point les objets en eux-mêmes, ni par des images qui leur ressemblent. Mais j'en étais demeuré là, jusqu'à ce que je tombai heureusement sur quelques endroits de saint Augustin, qui servirent à m'ouvrir l'esprit sur les idées. Et comparant ce qu'il nous enseigne sur cela avec ce que je savais d'ailleurs, je demeurai tellement convaincu, que *c'est en Dieu que nous voyons toutes choses*, que je ne craignis point d'exposer | au public ce sentiment, quelque étrange qu'il paraisse à l'imagination, et quelque persuadé que je fusse, que cela ne me ferait pas d'honneur dans l'esprit de bien des gens. Cette vérité me parut si propre à faire comprendre aux esprits attentifs que l'âme n'est unie directement qu'à Dieu, que lui seul est notre bien et notre lumière, que toutes les créatures ne sont rien par rapport à nous, ne peuvent rien sur nous; en un mot, cette vérité me parut de si grande conséquence par rapport à la religion et à la morale, que je me crus alors obligé de la publier, et que j'ai cru dans la suite devoir la soutenir.

Cependant je ne prétends pas être toujours dans l'obligation de répondre à ceux qui attaqueront mes sentiments, surtout s'ils les prennent mal, et s'ils me font des objections dont la résolution dépende de ce que j'ai déjà écrit. J'aime mieux me taire que de dire incessamment aux gens qu'ils n'entendent pas ce qu'ils critiquent, et de répéter pour eux ce que j'ai déjà expliqué. Mais je prie les lecteurs de ne point regarder comme mes véritables sentiments ceux que l'on m'attribue, quoique l'on cite les endroits de mes livres dont on prétend qu'ils sont extraits, et que l'on observe même le changement de caractère, pour faire croire qu'on ne change rien dans mes expressions. Et afin qu'on me rende plus volontiers cette justice, voici quelques preuves qui justifient la demande que je fais ici, et que j'ai souvent faite ailleurs pour de semblables raisons.

Un auteur* que je ne crois pas devoir nommer, parce qu'il ne s'est pas nommé lui-même dans son ouvrage, a fait depuis peu des *Éclaircissements sur la doctrine et sur l'histoire ecclésiastique*, où il a tâché de justifier les anciens hérétiques à mes dépens. Il ne parle point du père Malebranche dans le premier chapitre de son livre ; mais voici ce qu'il en dit dans le second.

Selon Tertullien une des erreurs principales des Marcionites et Apelletiens et Valentiniens, c'était de croire que Jésus-Christ était beau avant sa passion. Le père Malebranche, qui les suit quelquefois, | *comme nous verrons* **22** *plus bas, s'est entièrement déclaré pour eux sur ce point. Mais comme il enchérit toujours beaucoup sur ceux dont il dérobe quelque chose, il prouve que Jésus-Christ était beau sur terre par des preuves de métaphysique, et par des raisons qu'il a puisées dans le Livre de la Sagesse universelle, et dans l'idée de l'Être parfait,* Traité de la nature et de la grâce, *livre I, nombres 28 et 29, sur quoi*

* Monsieur Faydit. On le nomme aujourd'hui : parce qu'outre que cet auteur s'est fait assez connaître depuis l'édition précédente de cet ouvrage, on jugera peut-être après la lecture des pages qui suivent, que j'ai dû laisser sans réponse ses nouveaux libelles d'ailleurs si généralement condamnés [l'ouvrage de Faydit dont il va être question est paru anonymement à Maastricht, en 1695].

on ne peut s'empêcher de rire un peu de ce bon père, qui a recours aux idées platoniciennes, et à la dévotion sur un pur fait, qui n'intéresse en aucune manière la religion, laquelle ne connaît point Jésus-Christ selon la chair (mais selon l'esprit) comme dit saint Paul, 2 Co. 5 v. 16. Car s'agissant de savoir comment était fait le corps de Jésus-Christ sur terre, et de quelle figure, de quelle taille, de quelle couleur était cette portion de matière, ou ce corps auquel le Verbe s'est uni dans son Incarnation, ce qui est une question de pur fait ; le bon sens devait lui faire chercher dans les médailles de Jésus-Christ, ou dans les auteurs qui ont connu et pratiqué des millions de gens qui avaient vu des tableaux de lui tirés d'après nature, la décision de cette question, et non pas dans les raisonnements d'une métaphysique creuse et alambiquée.

RÉPONSE. Ne croirait-on pas après la lecture de ce passage que dans l'endroit que cite l'auteur, ou du moins quelque part ailleurs, j'ai traité la question *de la taille, de la figure, de la couleur de Jésus-Christ*, que j'ai décidé *qu'il était beau de visage*, que j'ai tiré mes preuves *d'une métaphysique creuse et alambiquée*, et que les raisons que j'ai prétendu *puiser dans la Sagesse éternelle*, sont si impertinentes, *que l'on ne peut s'empêcher d'en rire*? Cependant le fait est, que je n'ai jamais parlé de cette question, ni dans le *Traité de la nature et de la grâce*, ni dans aucun de mes livres. Dans l'endroit qu'il cite, je prétends que c'est à cause de JÉSUS-CHRIST que le monde subsiste, et qu'il n'y a rien de beau, rien qui soit agréable aux yeux de Dieu, que ce qui a quelque rapport à son Fils bien-aimé. Il ne s'agissait point du tout *de la taille, de la figure, de la couleur du corps du Sauveur*, comme le prétend l'auteur. C'est à quoi je ne pensais seulement pas, bien loin d'avoir *eu recours aux idées platoniciennes pour décider cette question.*

Dans le chapitre suivant, le même auteur m'attribue de croire que la matière est éternelle. Il avait déjà avancé cette calomnie dans sa critique des *Mémoires* de Monsieur de Tillemont il y a environ deux | ans. Apparemment **23** quelqu'un l'a détrompé ; mais il ne paraît pas fort disposé à me rendre justice, car voici comment il parle.

On sera peut-être surpris que sur le fait de l'éternité de la matière j'aie cité le père Malebranche, qui non seulement ne la croit pas comme M. Regis, mais qui même la réfute. Livre II De la nature et de la grâce, *nombre 53 et* Méditations, *nombres 3, 4, 5 et* 6 (il devait plutôt citer les nombres 10, 11 et 12). *Mais il est bon d'observer qu'il ne la réfute, que parce qu'il suppose que ceux qui la font éternelle, la font aussi incréée et indépendante de Dieu et immobile. D'ailleurs il ne nie que l'éternité du monde tel qu'il est, c'est-à-dire, de cette portion de la matière universelle qui compose les corps enfermés dans notre tourbillon, la terre, la lune, le soleil, l'air, les étoiles, et les planètes, que tout le monde convient avoir reçu leurs formes au jour de la création. Mais il ne nie pas que la matière en général, ou l'étendue subsistante n'ait été créée de toute éternité, et ne soit une émanation libre et volontaire de Dieu, et comme le premier fruit de son action interne. C'est uniquement ce que voulait dire Platon, etc.*

Tout ce discours est faux. Il suffit de lire la *Méditation* IX et l'endroit même du *Traité de la nature et de la grâce* cités par l'auteur pour s'en convaincre. Dans le nombre 53 de la seconde partie du Traité, je me fais cette objection : ou le monde est digne de Dieu, ou il en est indigne. S'il est digne de Dieu, il doit être éternel ; et s'il en est indigne, il ne devait point être tiré du néant. Donc, etc. Et j'y réponds ainsi : *Il est mieux que le monde soit que de n'être pas : mais il serait mieux qu'il ne fût point du tout que d'être éternel. Il faut que la créature porte le caractère essentiel de la dépendance, etc.* L'auteur ne devait donc pas s'opiniâtrer à soutenir que *je ne nie pas que la matière n'ait été créée de toute éternité*, puisque dans l'endroit même qu'il cite, non seulement je le nie, mais que j'en rends cette raison, *que la créature doit porter le caractère essentiel de la dépendance.*

Dans la 9e *Méditation* *, nombres 10 et 12, je réfute plus au long ceux qui concluent que la matière est éternelle, immense, nécessaire, de ce que l'idée de l'étendue a ces qualités. Je fais voir qu'en un sens il est faux de dire qu'on doit juger des choses par leurs idées. L'étendue intelligible, ou l'idée de l'étendue est éternelle, infinie, nécessaire. 24 Mais ce n'est point une créature. | Elle a toujours été en Dieu, comme je viens de le prouver par saint Augustin et par saint Thomas. Ce n'est que la substance de Dieu en tant que représentative de la matière et participable par les corps. Car Dieu contient éminemment tous les êtres. C'est en lui-même qu'il les voit, et qu'il nous les fait voir. Quoi qu'il en soit, je dis positivement tout le contraire de ce que l'auteur m'attribue, et cela dans l'article même du *Traité*, et dans la 9e *Méditation* qu'il cite, et je l'avais dit souvent ailleurs. Mais quand je n'en aurais jamais parlé, sur quel fondement pourrait-on m'attribuer un sentiment aussi odieux qu'est l'éternité de la matière, et aussi généralement condamné ? *Tous les livres du père Malebranche*, dit-il encore dans le même chapitre, *sont remplis de continuels parallèles de la matière avec Dieu*. Cela est fort général, et fort significatif. Cependant si on lit exactement tous mes

* *Méditations Chrétiennes* [OC, t. X].

livres, on ne trouvera nulle part que j'aie fait aucun parallèle entre deux choses si opposées.

Mais il est permis à cet auteur de dire tout ce qui lui vient dans l'esprit; et je ne dois pas trouver mauvais qu'il me range avec les anciens hérétiques, les Valentiniens, les Marcionites, etc. Car* *le père Malebranche est très incapable d'impiété et*** *sauf le respect*, dit ce respectueux personnage, *qui est dû à saint Justin, saint Irénée, saint Clément d'Alexandrie, Origène, Tertullien, et Eusèbe, le sentiment de Valentin sur ses Éons, qu'ils nous dépeignent comme le comble de l'impiété et de la folie*, ÉTAIT TRÈS CATHOLIQUE… le sens qu'il entendait ÉTAIT TRÈS ÉLEVÉ ET TRÈS ORTHODOXE… *Mais Baronius****, *à l'exemple de plusieurs anciens Pères de l'Église, et de tous les historiens modernes, n'a pas rendu assez de justice aux premiers ennemis de l'Église. Ils ont tous mis en usage à leur égard ce premier précepte de l'éloquence qu'Isocrate et les rhéteurs donnent aux historiens et aux orateurs, à savoir de dire tout le plus de mal qu'on pourra, sans garder aucune mesure, de ceux qu'on voudra décrier* ... Voilà le précepte *qu'ont mis en usage tous ceux* qui ont combattu les sentiments de Valentin sur la divinité. Car l'auteur a entrepris de prouver**** *clairement qu'ils étaient très orthodoxes*, il est bien mieux instruit des sentiments de ces premiers hérétiques que les anciens Pères. Il veut | rendre justice à ces esprits sublimes qu'on a condamnés **25** injustement. En effet, il les justifie pleinement dans le quatrième chapitre dont le titre est : *Que tout ce que dit le R.P. Malebranche sur le Verbe éternel, consulté comme*

* Page 76.
** Page 11.
*** Page 10.
**** Page 11.

Sagesse notionelle, par le Père éternel, et sur Jésus-Christ, cause occasionnelle et déterminative de l'efficace de Dieu, n'est qu'un réchauffé des vieilles opinions des Marcionites, Valentiniens et Encratites ; et qu'on ne peut condamner ceux-ci sans anathématiser l'autre. Le père Malebranche est, dit-il, *incapable d'impiété.* Donc on a eu tort de les condamner. Cela est clair.

Mais parlons sérieusement. Cet auteur ne craint-il point qu'on l'accuse d'observer bien plus exactement que les Pères le précepte d'Isocrate, *de ne garder aucune mesure, et de dire tout le mal qu'on peut de ceux qu'on veut décrier* ? Dans le 2 e et le 3 e chapitre de son livre, il n'a rien avancé que de faux touchant mes sentiments ; et j'ai rapporté tout ce qu'il en dit. Mais dans le quatrième il paraît même par le titre que l'on vient de voir, qu'il n'y garde nulle mesure. En effet, c'est un tissu si étrange de faussetés et de brouilleries, qu'une préface n'est pas un lieu propre pour les démêler ; et après ce que je viens de dire, je puis bien me dispenser d'en parler jamais. Il y a des ouvrages qu'on peut mépriser, et des auteurs qu'on doit plaindre. Mais en général, l'auteur des *Éclaircissements* confond étrangement les faits qu'il rapporte. Il déguise les sentiments des hérétiques, mais en leur faveur. Il corrompt les miens ; dans quel dessein ? Dieu le sait. Il ne craint point de mettre en *italique*, comme mes propres paroles ce que je n'ai jamais dit. En un mot, s'il est de bonne foi, ce qu'il faut s'efforcer de croire, il n'entend ni mes sentiments ni ceux des anciens hérétiques, si ce n'est peut-être qu'il sait mieux que moi ce que je pense, et ce que pensaient les anciens hérétiques, que les Pères qui les ont condamnés.

Je prie donc les lecteurs, ou de laisser là mes livres pour ce qu'ils valent, ou de n'en point juger sur le rapport de qui que ce soit, quelque estime même qu'ils aient pour ceux qui les attaquent. Cette loi indispensable, qu'il ne faut condamner personne avant que de l'avoir entendu, justifie la demande que je fais. Les critiques sont des accusateurs, il ne faut donc pas les considérer comme des juges. J'ai souvent été obligé de faire des livres pour prouver, ou que ceux qui me critiquaient ne m'entendaient pas, ou qu'ils n'agissaient pas de bonne foi. Je | voudrais **26** bien n'en plus composer de pareils. Et j'en serai dispensé, si l'on veut enfin m'accorder la justice que je demande, de ne point juger de mes opinions avant que de les avoir sérieusement examinées dans mes livres. Je crois qu'on les y trouvera suffisamment expliquées, surtout si l'on joint mes derniers ouvrages avec les premiers. C'est principalement dans les dernières productions d'un auteur qu'on doit s'instruire à fond de ses sentiments. Car à cinquante ans on est moins ignorant qu'à trente, ou l'on aurait bien mal employé son temps. *Fateor me ex eorum numero esse conari, qui proficiendo scribunt, et scribendo proficiunt*[1]. Saint Augustin, *Epistola 143 ad Marcellinum.*

1. « J'avoue m'efforcer d'être au nombre de ceux qui écrivent en progressant, et qui progressent en écrivant » [Augustin, *lettre 143 à Marcellin* (n°7 dans l'ancien ordre), § 2].

ENTRETIEN I : De l'âme, et qu'elle est distinguée du corps. De la nature des idées. Que le monde où nos corps habitent, et que nous regardons, est bien différent de celui que nous voyons

ENTRETIEN II : De l'existence de Dieu. Que nous pouvons voir en lui toutes choses, et que rien de fini ne peut le représenter. De sorte qu'il suffit de penser à lui pour savoir qu'il est.

ENTRETIEN III : De la différence qu'il y a entre nos sentiments et nos idées. Qu'il ne faut juger des choses que par les idées qui les représentent, et nullement par les sentiments dont on est touché en leur présence, ou à leur occasion.

ENTRETIEN IV : En général de la nature et des propriétés des sens. De la sagesse des lois de l'union de l'âme et du corps. Cette union changée en dépendance par le péché du premier homme.

ENTRETIEN V : De l'usage des sens dans les sciences. Il y a dans nos sentiments idée claire et sentiment confus. L'idée n'appartient point au sentiment. C'est l'idée qui éclaire l'esprit, et le sentiment qui l'applique et le rend attentif : car c'est par le sentiment que l'idée intelligible devient sensible.

Entretien VI : Preuves de l'existence des corps, tirées de la révélation. Deux sortes de révélations. D'où vient que les révélations naturelles des sentiments nous sont une occasion d'erreur.

Entretien VII : De l'inefficace des causes naturelles, ou de l'impuissance des créatures. Que nous ne sommes unis immédiatement qu'à Dieu seul.

Entretien VIII : De Dieu, et de ses attributs.

28 | Entretien IX : Que Dieu agit toujours selon ce qu'il est. Qu'il a tout fait pour sa gloire en Jésus-Christ, et qu'il n'a point formé ses desseins sans avoir égard aux voies de les exécuter.

Entretien X : De la magnificence de Dieu dans la grandeur et le nombre indéfini de ses différents ouvrages. De la simplicité et de la fécondité des voies par lesquelles il les conserve et les développe. De la Providence de Dieu dans la première impression du mouvement qu'il communique à la matière. Que ce premier pas de sa conduite, qui n'est point déterminé par des lois générales, est réglé par une sagesse infinie.

Entretien XI : Continuation du même sujet. De la Providence générale dans l'arrangement des corps, et dans les combinaisons infiniment infinies du physique avec le moral, du naturel avec le surnaturel.

Entretien XII : De la Providence divine dans les lois de l'union de l'âme et du corps, et que Dieu nous unit par elles à tous ses ouvrages. Des lois de l'union de l'esprit avec la Raison. C'est par ces deux sortes de lois que se forment les sociétés. Comment Dieu par les anges distribue aux hommes les biens temporels, et par Jésus-Christ la grâce intérieure et toutes sortes de biens. De la généralité de la Providence.

Entretien XIII : Qu'il ne faut pas critiquer la Manière ordinaire de parler de la Providence. Quelles sont les principales lois générales par lesquelles Dieu gouverne le monde. De la Providence de Dieu dans l'infaillibilité qu'il conserve à son Église.

Entretien XIV : Continuation du même sujet. L'incompréhensibilité de nos mystères est une preuve certaine de leur vérité. Manière d'éclaircir les dogmes de la foi. De l'Incarnation de Jésus-Christ. Preuve de sa divinité contre les Sociniens. Nulle créature, pas même les anges, ne peuvent adorer Dieu que par lui. Comment la foi en Jésus-Christ nous rend agréables à Dieu.

De l'âme, et qu'elle est distinguée du corps. De la nature des idées. Que le monde, où nos corps habitent, et que nous regardons, est bien différent de celui que nous voyons.

THÉODORE : Bien donc, mon cher Ariste, puisque vous le voulez, il faut que je vous entretienne de mes visions métaphysiques. Mais pour cela il est nécessaire que je quitte ces lieux enchantés qui charment nos sens, et qui par leur variété partagent trop un esprit tel que le mien. Comme j'appréhende extrêmement de prendre pour les réponses immédiates de la vérité intérieure quelques-uns de mes préjugés, ou de ces principes obscurs qui doivent leur naissance aux lois de l'union de l'âme et du corps, et que dans ces lieux je ne puis pas, comme vous le pouvez peut-être, faire taire un certain bruit confus qui jette la confusion et le trouble dans toutes mes idées, sortons d'ici, je vous prie. Allons nous renfermer dans votre cabinet, afin de rentrer plus facilement en nous-mêmes. Tâchons que rien ne nous empêche de consulter l'un et l'autre notre maître commun, la Raison universelle. Car c'est la vérité intérieure qui doit présider à nos entretiens. C'est elle qui doit me dicter ce que je dois vous dire, et ce que vous voulez apprendre par mon entremise. En un mot | c'est à 30 elle à qui il appartient uniquement de juger et de prononcer sur nos différends. Car nous ne pensons aujourd'hui qu'à philosopher ; et quoique vous soyez parfaitement soumis à l'autorité de l'Église, vous voulez que je vous parle d'abord comme si vous refusiez de recevoir les vérités de la foi pour principes de nos connaissances. En effet, la foi doit régler les démarches de notre esprit ; mais il n'y a que la souveraine Raison qui le remplisse d'intelligence.

ARISTE : Allons, Théodore, partout où vous voudrez. Je suis dégoûté de tout ce que je vois dans ce monde matériel et sensible, depuis que je vous entends parler d'un autre monde tout rempli de beautés intelligibles. Enlevez-moi dans cette région heureuse et enchantée. Faites m'en contempler toutes ces merveilles dont vous me parliez l'autre jour d'une manière si magnifique et d'un air si content. Allons, je suis prêt de vous suivre dans ce pays, que vous croyez inaccessible à ceux qui n'écoutent que leurs sens.

THÉODORE : Vous vous réjouissez, Ariste, et je n'en suis pas fâché. Vous me raillez d'une manière si délicate et si honnête, que je sens bien que vous voulez vous divertir, mais que vous ne voulez pas m'offenser. Je vous le pardonne. Vous suivez les inspirations secrètes de votre imagination toujours enjouée. Mais, souffrez que je vous le dise, vous parlez de ce que vous n'entendez pas. Non, je ne vous conduirai point dans une terre étrangère ; mais je vous apprendrai peut-être que vous êtes étranger vous-même dans votre propre pays. Je vous apprendrai que ce monde que vous habitez n'est point tel que vous le croyez, parce qu'effectivement il n'est point tel que vous le voyez ou que vous le sentez. Vous jugez sur le rapport de vos sens de tous les objets qui vous environnent ; et vos sens vous séduisent infiniment plus que vous ne pouvez vous l'imaginer. Ce ne sont de fidèles témoins que pour ce qui regarde le bien du corps et la conservation de la vie. À l'égard de tout le reste, il n'y a nulle exactitude, nulle vérité dans leur déposition. Vous le verrez, Ariste, sans sortir de vous-même, sans que je vous *enlève dans cette région enchantée* que votre imagination vous représente. L'imagination est une folle qui se plaît à faire la folle. Ses saillies, ses mouvements imprévus vous divertissent, et moi aussi. Mais | il faut, s'il vous plaît, que dans nos **31** entretiens la Raison soit toujours la supérieure. Il faut qu'elle décide et qu'elle prononce. Or elle se tait et nous échappe toujours, lorsque l'imagination vient à la traverse, et qu'au lieu de lui imposer silence, nous écoutons ses plaisanteries, et que nous nous arrêtons aux divers fantômes qu'elle nous présente. Tenez-la donc dans le respect en présence de la Raison. Faites-la taire, si vous voulez entendre clairement et distinctement les réponses de la vérité intérieure.

ARISTE : Vous prenez, Théodore, bien sérieusement ce que je vous ai dit sans beaucoup de réflexion. Je vous demande pardon de ma petite liberté. Je vous proteste que…

THÉODORE : Vous ne m'avez point fâché, Ariste ; vous m'avez réjoui. Car encore un coup, vous avez l'imagination si vive et si agréable, et je suis si assuré de votre cœur, que vous ne me fâcherez jamais, et que vous me réjouirez toujours, du moins quand vous ne me raillerez que tête à tête ; et ce que je viens de vous dire n'est que pour vous faire entendre que vous avez une terrible opposition à la vérité. Cette qualité qui vous rend tout éclatant aux yeux des hommes, qui vous gagne les cœurs, qui vous attire l'estime, qui fait que tous ceux qui vous connaissent veulent vous posséder, est l'ennemie la plus irréconciliable de la Raison. Je vous avance un paradoxe dont je ne puis vous démontrer présentement * la vérité. Mais vous le reconnaîtrez

* *Traité de morale*, chap. XII [OC, t. XI, p. 135-145].

bientôt par votre propre expérience ; et vous en verrez peut-être les raisons dans la suite de nos entretiens. Il y a encore pour cela bien du chemin à faire. Mais croyez-moi, le stupide et le bel esprit sont également fermés à la vérité. Il y a seulement cette différence, qu'ordinairement le stupide la respecte, et que le bel esprit la méprise. Néanmoins si vous êtes bien résolu de gourmander votre imagination, vous entrerez sans aucun obstacle dans le lieu où la Raison rend ses réponses ; et quand vous l'aurez entendue quelque temps, vous n'aurez que du mépris pour tout ce qui vous a charmé jusqu'ici ; et si Dieu vous touche le cœur, vous n'en aurez que du dégoût.

ARISTE : Allons donc promptement, Théodore. Vos promesses me donnent une ardeur que je ne puis vous 32 exprimer. Assurément | je vais faire tout ce que vous m'ordonnez. Doublons le pas… Grâce à Dieu, nous voici enfin arrivés au lieu destiné à nos entretiens. Entrons… Asseyez-vous… Qu'y a-t-il ici qui puisse nous empêcher de rentrer en nous-mêmes pour consulter la Raison ? Voulez-vous que je ferme tous les passages de la lumière, afin que les ténèbres fassent éclipser tout ce qu'il y a de visible dans cette chambre et qui peut frapper nos sens ?

THÉODORE : Non, mon cher. Les ténèbres frappent nos sens aussi bien que la lumière. Elles effacent l'éclat des couleurs. Mais à l'heure qu'il est, elles pourraient jeter quelque trouble, ou quelque petite frayeur dans notre imagination. Tirez seulement les rideaux. Ce grand jour nous incommoderait un peu, et donnerait peut-être trop d'éclat à certains objets… Cela est fort bien ; asseyez-vous.

Rejetez, Ariste, tout ce qui vous est entré dans l'esprit par les sens. Faites taire votre imagination. Que tout soit chez vous dans un parfait silence. Oubliez même, si vous le pouvez, que vous avez un corps, et ne pensez qu'à ce que je vais vous dire. En un mot soyez attentif, et ne chicanez point sur mon préambule. L'attention est la seule chose que je vous demande. Sans ce travail, ou ce combat de l'esprit contre les impressions du corps, on ne fait point de conquêtes dans le pays de la vérité.

ARISTE : Je le crois ainsi, Théodore : parlez. Mais permettez-moi de vous arrêter lorsque je ne pourrai pas vous suivre.

THÉODORE : Cela est juste. Écoutez.

I. Le néant n'a point de propriétés. Je pense. Donc je suis. Mais que suis-je, moi qui pense, dans le temps que je pense ? Suis-je un corps, un esprit, un homme ? Je ne sais encore rien de tout cela. Je sais seulement que dans le temps que je pense je suis quelque chose qui pense. Mais voyons. Un corps peut-il penser ? Une étendue en longueur, largeur et profondeur peut-elle raisonner, désirer, sentir ? Non sans doute, car toutes les manières d'être d'une telle étendue ne consistent que dans des | rapports de **33** distance ; et il est évident que ces rapports ne sont point des perceptions, des raisonnements, des plaisirs, des désirs, des sentiments, en un mot des pensées. Donc ce moi qui pense, ma propre substance n'est point un corps, puisque mes perceptions, qui assurément m'appartiennent, sont toute autre chose que des rapports de distance.

ARISTE : Il me paraît clair que toutes les modifications de l'étendue ne peuvent être que des rapports de distance ; et qu'ainsi de l'étendue ne peut pas connaître, vouloir, sentir. Mais mon corps est peut-être quelque autre chose que de l'étendue. Car il me semble que c'est mon doigt qui sent la douleur de la piqûre, que c'est mon cœur qui désire, que c'est mon cerveau qui raisonne. Le sentiment intérieur que j'ai de ce qui se passe en moi m'apprend ce que je vous dis. Prouvez-moi que mon corps n'est que de l'étendue, et je vous avouerai que mon esprit, ou ce qui est en moi qui pense, qui veut, qui raisonne, n'est point matériel ou corporel.

II. THÉODORE : Quoi, Ariste, vous croyez que votre corps est composé de quelque autre substance que de l'étendue ? Est-ce que vous ne comprenez pas qu'il suffit d'avoir de l'étendue, pour en former par l'esprit un cerveau, un cœur, des bras et des mains, et toutes les veines, les artères, les nerfs, et le reste dont votre corps est composé ? Si Dieu détruisait l'étendue de votre corps, est-ce que vous auriez encore un cerveau, des artères, des veines, et le reste. Concevez-vous bien qu'un corps puisse être réduit en un point mathématique ? Car que Dieu puisse former tout ce qu'il y a dans l'univers avec l'étendue d'un grain de sable, c'est de quoi je ne doute pas. Assurément où il n'y a nulle étendue, je dis nulle, il n'y a point de substance corporelle. Pensez-y sérieusement ; et pour vous en convaincre, prenez garde à ceci.

Tout ce qui est on le peut concevoir seul, ou on ne le peut pas. Il n'y a point de milieu, car ces deux propositions sont contradictoires. Or tout ce qu'on peut concevoir seul, et sans penser à autre chose, qu'on peut, dis-je, concevoir seul comme existant indépendamment de quelque autre chose, ou sans que l'idée qu'on en a représente quelque autre chose, c'est assurément un être ou une substance ; et **34** tout ce qu'on ne peut concevoir seul, ou | sans penser à quelque autre chose, c'est une manière d'être, ou une modification de substance.

Par exemple. On ne peut penser à la rondeur sans penser à l'étendue. La rondeur n'est donc point un être ou une substance, mais une manière d'être. On peut penser à l'étendue sans penser en particulier à quelque autre chose. Donc l'étendue n'est point une manière d'être : elle est elle-même un être. Comme la modification d'une substance n'est que la substance même de telle ou telle façon, il est évident que l'idée d'une modification renferme nécessairement l'idée de la substance dont elle est la modification. Et comme une substance c'est un être qui subsiste en lui-même, l'idée d'une substance ne renferme point nécessairement l'idée d'un autre être. Nous n'avons point d'autre voie pour distinguer les substances ou les êtres, des modifications ou des façons d'être, que par les diverses manières dont nous apercevons ces choses.

Or rentrez en vous-même, n'est-il pas vrai que vous pouvez penser à de l'étendue, sans penser à autre chose? N'est-il pas vrai que vous pouvez apercevoir de l'étendue toute seule; donc l'étendue est une substance, et nullement une façon ou une manière d'être? Donc l'étendue et la matière ne sont qu'une même substance. Or je puis apercevoir ma pensée, mon désir, ma joie, ma tristesse, sans penser à l'étendue, et même en supposant qu'il n'y ait point d'étendue. Donc toutes ces choses ne sont point des modifications de l'étendue, mais des modifications d'une substance qui pense, qui sent, qui désire, et qui est bien différente de l'étendue.

Toutes les modifications de l'étendue ne consistent que dans des rapports de distance. Or il est évident que mon plaisir, mon désir et toutes mes pensées ne sont point des rapports de distance. Car tous les rapports de distance se peuvent comparer, mesurer, déterminer exactement par les principes de la géométrie; et l'on ne peut ni comparer ni mesurer de cette manière nos perceptions et nos sentiments. Donc mon âme n'est point matérielle. Elle n'est point la

35 modification de mon corps. C'est une substance | qui pense, et qui n'a nulle ressemblance avec la substance étendue dont mon corps est composé.

ARISTE : Cela me paraît démontré. Mais qu'en pouvez-vous conclure ?

THÉODORE : J'en puis conclure une infinité de vérités. Car la distinction de l'âme et du corps est le fondement des principaux dogmes de la philosophie, et entre autres de l'immortalité * de notre être. Car, pour le dire en passant, si l'âme est une substance distinguée du corps, si elle n'en est point la modification, il est évident que quand même la mort anéantirait la substance dont notre corps est composé, ce qu'elle ne fait pas, il ne s'ensuivrait pas de là que notre âme fût anéantie. Mais il n'est pas encore temps de traiter à fond cette importante question. Il faut que je vous prouve auparavant beaucoup d'autres vérités. Tâchez de vous rendre attentif à ce que je vais vous dire.

ARISTE : Continuez. Je vous suivrai avec toute l'application dont je suis capable.

IV. THÉODORE : Je pense à quantité de choses ; à un nombre, à un cercle, à une maison, à tels et tels êtres, à l'être. Donc tout cela est, du moins dans le temps que j'y pense. Assurément, quand je pense à un cercle, à un nombre, à l'être ou à l'infini, à tel être fini, j'aperçois des réalités. Car si le cercle que j'aperçois n'était rien, en y pensant je ne penserais à rien. Ainsi dans le même temps je penserais et je ne penserais point. Or le cercle que j'aperçois a des propriétés que n'a pas telle autre figure. Donc ce cercle existe dans le temps que j'y pense ; puisque le néant n'a

* Voyez la *Recherche de la Vérité*, livre IV, chap. 2 ; ci-dessous, Entretien III, nombre XI et XII.

La distinction de l'âme et du corps est le fondement de toutes les connaissances qui ont du rapport à l'homme.

point de propriétés et qu'un néant ne peut être différent d'un autre néant. | 36

ARISTE : Quoi, Théodore ! tout ce à quoi vous pensez existe ? Est-ce que votre esprit donne l'être à ce cabinet, à ce bureau, à ces chaises, parce que vous y pensez ?

THÉODORE : Doucement. Je vous dis que tout ce à quoi je pense est, ou, si vous voulez, existe. Le cabinet, le bureau, les chaises que je vois, tout cela est, du moins dans le temps que je le vois. Mais vous confondez ce que je vois avec un meuble que je ne vois point. Il y a plus de différence entre le bureau que je vois et celui que vous croyez voir, qu'il n'y en a entre votre esprit et votre corps.

ARISTE : Je vous entends en partie, Théodore, et j'ai honte de vous avoir interrompu. Je suis convaincu que tout ce que nous voyons, ou tout ce à quoi nous pensons, contient quelque réalité. Vous ne parlez pas des objets, mais de leurs idées. Oui, sans doute, les idées que nous avons des objets existent dans le temps qu'elles sont présentes à notre esprit. Mais je croyais que vous parliez des objets mêmes.

V. THÉODORE : *Des objets mêmes !* oh que nous n'y sommes pas ! Je tâche de conduire par ordre mes réflexions. Il faut bien plus de principes que vous ne pensez, pour démontrer ce dont personne ne doute. Car où sont ceux qui doutent qu'ils aient un corps, qu'ils marchent sur une terre solide, qu'ils vivent dans un monde matériel ? Mais vous saurez bientôt ce que peu de gens comprennent bien, savoir que si notre corps se promène dans un monde corporel, notre esprit de son côté se transporte sans cesse dans un monde intelligible qui le touche, et qui par là lui devient sensible.

Comme les hommes comptent pour rien les idées qu'ils ont des choses, ils donnent au monde créé beaucoup plus de réalité qu'il n'en a. Ils ne doutent point de l'existence des objets, et ils leur attribuent beaucoup de qualités qu'ils n'ont point. Mais ils ne pensent seulement pas à la réalité de leurs idées. C'est qu'ils écoutent leurs sens, et qu'ils ne consultent point assez la vérité intérieure. Car encore un coup, il est bien plus facile de démontrer la réalité des idées, ou, pour me servir de vos termes, la réalité de *cet autre monde tout rempli de beautés intelligibles*, que de démontrer l'existence de ce monde matériel. En voici la raison.

C'est que les idées ont une existence éternelle et nécessaire, | et que le monde corporel n'existe que parce qu'il a plu à Dieu de le créer. Ainsi, pour voir le monde intelligible, il suffit de consulter la Raison qui renferme les idées intelligibles, éternelles et nécessaires, l'archétype du monde visible : ce que peuvent faire tous les esprits raisonnables, ou unis à la Raison. Mais pour voir le monde matériel, ou plutôt pour juger que ce monde existe, car ce monde est invisible par lui-même, il faut par nécessité que Dieu nous le révèle ; parce que nous ne pouvons pas voir ses volontés arbitraires dans la Raison nécessaire.

Or Dieu nous révèle l'existence de ses créatures en deux manières, par l'autorité des Livres sacrés, et par l'entremise de nos sens. La première autorité supposée, et on ne peut la rejeter, on démontre * en rigueur l'existence des corps. Par la seconde on s'assure suffisamment de l'existence de tels et tels corps. Mais cette seconde n'est pas maintenant infaillible. Car tel croit voir devant lui son ennemi lorsqu'il en est fort éloigné. Tel croit avoir quatre pattes, qui n'a que deux jambes. Tel sent de la douleur dans un bras qu'on lui a coupé il y a longtemps. Ainsi la

* Ci-dessous, Entretien VI.

révélation * naturelle, qui est en conséquence des lois générales de l'union de l'âme et du corps, est maintenant sujette à l'erreur; je vous en dirai les raisons. Mais la révélation particulière ne peut jamais conduire directement à l'erreur, parce que Dieu ne peut pas vouloir nous tromper. Voilà un petit écart pour vous faire entrevoir quelques vérités que je vous prouverai dans la suite, pour vous en donner de la curiosité, et réveiller un peu votre attention. Je reviens : écoutez-moi.

Je pense à un nombre, à un cercle, à un cabinet, à vos chaises, en un mot à tels et tels êtres. Je pense aussi à l'être ou à l'infini, à l'être indéterminé. Toutes ces idées ont quelque réalité dans le temps que j'y pense. Vous n'en doutez pas, puisque le néant n'a point de propriétés, et qu'elles en ont. Car elles éclairent l'esprit, ou se font connaître à lui : quelques-unes mêmes le frappent, et se font sentir à lui, et cela en mille manières différentes. Du moins est-il certain que les propriétés des unes | sont bien **38** différentes de celles des autres. Si donc la réalité de nos idées est véritable, et à plus forte raison si elle est nécessaire, éternelle, immuable, il est clair que nous voilà tous deux enlevés dans un autre monde que celui où habite notre corps : nous voilà *dans un monde tout rempli de beautés intelligibles*.

Supposons, Ariste, que Dieu anéantisse tous les êtres qu'il a créés, excepté vous et moi, votre corps et le mien. (Je vous parle comme à un homme qui croit et qui sait déjà beaucoup de choses, et je suis certain qu'en cela je ne me trompe pas. Je vous ennuierais, si je vous parlais avec une exactitude trop scrupuleuse, et comme à un homme qui ne sait encore rien du tout.) Supposons de plus que Dieu

* Entretiens IV et VI.

imprime dans notre cerveau toutes les mêmes traces, ou plutôt qu'il présente à notre esprit toutes les mêmes idées que nous devons y avoir aujourd'hui. Cela supposé, Ariste, dans quel monde passerions-nous la journée ? Ne serait-ce pas dans un monde intelligible ? Or prenez-y garde, c'est dans ce monde-là que nous sommes et que nous vivons, quoique le corps que nous animons vive dans un autre, et se promène dans un autre. C'est ce monde-là que nous contemplons, que nous admirons, que nous sentons. Mais le monde que nous regardons, ou que nous considérons en tournant la tête de tous côtés, n'est que de la matière invisible par elle-même, et qui n'a rien de toutes ces beautés que nous admirons, et que nous sentons en le regardant. Car je vous prie, faites bien réflexion sur ceci. Le néant n'a point de propriétés. Donc si le monde était détruit, il n'aurait nulle beauté. Or dans la supposition que le monde fût anéanti, et que Dieu néanmoins produisît dans notre cerveau les mêmes traces, ou plutôt qu'il présentât à notre esprit les mêmes idées qui s'y produisent à la présence des objets, nous verrions les mêmes beautés. Donc les beautés que nous voyons ne sont point des beautés matérielles, mais des beautés intelligibles, rendues sensibles en conséquence des lois de l'union de l'âme et du corps ; puisque l'anéantissement supposé de la matière n'emporte point avec lui l'anéantissement de ces beautés que nous voyons en regardant les objets qui nous environnent.

39 | ARISTE : Je crains, Théodore, que vous ne supposiez une fausseté. Car si Dieu avait détruit cette chambre, certainement elle ne serait plus visible, car le néant n'a point de propriétés.

VI. THÉODORE : Vous ne me suivez pas, Ariste. Votre chambre est par elle-même absolument invisible. Si Dieu l'avait détruite, dites-vous, elle ne serait plus visible, puisque le néant n'a point de propriétés. Cela serait vrai, si la visibilité de votre chambre était une propriété qui lui appartînt. Si elle était détruite, elle ne serait plus visible. Je le veux, car cela est vrai en un sens. Mais ce que je vois en regardant votre chambre, je veux dire en tournant mes yeux de tous côtés pour la considérer, sera toujours visible, quand même votre chambre serait détruite ; que dis-je ! quand même elle n'aurait jamais été bâtie. Je vous soutiens qu'un Chinois qui n'est jamais entré ici peut voir en son pays tout ce que je vois, lorsque je regarde votre chambre, supposé, ce qui n'est nullement impossible, qu'il ait le cerveau ébranlé de la même manière que je l'ai maintenant que je la considère. Ceux qui ont la fièvre chaude, ceux qui dorment, ne voient-ils pas des chimères de toutes façons qui ne furent jamais ? Ce qu'ils voient est, du moins dans le temps qu'ils le voient. Mais ce qu'ils croient voir n'est pas : ce à quoi ils rapportent ce qu'ils voient n'est rien de réel.

Je vous le répète, Ariste : à parler exactement, votre chambre n'est point visible. Ce n'est point proprement votre chambre que je vois, lorsque je la regarde : puisque je pourrais bien voir tout ce que je vois maintenant, quand même Dieu l'aurait détruite. Les dimensions que je vois sont immuables, éternelles, nécessaires. Ces dimensions intelligibles qui me représentent tous ces espaces, n'occupent aucun lieu. Les dimensions de votre chambre sont au contraire changeantes et corruptibles : elles remplissent un certain espace. Mais en vous disant trop de vérités, je crains maintenant de multiplier vos difficultés. Car vous me paraissez assez embarrassé à distinguer les idées, qui seules sont visibles par elles-mêmes, des objets qu'elles représentent, qui sont invisibles à l'esprit, parce qu'ils ne peuvent agir sur lui, ni se représenter à lui.

ARISTE : Il est vrai que je suis un peu interdit. C'est que j'ai de la peine à vous suivre dans ce pays des idées, auxquelles vous attribuez une réalité véritable. Je ne trouve **40** point de prise dans | tout ce qui n'a point de corps. Et cette réalité de vos idées que je ne puis m'empêcher de croire véritables, par les raisons que vous venez de me dire, me paraît n'avoir guère de solidité. Car, je vous prie, que deviennent nos idées dès que nous n'y pensons plus ? Pour moi, il me semble qu'elles rentrent dans le néant. Et si cela est, voilà votre monde intelligible détruit. Si en fermant les yeux j'anéantis la chambre intelligible que je vois maintenant, certes la réalité de cette chambre est bien mince, c'est bien peu de chose. S'il suffit que j'ouvre les yeux pour créer un monde intelligible, assurément ce monde-là ne vaut pas celui dans lequel nos corps habitent.

VII. THÉODORE : Cela est vrai, Ariste. Si vous donnez l'être à vos idées, s'il ne dépend que d'un clin d'œil pour les anéantir, c'est bien peu de chose. Mais si elles sont éternelles, immuables, nécessaires, divines, en un mot, j'entends l'étendue intelligible dont elles sont formées, assurément elles seront plus considérables que cette matière inefficace et par elle-même absolument invisible. Quoi, Ariste, pourriez-vous croire qu'en voulant penser à un cercle, par exemple, vous donniez l'être à la substance, pour ainsi dire, dont votre idée est formée, et que dès que vous cessez de vouloir y penser, vous l'anéantissez ? Prenez garde. Si c'est vous qui donnez l'être à vos idées, c'est en voulant y penser. Or, je vous prie, comment pouvez-vous vouloir penser à un cercle, si vous n'en avez déjà quelque idée, et de quoi la former et l'achever ? Peut-on rien vouloir sans le connaître ? Pouvez-vous faire quelque chose de rien ? Certainement vous ne pouvez pas vouloir penser à un cercle, si vous n'en avez déjà l'idée, ou du moins l'idée de l'étendue dont vous puissiez considérer certaines parties sans penser aux autres. Vous ne pouvez le voir de près, le voir distinctement, si vous ne le voyez déjà confusément, et comme de loin. Votre attention vous en approche, elle vous le rend présent ; elle le forme même. Je le veux. Mais il est clair qu'elle ne le produit pas de rien. Votre distraction vous en éloigne : mais elle ne l'anéantit pas tout à fait. Car si elle l'anéantissait, comment pourriez-vous former le désir de le produire, et sur quel modèle le feriez-vous de nouveau si semblable | à lui-même ? N'est-il pas clair que **41** cela serait impossible ?

ARISTE : Pas trop clair encore pour moi, Théodore. Vous me convainquez, mais vous ne me persuadez pas. Cette terre est réelle. Je le sens bien. Quand je frappe du pied, elle me résiste. Voilà qui est solide cela. Mais que mes idées aient quelque réalité indépendamment de ma pensée, qu'elles soient dans le temps même que je n'y pense point, c'est ce que je ne puis me persuader.

VIII. THÉODORE : C'est que vous ne sauriez rentrer en vous-même pour interroger la Raison ; et que fatigué du travail de l'attention, vous écoutez votre imagination et vos sens, qui vous parlent sans que vous ayez la peine de les consulter. Vous n'avez pas fait assez de réflexion sur les preuves que je vous ai données, que leur témoignage est trompeur. Il n'y a pas longtemps qu'il y avait un homme fort sage d'ailleurs, qui croyait toujours avoir de l'eau jusqu'au milieu du corps, et qui appréhendait sans cesse qu'elle ne s'augmentât et ne le noyât. Il la sentait, comme vous votre terre. Il la trouvait froide, et il se promenait toujours fort lentement, parce que l'eau, disait-il, l'empêchait d'aller plus vite. Quand on lui parlait néanmoins, et qu'il écoutait attentivement, on le détrompait. Mais il retombait aussitôt dans son erreur. Quand un homme se croit transformé en coq, en lièvre, en loup, ou en bœuf comme Nabuchodonosor[1], il sent en lui, au lieu de ses jambes, les pieds du coq ; au lieu de ses bras, les jarrets d'un bœuf ; et au lieu de ses cheveux, une crête ou des cornes. Comment ne voyez-vous pas que la résistance que vous sentez en pressant du pied votre plancher n'est qu'un sentiment qui frappe l'âme, et qu'absolument parlant nous pouvons avoir tous nos sentiments indépendamment des objets ? Est-ce qu'en dormant vous n'avez jamais senti sur la poitrine un corps fort pesant qui vous empêchait de respirer, ou que vous n'avez jamais cru être frappé, et même blessé, ou frapper vous-même les autres, vous promener, danser, sauter sur une terre solide ?

Vous croyez que ce plancher existe, parce que vous sentez qu'il vous résiste. Quoi donc ! Est-ce que l'air n'a **42** pas autant de | réalité que votre plancher, à cause qu'il a moins de solidité ? Est-ce que la glace a plus de réalité que l'eau, à cause qu'elle a plus de dureté ? Mais de plus vous vous trompez : nul corps ne peut résister à un esprit. Ce plancher résiste à votre pied. Je le veux. Mais c'est tout autre chose que votre plancher, ou que votre corps, qui résiste à votre esprit, ou qui lui donne le sentiment que vous avez de résistance ou de solidité.

Néanmoins je vous accorde encore que votre plancher vous résiste. Mais pensez-vous que vos idées ne vous résistent point ? Trouvez-moi donc dans un cercle deux diamètres inégaux, ou dans une ellipse trois égaux. Trouvez-moi la racine carrée de 8 et la cubique de 9. Faites qu'il soit juste de faire à autrui ce qu'on ne veut pas qu'on nous

1. Dn, 4, 30.

fasse à nous-mêmes ; ou, pour prendre un exemple qui revienne au vôtre, faites que deux pieds d'étendue intelligible n'en fassent plus qu'un. Certainement la nature de cette étendue ne le peut souffrir. Elle résiste à votre esprit. Ne doutez donc point de sa réalité. Votre plancher est impénétrable à votre pied : c'est ce que vous apprennent vos sens d'une manière confuse et trompeuse. L'étendue intelligible est aussi impénétrable à sa façon : c'est ce qu'elle vous fait voir clairement par son évidence et par sa propre lumière.

Écoutez-moi, Ariste. Vous avez l'idée de l'espace ou de l'étendue, d'un espace, dis-je, qui n'a point de bornes. Cette idée est nécessaire, éternelle, immuable, commune à tous les esprits, aux hommes, aux anges, à Dieu même. Cette idée, prenez-y garde, est ineffaçable de votre esprit, comme celle de l'être ou de l'infini, de l'être indéterminé. Elle lui est toujours présente. Vous ne pouvez vous en séparer, ou la perdre entièrement de vue. Or c'est de cette vaste idée que se forme en nous non seulement l'idée du cercle, et de toutes les figures purement intelligibles, mais aussi celle de toutes les figures sensibles que nous voyons en regardant le monde créé ; tout cela selon les diverses applications des parties intelligibles de cette étendue idéale, immatérielle, intelligible à notre esprit ; tantôt en conséquence de notre attention, et alors nous connaissons ces figures ; et tantôt en conséquence des traces et des ébranlements de notre cerveau, et alors nous les imaginons ou nous les sentons. Je | ne dois pas maintenant vous 43 expliquer * tout ceci plus exactement. Considérez seulement

* Voyez les *Conversations chrétiennes*, p. 123 etc. de l'édition de 1702 [*OC* IV, p. 75 *sq.*], ou la *Réponse à M. Régis*, p. 27 et les suivantes [OC, t. XVII, 1, p. 281 *sq.*], ou ci-dessous, 2e *Entretien sur la mort*, vers la fin.

qu'il faut bien que cette idée d'une étendue infinie ait beaucoup de réalité, puisque vous ne pouvez la comprendre, et que quelque mouvement que vous donniez à votre esprit, vous ne pouvez la parcourir. Considérez qu'il n'est pas possible qu'elle n'en soit qu'une modification puisque l'infini ne peut être actuellement la modification de quelque chose de fini. Dites-vous à vous-même : mon esprit ne peut comprendre cette vaste idée. Il ne peut la mesurer. C'est donc qu'elle le passe infiniment. Et si elle le passe, il est clair qu'elle n'en est point la modification. Car les modifications des êtres ne peuvent pas s'étendre au-delà de ces mêmes êtres, puisque les modifications des êtres ne sont que ces mêmes êtres de telle et telle façon. Mon esprit ne peut mesurer cette idée : c'est donc qu'il est fini, et qu'elle est infinie. Car le fini, quelque grand qu'il soit, appliqué ou répété tant qu'on voudra, ne peut jamais égaler l'infini.

ARISTE : Que vous êtes subtil et prompt ! Doucement, s'il vous plaît. Je vous nie que l'esprit aperçoive l'infini. L'esprit, je le veux, aperçoit de l'étendue dont il ne voit pas le bout, mais il ne voit pas une étendue infinie ; un esprit fini ne peut rien voir d'infini.

IX. THÉODORE : Non, Ariste, l'esprit ne voit pas une étendue infinie, en ce sens que sa pensée ou sa perception égale une étendue infinie. Si cela était, il la comprendrait, et il serait infini lui-même. Car il faut une pensée infinie pour mesurer une idée infinie, pour se joindre actuellement à tout ce que comprend l'infini. Mais l'esprit voit actuellement que son objet immédiat est infini ; il voit actuellement que l'étendue intelligible est infinie. Et ce n'est pas, comme vous le pensez, parce qu'il n'en voit pas le bout ; car si cela était, il pourrait espérer de le trouver, ou du | moins il pourrait douter si elle en a, ou si elle n'en a point ; mais c'est parce qu'il voit clairement qu'elle n'en a point.

Supposons qu'un homme tombé des nues marche sur la terre toujours en droite ligne, je veux dire sur un des grands cercles par lesquels les géographes la divisent, et que rien ne l'empêche de voyager ; pourrait-il décider après quelques journées de chemin que la terre serait infinie, à cause qu'il n'en trouverait point le bout ? S'il était sage et retenu dans ses jugements, il la croirait fort grande, mais il ne la jugerait pas infinie. Et à force de marcher, se retrouvant au même lieu d'où il serait parti, il reconnaîtrait qu'effectivement il en aurait fait le tour. Mais lorsque l'esprit pense à l'étendue intelligible, lorsqu'il veut mesurer l'idée de l'espace, il voit clairement qu'elle est infinie. Il ne peut douter que cette idée ne soit inépuisable. Qu'il en prenne de quoi se représenter le lieu de cent mille mondes, et à chaque instant encore cent mille fois davantage, jamais cette idée ne cessera de lui fournir tout ce qu'il faudra. L'esprit le voit, et n'en peut douter. Mais ce n'est point par là qu'il découvre qu'elle est infinie. C'est au contraire, parce qu'il la voit actuellement infinie, qu'il sait bien qu'il ne l'épuisera jamais.

Les géomètres sont les plus exacts de ceux qui se mêlent de raisonner. Or tous conviennent qu'il n'y a point de fraction, qui multipliée une fois par elle-même, donne huit pour produit, quoique en augmentant les termes de la fraction, on puisse approcher à l'infini de ce nombre. Tous conviennent que l'hyperbole et ses asymptotes, et plusieurs autres semblables lignes continuées à l'infini, s'approcheront toujours sans jamais se joindre. Pensez-vous qu'ils découvrent ces vérités en tâtonnant, et qu'ils jugent de ce qu'ils ne voient point, par quelque peu de chose qu'ils en auraient découvert ? Non, Ariste. C'est ainsi que jugent l'imagination et les sens, ou ceux qui suivent leur témoignage. Mais les vrais philosophes ne jugent précisément que de ce qu'ils voient. Et cependant ils ne craignent point d'assurer, sans jamais l'avoir éprouvé, que nulle partie de la diagonale d'un carré, fût-elle un million de fois plus petite que le plus petit grain de poussière, ne peut mesurer exactement et sans reste cette diagonale d'un carré et quelqu'un de ses | côtés. Tant il est vrai que l'esprit voit l'infini aussi bien dans le petit que dans le grand, non par la division ou multiplication réitérée de ses idées finies, qui ne pourraient jamais atteindre à l'infini, mais par l'infinité même qu'il découvre dans ses idées et qui leur appartient, lesquelles lui apprennent tout d'un coup, d'une part, qu'il n'y a point d'unité, et de l'autre, point de bornes dans l'étendue intelligible.

Ariste : Je me rends, Théodore. Les idées ont plus de réalité que je ne pensais, et leur réalité est immuable, nécessaire, éternelle, commune à toutes les intelligences, et nullement des modifications de leur être propre, qui étant fini, ne peut recevoir actuellement des modifications infinies. La perception que j'ai de l'étendue intelligible m'appartient à moi ; c'est une modification de mon esprit. C'est moi qui aperçois cette étendue. Mais cette étendue que j'aperçois n'est point une modification de mon esprit. Car je sens bien que ce n'est point moi-même que je vois, lorsque je pense à des espaces infinis, à un cercle, à un carré, à un cube, lorsque je regarde cette chambre, lorsque je tourne les yeux vers le ciel. La perception de l'étendue est de moi. Mais cette étendue, et toutes les figures que j'y découvre, je voudrais bien savoir comment tout cela n'est point à moi. La perception que j'ai de l'étendue ne peut être sans moi. C'est donc une modification de mon esprit. Mais l'étendue que je vois subsiste sans moi. Car vous la pouvez contempler sans que j'y pense, vous et tous les autres hommes.

X. THÉODORE : Vous pourriez sans crainte ajouter, ET DIEU MÊME. Car toutes nos idées claires sont en Dieu quant à leur réalité intelligible. Ce n'est qu'en lui que nous les voyons * ; ne vous imaginez pas que ce que je vous dis soit nouveau. C'est le sentiment de saint Augustin. Si nos idées sont éternelles, immuables, nécessaires, vous voyez bien qu'elles ne peuvent se trouver que dans une nature immuable. Oui, Ariste, Dieu voit | en lui-même l'étendue **46** intelligible, l'archétype de la matière dont le monde est formé, et où habitent nos corps ; et encore un coup, ce n'est qu'en lui que nous la voyons. Car nos esprits n'habitent que dans la Raison universelle, dans cette substance intelligible qui renferme les idées de toutes les vérités que nous découvrons ; soit en conséquence ** des lois générales de l'union de notre esprit avec cette même Raison ; soit en conséquence des lois générales de l'union de notre âme avec notre corps, dont la cause occasionnelle ou naturelle n'est que les traces qui s'impriment dans le cerveau par l'action des objets, ou par le cours des esprits animaux.

L'ordre ne permet pas présentement que je vous explique tout ceci en particulier. Mais pour satisfaire en partie le désir que vous avez de savoir comment l'esprit peut découvrir toutes sortes de figures et voir ce monde sensible dans l'étendue intelligible, prenez garde que vous apercevez un cercle, par exemple, en trois manières. Vous le concevez, vous l'imaginez, vous le sentez ou le voyez. Lorsque vous le concevez, c'est que l'étendue intelligible s'applique à votre esprit avec des bornes indéterminées quant à leur

* Voyez la *Réponse au Livre des vraies et des fausses idées*, chap. VII et XXI [OC, t. VI].

** Ci-dessous, XIIe Entretien.

grandeur, mais également distantes d'un point déterminé, et toutes dans un même plan ; et alors vous concevez un cercle en général. Lorsque vous l'imaginez, c'est qu'une partie déterminée de cette étendue, dont les bornes sont également distantes d'un point, touche légèrement votre esprit. Et lorsque vous le sentez ou le voyez, c'est qu'une partie déterminée de cette étendue touche sensiblement votre âme, et la modifie par le sentiment de quelque couleur. Car l'étendue intelligible ne devient visible, et ne représente tel corps en particulier que par la couleur, puisque ce n'est que par la diversité des couleurs que nous jugeons de la différence des objets que nous voyons. Toutes les parties intelligibles de l'étendue intelligible sont de même nature en qualité d'idée, aussi bien que toutes les parties de l'étendue locale ou matérielle en qualité de substance. Mais les sentiments de couleur étant essentiellement différents, nous jugeons par eux de la variété des corps. Si je distingue votre main de votre habit, et l'un et l'autre de l'air | qui les environne, c'est que j'en ai des sentiments de couleur ou de lumière fort différents. Cela est évident. Car si j'avais de tout ce qui est dans votre chambre le même sentiment de couleur, je n'y verrais par le sens de la vue nulle diversité d'objets. Ainsi vous jugez bien que l'étendue intelligible diversement appliquée à notre esprit* peut nous donner toutes les idées que nous avons des figures mathématiques, comme aussi de tous les objets que nous admirons dans l'univers, et enfin de tout ce que notre imagination nous représente. Car de même que l'on peut

47

* Voyez la *Recherche de la vérité*, IIIe livre, IIe partie [OC, t. I] et l'Éclaircissement [X, OC, t. III] sur cette matière. Voyez aussi ma *Réponse au Livre des vraies et des fausses idées* de M. Arnauld [OC, t. VI], et ma *1re Lettre touchant sa Défense* [OC, t. VI, p. 193-274. Ou ma *Réponse à la IIIe Lettre posthume de M. Arnauld* [OC, t. IX, p. 899-989].

par l'action du ciseau former d'un bloc de marbre toutes sortes de figures, Dieu peut nous représenter tous les êtres matériels par les diverses applications de l'étendue intelligible à notre esprit. Or comment cela se fait, et pourquoi Dieu le fait ainsi, c'est ce que nous pourrons examiner dans la suite.

Cela suffit, Ariste, pour un premier entretien. Tâchez de vous accoutumer aux idées métaphysiques, et de vous élever au-dessus de vos sens. Vous voilà, si je ne me trompe, transporté dans un monde intelligible. Contemplez-en les beautés. Repassez dans votre esprit tout ce que je viens de vous dire. Nourrissez-vous de la substance de la vérité, et préparez-vous à entrer plus avant dans ce pays inconnu, où vous ne faites encore qu'aborder. Je tâcherai demain de vous conduire jusqu'au trône de la Majesté souveraine à qui appartient de toute éternité cette terre heureuse et immobile où habitent nos esprits.

ARISTE : Je suis encore tout surpris et tout chancelant. Mon corps appesantit mon esprit, et j'ai peine à me tenir ferme dans les vérités que vous m'avez découvertes ; et cependant vous prétendez m'élever encore plus haut. La tête me tournera, Théodore ; et si je me sens demain comme je me trouve aujourd'hui, je n'aurai pas l'assurance de vous suivre.

THÉODORE : Méditez, Ariste, ce que je viens de vous dire, et demain je vous promets que vous serez prêt à tout. La méditation | vous affermira l'esprit, et vous donnera de **48** l'ardeur et des ailes pour passer les créatures, et vous élever jusqu'à la présence du Créateur. Adieu, mon cher. Ayez bon courage.

ARISTE : Adieu, Théodore. Je vais faire ce que vous venez de m'ordonner.

De l'existence de Dieu. Que nous pouvons voir en lui toutes choses, et que rien de fini ne peut le représenter. De sorte qu'il suffit de penser à lui pour savoir ce[1] *qu'il est.*

THÉODORE : Hé bien, Ariste, que pensez-vous de ce monde intelligible où je vous conduisis hier ? Votre imagination n'en est-elle plus effrayée ? Votre esprit marche-t-il d'un pas ferme et assuré dans ce pays des méditatifs, dans cette région inaccessible à ceux qui n'écoutent que leurs sens ?

ARISTE : Le beau spectacle, Théodore, que l'archétype de l'univers ! Je l'ai contemplé avec une extrême satisfaction. Que la surprise est agréable, lorsque sans souffrir la mort, l'âme se trouve transportée dans le pays de la vérité, où elle rencontre abondamment de quoi se nourrir. Je ne suis pas, il est vrai, encore bien accoutumé à cette manne céleste, à cette nourriture toute spirituelle. Elle me paraît dans certains moments bien creuse et bien légère. Mais quand je la goûte avec attention, j'y trouve tant de saveur et de solidité, que je ne puis plus me résoudre à venir paître avec les brutes sur une terre matérielle.

THÉODORE : Oh oh, mon cher Ariste, que me dites-vous là ? Parlez-vous sérieusement ?

ARISTE : Fort sérieusement. Non, je ne veux plus écouter mes sens. Je veux toujours rentrer dans le plus secret de moi-même, et vivre de l'abondance que j'y trouve. Mes sens sont propres | à conduire mon corps à sa pâture

50

1. OC ont rétabli « savoir qu'il est » conformément à la table des matières (*supra*, p. 151). Mais le texte de 1711 donne « savoir ce qu'il est ».

ordinaire ; je consens qu'il les suive. Mais que je les suive moi ! c'est ce que je ne ferai plus. Je veux suivre uniquement la Raison, et marcher par mon attention dans ce pays de la vérité, où je trouve des mets délicieux, et qui seuls peuvent nourrir des intelligences.

THÉODORE : C'est donc à ce coup que vous avez oublié que vous avez un corps. Mais vous ne serez pas longtemps sans penser à lui, ou plutôt sans penser par rapport à lui. Ce corps que vous négligez présentement vous obligera bientôt à le mener paître vous-même, et à vous occuper de ses besoins. Car maintenant l'esprit ne se dégage pas si facilement de la matière. Mais pendant que vous voilà pur esprit, dites-moi, je vous prie, qu'avez-vous découvert dans le pays des idées ? Savez-vous bien présentement ce que c'est que cette Raison dont on parle tant dans ce monde matériel et terrestre, et que l'on y connaît si peu ? Je vous promis hier de vous élever au-dessus de toutes les créatures, et de vous conduire jusqu'en présence du Créateur. N'y auriez-vous point volé de vous-même, et sans penser à Théodore ?

I. ARISTE : Je vous l'avoue j'ai cru que sans manquer au respect que je vous dois, je pouvais aller seul dans le chemin que vous m'avez montré. Je l'ai suivi, et j'ai, ce me semble, connu clairement ce que vous me dites hier, savoir que la Raison universelle est une nature immuable, et qu'elle ne se trouve qu'en Dieu. Voici en peu de mots toutes mes démarches. Jugez-en, et dites-moi si je me suis égaré. Après que vous m'eûtes quitté, je demeurai quelque temps tout chancelant et tout interdit. Mais une secrète ardeur me pressant, il me sembla que je me dis à moi-même, je ne sais comment, *la Raison m'est commune avec Théodore ; pourquoi donc ne puis-je pas sans lui la consulter et la suivre?* Je la consultai, et je la suivis; et elle me conduisit, si je ne me trompe, jusqu'à celui qui la possède en propre, et par la nécessité de son être : car il me semble qu'elle y conduit tout naturellement. Voici donc tout simplement et sans figure le raisonnement que je fis.

L'étendue intelligible infinie n'est point une modification de mon esprit. Elle est immuable, éternelle, nécessaire. Je ne puis douter de sa réalité et de son immensité. Or tout ce qui est immuable, éternel, nécessaire, et surtout infini, n'est point une créature, et ne peut appartenir à la créature. **51** Donc elle appartient | au Créateur, et ne peut se trouver qu'en Dieu. Donc il y a un Dieu, et une Raison; un Dieu dans lequel se trouve l'archétype que je contemple du monde créé que j'habite; un Dieu dans lequel se trouve la Raison qui m'éclaire par les idées purement intelligibles qu'elle fournit abondamment à mon esprit et à celui de tous les hommes. Car je suis sûr que tous les hommes sont unis à la même Raison que moi, puisque je suis certain qu'ils voient ou peuvent voir ce que je vois quand je rentre en moi-même, et que j'y découvre les vérités ou les rapports nécessaires que renferme la substance intelligible de la Raison universelle qui habite en moi, ou plutôt dans laquelle habitent toutes les intelligences.

II. THÉODORE : Vous ne vous êtes point égaré, mon cher Ariste. Vous avez suivi la Raison; et elle vous a conduit à celui qui l'engendre de sa propre substance, et qui la possède éternellement. Mais ne vous imaginez pas qu'elle vous ait découvert la nature de l'Être suprême auquel elle vous a conduit. Lorsque vous contemplez l'étendue intelligible, vous ne voyez encore que l'archétype du monde matériel que nous habitons, et celui d'une infinité d'autres possibles. À la vérité vous voyez alors la substance divine, car il n'y a qu'elle qui soit visible, ou qui puisse éclairer l'esprit. Mais vous ne la voyez pas en elle-même, ou selon ce qu'elle est. Vous ne la voyez que selon le rapport qu'elle a aux créatures matérielles, que selon qu'elle est participable par elles, ou qu'elle en est représentative. Et par conséquent ce n'est point Dieu, à proprement parler, que vous voyez, mais seulement la matière qu'il peut produire.

Vous voyez certainement par l'étendue intelligible infinie que Dieu est. Car il n'y a que lui qui renferme ce que vous voyez, puisque rien de fini ne peut contenir une réalité infinie. Mais vous ne voyez pas ce que Dieu est. Car la divinité n'a point de bornes dans ses perfections; et ce que vous voyez quand vous pensez à des espaces immenses est privé d'une infinité de perfections. Je dis ce que vous voyez, et non la substance qui vous représente ce que vous voyez. Car cette substance que vous ne voyez pas en elle-même a des perfections infinies.

Assurément la substance qui renferme l'étendue intelligible | est toute-puissante. Elle est infiniment sage. **52** Elle renferme une infinité de perfections et de réalités. Elle renferme, par exemple, une infinité de nombres intelligibles. Mais cette étendue intelligible n'a rien de commun avec toutes ces choses. Il n'y a nulle sagesse, nulle puissance, aucune unité dans cette étendue que vous contemplez. Car vous savez que tous les nombres sont commensurables entre eux, parce qu'ils ont l'unité pour commune mesure. Si donc les parties de cette étendue divisées et subdivisées par l'esprit pouvaient se réduire à l'unité, elles seraient toujours, par cette unité, commensurables entre elles; ce que vous savez certainement être faux. Ainsi la substance divine dans sa simplicité, où nous ne pouvons atteindre, renferme une infinité de perfections intelligibles toutes différentes, par lesquelles Dieu nous éclaire sans se faire voir à nous tel qu'il est, ou selon sa réalité particulière et absolue, mais selon sa réalité générale et relative à des ouvrages possibles. Cependant tâchez de me suivre ; je vais vous conduire le plus près de la divinité qu'il me sera possible.

III. L'étendue intelligible infinie n'est l'archétype que d'une infinité de mondes possibles semblables au nôtre. Je ne vois par elle que tels et tels êtres, que des êtres matériels. Quand je pense à cette étendue, je ne vois la substance divine qu'en tant qu'elle est représentative des corps, et participable par eux. Mais prenez garde, quand je pense à l'être, et non à tels et tels êtres ; quand je pense à l'infini, et non à tel ou tel infini, il est certain premièrement que je ne vois point une si vaste réalité dans les modifications de mon esprit. Car si je ne puis trouver en elles assez de réalité pour me représenter l'infini en étendue, à plus forte raison n'y en trouverai-je point assez pour me représenter l'infini en toutes manières. Ainsi il n'y a que Dieu, que l'infini, que l'être indéterminé, ou que l'infini infiniment infini, qui puisse contenir la réalité infiniment infinie que je vois quand je pense à l'être, et non à tels et tels êtres, ou à tels et tels infinis.

IV. En second lieu, il est certain que l'idée de l'être, de la réalité, de la perfection indéterminée, ou de l'infini en toutes manières, n'est point la substance divine en tant que représentative de telle créature, ou participable par telle créature. Car toute créature est nécessairement un tel être. Il y a contradiction que Dieu fasse, ou engendre un 53 être en général ou infini | en toutes manières qui ne soit Dieu lui-même, ou égal à son principe. Le Fils et le Saint-Esprit ne participent point à l'Être divin : ils le reçoivent tout entier. Ou pour parler de choses plus proportionnées à notre esprit, il est évident que l'idée du cercle en général n'est point l'étendue intelligible en tant que représentative de tel cercle, ou participable par tel cercle. Car l'idée du cercle en général, ou l'essence du cercle représente des cercles infinis, convient à des cercles infinis. Cette idée renferme celle de l'infini. Car penser à un cercle en général, c'est apercevoir, comme un seul cercle, des cercles infinis. Je ne sais si vous concevez ce que je veux vous faire comprendre. Le voici en deux mots. C'est que l'idée de l'être sans restriction, de l'infini, de la généralité n'est point l'idée des créatures, ou l'essence qui leur convient, mais l'idée qui représente la divinité, ou l'essence qui lui convient. Tous les êtres particuliers participent à l'être ; mais nul être particulier ne l'égale. L'être renferme toutes choses, mais tous les êtres et créés et possibles avec toute leur multiplicité ne peuvent remplir la vaste étendue de l'être.

ARISTE : Il me semble que je vois bien votre pensée. Vous définissez Dieu comme il s'est défini lui-même en parlant à Moïse : *Dieu c'est celui qui est* *. L'étendue intelligible est l'idée ou l'archétype des corps. Mais l'être sans restriction, en un mot l'ÊTRE, c'est l'idée de Dieu : c'est ce qui le représente à notre esprit tel que nous le voyons en cette vie.

V. THÉODORE : Fort bien. Mais surtout prenez garde que Dieu ou l'infini n'est pas visible par une idée qui le représente. L'infini est à lui-même son idée. Il n'a point d'archétype. Il peut être connu, mais il ne peut être fait. Il n'y a que les créatures, que tels et tels êtres qui soient faisables, qui soient visibles par des idées qui les représentent, avant même qu'elles soient faites. On peut

* Ex 3,14.

voir un cercle, une maison, un soleil, sans qu'il y en ait. Car tout ce qui est fini se peut voir dans l'infini qui en renferme les idées intelligibles. Mais l'infini ne se peut voir qu'en lui-même. Car rien de fini ne peut représenter l'infini. Si on pense à Dieu, il faut qu'il soit. Tel être, quoique connu, peut n'exister point. On peut voir son **54** essence sans son existence, son idée | sans lui. Mais on ne peut voir l'essence de l'infini sans son existence, l'idée de l'être sans l'être. Car l'être n'a point d'idée qui le représente. Il n'a point d'archétype qui contienne toute sa réalité intelligible. Il est à lui-même son archétype, et il renferme en lui l'archétype de tous les êtres.

Ainsi vous voyez bien que cette proposition, *Il y a un Dieu*, est par elle-même la plus claire de toutes les propositions qui affirment l'existence de quelque chose, et qu'elle est même aussi certaine que celle-ci, *Je pense, donc je suis*. Vous voyez de plus ce que c'est que Dieu, puisque Dieu et l'être, ou l'infini, ne sont qu'une même chose.

VI. Mais encore un coup, ne vous y trompez pas. Vous ne voyez que fort confusément, et comme de loin, ce que c'est que Dieu. Vous ne le voyez point tel qu'il est : parce que quoique vous voyiez l'infini, ou l'être sans restriction, vous ne le voyez que d'une manière fort imparfaite. Vous ne le voyez point comme un être simple. Vous voyez la multiplicité des créatures dans l'infinité de l'être incréé, mais vous n'y voyez pas distinctement son unité. C'est que vous ne le voyez pas tant selon sa réalité absolue, que selon ce qu'il est par rapport aux créatures possibles, dont il peut augmenter le nombre à l'infini, sans qu'elles égalent jamais la réalité qui les représente. C'est que vous le voyez comme Raison universelle, qui éclaire les intelligences selon la mesure de lumière qui leur est nécessaire maintenant pour le conduire, et pour découvrir ses perfections en tant que participables par des êtres limités. Mais vous ne découvrez pas cette propriété * qui est essentielle à l'infini, d'être en même temps un et toutes choses, composé, pour ainsi dire, d'une infinité de perfections différentes, et tellement simple, qu'en lui chaque perfection renferme toutes les autres sans aucune distinction réelle.

Dieu ne communique pas sa substance aux créatures, il ne leur communique que ses perfections, non telles qu'elles sont dans sa substance, mais telle que sa substance les représente, et que la limitation des créatures le peut porter. L'étendue intelligible, par exemple, représente les corps : c'est leur archétype ou leur idée. Mais quoique cette étendue n'occupe aucun lieu, les corps | sont étendus **55** localement ; et ils ne peuvent être que localement étendus, à cause de la limitation essentielle aux créatures, et que toute substance finie ne peut avoir cette propriété incompréhensible à l'esprit humain, d'être en même temps un et toutes choses, parfaitement simple et posséder toutes sortes de perfections.

Ainsi l'étendue intelligible représente des espaces infinis ; mais elle n'en remplit aucun ; et quoiqu'elle remplisse, pour ainsi dire, tous les esprits, et se découvre à eux, il ne s'ensuit nullement que notre esprit soit spacieux. Il faudrait qu'il le fût infiniment pour voir des espaces infinis, s'il les voyait par une union locale à des espaces localement étendus**.

La substance divine est partout sans extension locale. Elle n'a point de bornes. Elle n'est point renfermée dans

* Voyez la première *Lettre touchant la Défense de M. Arnauld*, remarque 18 [OC, t. VI, p. 248-253].

** Voyez la même *Lettre*, Remarque II, nombre 11 et suivants [OC, t. VI, p. 210 *sq*.].

l'univers. Mais ce n'est point cette substance * en tant que répandue partout, que nous voyons lorsque nous pensons à des espaces. Car si cela était, notre esprit étant fini, nous ne pourrions jamais penser à des espaces infinis. Mais l'étendue intelligible que nous voyons dans la substance divine qui la renferme, n'est que cette même substance en tant que représentative des êtres matériels, et participable par eux. Voilà tout ce que je puis vous dire. Mais remarquez bien que l'être sans restriction, ou l'infini en toutes manières que nous apercevons, n'est point seulement la substance divine en tant que représentative de tous les êtres possibles. Car quoique nous n'ayons point des idées particulières de tous ces êtres, nous sommes assurés qu'ils ne peuvent égaler la réalité intelligible de l'infini. C'est donc en un sens la substance même de Dieu que nous voyons. Mais nous ne la voyons en cette vie que d'une manière si confuse et si éloignée, que nous voyons plutôt qu'elle est que ce qu'elle est, que nous voyons plutôt qu'elle est la source et l'exemplaire de tous les êtres, que sa propre nature ou ses perfections en elles-mêmes.

ARISTE : N'y a-t-il point quelque contradiction dans ce que vous me dites ? Si rien de fini ne peut avoir assez de réalité pour représenter l'infini, ce qui me paraît évident, n'est-ce pas une nécessité qu'on voie la substance de Dieu en elle-même ?

56 | VII. THÉODORE : Je ne vous nie pas qu'on ne voie la substance de Dieu en elle-même. On la voit en elle-même en ce sens, que l'on ne la voit point par quelque chose de fini qui la représente. Mais on ne la voit point en elle-même en ce sens, qu'on atteigne à sa simplicité, et que l'on y découvre ses perfections.

* *Ibid.* et ci-dessous *Entretien* VIII.

Puisque vous demeurez d'accord que rien de fini ne peut représenter la réalité infinie, il est clair que si vous voyez l'infini, vous ne le voyez qu'en lui-même. Or il est certain que vous le voyez. Car autrement, quand vous me demandez s'il y a un Dieu, ou un être infini, vous me feriez une demande ridicule, par une proposition dont vous n'entendriez pas les termes. C'est comme si vous me demandiez s'il y a un *Blictri* *, c'est-à-dire une telle chose, sans savoir quoi.

Assurément tous les hommes ont l'idée de Dieu, ou pensent à l'infini, lorsqu'ils demandent s'il y en a un. Mais ils croient pouvoir y penser sans qu'il y en ait, parce qu'ils ne font pas réflexion que rien de fini ne peut le représenter. Comme ils peuvent penser à bien des choses qui ne sont point, à cause que les créatures peuvent être vues sans qu'elles soient, car on ne les voit point en elles-mêmes, mais dans les idées qui les représentent, ils s'imaginent qu'il en est de même de l'infini, et qu'on peut y penser sans qu'il soit. Voilà ce qui fait qu'ils cherchent, sans le reconnaître, celui qu'ils rencontrent à tous moments, et qu'ils reconnaîtraient bientôt, s'ils rentraient en eux-mêmes, et faisaient réflexion sur leurs idées.

ARISTE : Vous me convainquez, Théodore, mais il me reste encore quelque doute. C'est qu'il me semble que l'idée que j'ai de l'être en général, ou de l'infini, est une idée de ma façon. Il me semble que l'esprit peut se faire des idées générales de plusieurs idées particulières. Quand on a vu plusieurs arbres, un pommier, un poirier, un prunier, etc., on s'en fait une idée générale d'arbre. De même quand on a vu plusieurs êtres, on s'en forme l'idée générale de l'être. Ainsi cette idée générale de l'être n'est peut-être

* C'est un terme qui ne réveille aucune idée.

qu'un assemblage confus de tous les autres. C'est ainsi qu'on me l'a appris, et que je l'ai toujours entendu.

57 | VIII. THÉODORE : Votre esprit, Ariste, est un merveilleux ouvrier. Il sait tirer l'infini du fini, l'idée de l'être sans restriction des idées de tels et tels êtres. C'est peut-être qu'il trouve dans son propre fonds assez de réalité pour donner à des idées finies ce qui leur manque pour être infinies. Je ne sais si c'est ainsi qu'on vous l'a appris, mais je crois savoir que vous ne l'avez jamais bien compris.

ARISTE : Si nos idées étaient infinies, assurément elles ne seraient point notre ouvrage, ni des modifications de notre esprit. Cela ne se peut contester. Mais peut-être sont-elles finies quoique par elles nous puissions apercevoir l'infini. Ou bien l'infini que nous voyons n'est point tel dans le fond. Ce n'est, comme je viens de vous dire, que l'assemblage confus de plusieurs choses finies. L'idée générale de l'être n'est peut-être qu'un amas confus des idées de tels et tels êtres. J'ai de la peine à m'ôter cette pensée de l'esprit.

IX. THÉODORE : Oui, Ariste, nos idées sont finies, si par nos idées vous entendez nos perceptions ou les modifications de notre esprit. Mais si vous entendez par l'idée de l'infini ce que l'esprit voit quand il y pense, ou ce qui est alors l'objet immédiat de l'esprit, assurément cela est infini, car on le voit tel. Prenez-y garde, vous dis-je, on le voit tel. L'impression que l'infini fait sur l'esprit est finie. Il y a même plus de perception dans l'esprit, plus d'impression d'idée, en un mot, plus de pensée, lorsqu'on connaît clairement et distinctement un petit objet, que lorsqu'on pense confusément à un grand, ou même à l'infini. Mais quoique l'esprit soit presque toujours plus touché, plus pénétré, plus modifié par une idée finie que par une infinie, néanmoins il y a bien plus de réalité dans l'idée infinie que dans la finie, dans l'être sans restriction que dans tels et tels êtres.

Vous ne sauriez vous ôter de l'esprit que les idées générales ne sont qu'un assemblage confus de quelques idées particulières, ou du moins que vous avez le pouvoir de les former de cet assemblage. Voyons ce qu'il y a de vrai et de faux dans cette pensée dont vous êtes si fort prévenu. Vous pensez, Ariste, à un cercle d'un pied de diamètre, ensuite à un de deux pieds, à un de trois, à un de quatre, etc. et enfin vous ne déterminez point la grandeur du diamètre, et vous pensez à un cercle en général. L'idée de ce cercle en général, direz-vous, n'est donc | que **58** l'assemblage confus des cercles auxquels j'ai pensé. Certainement cette conséquence est fausse : car l'idée du cercle en général représente des cercles infinis, et leur convient à tous ; et vous n'avez pensé qu'à un nombre fini de cercles.

C'est donc plutôt que vous avez trouvé le secret de former l'idée de cercle en général, de cinq ou six que vous avez vus. Et cela est vrai en un sens, et faux en un autre. Cela est faux en ce sens, qu'il y ait assez de réalité dans l'idée de cinq ou six cercles pour en former l'idée de cercle en général. Mais cela est vrai en ce sens, qu'après avoir reconnu que la grandeur des cercles n'en change point les propriétés, vous avez peut-être cessé de les considérer l'un après l'autre selon leur grandeur déterminée, pour les considérer en général selon une grandeur indéterminée. Ainsi vous avez, pour ainsi dire, formé l'idée de cercle en général, en répandant l'idée de la généralité sur les idées confuses des cercles que vous avez imaginés. Mais je vous soutiens que vous ne sauriez former des idées générales, que parce que vous trouvez dans l'idée de l'infini assez de réalité pour donner de la généralité à vos idées. Vous ne pouvez penser à un diamètre indéterminé que parce que vous voyez l'infini dans l'étendue, et que vous pouvez l'augmenter ou la diminuer à l'infini. Je vous soutiens que vous ne pourriez jamais penser à ces formes abstraites de genres et d'espèces, si l'idée de l'infini, qui est inséparable de votre esprit, ne se joignait tout naturellement aux idées particulières que vous apercevez. Vous pourriez penser à tel cercle, mais jamais au cercle. Vous pourriez apercevoir telle égalité de rayons, mais jamais une égalité générale entre des rayons indéterminés. La raison est que toute idée finie et déterminée ne peut jamais représenter rien d'infini et d'indéterminé. Mais l'esprit joint sans réflexion à ses idées finies l'idée de la généralité qu'il trouve dans l'infini. Car de même que l'esprit répand sur l'idée de telle étendue, quoique divisible à l'infini, l'idée de l'unité indivisible; il répand aussi sur quelques idées particulières l'idée générale d'une parfaite égalité; et c'est ce qui le jette dans une infinité d'erreurs. Car toute la fausseté de nos idées vient de ce que nous les confondons entre elles, et que nous les mêlons encore avec nos propres modifications. Mais c'est de quoi nous parlerons une autre fois.

ARISTE : Tout cela est fort bien, Théodore. Mais n'est-ce **59** point | que vous regardez nos idées comme distinguées de nos perceptions? Il me semble que l'idée du cercle en général n'est qu'une perception confuse de plusieurs cercles de diverses grandeurs, c'est-à-dire un amas de diverses modifications de mon esprit presque effacées, dont chacune est l'idée ou la perception de tel cercle.

X. THÉODORE : Oui sans doute, je mets* bien de la différence entre nos idées et nos perceptions, entre nous

* Voyez la *Réponse au Livre des vraies et des fausses idées* [OC, t. VI], ou ma *Réponse à la 3*[e] *lettre de M. Arnauld* [OC, t. IX].

qui apercevons, et ce que nous apercevons. C'est que je sais que le fini ne peut trouver en lui de quoi se représenter l'infini. C'est que je sais, Ariste, que je ne renferme en moi aucune réalité intelligible, et que bien loin de trouver en ma substance les idées de toutes choses, je n'y trouve pas même l'idée de mon être propre *. Car je suis entièrement inintelligible à moi-même, et je ne verrai jamais ce que je suis, que lorsqu'il plaira à Dieu de me découvrir l'idée, ou l'archétype des esprits que renferme la Raison universelle. Mais c'est de quoi nous nous entretiendrons une autre fois.

Assurément, Ariste, si vos idées n'étaient que des modifications de votre esprit, l'assemblage confus de mille et mille idées ne ferait jamais qu'un composé confus, incapable d'aucune généralité. Prenez vingt couleurs différentes, mêlez-les ensemble pour exciter en vous une couleur en général ; produisez en vous dans un même temps plusieurs sentiments différents pour en former un sentiment en général ; vous verrez bientôt que cela n'est pas possible. Car en mêlant diverses couleurs, vous ferez du vert, du gris, du bleu, toujours quelque couleur particulière. L'étourdissement est produit par une infinité d'ébranlements divers des fibres du cerveau et des esprits animaux ; mais ce n'est néanmoins qu'un sentiment particulier. C'est que toute modification d'un être particulier, tel qu'est notre esprit, ne peut être que particulière. Elle ne peut jamais s'élever à la généralité qui se | trouve dans les idées. Il est **60** vrai que vous pouvez penser à la douleur en général ; mais vous ne sauriez jamais être modifié que par une douleur particulière. Et si vous pouvez penser à la douleur en général, c'est que vous pouvez joindre la généralité à toutes

* Voyez la 2e partie du IIIe livre de la *Recherche de la vérité*, chap. VII, nombre 4 et l'Éclaircissement [XI, OC, t. III] qui correspond à ce chapitre.

choses. Mais encore un coup vous ne sauriez tirer de votre fonds cette idée de la généralité. Elle a trop de réalité : il faut que l'infini vous la fournisse de son abondance.

ARISTE : Je n'ai rien à vous répondre. Tout ce que vous me dites me paraît évident. Mais je suis surpris que ces idées générales, qui ont infiniment plus de réalité que les idées particulières, me frappent moins qu'elles, et me paraissent avoir beaucoup moins de solidité.

XI. THÉODORE : C'est qu'elles se font moins sentir, ou plutôt c'est qu'elles ne se font nullement sentir. Ne jugez pas, Ariste, de la réalité des idées, comme les enfants jugent de la réalité des corps. Les enfants croient que tous ces espaces qui sont entre la terre et le ciel ne sont rien de réel, parce qu'ils ne se font point sentir. Et il y a même peu de gens qui sachent qu'il y a autant de matière dans un pied cube d'air que dans un pied cube de plomb, parce que le plomb est plus dur, plus pesant, plus sensible en un mot que l'air. Ne les imitez pas. Jugez de la réalité des idées, non par le sentiment que vous en avez, qui vous marque confusément leur action, mais par la lumière intelligible qui vous découvre leur nature. Autrement vous croirez que les idées sensibles et qui vous frappent, telle qu'est celle que vous avez de ce plancher que vous pressez du pied, ont plus de réalité que les idées purement intelligibles, quoique dans le fond il n'y ait aucune différence.

ARISTE : *Aucune différence.* Théodore ! Quoi l'idée de l'étendue à laquelle je pense n'est pas différente de celle de cette étendue que je vois, que je presse du pied, et qui me résiste ?

XII. THÉODORE : Non, Ariste, il n'y a point de deux sortes d'étendues, ni de deux sortes d'idées qui les représentent. Et si cette étendue à laquelle vous pensez vous touchait, ou modifiait votre âme par quelque sentiment, d'intelligible qu'elle est, elle vous paraîtrait sensible. Elle vous paraîtrait dure, froide, colorée, et peut-être douloureuse : car vous lui attribueriez peut-être tous les sentiments que vous auriez. Encore un coup, | il ne faut pas juger des choses par le sentiment que nous en avons. Il ne faut pas croire que la glace ait plus de réalité que l'eau, à cause qu'elle nous résiste davantage. **61**

Si vous croyiez que le feu a plus de force ou d'efficace que la terre, votre erreur aurait quelque fondement. Car il y a quelque raison de juger de la grandeur des puissances par celle de leurs effets. Mais de croire que l'idée de l'étendue, qui vous touche par quelque sentiment, est d'une autre nature, ou a plus de réalité que celle à laquelle vous pensez, sans en recevoir aucune impression sensible, c'est prendre l'absolu pour le relatif, c'est juger de ce que les choses sont en elles-mêmes par le rapport qu'elles ont avec vous. C'est le moyen de donner à la pointe d'une épine plus de réalité qu'à tout le reste de l'univers, et même qu'à l'Être infini. Mais quand vous serez accoutumé à distinguer vos sentiments de vos idées, vous reconnaîtrez que la même idée de l'étendue peut se faire connaître *, se faire imaginer, et se faire sentir, selon que la substance divine qui la renferme l'applique diversement à notre esprit. Ainsi ne croyez pas que l'infini, ou l'être en général, ait moins de réalité que l'idée de tel objet qui vous touche actuellement d'une manière fort vive et fort sensible. Jugez des choses par les idées qui les représentent, et ne leur attribuez rien de semblable aux sentiments dont vous êtes frappé. Vous comprendrez plus distinctement dans la suite du temps ce que je vous insinue présentement.

* Voyez le 2e *Entretien sur la mort*.

ARISTE : Tout ce que vous venez de me dire, Théodore, est furieusement abstrait, et j'ai bien de la peine à le fixer devant moi. Mon esprit travaille étrangement ; un peu de repos, s'il vous plaît. Il faut que je pense à loisir sur toutes ces grandes et sublimes vérités. Je tâcherai de me les rendre familières par les efforts pénibles d'une attention toute pure. Mais présentement je n'en suis pas capable. Il faut que je me délasse pour reprendre de nouvelles forces.

THÉODORE : Je le savais bien, Ariste, que vous ne seriez pas longtemps esprit pur. Allez, menez paître vous-même **62** votre | corps. Délassez votre imagination par la variété des objets qui peuvent la rassurer et la réjouir. Mais tâchez néanmoins de conserver quelque goût pour la vérité ; et dès que vous vous sentirez capable de vous en nourrir et de la méditer, quittez tout pour elle. Oubliez même ce que vous êtes autant que vous le pourrez. C'est une nécessité que vous pensiez aux besoins du corps ; mais c'est un grand dérèglement que de vous occuper de ses plaisirs.

De la différence qu'il y a entre nos sentiments et nos idées. Qu'il ne faut juger des choses que par les idées qui les représentent, et nullement par les sentiments dont on est touché en leur présence ou à leur occasion.

THÉODORE : Holà oh, Ariste, que vous voilà rêveur ! À quoi pensez-vous si profondément ?

ARISTE : Qui est là ? Ah, Théodore vous m'avez surpris. Je reviens de cet autre monde où vous m'avez transporté ces jours-ci. J'y vais maintenant tout seul, et sans craindre les fantômes qui en empêchent l'entrée. Mais lorsque j'y suis, j'y trouve tant de lieux obscurs que je crains de m'égarer et de me perdre.

I. THÉODORE : C'est beaucoup, Ariste, que de savoir quitter son corps quand on le veut, et s'élever en esprit dans le pays des intelligences. Mais cela ne suffit pas. Il faut savoir un peu la carte de ce pays, quels sont les lieux inaccessibles aux pauvres mortels, et qui sont ceux où ils peuvent aller librement sans craindre les illusions. C'est, ce me semble, pour n'avoir pas bien pris garde à ce que je m'en vais vous faire remarquer, que la plupart des voyageurs de ces dangereuses contrées ont été séduits par certains spectres engageants, qui nous attirent dans des précipices dont le retour est moralement impossible. Écoutez-moi bien sérieusement : je vais vous dire aujourd'hui ce que vous ne devez jamais oublier.

Ne prenez jamais, Ariste, vos propres sentiments pour nos idées, les modifications qui touchent votre âme pour les idées qui éclairent tous les esprits. Voilà le plus grand de tous les préceptes pour éviter l'égarement. Jamais vous ne contemplerez les idées, sans découvrir quelque vérité ;

mais quelque attention que vous ayez à vos propres
64 modifications, vous n'en serez jamais | éclairé. Vous ne pouvez pas bien comprendre ce que je vous dis : il faut que je m'explique davantage.

II. Vous savez, Ariste, que le Verbe divin, en tant que Raison universelle, renferme dans sa substance les idées primordiales de tous les êtres et créés et possibles. Vous savez que toutes les intelligences, qui sont unies à cette souveraine Raison, découvrent en elle quelques-unes de ces idées, selon qu'il plaît à Dieu de les leur manifester. Cela se fait en conséquence des lois générales qu'il a établies pour nous rendre raisonnables, et former entre nous et avec lui, une espèce de société. Je vous développerai quelque jour tout ce mystère. Vous ne doutez pas que l'étendue intelligible, par exemple, qui est l'idée primordiale, ou l'archétype des corps, est contenue dans la Raison universelle, qui éclaire tous les esprits, et celui-là même à qui cette Raison est consubstantielle. Mais vous n'avez peut-être pas fait assez de réflexion sur la différence qu'il y a entre les idées intelligibles qu'elle renferme, et nos propres sentiments, ou les modifications de notre âme ; et vous croyez peut-être qu'il est inutile de la remarquer exactement.

III. Qu'il y a de différence, mon cher Ariste, entre la lumière de nos idées, et l'obscurité de nos sentiments, entre connaître et sentir ; et qu'il est nécessaire de s'accoutumer à la distinguer sans peine ! Celui qui n'a point fait assez de réflexion sur cette différence, croyant sans cesse connaître fort clairement ce qu'il sent le plus vivement, ne peut qu'il ne s'égare[1] dans les ténèbres de ses propres modifications. Car enfin, comprenez bien cette importante vérité. L'homme

1. Ne peut pas ne pas s'égarer.

n'est point à lui-même sa propre lumière. Sa substance, bien loin de l'éclairer, lui est inintelligible elle-même. Il ne connaît rien que par la lumière de la Raison universelle qui éclaire tous les esprits, que par les idées intelligibles qu'elle leur découvre dans sa substance toute lumineuse.

IV. La raison créée, notre âme, l'esprit humain, les intelligences les plus pures et les plus sublimes peuvent bien voir la lumière ; mais ils ne peuvent la produire, ou la tirer de leur propre fonds ; ils ne peuvent l'engendrer de leur substance. Ils peuvent | découvrir les vérités éternelles, **65** immuables, nécessaires dans le Verbe divin, dans la Sagesse éternelle, immuable, nécessaire ; mais ils ne peuvent trouver en eux que des sentiments souvent fort vifs, mais toujours obscurs et confus, que des modalités pleines de ténèbres. En un mot ils ne peuvent en se contemplant découvrir la vérité. Ils ne peuvent se nourrir de leur propre substance. Ils ne peuvent trouver la vie des intelligences que dans la Raison universelle qui anime tous les esprits, qui éclaire et qui conduit tous les hommes. Car c'est elle qui console intérieurement ceux qui la suivent ; c'est elle qui rappelle ceux qui la quittent ; c'est elle enfin qui par des reproches et des menaces terribles remplit de confusion, d'inquiétude et de désespoir ceux qui sont résolus de l'abandonner.

ARISTE : Je suis bien persuadé, Théodore, par les réflexions que j'ai faites sur ce que vous m'avez dit ces jours-ci, que c'est uniquement le Verbe divin qui nous éclaire par les idées intelligibles qu'il renferme. Car il n'y a point deux ou plusieurs Sagesses, deux ou plusieurs Raisons universelles. La vérité est immuable, nécessaire, éternelle, la même dans le temps et dans l'éternité, la même parmi nous et les étrangers, la même dans le ciel et dans les enfers. Le Verbe éternel parle à toutes les nations le même langage, aux Chinois et aux Tartares comme aux

Français et aux Espagnols ; et s'ils ne sont pas également éclairés, c'est qu'ils sont inégalement attentifs ; c'est qu'ils mêlent les uns plus, les autres moins, leurs modalités avec les idées, les inspirations particulières de leur amour-propre, avec les réponses générales de la vérité intérieure. Deux fois deux sont quatre chez tous les peuples. Tous entendent la voix de la vérité, qui nous ordonne de ne point faire aux autres ce que nous ne voulons pas qu'on nous fasse. Et ceux qui n'obéissent point à cette voix sentent des reproches intérieurs qui les menacent et qui les punissent de leur désobéissance, pourvu qu'ils rentrent en eux-mêmes, et qu'ils écoutent la Raison. Je suis maintenant bien convaincu de ces principes. Mais je ne comprends pas encore trop bien cette différence entre connaître et sentir, que vous jugez si nécessaire pour éviter l'erreur. Je vous prie de me la faire remarquer.

66 | V. THÉODORE : Si vous aviez bien médité sur les principes dont vous dites que vous êtes convaincu, vous verriez clairement ce que vous me demandez. Mais sans vous engager dans un chemin trop pénible, répondez-moi. Pensez-vous que Dieu sente la douleur que nous souffrons ?

ARISTE : Non sans doute : car le sentiment de la douleur rend malheureux.

THÉODORE : Fort bien. Mais croyez-vous qu'il la connaisse ?

ARISTE : Oui, je le crois. Car il connaît tout ce qui arrive à ses créatures. La connaissance de Dieu n'a point de bornes, et connaître ma douleur ne le rend ni malheureux ni imparfait. Au contraire…

THÉODORE : Oh, oh, Ariste ! Dieu connaît la douleur, le plaisir, la chaleur et le reste, et il ne sent point ces choses ! Il connaît la douleur, puisqu'il sait quelle est cette modification de l'âme en quoi la douleur consiste. Il la connaît, puisque c'est lui seul qui la cause en nous, ainsi que je vous prouverai dans la suite, et qu'il sait bien ce qu'il fait. En un mot, il la connaît, puisque sa connaissance n'a point de bornes. Mais il ne la sent pas : car il serait malheureux. Connaître la douleur ce n'est donc pas la sentir.

ARISTE : Il est vrai. Mais sentir la douleur n'est-ce pas la connaître ?

VI. THÉODORE : Non sans doute, puisque Dieu ne la sent nullement, et qu'il la connaît parfaitement. Mais pour ne point nous arrêter à l'équivoque des termes, si vous voulez que sentir la douleur ce soit la connaître, du moins demeurez d'accord que ce n'est point la connaître clairement, que ce n'est point la connaître par lumière et par évidence ; en un mot que ce n'est point en connaître la nature, et qu'ainsi, à parler exactement, ce n'est point la connaître. Sentir la douleur, par exemple, c'est se sentir malheureux, sans savoir bien ni ce qu'on est, ni quelle est cette modalité de notre être qui nous rend malheureux. Mais connaître, c'est avoir une idée claire de la nature de son objet, et en découvrir tels et tels rapports par lumière et par évidence.

Je connais clairement les parties de l'étendue, parce que j'en puis voir évidemment les rapports. Je vois clairement que les | triangles semblables ont leurs côtés 67 proportionnels, qu'il n'y a point de triangle plan dont les trois angles ne soient égaux à deux droits. Je vois clairement ces vérités ou ces rapports dans l'idée ou l'archétype de l'étendue. Car cette idée est si lumineuse que c'est en la contemplant que les géomètres et les bons physiciens se forment ; et elle est si féconde en vérités, que tous les esprits ensemble ne l'épuiseront jamais

VII. Il n'en est pas de même de mon être. Je n'en ai point d'idée ; je n'en vois point l'archétype. Je ne puis découvrir les rapports des modifications qui affectent mon esprit. Je ne puis en me tournant vers moi-même reconnaître aucune de mes facultés ou de mes capacités. Le sentiment intérieur que j'ai de moi-même m'apprend que je suis, que je pense, que je veux, que je sens, que je souffre, etc. mais il ne me fait point connaître ce que je suis, la nature de ma pensée, de ma volonté, de mes sentiments, de mes passions, de ma douleur, ni les rapports que toutes ces choses ont entre elles : parce que, encore un coup, n'ayant point d'idée de mon âme, n'en voyant point l'archétype dans le Verbe divin, je ne puis découvrir en la contemplant ni ce qu'elle est, ni les modalités dont elle est capable, ni enfin les rapports qui sont entre ses modalités ; rapports que je sens vivement sans les connaître ; mais rapports que Dieu connaît clairement sans les sentir. Tout cela, mon cher Ariste, parce que comme je vous ai déjà dit, je ne suis point ma lumière à moi-même, que ma substance et mes modalités ne sont que ténèbres, et que Dieu n'a pas trouvé à propos pour bien des raisons de me découvrir l'idée ou l'archétype qui représente la nature des êtres spirituels. Car si ma substance était intelligible par elle-même ou en elle-même, si elle était lumineuse, si elle pouvait m'éclairer, comme je ne suis pas séparé de moi-même, certainement je pourrais voir en me contemplant que je suis capable d'être touché de tels et tels sentiments que je n'ai jamais éprouvés, et dont je n'aurai peut-être jamais aucune connaissance. Je n'aurais pas eu besoin d'un concert pour savoir quelle est la douceur de l'harmonie, et quoique je n'eusse jamais goûté d'un tel fruit, j'aurais pu, je ne dis pas sentir, mais connaître avec évidence la nature du sentiment qu'il excite **68** en moi. Mais comme on ne peut connaître | la nature des êtres que dans la Raison qui les renferme d'une manière intelligible, quoique je ne me puisse sentir qu'en moi-même, ce n'est qu'en elle que je puis découvrir ce que je suis, et les modalités dont ma nature est susceptible, et à plus forte raison ce n'est qu'en elle que je puis découvrir les principes des sciences, et toutes les vérités capables d'éclairer l'esprit.

ARISTE : Avançons un peu, Théodore. Je crois qu'il y a des différences essentielles entre connaître et sentir, entre les idées qui éclairent l'esprit, et les sentiments qui le touchent ; et je demeure d'accord que bien que je ne me sente qu'en moi-même, je ne puis connaître ce que je suis que dans la Raison qui renferme l'archétype de mon être, et les idées intelligibles de toutes choses.

VIII. THÉODORE : Bien donc, Ariste. Vous voilà prêt à faire mille et mille découvertes dans le pays de la vérité. Distinguez les idées de vos sentiments, mais distinguez-les bien. Encore un coup, distinguez-les bien ; et tous ces fantômes caressants dont je vous ai parlé ne vous engageront point dans l'erreur. Élevez-vous toujours au-dessus de vous-même. Vos modalités ne sont que ténèbres ; souvenez-vous en. Montez plus haut jusqu'à la Raison, et vous verrez la lumière. Faites taire vos sens, votre imagination, et vos passions ; et vous entendrez la voix pure de la vérité intérieure, les réponses claires et évidentes de notre Maître commun. Ne confondez jamais l'évidence, qui résulte de la comparaison des idées, avec la vivacité des sentiments qui vous touchent et qui vous ébranlent. Plus nos sentiments sont vifs, plus répandent-ils de ténèbres. Plus nos fantômes sont terribles ou agréables, plus ils paraissent avoir de corps et de réalité, plus sont-ils dangereux, et propres à nous séduire. Dissipez-les, ou entrez en défiance. Fuyez en un mot tout ce qui vous touche, et courez et attachez-vous à tout ce qui vous éclaire. Il faut suivre la Raison malgré les caresses, les menaces, les insultes du corps auquel nous sommes unis, malgré l'action des objets qui nous environnent. Concevez-vous bien distinctement tout ceci ? En êtes-vous bien convaincu par les raisons que je vous ai données, et par vos propres réflexions ?

69 | ARISTE : Votre exhortation, Théodore, me paraît bien vive pour un entretien de métaphysique. Il me semble que vous excitez en moi des sentiments, au lieu d'y faire naître des idées claires. Je me sers de votre langage. De bonne foi, je ne comprends pas trop ce que vous me dites. Je le vois, et un moment après je ne le vois plus. C'est que je ne fais encore que l'entrevoir. Il me semble que vous avez raison ; mais je ne vous entends pas trop bien.

IX. THÉODORE : Ah, mon cher Ariste, votre réponse est encore une preuve de ce que nous venons de dire. Il n'y a point de mal que vous y fassiez réflexion. Je vous dis ce que je vois, et vous ne le voyez pas. C'est une preuve que l'homme n'instruit pas l'homme. C'est que je ne suis pas votre Maître, ou votre Docteur. C'est que je ne suis qu'un moniteur, véhément peut-être, mais peu exact et peu entendu. Je parle à vos oreilles. Apparemment je n'y fais que trop de bruit. Mais notre unique Maître ne parle point encore assez clairement à votre esprit : ou plutôt la Raison lui parle sans cesse fort nettement ; mais faute d'attention, vous n'entendez point assez ce qu'elle vous répond. Je croyais pourtant par les choses que vous venez de me dire, et par celles que je vous avais dites moi-même, que vous compreniez suffisamment mon principe et les conséquences qu'il en faut tirer. Mais je vois bien qu'il ne suffit pas que je vous donne des avis généraux appuyés sur des idées abstraites et métaphysiques. Il faut encore que je vous apporte quelques preuves particulières de la nécessité de ces avis.

Je vous ai exhorté à vous accoutumer à reconnaître sans peine la différence qu'il y a entre connaître et sentir, entre nos idées claires et nos sentiments toujours obscurs et confus. Et je vous soutiens que cela seul suffit pour découvrir une infinité de vérités. Je vous le soutiens, dis-je, sur ce fondement, qu'il n'y a que la Raison qui nous éclaire, que nous ne sommes point notre lumière à nous-mêmes, ni nulle intelligence à aucune autre. Vous verrez clairement si ce fondement est solide, lorsque vous cesserez de m'entendre moi, et que dans votre cabinet vous consulterez | attentivement la vérité intérieure. Mais pour vous faciliter **70** l'intelligence de mon principe, et vous en faire mieux connaître la nécessité et les conséquences, répondez-moi, je vous prie. Vous savez bien la musique, car je vous vois souvent toucher les instruments d'une manière fort savante et fort hardie.

ARISTE : J'en sais assez pour charmer mon chagrin, et chasser ma mélancolie.

X. THÉODORE : Bien donc. Expliquez-moi un peu la nature de ces divers sons que vous alliez d'une manière si juste et si agréable. Qu'est-ce qu'une octave, une quinte, une quarte ? D'où vient que deux cordes étant dans l'union[1], on ne peut en toucher l'une sans ébranler l'autre ? Vous avez l'oreille très fine et très délicate ; consultez-la, afin qu'elle vous réponde sur ce que je souhaite d'apprendre de vous.

ARISTE : Je pense que vous vous moquez de moi. C'est la Raison, et non les sens, qu'il faut consulter.

THÉODORE : Cela est vrai. Il ne faut consulter les sens que sur des faits. Leur pouvoir est fort borné, mais la Raison s'étend à tout. Consultez-la donc. Et prenez garde de

1. OC donne « unisson » d'après le texte des premières éditions. Nous rétablissons « union », comme dans le texte de 1711.

confondre ses réponses avec le témoignage de vos sens. Eh bien que vous répond-elle ?

ARISTE : Vous me pressez trop. Néanmoins il me semble que le son est une qualité répandue dans l'air, laquelle ne peut affecter que le sens de l'ouïe, car chaque sens a son objet propre.

THÉODORE : Appelez-vous cela consulter la Raison ?

ARISTE : Que voulez-vous que je vous dise ? Tenez, voici une octave, *la-la. Voici* une quinte, *ut-sol.* Voici une quarte, *ut-fa.*

THÉODORE : Vous chantez bien. Mais que vous raisonnez mal ! Je comprends que c'est que vous voulez vous réjouir.

ARISTE : Assurément, Théodore. Mais pour votre autre 71 question, | je vous réponds que c'est par sympathie que les cordes de même son s'ébranlent les unes les autres. N'ai-je pas bien rencontré ?

THÉODORE : Parlons sérieusement, Ariste. Si vous voulez maintenant me réjouir, tâchez de m'instruire.

ARISTE : Je n'en ferai rien, s'il vous plaît. Faites votre personnage, et laissez-moi faire le mien. C'est à moi à écouter.

THÉODORE : Que vos manières sont honnêtes et agréables ! Ça donc prêtez-moi ce monocorde, et prenez garde à ce que je vais faire, et à ce que je vais vous dire. En pinçant, ou en tirant à moi cette corde, je la mets hors de l'état où le bandement l'oblige d'être ; et lorsque je la quitte, vous voyez bien, sans qu'il soit nécessaire de vous le prouver, qu'elle se remue quelque temps de çà et de là ; et qu'ainsi elle fait un grand nombre de vibrations, et par conséquent beaucoup d'autres petites secousses imperceptibles à nos sens. Car la ligne droite étant plus courte que la courbe, une corde ne peut pas faire ses vibrations, ou devenir alternativement droite et courbe, sans que les parties qui la composent s'allongent et se raccourcissent fort promptement. Or, je vous prie, un corps mû n'est-il pas capable de mouvoir celui qu'il rencontre ? Cette corde peut donc ébranler l'air qui l'environne, et même le subtil qui en pénètre les pores, et celui-ci un autre, jusqu'à votre oreille et à la mienne.

ARISTE : Il est vrai. Mais c'est un son que j'entends, un son répandu dans l'air, une qualité qui est bien différente des vibrations d'une corde, ou des secousses d'un air ébranlé.

THÉODORE : Doucement, Ariste. Ne consultez point vos sens, et ne jugez point sur leur témoignage. Il est vrai que le son est tout autre chose qu'un air ébranlé. Mais c'est justement pour cela que vous dites sans fondement que le son se répand dans l'air. Car, prenez-y garde, en touchant cette corde je ne fais que l'ébranler, et une corde ébranlée ne fait qu'agiter l'air qui l'environne.

ARISTE : *Une corde ébranlée ne fait qu'agiter l'air qui l'environne* ! | Quoi, n'entendez-vous pas qu'elle produit un son dans l'air ? 72

THÉODORE : Apparemment j'entends ce que vous entendez. Mais lorsque je veux m'instruire de quelque vérité, je ne consulte pas mes oreilles, et vous consultez les vôtres, nonobstant toutes les bonnes résolutions que vous aviez prises. Rentrez donc en vous-même, et consultez les idées claires que renferme la Raison. Concevez-vous bien que de l'air, que des petits corps de telle figure qu'il vous plaira, et agités de telle et telle manière, soient capables de contenir ce son que vous entendez, et qu'une corde le puisse produire ? Encore un coup, ne consultez point vos oreilles ; et pour plus de sûreté, imaginez-vous que vous êtes sourd. Considérez avec attention l'idée claire de l'étendue : c'est l'archétype des corps, elle en représente la nature et les propriétés. N'est-il pas évident que toutes les propriétés possibles de l'étendue ne peuvent être que des rapports de distance ? Pensez-y sérieusement.

ARISTE : Cela est évident. Toutes les propriétés de l'étendue ne peuvent consister que dans ses diverses manières d'être. Ce ne sont que des rapports de distance.

THÉODORE : Donc toutes les propriétés ou modalités possibles de l'étendue ne sont que des figures ou des rapports de distance stables et permanents, et des mouvements, ou des rapports de distance successifs et toujours changeants. Donc, Ariste, le son que vous convenez être autre chose que du mouvement, n'est point répandu dans l'air, et une corde ne l'y peut produire. Ce ne sera donc qu'un sentiment ou une modalité de l'âme.

ARISTE : Je vois bien qu'il faut se rendre, ou nier ce principe, que l'idée de l'étendue représente la nature des corps. Peut-être ne représente-t-elle qu'une de ses propriétés. En effet, qui vous a dit que les corps ne sont que de l'étendue ? L'essence de la matière consiste peut-être dans quelque autre chose : et cette autre chose sera capable de contenir les sons, et même de les produire. Prouvez-moi le contraire.

THÉODORE : Mais prouvez-moi vous-même que cette autre chose, en quoi vous faites consister l'essence de la matière, ne sera pas capable de penser, de vouloir, de raisonner. Je vous | soutiens que les cordes de votre luth pensent aussi juste que vous, ou du moins qu'elles se plaignent de ce que vous troublez leur repos. Prouvez-moi le contraire, et je vous convaincrai qu'elles ne répandent aucun son.

ARISTE : Il est vrai que si la nature du corps consiste dans quelque autre chose que de l'étendue, n'ayant nulle idée de cette chose, je ne puis pas vous prouver qu'elle ne pense point. Mais je vous prie, prouvez-moi que la matière n'est rien autre chose que de l'étendue, et qu'ainsi elle est incapable de penser. Car cela me paraît nécessaire pour faire taire les libertins, qui confondent l'âme avec le corps et qui soutiennent qu'elle est mortelle aussi bien que lui, à cause que selon eux toutes nos pensées ne sont que des modalités de cette chose inconnue qu'on appelle corps, et que toutes les modalités peuvent cesser d'être.

XI. THÉODORE : J'ai déjà répondu à la question que vous me faites* ; mais elle est si importante, que bien qu'elle soit hors de propos, je suis bien aise de vous faire remarquer que sa résolution dépend aussi bien que toutes les autres vérités de ce grand principe, que la Raison universelle renferme les idées qui nous éclairent, et que les ouvrages de Dieu ayant été formés sur ces idées, on ne peut mieux faire que de les contempler pour découvrir la nature et les propriétés des êtres créés. Prenez donc garde. Nous pouvons penser à de l'étendue sans penser à autre chose. C'est donc un être ou une substance, et non une manière d'être. Car on ne peut penser à une manière d'être, sans penser à l'être qu'elle modifie, puisque les manières d'être ne sont que l'être même de telle et telle façon. On ne peut penser à des figures et à des mouvements sans penser à l'étendue, parce que les figures et les mouvements ne sont que des manières d'être de l'étendue. Cela est clair, si je ne me trompe. Et si cela ne vous paraît pas tel, je vous soutiens que vous n'avez plus aucun moyen de distinguer les modalités des substances d'avec les substances mêmes. Si cela ne vous paraît pas évident, ne philosophons pas davantage. Car…

ARISTE : Philosophons, je vous prie.

* Ier Entretien, nombre II.

74 | THÉODORE : Philosophons. L'idée ou l'archétype de l'étendue est éternelle et nécessaire. Nous voyons cette idée, comme je vous l'ai déjà prouvé ; et Dieu la voit aussi, puisqu'il n'y a rien en lui qu'il ne découvre. Nous la voyons, dis-je, clairement et distinctement sans penser à autre chose. Nous pouvons l'apercevoir seule, ou plutôt nous ne pouvons pas l'apercevoir comme la manière d'être de quelque autre chose, car elle ne renferme aucun rapport nécessaire aux autres idées. Or Dieu peut faire ce qu'il voit, et ce qu'il nous fait voir dans sa lumière clairement et distinctement. Il peut faire tout ce qui ne renferme point de contradiction, car il est tout-puissant. Donc il peut faire de l'étendue toute seule. Cette étendue sera donc un être ou une substance ; et l'idée que nous en avons nous représentera sa nature. Supposé donc que Dieu ait créé de cette étendue, assurément il y aura de la matière. Car quel genre d'être serait-ce que cette étendue ? Or je crois que vous voyez bien que cette matière est incapable de penser, de sentir, de raisonner.

ARISTE : Je vous avoue que nos idées étant nécessaires et éternelles, et les mêmes que Dieu consulte ; s'il agit il fera ce que ces idées représentent ; et que nous ne nous tromperons point, si nous n'attribuons à la matière que ce que nous voyons dans son archétype. Mais nous ne voyons peut-être pas cet archétype tout entier. Les modalités de l'étendue ne pouvant être que des rapports de distance, l'étendue est incapable de penser. J'en conviens. Mais le sujet de l'étendue, cette autre chose qui est peut-être renfermée dans l'archétype de la matière, et qui nous est inconnue, cela pourra bien penser.

XII. THÉODORE : Cela pourra bien davantage. Car cela pourra tout ce que vous voudrez, sans que personne vous le puisse contester. Cela pourra avoir mille et mille facultés, vertus, propriétés admirables. Cela pourra agir dans votre âme, l'éclairer, la rendre heureuse et malheureuse. En un mot il y aura autant de puissances, et, si vous poussez la chose, autant de divinités qu'il y a de différents corps. Car en effet, que sais-je si cette autre chose, que vous prenez pour l'essence de la matière, n'a point toutes les qualités qu'il vous plaira de lui attribuer, puisque je n'en ai nulle connaissance ? Vous voyez peut-être par là que pour connaître | les ouvrages de Dieu, il faut consulter les idées **75** qu'il nous en donne, celles qui sont claires, celles sur lesquelles il les a formés, et qu'on court de très grands dangers, si on suit une autre voie. Car si nous consultons nos sens, si nous nous rendons aveuglément à leur témoignage, ils nous persuaderont qu'il y a du moins certains corps, dont la puissance et l'intelligence sont merveilleuses.

Nos sens nous disent que le feu répand la chaleur et la lumière. Ils nous persuadent que les animaux et les plantes travaillent à la conservation de leur être et de leur espèce avec beaucoup d'adresse, et avec une espèce d'intelligence. Or nous voyons bien que ces facultés sont autre chose que des figures et des mouvements. Nous jugeons donc sur ces témoignages obscurs et confus de nos sens, qu'il faut qu'il y ait dans les corps quelque autre chose que de l'étendue, puisque toutes les modalités de l'étendue ne peuvent être que des mouvements et des figures. Mais consultons attentivement la Raison. Arrêtons-nous à l'idée claire que nous avons des corps. Ne les confondons pas avec notre être propre, et nous découvrirons peut-être que nous leur attribuons des qualités et des propriétés qu'ils n'ont pas, et qui nous appartiennent uniquement.

Il se peut faire, dites-vous, que nous ne voyions pas tout entier l'archétype ou l'idée de la matière. Quand cela serait ainsi, nous ne devrions lui attribuer que ce que cette idée nous en représente, car il ne faut point juger de ce qu'on ne connaît pas. Assurément si les libertins croient qu'il leur est permis de raisonner sur des chimères dont ils n'ont aucune idée, ils doivent souffrir qu'on raisonne des choses par les idées qu'on en a. Mais pour leur ôter tout sujet de chute et de confiance dans leurs étranges erreurs, encore un coup prenez garde que nous pouvons penser à l'étendue sans penser à autre chose. Car c'est là le principe. Donc Dieu peut faire de l'étendue sans faire autre chose. Donc cette étendue subsistera sans cette chose inconnue qu'ils attribuent à la matière. Cette étendue sera donc une substance, et non une modalité de substance. Et voilà ce que je crois devoir appeler corps ou matière pour bien des raisons : non seulement parce qu'on ne peut penser **76** aux modalités des êtres, sans penser | aux êtres mêmes dont elles sont des modalités, et qu'il n'y a point d'autre voie pour distinguer les êtres de leurs modalités, que de voir si on peut penser à ceux-là sans penser à celles-ci, mais encore parce que par l'étendue toute seule, et par les propriétés que tout le monde lui attribue, on peut expliquer suffisamment tous les effets naturels, je veux dire qu'on ne remarque aucun effet de la matière dont on ne puisse découvrir la cause naturelle dans l'idée de l'étendue, pourvu que cet effet soit clairement connu.

ARISTE : Ce que vous dites là me paraît convaincant. Je comprends plus clairement que jamais que pour connaître les ouvrages de Dieu, il faut consulter attentivement les idées qu'il renferme dans sa sagesse, et faire taire nos sens, et surtout notre imagination. Mais cette voie de découvrir la vérité est si rude et si pénible, qu'il n'y a presque personne qui la suive. Pour voir que le soleil est tout éclatant de lumière, il ne faut qu'ouvrir les yeux. Pour juger si le son est dans l'air, il suffit de faire du bruit. Rien n'est plus commode. Mais l'esprit travaille furieusement dans l'attention qu'il donne aux idées qui ne frappent point les sens. On se lasse bien tôt; je le sais par expérience. Que vous êtes heureux de pouvoir méditer sur les matières métaphysiques !

THÉODORE : Je suis fait comme les autres, mon cher Ariste. Jugez de moi par vous-même, et vous me ferez honneur, vous ne vous tromperez qu'à mon avantage. Que voulez-vous ? Cette difficulté que nous trouvons tous à nous unir à la Raison est une peine et une preuve du péché, et la rébellion du corps en est le principe. Nous sommes condamnés à gagner notre vie à la sueur de notre front. Il faut maintenant que l'esprit travaille pour se nourrir de la vérité. Cela est commun à tous les hommes. Mais croyez-moi, cette viande des esprits est si délicieuse, et donne à l'âme tant d'ardeur lorsqu'on en a goûté, que quoiqu'on se lasse de la rechercher, on ne se lasse jamais de la désirer et de recommencer ses recherches : car c'est pour elle que nous sommes faits. Mais si je vous ai trop fatigué, donnez-moi cet instrument, afin que je soulage votre attention, et que je rende sensibles, autant que cela se peut, les vérités que je veux vous faire comprendre.

| ARISTE : Que voulez-vous faire ? Je comprends 77 clairement que le son n'est point répandu dans l'air, et qu'une corde ne peut le produire. Les raisons que vous venez de me dire me paraissent convaincantes. Car enfin, le son ni le pouvoir de le produire n'est point renfermé dans l'idée de la matière, puisque toutes les modalités des corps ne consistent que dans des rapports de distance. Cela me suffit. Néanmoins voici encore une preuve qui me frappe et qui me convainc. C'est que dans une fièvre que j'eus il y a quelque temps, j'entendais sans cesse le

hurlement d'un animal qui sans doute ne hurlait plus, car il était mort. Je pense aussi que dans le sommeil il vous arrive comme à moi d'entendre un concert, ou du moins le son de la trompette ou du tambour, quoiqu'alors tout soit dans un grand silence. J'entendais donc étant malade des cris et des hurlements. Car je me souviens encore aujourd'hui qu'ils me faisaient beaucoup de peine. Or ces sons désagréables n'étaient point dans l'air quoique je les y entendisse aussi bien que celui que fait cet instrument. Donc, quoiqu'on entende les sons comme répandus dans l'air, il ne s'ensuit pas qu'ils y soient. Ils ne se trouvent effectivement que dans l'âme, car ce ne sont que des sentiments qui la touchent, que des modalités qui lui appartiennent. Je pousse même les choses plus loin. Car tout ce que vous m'avez dit jusqu'ici me porte à croire qu'il n'y a rien dans les objets de nos sens qui soit semblable aux sentiments que nous en avons. Ces objets ont rapport avec leurs idées ; mais il me semble qu'ils n'ont nul rapport avec nos sentiments. Les corps ne sont que de l'étendue capable de mouvement et de diverses figures. Cela est évident lorsque l'on consulte l'idée qui les représente.

THÉODORE : Les corps, dites-vous, n'ont rien de semblable aux sentiments que nous avons, et pour en connaître les propriétés, il ne faut pas consulter les sens, mais l'idée claire de l'étendue qui représente leur nature. Retenez bien cette importante vérité.

ARISTE : Cela est évident, et je ne l'oublierai jamais.

XIII. THÉODORE : Jamais ! Bien donc dites-moi, je vous prie, ce que c'est qu'une octave et une quinte, ou plutôt enseignez-moi ce qu'il faut faire pour entendre ces consonances.

| ARISTE : Cela est bien facile. Touchez cette corde **78** entière, et ensuite mettez là votre doigt, et touchez l'une ou l'autre partie de la corde, et vous entendrez l'octave.

THÉODORE : Pourquoi là mon doigt, et non pas ici ?

ARISTE : C'est qu'ici vous feriez une quinte, et non une octave. Regardez, regardez. Voilà tous les tons marqués… Vous riez.

THÉODORE : Me voilà bien savant, Ariste. Je puis vous faire entendre tous les tons que je voudrai. Mais si nous avions brisé notre instrument, toute notre science serait en morceaux.

ARISTE : Point du tout, j'en referais bien un autre. Ce n'est qu'une corde sur un ais. Tout le monde en peut faire autant.

THÉODORE : Oui. Mais cela ne suffit pas. Il faut marquer exactement les consonances sur cet ais. Comment le diviseriez-vous donc pour marquer où il faut mettre le doigt, afin d'entendre l'octave, la quinte, et les autres consonances ?

ARISTE : Je toucherais la corde entière, et en glissant le doigt je prendrais le ton que je voudrais marquer. Car je sais même assez la musique pour accorder les instruments.

THÉODORE : Votre méthode n'est guère exacte, puisque ce n'est qu'en tâtonnant que vous trouvez ce que vous cherchez. Mais si vous deveniez sourd, ou plutôt si le petit nerf qui bande le tambour de votre oreille, et qui l'accorde avec votre instrument, venait à se relâcher, que deviendrait votre science ? Ne pourriez-vous plus marquer exactement les différents tons : est-ce qu'on ne peut devenir sourd sans oublier la musique ? Si cela est, votre science n'est point fondée sur les idées claires. La Raison n'y a point de part, car la Raison est immuable et nécessaire.

ARISTE : Ah, Théodore ! j'avais déjà oublié ce que je viens de vous dire que je n'oublierais jamais. À quoi est-ce que je pense ? Je vous ai fait là de plaisantes réponses, vous aviez sujet d'en rire. C'est que naturellement j'écoute plus mes sens que ma Raison. Je suis si accoutumé à consulter mes oreilles, que je ne pensais pas bien à ce que vous me demandiez. Voici une autre réponse dont vous serez plus content. Pour marquer l'octave sur cet 79 | instrument, il faut diviser en deux parties égales l'espace qui répond à la corde. Car si l'ayant touchée entière, on touche ensuite l'une ou l'autre de ses parties, on aura l'octave. Si on la touche entière, et ensuite les deux tiers, on aura la quinte. Et enfin si on la touche entière, et ensuite les trois quarts, on aura la quarte, et ces deux dernières consonances monteront à l'octave.

XIV. THÉODORE : Cette réponse m'instruit. Je la comprends distinctement. Je vois bien par là que l'octave, ou plutôt la cause naturelle qui la produit, est comme 2 à 1, la quinte comme 3 à 2, la quarte comme 4 à 3. Ces rapports des nombres sont clairs. Et puisque vous me dites qu'une corde divisée et touchée selon la grandeur qu'expriment ces nombres rend ces consonances, quand je deviendrais sourd, je pourrais les marquer sur le monocorde. Voilà ce que c'est que de raisonner sur des idées claires, on instruit solidement les gens. Mais pourquoi une quinte et une quarte valent-elles une octave ?

ARISTE : C'est que le son est au son comme la corde à la corde. Ainsi, puisque l'octave se fait entendre lorsqu'on touche une corde, et ensuite sa moitié, l'octave est comme 2 à 1 ou ce qui est la même chose, comme 4 à 2. Or le rapport de 4 à 2 est composé du rapport de 4 à 3 qui est la quarte, et de 3 à 2, qui est la quinte. Car vous savez bien que le rapport d'un nombre à un autre est composé de tous les rapports qui sont entre tous les nombres que ces deux nombres renferment. Le rapport de 3 à 6 par exemple, qui est celui de 1 à 2 est composé des rapports de 3 à 4, de 4 à 5 et de 5 à 6. Par là vous voyez que le diton[1] et la tierce mineure valent une quinte. Car la raison ou le rapport de 4 à 6 qui est égal à celui de 2 à 3 est composé de ceux de 4 à 5 qui fait le diton, et de 5 à 6 qui est la tierce mineure.

THÉODORE : Je conçois clairement tout ceci, en supposant que le son soit au son comme la corde à la corde. mais je ne comprends pas bien ce principe. Pensez-vous qu'il soit appuyé sur des idées claires ?

| ARISTE : Oui je le crois. Car la corde ou ses divers **80** tremblements sont la cause de divers sons. Or la cause entière est à sa moitié comme 2 à 1 et les effets répondent exactement à leurs causes. Donc l'effet de la cause entière est double de l'effet de sa moitié. Donc le son de la corde entière est au son de sa moitié comme 2 à 1.

THÉODORE : Concevez-vous distinctement ce que vous me dites ? Pour moi j'y trouve de l'obscurité, et autant que je le puis je ne me rends qu'à l'évidence qui accompagne les idées claires.

ARISTE : Que trouvez-vous à redire dans mon raisonnement ?

XV. THÉODORE : Il y a beaucoup d'esprit. Car vous ne manquez pas de ce côté-là. Mais le principe en est obscur. Il n'est point appuyé sur des idées claires. Prenez-y garde. Vous croyez connaître ce que vous ne faites que sentir ; et vous prenez pour principe un préjugé dont vous aviez reconnu la fausseté auparavant. Mais pour faire sentir la fausseté de votre preuve, souffrez que je fasse sur vous une petite expérience. Donnez-moi votre main ; je ne vous ferai pas grand mal. Présentement que je vous frotte

1. La tierce majeure.

le creux de la main avec le bout de ma manche, ne sentez-vous rien ?

ARISTE : Je sens un peu de chaleur, ou une espèce de chatouillement assez agréable.

THÉODORE : Et maintenant.

ARISTE : Ah Théodore ! vous me faites mal. Vous me frottez trop rudement. Je sens une douleur qui m'incommode.

THÉODORE : Vous vous trompez Ariste. Laissez-moi faire. Vous sentez un plaisir deux ou trois fois plus grand que celui que vous sentiez tout à l'heure. Je m'en vais vous le prouver par votre même raisonnement. Prenez garde. *Le frottement que je fais dans votre main est la cause de ce que vous y sentez. Or la cause entière est à sa moitié comme 2 à 1 et les effets répondent exactement à l'action de leurs causes. Donc l'effet de la cause entière ou de l'action* 81 *entière | de la cause est double de l'effet de sa moitié.* Donc en frottant une fois plus fort ou plus vite, ce mouvement redoublé doit produire une fois plus de plaisir. Donc je ne vous ai point fait de douleur, si ce n'est que vous prétendiez que la douleur soit au plaisir comme 2 à 1.

ARISTE : Me voilà bien puni d'avoir raisonné sur un principe obscur. Vous m'avez fait du mal ; et pour toute excuse vous me prouvez que vous m'avez fait un double plaisir. Cela n'est point agréable.

THÉODORE : Vous en êtes quitte à bon marché, car si nous eussions été auprès du feu, j'eusse peut-être fait bien pis.

ARISTE : Que m'eussiez-vous fait ?

THÉODORE : Apparemment j'eusse pris un charbon ardent ; et je l'eusse d'abord approché un peu de votre main, et si vous m'eussiez dit que cela vous faisait plaisir, je l'y aurais appliqué, afin de vous en donner davantage, et puis je vous aurais prouvé par votre raisonnement que vous auriez tort de vous plaindre.

ARISTE : Vraiment je l'ai échappé belle ! Est-ce ainsi que vous instruisez les gens ?

THÉODORE : Comment voulez-vous que je fasse ? Quand je vous donne des preuves métaphysiques vous les oubliez incontinent. Il faut bien que je les rende sensibles, afin que vous les compreniez sans peine, et que vous vous en souveniez toujours. Pourquoi avez-vous oublié sitôt qu'il ne faut raisonner que sur des idées claires, qu'une corde ébranlée ne peut au plus qu'agiter l'air qui l'environne, et qu'elle ne peut produire les divers sons que vous entendez ?

ARISTE : C'est que dès que je touche la corde j'entends le son.

THÉODORE : Je le vois bien. Mais vous ne concevez pas clairement que les vibrations d'une corde puissent répandre ou produire le son. Vous en êtes demeuré d'accord. Car le son n'est point renfermé dans l'idée de la matière, encore moins le pouvoir d'agir dans l'âme et de le lui faire entendre. De ce que les tremblements | d'une corde ou de l'air sont **82** suivis d'un son et de tel son, jugez-en que les choses étant comme elles sont, cela est nécessaire afin qu'on l'entende. Mais ne vous imaginez pas qu'il y ait un rapport nécessaire entre ces choses. Apparemment je n'entends pas les mêmes sons que vous, quoique j'entende peut-être les mêmes tons ou les mêmes consonances. Car si le tambour de mon oreille est plus ou moins épais que le vôtre d'une certaine quantité, qui fasse qu'il s'accorde plus facilement en prenant un autre ton qu'en prenant le même, ce qui est fort vraisemblable, assurément, tout le reste étant égal, j'entends un son plus haut que vous, lorsqu'on touche cette corde. Enfin je ne vois nul rapport de grandeur entre les consonances. Il n'est point clair que la différence des sons qui les composent soit du plus ou moins, comme les cordes qui les rendent. Cela me paraît évident.

ARISTE : Cela me paraît tel. Mais puisque les tremblements d'une corde ne sont point la cause du son, d'où vient que j'entends le son lorsqu'on touche la corde ?

THÉODORE : Il n'est pas temps, Ariste, de résoudre cette question. Lorsque nous aurons traité de l'efficace des causes, ou des lois de l'union de l'âme et du corps, elle se résoudra sans peine. Je ne pense présentement qu'à vous faire remarquer la différence qu'il y a entre connaître clairement et sentir confusément. Je ne pense qu'à vous bien convaincre de cette importante vérité, que pour connaître les ouvrages de Dieu il ne faut pas s'arrêter aux sentiments qu'on en a, mais aux idées qui les représentent. Car je ne puis trop vous le répéter : il ne faut pas consulter ses sens, ses propres modalités, qui ne sont que ténèbres, mais la Raison qui nous éclaire par ses divines idées, par des idées immuables, nécessaires, éternelles.

ARISTE : J'en demeure d'accord. J'en suis pleinement convaincu. Passons outre, car je me lasse de vous entendre incessamment redire les mêmes choses.

XVI. THÉODORE : Nous passerons à ce qu'il vous plaira. Mais, croyez-moi, il ne suffit pas de voir un principe, il faut le bien voir. Car entre voir et voir il y a des différences infinies ; et le principe | que je vous inculque est si nécessaire et d'un si grand usage, qu'il faut l'avoir toujours présent à l'esprit, et ne pas l'oublier comme vous faites. Mais voyons si vous en êtes bien convaincu, et si vous savez bien vous en servir. Dites-moi pourquoi deux cordes étant en unisson on peut en toucher une sans ébranler l'autre.

ARISTE : Cette question me paraît bien difficile : car j'en ai lu dans certains auteurs beaucoup d'explications qui ne me satisfont guère. J'appréhende que ma réponse ne m'attire encore quelque petite raillerie, ou que vous ne fassiez quelque expérience à mes dépens.

THÉODORE : Non, non, Ariste, ne craignez rien. Mais n'oubliez pas le principe des *idées claires*. Je ne devrais pas vous en avertir si souvent. Mais j'ai peur que la *sympathie*, ou quelque autre chimère, ne vous empêche de le suivre.

ARISTE : Voyons un peu. Lorsque je touche cette corde, elle ébranle l'air par ses vibrations. Or cet air agité peut communiquer quelque mouvement aux autres cordes qu'il rencontre.

THÉODORE : Fort bien. Mais les dissonantes, aussi bien que celles qui rendent le même son, seront ébranlées.

ARISTE : C'est à quoi je pensais. Un peu de sympathie viendrait assez bien ici, mais vous n'en voulez point.

THÉODORE : Je reçois volontiers ce mot pour ce qu'il vaut. Il y a sympathie entre les cordes de même son. Cela est certain, puisqu'elles agissent les unes sur les autres, car c'est ce que ce mot signifie. Mais d'où vient cette sympathie ? C'est ce qui fait la difficulté.

ARISTE : Ce n'est point à cause de leur longueur ou de leur grosseur. Car il y a sympathie entre des cordes inégales, et il n'y a point de sympathie entre des cordes égales, si elles ne rendent le même son. Il faut donc que tout dépende du son. Mais à propos, le son n'est point une modalité de la corde, et elle ne peut le produire. D'où viendra donc cette sympathie ? Me voici bien embarrassé.

| THÉODORE : Vous vous embarrassez de peu de chose. **84** Il y a sympathie entre les cordes de même son. Voilà le fait que vous voulez expliquer. Voyez donc ce qui fait que deux cordes rendent un même son, et vous aurez tout ce qui est nécessaire pour découvrir ce que vous cherchez.

ARISTE : Si deux cordes sont égales en longueur et en grosseur, ce sera l'égalité de leur tension qui fera qu'elles rendront le même son ; et si elles sont inégales seulement en longueur, si l'une est, par exemple, double de l'autre, il faudra qu'elle soit tendue par une force quadruple.

THÉODORE : Que fait donc dans des cordes égales une tension plus ou moins grande ?

ARISTE : Elle les rend capables d'un son plus ou moins aigu.

THÉODORE : Oui, mais ce n'est pas là ce qu'il nous faut. Nous n'avons que faire de la différence des sons : nul son ne peut ébranler cette corde. Car le son est plutôt l'effet que la cause du mouvement. Dites-moi donc comment la tension fait-elle que le son devient plus aigu ?

ARISTE : C'est apparemment parce qu'elle fait que la corde a des tremblements plus prompts.

THÉODORE : Bon, voilà tout ce qu'il nous faut. Car le tremblement, et non le son de ma corde, pourra faire trembler la vôtre. Deux cordes égales en longueur et en grosseur, et également tendues rendent un même son, par cette raison qu'elles ont des tremblements également prompts ; et si l'une monte plus haut que l'autre, c'est une marque qu'elle est plus tendue, et qu'elle fait plus promptement chacune de ses vibrations. Or une corde n'en ébranle une autre que par le moyen de ses vibrations. Car un corps n'en meut un autre que par le moyen de son mouvement. Cela étant, dites-moi maintenant pourquoi
85 les cordes de | même son se communiquent leur tremblement, et pourquoi les dissonantes ne le font point, du moins d'une manière qui soit sensible.

XVII. ARISTE : J'en vois clairement la raison. Voici deux cordes de même son. Voilà la vôtre, voici la mienne. Quand je lâche ma corde, elle pousse l'air vers vous, et cet air poussé ébranle quelque peu votre corde. La mienne fait encore en fort peu de temps quantité de semblables vibrations, dont chacune ébranle l'air, et pousse votre corde comme a fait la première secousse. Voilà ce qui la fait trembler. Car plusieurs petites secousses données à propos peuvent produire un ébranlement sensible. Mais lorsque ces petites secousses viennent à contretemps, elles se nuisent les unes aux autres. Ainsi, lorsque deux cordes sont dissonantes, ou ne peuvent faire leurs vibrations en temps égal ou multiple, ou du moins commensurable, à cause qu'elles sont inégalement bandées, ou de longueur et grosseur inégale, et incommensurable, elles ne peuvent s'ébranler l'une l'autre. Car si la première se meut, et pousse l'air et la seconde corde vers vous dans le temps que cette seconde revient vers moi, alors elle en diminuera le mouvement au lieu de l'augmenter. Il faut donc que les vibrations des cordes se fassent en temps égal ou multiple, afin qu'elles se communiquent mutuellement un mouvement assez grand pour être sensible; et leur mouvement est d'autant plus sensible que la consonance qu'elles rendent approche plus de l'unisson. C'est pourquoi dans l'octave elles s'ébranlent davantage que dans la quinte, et dans la quinte plus que dans la quarte : parce que les deux cordes recommencent plus souvent leurs vibrations dans le même instant. Êtes-vous bien satisfait de cette raison?

THÉODORE : Tout à fait, Ariste. Car vous avez suivi le principe des idées claires. Je comprends fort bien que les cordes de même son s'ébranlent mutuellement, non par la sympathie de leur son, car le son ne peut être la cause du mouvement, mais par l'accord de leurs vibrations, qui ébranlent ou secouent l'air dans | lequel elles sont tendues. **86** Tant que vous raisonnerez des propriétés des corps sur les idées des figures et des mouvements, je serai content de vous. Car vous avez l'esprit si juste, qu'il est difficile que vous fassiez un méchant raisonnement en suivant un principe clair. En effet, si nous tombons si souvent dans l'erreur, cela vient plutôt de la fausseté ou de l'obscurité de nos idées que de la faiblesse de notre esprit. Les géomètres se trompent rarement, et les physiciens presque toujours. Pourquoi cela ? C'est que ceux-ci raisonnent ordinairement sur des idées confuses, et ceux-là sur les idées les plus claires que nous ayons.

ARISTE : Je vois mieux que jamais la nécessité de votre principe. Vous avez bien fait de me le répéter souvent, et de me le rendre sensible. Je tâcherai de m'en souvenir. Il ne faut point juger des objets sensibles sur les sentiments dont ils nous frappent, mais sur les idées qui les représentent. Nos sentiments sont confus. Ce ne sont que des modalités de notre âme qui ne peuvent nous éclairer. Mais les idées que la Raison nous découvre sont lumineuses : l'évidence les accompagne. Il suffit de les considérer avec attention pour en découvrir les rapports, et s'instruire solidement de la vérité. N'est-ce pas là, Théodore, ce que vous voulez que je me mette bien dans l'esprit ?

THÉODORE : Oui, Ariste, et si vous le faites, vous voyagerez sans crainte dans le pays des intelligences. Vous en éviterez prudemment les lieux inaccessibles ou trop dangereux, et vous n'appréhenderez plus ces fantômes caressants qui engagent insensiblement dans l'erreur les nouveaux voyageurs de ces contrées. Mais ne vous imaginez pas de bien savoir ce que je viens de vous dire, et ce que vous avez répété vous-même. Vous ne le saurez exactement que lorsque vous y aurez médité souvent. Car on n'apprend jamais bien ce qu'on entend dire aux hommes, si la vérité intérieure ne nous le répète dans le silence de toutes les créatures. Adieu donc, Ariste. Je vous laisse seul avec la Raison. Consultez-la sérieusement, et oubliez tout le reste.

En général de la nature et des propriétés des sens. De la sagesse des lois de l'union de l'âme et du corps. Cette union changée en dépendance par le péché du premier homme.

ARISTE : D'où venez-vous, Théodore? J'étais dans l'impatience de ne point vous rencontrer.

I. THÉODORE : Quoi donc! Est-ce que la Raison ne vous suffit pas, et que vous ne pouvez passer agréablement le temps avec elle, si Théodore n'est de la partie? La Raison suffit pour une éternité aux bienheureuses intelligences; et quoique je ne vous aie laissé avec elle que quelques heures, l'impatience vous prend de ne me point voir. À quoi pensez-vous? Prétendez-vous que je souffre que vous ayez pour moi un attachement aveugle et déréglé? Aimez la Raison, consultez-la, suivez-la. Car je vous déclare que je renonce à l'amitié de ceux qui la négligent, et qui refusent de se soumettre à ses lois.

ARISTE : Doucement, Théodore. Écoutez un peu.

II. THÉODORE : Il ne peut y avoir d'amitié durable et sincère, si elle n'est appuyée sur la Raison, sur un bien immuable, sur un bien que tous puissent posséder sans le diviser. Car les amitiés fondées sur les biens qui se partagent, et qui se dissipent par l'usage, ont toujours de fâcheuses suites, et ne durent que peu de temps : fausses et dangereuses amitiés?

ARISTE : D'accord. Tout cela est vrai, rien n'est plus certain. Ah, Théodore!

THÉODORE : Que voulez-vous dire?

III. ARISTE : Qu'il y a de différence entre voir et voir, entre savoir ce que nous disent les hommes, dans le temps qu'ils nous le disent, et savoir ce que nous dit la Raison, 88 dans le temps | qu'elle nous répond ! Qu'il y a de différence entre connaître et sentir, entre les idées qui nous éclairent, et les sentiments confus qui nous agitent et qui nous troublent ! Que ce principe est fécond, qu'il répand de lumières ! Que d'erreurs, que de préjugés il dissipe ! J'ai médité, Théodore, sur ce principe. J'en ai suivi les conséquences, et j'étais dans l'impatience de vous voir, pour vous remercier de me l'avoir appris. Souffrez que je vous dise ce que les fidèles de Samarie disaient à la Samaritaine, après qu'ils eurent aussi bien qu'elle écouté notre Maître commun : *jam non propter tuam loquelam credimus*, disaient-ils à cette femme : *Ipsi enim audivimus et scimus*[1]. Oui, maintenant je suis convaincu, non par la force de vos discours, mais par les réponses évidentes de la vérité intérieure. Je comprends ce que vous m'avez dit ; mais j'ai compris bien d'autres choses, dont vous ne m'aviez point parlé ! Je les ai clairement comprises ; et ce qui m'en reste de plus profondément gravé dans la mémoire, c'est que j'ai vécu toute ma vie dans l'illusion, toujours séduit par le témoignage de mes sens, toujours corrompu par leurs attraits. Que les biens sensibles sont méprisables ! Que les corps me paraissent impuissants ! Non, ce soleil, quelque éclatant qu'il paraisse à mes yeux, il ne possède ni ne répand point cette lumière qui m'éclaire. Toutes ces couleurs qui me réjouissent par leur variété et par leur vivacité, toutes ces beautés qui me charment, lorsque je tourne les yeux sur tout ce qui m'environne, m'appartiennent à moi. Tout cela ne vient point des corps, n'est point dans

1. « Ce n'est plus à cause de ce que vous nous avez dit que nous croyons en lui. [...] Car nous l'avons ouï nous-mêmes et nous savons » (Jn, IV, 42).

les corps. Car rien de cela n'est renfermé dans l'idée de la matière. Et je suis persuadé qu'il ne faut point juger des ouvrages de Dieu par les divers sentiments qu'on en a, mais par les idées immuables, nécessaires, éternelles qui les représentent, par l'archétype sur lequel ils ont tous été formés.

THÉODORE : Que je sens de plaisir à vous entendre ! Je vois bien que vous avez consulté la Raison dans le silence des créatures, car vous en êtes encore tout éclairé, tout animé, tout pénétré. Ah que nous serons bons amis, si la Raison est toujours notre bien commun, et le lien de notre société ! Nous jouirons l'un et l'autre des mêmes plaisirs, nous posséderons les mêmes richesses. Car la vérité se donne toute entière à tous, et toute | entière à chacun de **89** nous. Tous les esprits s'en nourrissent, sans rien diminuer de son abondance. Que j'ai de joie encore un coup de vous voir tout pénétré des vérités que vous me dites !

IV. ARISTE : Je suis aussi tout pénétré de reconnaissance de l'obligation que je vous ai. C'était là le sujet de mon impatience. Oui, vous m'avez enseigné cet arbre du paradis terrestre, qui donne aux esprits la vie et l'immortalité. Vous m'avez montré la manne céleste, dont je dois me nourrir dans le désert de la vie présente. Vous m'avez conduit insensiblement au Maître intérieur qui seul éclaire toutes les intelligences. Un quart d'heure d'attention sérieuse aux idées claires et lumineuses qu'il présente à l'esprit m'a plus appris de vérités, m'a délivré de plus de préjugés, que tout ce que j'avais lu dans les livres des philosophes, que tout ce que j'avais ouï dire à mes maîtres, et à vous-même, Théodore. Car quelque justes que soient vos expressions, quand vous me parlez et que je consulte la Raison, il se fait en même temps un bruit confus de deux réponses différentes, l'une sensible, et l'autre intelligible. Et le moindre inconvénient qui en arrive, c'est que la réponse qui me frappe l'oreille partage la capacité de mon esprit, et en diminue la vivacité et la pénétration. Car il vous faut du temps pour prononcer vos paroles ; mais toutes les réponses de la Raison sont éternelles et immuables. Elles ont toujours été dites, ou plutôt elles se disent toujours sans aucune succession de temps, et quoiqu'il nous faille quelques moments pour les entendre, il ne lui en faut point pour les faire, parce qu'effectivement elles ne sont point faites. Elles sont éternelles, immuables, nécessaires. Souffrez que j'aie le plaisir de vous déclarer une partie de ce que je crois avoir appris de notre Maître commun, chez qui vous avez eu la charité de m'introduire.

VI. Dès que vous m'eûtes quitté, Théodore, je rentrai en moi-même pour consulter la Raison, et je reconnus tout d'une autre manière que lorsque vous me parliez, et que je me rendais à vos preuves, que les idées des créatures sont éternelles, que Dieu a formé les corps sur celle de l'étendue, que cette idée doit donc représenter leur nature, et qu'ainsi je devais la considérer attentivement pour **90** découvrir leurs propriétés. Je compris clairement | que de consulter mes sens, et chercher la vérité dans mes propres modalités, c'était préférer les ténèbres à la lumière, et renoncer à la Raison. D'abord mes sens s'opposèrent à mes conclusions, comme s'ils eussent été jaloux contre les idées, de se voir exclus par elles d'une prérogative qu'ils possèdent depuis longtemps dans mon esprit. Mais je trouvai tant de faussetés et de contradictions dans l'opposition qu'ils avaient formée, que je les condamnai comme des trompeurs et des faux témoins. En effet, je ne voyais nulle évidence dans leur témoignage, et je remarquais au contraire une clarté merveilleuse dans les idées qu'ils tâchaient d'obscurcir. Ainsi, quoiqu'ils me parlassent encore avec confiance, avec hauteur, avec la dernière importunité, je les obligeai au silence, et je rappelai les idées qui me quittaient, à cause qu'elles ne peuvent souffrir ce bruit confus et ce tumulte des sens révoltés.

Il faut, Théodore, que je vous avoue que les preuves sensibles que vous veniez de me donner contre l'autorité des sens, m'ont été d'un merveilleux usage. Car c'est par elles que je faisais taire ces importuns. Je les convainquais de fausseté par leur propre témoignage. Ils se coupaient à tous moments. Car outre qu'ils ne disaient rien qui ne fût incompréhensible, et tout à fait incroyable, ils me faisaient les mêmes rapports, de choses toutes différentes, et des rapports tout opposés des mêmes choses selon l'intérêt qu'ils y prenaient. Je les fis donc taire, bien résolu de ne plus juger des ouvrages de Dieu sur leur témoignage, mais sur les idées qui représentent ces ouvrages, et sur lesquelles ils ont été formés.

C'est en suivant ce principe que j'ai compris que la lumière n'était ni dans le soleil, ni dans l'air où nous la voyons, ni les couleurs sur la surface des corps, que le soleil pouvait peut-être remuer les parties subtiles de l'air, et celles-ci faire la même impression de mouvement sur le nerf optique, et de là jusqu'à la partie du cerveau où l'âme réside, et que ces petits corps agités en rencontrant de solides pouvaient réfléchir différemment selon la diversité des surfaces qui les faisaient rejaillir. Voilà leur lumière, et la variété de leurs couleurs prétendues.

VI. J'ai compris de même, que la chaleur que je sens n'était nullement dans le feu, ni le froid dans la glace, que dis-je ! ni la douleur même dans mon propre corps, où j'en ai senti souvent | de si vives et de si cruelles, ni la douceur **91** dans le sucre, ni l'amertume dans l'aloès, ni l'acidité dans le verjus, ni l'aigreur dans le vinaigre, ni dans le vin, cette douceur et cette force qui trompe et qui abrutit tant d'ivrognes. Tout cela par la même raison que le son n'est point dans l'air, et qu'il y a une différence infinie entre les tremblements des cordes, et le bruit qu'elles rendent, entre les proportions de ces tremblements, et la variété des consonances.

Je serais trop long *, Théodore, si j'entrais dans le détail des preuves qui m'ont convaincu que les corps n'ont point d'autres qualités que celles qui résultent de leurs figures, ni d'autre action que leurs mouvements divers. Mais je ne puis vous celer une difficulté que je n'ai pu vaincre, quelque effort d'esprit que j'aie fait pour m'en délivrer. Je suis sans peine l'action du soleil, par exemple, par tous les espaces qu'il y a entre lui et moi. Car supposé que tout soit plein, je conçois bien qu'il ne peut faire d'impression où il est, qu'elle ne se communique jusqu'au lieu où je suis, jusque sur mes yeux, et par mes yeux jusqu'à mon cerveau. Mais en suivant l'idée claire du mouvement, je n'ai pu comprendre d'où me venait le sentiment de lumière. Je voyais bien que le seul mouvement du nerf optique me la faisait sentir. Car en me pressant avec le doigt le coin de l'œil sur l'endroit où je sais que s'étend ce nerf, je voyais une grande lumière dans un lieu obscur, du côté opposé à celui où mon œil était pressé. Mais ce changement de mouvement en lumière me paraissait, et me paraît encore tout à fait incompréhensible. Quelle étrange métamorphose, d'un ébranlement, ou d'une pression de mon œil en un éclat de lumière ! Éclat de plus que je ne vois point dans mon âme dont il est la modalité, ni dans mon cerveau où l'ébranlement se termine, ni dans mon œil où se fait la pression, ni du côté où je presse mon

* Voyez le 1er *Livre* de la *Recherche de la Vérité*, chap. VI et ceux qui le suivent.

œil, mais dans l'air; dans l'air, dis-je, qui est incapable d'une telle modalité, et vers le côté opposé à celui de l'œil que je comprime. Quelle merveille!

VII. Je croyais d'abord que mon âme, étant avertie de l'ébranlement qui se faisait dans mon corps, était la cause du sentiment qu'elle avait de ceux qui l'environnent. Mais un peu de réflexion m'a détrompé de cette pensée. Car il n'est pas vrai, ce me semble, | que l'âme soit avertie que **92** le soleil ébranle les fibres du cerveau. Je voyais la lumière avant que je susse rien de cet ébranlement. Car les enfants, qui ne savent pas même qu'ils ont un cerveau, sont frappés de l'éclat de la lumière, aussi bien que les philosophes. De plus quel rapport entre les ébranlements d'un corps et les divers sentiments qui les suivent? Comment puis-je voir la lumière dans les corps, puisqu'elle est une modalité de mon esprit, et la voir dans des corps qui m'environnent, puisque l'ébranlement n'est que dans le mien? Je me presse le coin de l'œil du côté droit, pourquoi vois-je la lumière du côté gauche, nonobstant la connaissance certaine que j'ai, que ce n'est pas de ce côté-là qu'il est pressé?

J'ai reconnu de tout cela, et de quantité d'autres choses que je serais trop long à vous dire, que les sentiments étaient en moi malgré moi, que je n'en étais donc nullement la cause, et que si les corps étaient capables d'agir en moi et de se faire sentir de la manière que je les sens, il fallait qu'ils fussent d'une nature plus excellente que la mienne, doués d'une puissance terrible, et même quelques-uns d'une sagesse merveilleuse, toujours uniformes dans leur conduite, toujours efficaces dans leur action, toujours incompréhensibles dans les effets surprenants de leur puissance. Ce qui me paraissait monstrueux et horrible à penser, quoique mes sens appuyassent cette folie, et qu'ils s'en accommodassent tout à fait. Mais, je vous prie, Théodore, de m'éclaircir cette matière.

THÉODORE : Il n'est pas temps, Ariste, de résoudre vos difficultés, si vous ne voulez que nous quittions les vérités générales de la métaphysique, pour entrer dans l'explication des principes de la physique, et des lois de l'union de l'âme et du corps.

ARISTE : Deux mots, je vous prie, là-dessus. Je me plais beaucoup à méditer sur cette matière. Mon esprit maintenant y est tout préparé.

VIII. THÉODORE : Écoutez donc : mais souvenez-vous de méditer ce que je m'en vais vous dire. Lorsqu'on cherche la raison de quelques effets, et qu'en remontant des effets 93 aux causes, | on vient enfin à une cause générale, ou à une cause qu'on voit bien qu'il n'y a nul rapport entre elle et l'effet qu'elle produit, ou plutôt qu'elle paraît produire, alors, au lieu de se former des chimères, il faut avoir recours à l'auteur des lois de la nature. Par exemple, si vous me demandiez la cause de la douleur qu'on sent lorsqu'on est piqué, j'aurais tort de vous répondre d'abord que c'est une des lois de l'auteur de la nature que la piqûre soit suivie de la douleur. Je dois vous dire que la piqûre ne peut séparer les fibres de ma chair sans ébranler les nerfs qui répondent au cerveau, et sans l'ébranler lui-même. Mais si vous vouliez savoir d'où vient que certaine partie de mon cerveau étant ébranlée de telle manière, je sens la douleur de la piqûre, comme cette question regarde un effet général, et qu'on ne peut plus en remontant trouver quelque cause naturelle ou particulière, il faut avoir recours à la cause générale. Car c'est comme si vous demandiez qui est l'auteur des lois générales de l'union de l'âme et du corps. Puisque vous voyez clairement qu'il ne peut y avoir de rapport ou de liaison nécessaire entre les ébranlements du cerveau et tels et tels sentiments de l'âme, il est évident qu'il faut avoir recours à une puissance qui ne se rencontre point dans ces deux êtres. Il ne suffit pas de dire que c'est que la piqûre blessant le corps, il faut que l'âme en soit avertie par la douleur afin qu'elle s'applique à le conserver. Ce serait apporter la cause finale pour la cause efficiente; et la difficulté subsisterait toujours, car elle consiste à savoir la cause qui fait que le corps étant blessé, l'âme en souffre, et souffre telle et telle douleur de telle et telle blessure.

IX. De dire aussi, comme quelques philosophes, que l'âme est la cause de sa douleur, parce que, disent-ils, la douleur n'est que la tristesse que l'âme conçoit de ce qu'il arrive dans le corps qu'elle aime, quelque dérèglement dont elle est avertie par la difficulté qu'elle trouve dans l'exercice de ses fonctions, c'est assurément ne pas faire attention au sentiment intérieur qu'on a de ce qui se passe en soi-même. Car chacun sent bien quand on le saigne, par exemple, ou quand il se brûle, qu'il n'est point la cause de sa douleur. Il la sent malgré qu'il en ait, et il ne peut douter qu'elle ne lui vienne d'une cause étrangère. De plus l'âme n'attend point à sentir la douleur et telle douleur, qu'elle ait appris qu'il y a dans le cerveau quelque ébranlement et tel | ébranlement. Rien n'est plus certain. 94 Enfin la douleur et la tristesse sont bien différentes. La douleur précède la connaissance du mal, et la tristesse la suit. La douleur n'a rien d'agréable, et la tristesse nous plaît si fort que ceux qui veulent la chasser de notre esprit, sans nous délivrer en même temps du mal qui la cause, se rendent aussi fâcheux et aussi incommodes que s'ils troublaient notre joie : parce qu'effectivement la tristesse est l'état de l'âme qui nous est le plus convenable lorsque nous souffrons actuellement quelque mal, ou que nous sommes privés du bien ; et le sentiment qui accompagne cette passion est le plus doux que nous puissions goûter dans la disposition où nous nous trouvons. La douleur est donc bien différente de la tristesse. Mais de plus je prétends que ce n'est point l'âme qui est la cause de sa tristesse, et que la pensée que nous avons de la perte de quelque bien, ne produit cette passion qu'en conséquence du mouvement naturel et nécessaire que Dieu seul nous imprime sans cesse pour le bien. Mais revenons aux difficultés que vous avez sur l'action et les qualités de la lumière.

X. 1. Il n'y a nulle métamorphose. L'ébranlement du cerveau ne peut se changer en lumière ni en couleur. Car les modalités des corps n'étant que les corps mêmes de telle et telle façon, elles ne peuvent se transformer en celles des esprits. Cela est évident.

2. Vous vous pressez le coin de l'œil, et vous avez un certain sentiment. C'est que celui qui seul peut agir sur les esprits a établi certaines lois* par l'efficace desquelles l'âme et le corps agissent et souffrent réciproquement.

3. En vous pressant l'œil vous voyez de la lumière, quoique alors il n'y ait point de corps lumineux : parce que c'est par une pression semblable à celle que votre doigt fait dans votre œil, et de là dans votre cerveau, que les corps que nous appelons lumineux, agissent sur ceux qui les environnent, et par eux sur nos yeux, et sur notre cerveau. Tout cela en conséquence des lois naturelles. Car c'est une des lois de l'union de l'âme et du corps selon lesquelles Dieu agit sans cesse dans ces deux substances, que telle pression ou tel ébranlement soit suivi de tel sentiment.

* Voyez le XIIe Entretien.

| 4. Vous voyez la lumière qui est une modalité de votre **95** esprit, et qui par conséquent ne se peut trouver qu'en lui, car il y a contradiction que la modalité d'un être soit où cet être n'est pas ; vous la voyez, dis-je, dans de grands espaces que votre esprit ne remplit pas, car l'esprit n'occupe aucun lieu. C'est que ces grands espaces que vous voyez ne sont que des espaces intelligibles* qui ne remplissent aucun lieu. Car les espaces que vous voyez sont bien différents des espaces matériels que vous regardez. Il ne faut pas confondre les idées des choses avec les choses mêmes. Souvenez-vous qu'on ne voit point les corps en eux-mêmes, et que ce n'est que par leurs idées qu'ils sont visibles. Souvent on en voit, quoiqu'il n'y en ait point ; preuve certaine que ceux qu'on voit sont intelligibles et bien différents de ceux qu'on regarde.

5. Vous voyez enfin la lumière, non du côté que vous pressez votre œil, mais du côté opposé : parce que le nerf étant construit et préparé pour recevoir l'impression des corps lumineux au travers de la prunelle, et non autrement, la pression de votre doigt à gauche fait le même effet dans votre œil qu'un corps lumineux qui serait à droite, et dont les rayons passeraient par la prunelle et les parties transparentes de l'œil. Car en pressant l'œil en dehors, vous pressez en dedans le nerf optique contre une humeur qu'on appelle *vitrée*, qui fait quelque résistance. Ainsi Dieu vous fait sentir la lumière du côté où vous la voyez, parce qu'il suit constamment les lois qu'il a établies pour conserver dans sa conduite une parfaite uniformité. Dieu ne fait jamais de miracles, il n'agit jamais par des volontés particulières contre ses propres lois, que l'Ordre ne le

* *1re Lettre touchant la Défense de M. Arnauld* [OC, t. VI, p. 193-274].

demande ou ne le permette. Sa conduite porte toujours le caractère de ses attributs. Elle demeure toujours la même, si ce qu'il doit à son immutabilité n'est de moindre considération que ce qu'il doit à quelque autre de ses perfections, ainsi que je vous le prouverai dans la suite. Voilà, je crois, le dénouement de vos difficultés. J'ai recours à Dieu et à ses attributs pour les dissiper. Mais c'est, Ariste, que Dieu ne demeure pas les bras croisés, comme le veulent quelques philosophes. Certainement si Dieu agit encore **96** maintenant |, quand pourra-t-on dire qu'il est cause de quelques effets, s'il n'est pas permis de recourir à lui dans ceux qui sont généraux, dans ceux qu'on voit clairement n'avoir nul rapport essentiel et nécessaire avec leurs causes naturelles ? Conservez donc chèrement dans votre mémoire, mon cher Ariste, rangez-y avec ce que vous possédez de plus précieux, ce que je viens de vous dire. Et quoique vous le compreniez bien, souffrez que je vous répète en peu de mots ce qu'il y a d'essentiel, afin que vous le retrouviez sans peine lorsque vous serez en état de le méditer.

XI. Il n'y a point de rapport nécessaire entre les deux substances dont nous sommes composés. Les modalités de notre corps ne peuvent par leur efficace propre changer celles de notre esprit. Néanmoins, les modalités d'une certaine partie du cerveau, que je ne vous déterminerai pas, sont toujours suivies des modalités ou des sentiments de notre âme : et cela uniquement en conséquence des lois toujours efficaces de l'union de ces deux substances, c'est-à-dire, pour parler plus clairement, en conséquence des volontés constantes et toujours efficaces de l'auteur de notre être. Il n'y a nul rapport de causalité d'un corps à un esprit. Que dis-je ? il n'y en a aucun d'un esprit à un corps.

Je dis plus, il n'y en a aucun d'un corps à un corps, ni d'un esprit à un autre esprit. Nulle créature en un mot ne peut agir sur aucune autre par une efficace qui lui soit propre. C'est ce que je vous prouverai bientôt*. Mais du moins est-il évident qu'un corps, que de l'étendue, substance purement passive, ne peut agir par son efficace propre sur un esprit, sur un être d'une autre nature et infiniment plus excellente que lui ? Ainsi il est clair que dans l'union de l'âme et du corps, il n'y a point d'autre lien que l'efficace des décrets divins : décrets immuables, efficace qui n'est jamais privée de son effet. Dieu a donc voulu, et il veut sans cesse, que les divers ébranlements du cerveau soient toujours suivis des diverses pensées de l'esprit qui lui est uni. Et c'est cette volonté constante et efficace du Créateur qui fait proprement l'union de ces deux substances. Car il n'y a point d'autre nature, je veux dire d'autres lois naturelles, que les volontés efficaces du Tout-Puissant.

XII. Ne demandez pas, Ariste, pourquoi Dieu veut unir des | esprits à des corps. C'est un fait constant, mais dont **97** les principales raisons ont été jusqu'ici inconnues à la philosophie. En voici une néanmoins qu'il est bon que je vous propose. C'est apparemment que Dieu a voulu nous donner, comme à son Fils, une victime que nous puissions lui offrir. C'est qu'il a voulu nous faire mériter, par une espèce de sacrifice et d'anéantissement de nous-mêmes, la possession des biens éternels. Assurément cela paraît juste et conforme à l'Ordre. Maintenant nous sommes en épreuve dans notre corps. C'est par lui, comme cause occasionnelle, que nous recevons de Dieu mille et mille sentiments divers qui sont la matière de nos mérites par la grâce de Jésus-Christ. Il fallait effectivement une cause

* VIIe Entretien.

occasionnelle à une cause générale, comme je vous le prouverai bientôt, afin que cette cause générale agissant toujours d'une manière uniforme et constante, elle pût produire dans son ouvrage par des moyens très simples, et des lois générales toujours les mêmes, une infinité d'effets différents. Ce n'est pas néanmoins que Dieu ne pût trouver d'autres causes occasionnelles que les corps, pour donner à sa conduite la simplicité et l'uniformité qui y règne. Il y en a effectivement d'autres dans la nature angélique. Ces esprits bienheureux sont peut-être réciproquement les uns aux autres, et à eux-mêmes, par les divers mouvements de leur volonté, la cause occasionnelle de l'action de Dieu qui les éclaire et qui les gouverne. Mais ne parlons point de ce qui nous passe. Voici ce que je ne crains point de vous assurer, ce qui est absolument nécessaire pour éclaircir le sujet de notre entretien, et que je vous prie de bien retenir pour le méditer à loisir.

XIII. Dieu aime l'Ordre inviolablement et par la nécessité de son être. Il aime, il estime toutes choses à proportion qu'elles sont estimables et aimables. Il hait nécessairement le désordre. Cela est peut-être plus clair et plus incontestable que la preuve que je vous en donnerai quelque jour *, et que je passe maintenant. Or c'est visiblement un désordre qu'un esprit capable de connaître et **98** d'aimer Dieu, et par conséquent fait pour cela, soit | obligé de s'occuper des besoins du corps. Donc l'âme étant unie au corps, et devant s'intéresser dans sa conservation, il a fallu qu'elle fût avertie par des preuves d'instinct, je veux dire par des preuves courtes, mais convaincantes, du rapport que les corps qui nous environnent ont avec celui que nous animons.

* Dans le VIIIe Entretien.

XIV. Dieu seul est notre lumière, et la cause de notre félicité. Il possède les perfections de tous les êtres. Il en a toutes les idées. Il renferme donc dans sa sagesse toutes les vérités spéculatives et pratiques : car toutes ces vérités ne sont que des rapports de grandeur et de perfection qui sont entre les idées, ainsi que je vous le prouverai bientôt *. Lui seul doit donc être l'objet de l'attention de notre esprit, comme étant lui seul capable de l'éclairer, et d'en régler tous les mouvements, comme étant lui seul au-dessus de nous. Assurément un esprit occupé des créatures, tourné vers les créatures, quelque excellentes qu'elles puissent être, n'est pas dans l'Ordre où Dieu le demande, ni dans l'état où Dieu l'a mis. Or s'il fallait examiner tous les rapports qu'ont les corps qui nous environnent avec les dispositions actuelles du nôtre, pour juger si nous devons, comment nous devons, combien nous devons avoir de commerce avec eux, cela partagerait, que dis-je ! cela remplirait entièrement la capacité de notre esprit. Et assurément notre corps n'en serait pas mieux. Il serait bientôt détruit par quelque distraction involontaire. Car nos besoins changent si souvent, et quelquefois si promptement, que pour n'être pas surpris de quelque accident fâcheux, il faudrait une vigilance dont nous ne sommes pas capables. Quand s'aviserait-on de manger, par exemple, de quoi mangerait-on ; quand cesserait-on de le faire ? La belle occupation à un esprit qui promène et qui exerce son corps, de connaître à chaque pas qu'il lui fait faire qu'il est dans un air fluide qui ne peut le blesser ni l'incommoder par le froid ou le chaud, par le vent ou la pluie, ou par quelque vapeur maligne et corrompue, qu'il n'y a point sur chaque endroit où il va poser le pied

* Entretien VIII.

quelque corps dur et piquant capable de le blesser, qu'il faut promptement baisser la tête pour éviter une pierre, et bien garder l'équilibre de peur de se laisser choir ! Un homme toujours occupé de ce qui se passe dans tous les 99 ressorts dont son corps | est composé, et dans une infinité d'objets qui l'environnent, ne peut donc penser aux vrais biens, ou du moins il n'y peut penser autant que les vrais biens le demandent, et par conséquent autant qu'il le doit, puisque notre esprit n'est fait et ne peut être fait que pour s'occuper de ces biens qui peuvent l'éclairer et le rendre heureux.

XV. Ainsi il est évident que Dieu, voulant unir des esprits à des corps, a dû établir pour cause occasionnelle de la connaissance confuse que nous avons de la présence des objets et de leurs propriétés par rapport à nous, non notre attention, qui en mérite une claire et distincte, mais les divers ébranlements de ces mêmes corps. Il a dû nous donner des preuves d'instinct, non de la nature et des propriétés de ceux qui nous environnent, mais du rapport qu'ils ont avec le nôtre, afin que nous puissions travailler avec succès à la conservation de la vie, sans être incessamment attentifs à nos besoins. Il a dû, pour ainsi dire, se charger de nous avertir en temps et lieu par des sentiments prévenants, de ce qui regarde le bien du corps, pour nous laisser tout entiers occupés à la recherche des vrais biens. Il a dû nous donner des preuves courtes de ce qui a rapport au corps pour nous convaincre promptement, des preuves vives pour nous déterminer efficacement, des preuves certaines, et qu'on ne s'avisât pas de contredire, pour nous conserver plus sûrement ; mais preuves confuses, prenez-y garde ; preuves certaines, non du rapport que les objets ont entre eux, en quoi consiste l'évidence de la vérité, mais du rapport qu'ils ont à notre corps selon les dispositions où il est actuellement. Je dis, selon les dispositions où il est. Car, par exemple, nous trouvons, et nous devons trouver chaude l'eau tiède, si nous la touchons d'une main froide, et froide, si nous la touchons d'une main qui soit chaude. Nous la trouvons, et nous la devons trouver agréable, lorsque la soif nous presse ; mais dès que nous sommes désaltérés, nous la trouvons fade et dégoûtante. Admirons donc, Ariste, la sagesse des lois de l'union de l'âme et du corps ; et quoique tous nos sens nous disent que les qualités sensibles sont répandues sur les objets, n'attribuons aux corps que ce que nous voyons clairement leur appartenir, après avoir consulté sérieusement l'idée qui les représente. Car puisque les sens nous parlent différemment des mêmes choses selon l'intérêt qu'ils y trouvent, puisqu'ils se coupent immanquablement, | lorsque **100** le bien du corps le demande, regardons-les comme des faux témoins par rapport à la vérité, mais comme des moniteurs fidèles par rapport à la conservation et à la commodité de la vie.

XVI. ARISTE : Ah Théodore ! que je suis pénétré de ce que vous me dites, et que je suis confus d'avoir été toute ma vie la dupe de ces faux témoins ! Mais c'est qu'ils parlent avec tant de confiance et de force, qu'ils répandent, pour ainsi dire, dans les esprits la conviction et la certitude. Ils commandent avec tant de hauteur et d'empressement, qu'on se rend sans examiner. Quel moyen de rentrer en soi-même, quand ils nous appellent et nous tirent au-dehors ; et peut-on entendre les réponses de la vérité intérieure durant le bruit et le tumulte qu'ils excitent ? Vous m'avez fait comprendre que la lumière ne peut être une modalité des corps. Mais dès que j'ouvre les yeux, je commence à en douter. Le soleil qui me frappe m'éblouit, et trouble toutes mes idées. Je conçois maintenant que si j'appuyais sur ma main la pointe de cette épingle, qu'elle n'y pourrait faire qu'un fort petit trou. Mais si je l'appuyais effectivement, il me semble qu'elle y verserait une très grande douleur. Je n'en douterais pas assurément dans le moment de la piqûre. Que nos sens ont de puissance et de force pour nous jeter dans l'erreur ! Quel désordre, Théodore ! Et cependant dans ce désordre même la sagesse du Créateur éclate admirablement. Il fallait que la lumière et les couleurs fussent comme répandues sur les objets, afin qu'on les distinguât sans peine. Il fallait que les fruits fussent comme pénétrés des saveurs, afin qu'on les mangeât avec plaisir. Il fallait que la douleur se rapportât au doigt piqué, afin que la vivacité du sentiment nous appliquât à nous retirer. Il y a dans cet Ordre établi de Dieu une sagesse infinie. J'y consens, je n'en puis douter. Mais j'y trouve en même temps un très grand désordre, et qui me paraît indigne de la sagesse et de la bonté de notre Dieu. Car enfin cet Ordre est pour nous, malheureuses créatures, une source féconde d'erreurs, et la cause inévitable des plus grands maux qui accompagnent la vie. On me pique le bout du doigt, et je souffre ; je suis malheureux ; je suis incapable de penser aux vrais biens, mon âme ne peut s'appliquer qu'à mon doigt offensé, et elle est toute pénétrée de douleur. Quelle étrange misère ! Un esprit dépendre d'un corps, et à cause **101** de lui perdre | de vue la vérité. Être partagé, que dis-je ? être plus occupé de son doigt que de son vrai bien. Quel désordre, Théodore ! Il y a là assurément quelque mystère. Je vous prie de me le développer.

XVII. THÉODORE : Oui, sans doute, il y a là du mystère. Que les philosophes, mon cher Ariste, sont obligés à la religion, car il n'y a qu'elle qui les puisse tirer de l'embarras où ils se trouvent ! Tout paraît se contredire dans la conduite de Dieu, et rien n'est plus uniforme. Le bien et le mal, je parle du mal physique, n'ont point deux principes différents. C'est le même Dieu qui fait tout par les mêmes lois. Mais le péché fait que Dieu, sans rien changer de ses lois, devient pour les pécheurs le juste vengeur de leurs crimes. Je ne puis vous dire présentement tout ce qui serait nécessaire pour éclaircir à fond cette matière. Mais voici en peu de mots le dénouement de votre difficulté.

Dieu est sage. Il juge bien de toutes choses. Il les estime à proportion qu'elles sont estimables. Il les aime à proportion qu'elles sont aimables. En un mot Dieu aime l'Ordre invinciblement. Il le suit inviolablement. Il ne peut se démentir. Il ne peut pécher. Or les esprits sont plus estimables que les corps. Donc (prenez garde à ceci) quoique Dieu puisse unir les esprits aux corps, il ne peut les y assujettir. Que la piqûre me prévienne et m'avertisse : cela est juste et conforme à l'Ordre. Mais qu'elle m'afflige et me rende malheureux, qu'elle m'occupe malgré moi, qu'elle trouble mes idées, qu'elle m'empêche de penser aux vrais biens : certainement c'est un désordre. Cela est indigne de la sagesse et de la bonté du Créateur. C'est ce que la Raison me fait voir évidemment. Cependant l'expérience me convainc que mon esprit dépend de mon corps. Je souffre, je suis malheureux, je suis incapable de penser quand on me pique. Il m'est impossible d'en douter. Voilà donc une contradiction manifeste entre la certitude de l'expérience et l'évidence de la Raison. Mais en voici le dénouement. C'est que l'esprit de l'homme a perdu devant Dieu sa dignité et son excellence. C'est que nous ne sommes plus tels que Dieu nous a faits, et que l'union de notre âme avec notre corps s'est changée en dépendance : car l'homme ayant désobéi à Dieu, | il a été juste que son corps cessât **102** de lui être soumis. C'est que nous naissons pécheurs et corrompus, dignes de la colère divine, et tout à fait indignes de penser à Dieu, de l'aimer, de l'adorer, de jouir de lui. Il ne veut plus être notre bien, ou la cause de notre félicité, et s'il est encore la cause de notre être, s'il ne nous anéantit pas, c'est que sa clémence nous prépare un réparateur par qui nous aurons accès auprès de lui, société avec lui, communion des vrais biens avec lui, selon le décret éternel par lequel il a résolu de réunir toutes choses dans notre divin chef l'Homme-Dieu, prédestiné avant tous les temps pour être le fondement, l'architecte, la victime, et le souverain Prêtre du Temple spirituel que la majesté divine habitera éternellement. Ainsi la Raison dissipe cette contradiction terrible, et qui vous a si fort ému. Elle nous fait clairement comprendre les vérités les plus sublimes. Mais c'est parce que la foi nous conduit à l'intelligence, et que par son autorité elle change nos doutes et nos soupçons incertains et embarrassants en conviction et en certitude.

XVIII. Demeurez donc ferme, Ariste, dans cette pensée que la Raison fait naître en vous, que l'Être infiniment parfait suit toujours l'Ordre immuable comme sa loi, et qu'ainsi il peut bien unir le plus noble au moins noble, l'esprit au corps, mais qu'il ne peut l'y assujettir, qu'il ne peut le priver de la liberté et de l'exercice de ses plus excellentes fonctions, pour l'occuper malgré lui, et par la plus cruelle des peines, à perdre de vue son souverain bien pour la plus vile des créatures. Et concluez de tout cela qu'avant le péché, il y avait en faveur de l'homme des exceptions dans les lois de l'union de l'âme et du corps. Ou plutôt concluez-en qu'il y avait une loi qui a été abolie, par laquelle la volonté de l'homme était la cause occasionnelle de cette disposition du cerveau, dans laquelle l'âme est à couvert de l'action des objets, quoique le corps en soit frappé, et qu'ainsi elle n'était jamais interrompue malgré elle dans ses méditations et dans ses extases. Ne sentez-vous pas en vous-même quelques restes de cette puissance lorsque vous êtes fortement appliqué, et que la lumière de la vérité vous pénètre et vous réjouit ? Apparemment le bruit, les couleurs, les odeurs, et les autres sentiments moins pressants et moins vifs ne vous interrompent presque plus. Mais vous n'êtes pas supérieur à la douleur : vous la trouvez | incommode malgré tous **103** les efforts de votre esprit. Je juge de vous, Ariste, par moi-même. Mais pour parler juste de l'homme innocent et fait à l'image de Dieu, il faut consulter les idées divines de l'Ordre immuable. C'est là que se trouve le modèle d'un homme parfait, tel qu'était notre père avant son péché. Nos sens troublent nos idées, et fatiguent notre attention. Mais en Adam ils l'avertissaient avec respect. Ils se taisaient au moindre signe. Ils cessaient même de l'avertir à l'approche de certains objets, lorsqu'il le souhaitait ainsi. Il pouvait manger sans plaisir, regarder sans voir, dormir sans rêver à tous ces vains fantômes qui nous inquiètent l'esprit, et qui troublent notre repos. Ne regardez point cela comme des paradoxes. Consultez la Raison, et ne jugez point, sur ce que vous sentez dans un corps déréglé, de l'état du premier homme, en qui tout était conforme à l'Ordre immuable que Dieu suit inviolablement. Nous sommes pécheurs, et je parle de l'homme innocent. L'Ordre ne permet pas que l'esprit soit privé de la liberté de ses pensées, lorsque le corps répare ses forces dans le sommeil. L'homme juste pensait donc en ce temps, et en tout autre, à ce qu'il voulait. Mais l'homme devenu pécheur n'est plus digne qu'il y ait à cause de lui des exceptions dans les lois de la nature. Il mérite d'être dépouillé de sa puissance sur une nature inférieure, s'étant rendu par sa rébellion la plus méprisable des créatures, non seulement digne d'être égalé au néant, mais d'être réduit dans un état qui soit pour lui pire que le néant même.

XIX. Ne cessez donc point d'admirer la sagesse, et l'ordre merveilleux des lois de l'union de l'âme et du corps, par lesquelles nous avons tant de divers sentiments des objets qui nous environnent. Elles sont très sages. Elles nous étaient même avantageuses en tout sens, en les considérant dans leur institution ; et il est très juste qu'elles subsistent après le péché, quoiqu'elles aient des suites fâcheuses : car l'uniformité de la conduite de Dieu ne doit pas dépendre de l'irrégularité de la nôtre. Mais il n'est pas juste, après la rébellion de l'homme, que son corps lui soit parfaitement soumis. Il ne le doit être qu'autant que cela est nécessaire au pécheur pour conserver quelque temps **104** | sa misérable vie, et pour perpétuer le genre humain jusqu'à la consommation de l'ouvrage, dans lequel sa postérité doit entrer par les mérites et la puissance du réparateur à venir. Car toutes ces générations qui s'entresuivent, toutes ces terres qui se peuplent d'idolâtres, tout l'ordre naturel de l'univers qui se conserve, n'est que pour fournir abondamment à Jésus-Christ les matériaux nécessaires à la construction du Temple éternel. Un jour viendra que les descendants des peuples les plus barbares seront éclairés de la lumière de l'Évangile, et qu'ils entreront en foule dans l'Église des prédestinés. Nos pères sont morts dans l'idolâtrie, et nous reconnaissons le vrai Dieu et notre adorable sauveur. Le bras du Seigneur n'est point raccourci. Sa puissance s'étendra sur les nations les plus éloignées ; et peut-être que nos neveux retomberont dans les ténèbres, lorsque la lumière éclairera le nouveau monde. Mais recueillons, Ariste, en peu de mots les principales choses que je viens de vous dire, afin que vous les reteniez sans peine, et que vous en fassiez le sujet de vos méditations.

XX. L'homme est composé de deux substances, esprit et corps. Ainsi il a deux sortes de biens tout différents à distinguer et à rechercher, ceux de l'esprit et ceux du corps. Dieu lui a aussi donné deux moyens très sûrs pour discerner ces différents biens : la raison pour le bien de l'esprit, les sens pour le bien du corps ; l'évidence et la lumière pour les vrais biens, l'instinct confus pour les faux biens. J'appelle les biens du corps de faux biens, ou des biens trompeurs, parce qu'ils ne sont point tels qu'ils paraissent à nos sens, et que quoiqu'ils soient bons par rapport à la conservation de la vie, ils n'ont point en propre l'efficace de leur bonté : ils ne l'ont qu'en conséquence des volontés divines ou des lois naturelles, dont ils sont les causes occasionnelles. Je ne puis maintenant m'expliquer plus clairement. Or il était à propos que l'esprit sentît comme dans les corps les qualités qu'ils n'ont pas, afin qu'il voulût bien, non les aimer ou les craindre, mais s'y unir ou s'en séparer selon les besoins pressants de la machine, dont les ressorts délicats demandent un gardien vigilant et prompt. Il fallait que l'esprit reçût une espèce de récompense du service qu'il rend à un corps que Dieu lui ordonne de conserver, afin de l'intéresser dans sa conservation. Cela est cause maintenant de nos erreurs et de nos préjugés. Cela est cause que non contents de nous unir | à certains corps, et de nous **105** séparer des autres, nous sommes assez stupides pour les aimer ou les craindre. En un mot cela est cause de la corruption de notre cœur, dont tous les mouvements doivent tendre vers Dieu, et de l'aveuglement de notre esprit, dont tous les jugements ne se doivent arrêter qu'à la lumière. Mais prenons-y garde, et nous verrons que c'est parce que nous ne faisons pas de ces deux moyens, dont je viens de parler, l'usage pour lequel Dieu nous les a donnés, et qu'au lieu de consulter la Raison pour découvrir la vérité, au lieu de ne nous rendre qu'à l'évidence qui accompagne les idées claires, nous nous rendons à un instinct confus et trompeur, qui ne parle juste que pour le bien du corps. Or c'est ce que le premier homme ne faisait pas avant son péché. Car sans doute il ne confondait pas les modalités dont l'esprit est capable, avec celles de l'étendue. Ses idées alors n'étaient point confuses, et ses sens parfaitement soumis ne l'empêchaient point de consulter la Raison.

XXI. L'esprit maintenant est aussi bien puni que récompensé par rapport au corps. Si on nous pique, nous en souffrons, quelque effort que nous fassions pour n'y point penser. Cela est vrai. Mais comme je vous ai dit, c'est qu'il n'est pas juste qu'il y ait en faveur d'un rebelle des exceptions dans les lois de la nature, ou plutôt que nous ayons sur notre corps un pouvoir que nous ne méritons pas. Qu'il nous suffise que par la grâce de Jésus-Christ les misères auxquelles nous sommes assujettis aujourd'hui, seront demain le sujet de notre triomphe et de notre gloire. Nous ne sentons point les vrais biens. La méditation nous rebute. Nous ne sommes point naturellement touchés de quelque plaisir prévenant dans ce qui perfectionne notre esprit. C'est que le vrai bien mérite d'être aimé uniquement par raison. Il doit être aimé d'un amour de choix, d'un amour éclairé, et non de cet amour aveugle qu'inspire l'instinct. Il mérite bien notre application et nos soins. Il n'a pas besoin, comme les corps, de qualités empruntées pour se rendre aimable à ceux qui le connaissent parfaitement ; et s'il faut maintenant pour l'aimer que nous soyons prévenus de la délectation spirituelle, c'est que nous sommes faibles et corrompus, c'est que la concupiscence nous dérègle, et que pour la vaincre il faut que Dieu nous inspire une autre concupiscence toute sainte, c'est que pour acquérir l'équilibre d'une liberté parfaite, puisque nous avons un poids qui nous | porte vers la terre, **106** il nous faut un poids contraire qui nous relève vers le ciel.

XXII. Rentrons donc incessamment en nous-mêmes, mon cher Ariste, et tâchons de faire taire non seulement nos sens, mais encore notre imagination et nos passions. Je ne vous ai parlé que des sens, parce que c'est d'eux que l'imagination et les passions tirent tout ce qu'ils ont de malignité et de force. Généralement tout ce qui vient à l'esprit par le corps uniquement en conséquence des lois naturelles, n'est que pour le corps. N'y ayons donc point d'égard. Mais suivons la lumière de la Raison, qui doit conduire les jugements de notre esprit, et régler les mouvements de notre cœur. Distinguons l'âme et le corps, et les modalités toutes différentes dont ces deux substances sont capables, et faisons souvent quelque réflexion sur l'Ordre et la sagesse admirable des lois générales de leur union. C'est par de telles réflexions qu'on acquiert la connaissance de soi-même, et qu'on se délivre d'une infinité de préjugés. C'est par là qu'on apprend à connaître l'homme ; et nous avons à vivre parmi les hommes et avec nous-mêmes. C'est par là que tout l'univers paraît à notre esprit tel qu'il est, qu'il paraît, dis-je, dépouillé de mille beautés qui nous appartiennent uniquement, mais avec des ressorts et des mouvements qui nous font admirer la sagesse de son auteur. Enfin c'est par là, ainsi que vous venez de voir, qu'on reconnaît sensiblement, non seulement la corruption de la nature et la nécessité d'un médiateur, deux grands principes de notre foi, mais encore une infinité d'autres vérités essentielles à la religion et à la morale. Continuez donc, Ariste, de méditer comme vous avez déjà commencé, et vous verrez la vérité de ce que je vous dis.

Vous verrez que le métier des méditatifs devrait être celui de toutes les personnes raisonnables.

ARISTE : Que ce mot de *méditatifs* me donne maintenant de confusion, maintenant que je comprends en partie ce que vous venez de me dire, et que j'en suis tout pénétré ! Je vous ai cru, Théodore, dans une espèce d'illusion, par le mépris aveugle que j'avais pour la Raison. Il faut que je vous l'avoue. Je vous ai traité de *méditatif*, et quelques-uns de vos amis. Je trouvais de l'esprit et de la finesse dans cette sotte raillerie ; et je pense que vous sentez bien ce qu'on prétend dire par là. Je vous proteste néanmoins que **107** je ne voulais pas qu'on le crût de vous, | et que j'ai bien empêché le mauvais effet de ce terme de raillerie par des éloges sérieux, et que j'ai toujours crus très véritables.

THÉODORE : J'en suis persuadé, Ariste. Vous vous êtes un peu diverti à mes dépens. Je m'en réjouis. Mais je pense qu'aujourd'hui vous ne serez pas fort fâché d'apprendre qu'il vous en a plus coûté qu'à moi. Savez-vous bien qu'il y avait dans la compagnie un de ces *méditatifs*, qui dès que vous fûtes sorti se crut obligé, non de me défendre moi, mais l'honneur de la Raison universelle que vous aviez offensée en détournant les esprits de la consulter. D'abord que parla le méditatif, tout le monde se souleva en votre faveur. Mais après qu'il eut essuyé quelques railleries, et les airs méprisants qu'inspire l'imagination révoltée contre la Raison, il plaida si bien sa cause, que l'imagination succomba. On ne vous railla point, Ariste. Le méditatif parut affligé de votre aveuglement. Pour les autres, ils furent émus de quelque indignation. De sorte que si vous étiez encore dans le même esprit — vous en êtes fort éloigné — je ne vous conseillerais pas d'aller chez Philandre débiter des plaisanteries et des lieux communs contre la Raison, pour rendre méprisables les taciturnes méditatifs.

ARISTE : Le croiriez-vous, Théodore ? Je sens une secrète joie de ce que vous m'apprenez là. On a remédié bientôt au mal que je craignais d'avoir fait. Mais à qui est-ce que j'en ai l'obligation ? N'est-ce pas à Théotime ?

THÉODORE : Vous le saurez, lorsque je serai bien convaincu que votre amour pour la vérité sera assez grand pour s'étendre jusqu'à ceux à qui vous avez une obligation un peu ambiguë.

ARISTE : Cette obligation n'est point ambiguë. Je vous proteste que si c'est Théotime, je l'en aimerai et je l'en estimerai davantage. Car à mesure que je médite, je sens augmenter l'inclination que j'ai pour ceux qui recherchent la vérité, pour ceux que j'appelais *méditatifs* lorsque j'étais assez insensé pour traiter de visionnaires ceux qui rendent à la Raison les assiduités qui lui sont dues. Obligez-moi donc de me dire qui est cet honnête homme qui voulut bien m'épargner la confusion que je méritais, et qui soutint si bien l'honneur de la Raison sans me tourner en ridicule. Je le veux avoir pour ami. Je veux mériter | ses bonnes **108** grâces ; et si je n'en puis venir à bout, je veux du moins qu'il sache que je ne suis plus ce que j'étais.

THÉODORE : Bien donc, Ariste, il le saura. Et si vous voulez être du nombre des méditatifs, je vous promets qu'il sera aussi du nombre de vos bons amis. Méditez, et tout ira bien. Vous le gagnerez bientôt, lorsqu'il vous verra de l'ardeur pour la vérité, de la soumission pour la foi, et un profond respect pour notre Maître commun.

De l'usage des sens dans les sciences. Il y a dans nos sentiments idée claire, et sentiments confus. L'idée n'appartient point au sentiment. C'est l'idée qui éclaire l'esprit, et le sentiment qui l'applique et le rend attentif : car c'est par le sentiment que l'idée intelligible devient sensible.

ARISTE : J'ai bien fait du chemin, Théodore, depuis que vous m'avez quitté. J'ai bien découvert du pays. J'ai parcouru en général tous les objets de mes sens, conduit, ce me semble, uniquement par la Raison. Je ne fus jamais plus surpris, quoique déjà un peu accoutumé à ces nouvelles découvertes. Bon Dieu ! que j'ai reconnu de pauvretés dans ce qui me paraissait il y a deux jours d'une magnificence achevée ; mais que de sagesse, que de grandeur, que de merveilles dans tout ce que le monde méprise ! L'homme qui ne voit que par les yeux, est assurément un étranger au milieu de son pays. Il admire tout, et ne connaît rien, trop heureux si ce qui le frappe ne lui donne point la mort. Perpétuelles illusions de la part des objets sensibles. Tout nous trompe, tout nous empoisonne, tout ne parle à l'âme que pour le corps. La Raison seule ne déguise rien. Que je suis content d'elle, et que je le suis de vous, de m'avoir appris à la consulter, de m'avoir élevé au-dessus de mes sens et de moi-même pour contempler sa lumière ! J'ai reconnu très clairement, ce me semble, la vérité de tout ce que vous m'avez dit. Oui, Théodore, que j'aie le plaisir de vous le dire : l'esprit de l'homme n'est que ténèbres ; ses propres modalités ne l'éclairent point ; sa substance, toute spirituelle qu'elle est, n'a rien d'intelligible ; ses sens, son imagination, ses passions le séduisent à tous moments.

C'est aujourd'hui que je crois | pouvoir vous assurer que **110** j'en suis pleinement convaincu. Je vous parle avec la confiance que me donne la vue de la vérité. Éprouvez-moi, et voyez s'il n'y a point dans mon fait un peu trop de témérité.

I. THÉODORE : Je crois, Ariste, ce que vous me dites. Car je suis persuadé qu'une heure de méditation sérieuse peut mener bien loin un esprit tel que le vôtre. Néanmoins, pour m'assurer davantage du progrès que vous avez fait, répondez-moi. Vous voyez cette ligne A B. Qu'elle soit divisée en deux parties au point C, ou ailleurs. Je vous prouve que le carré de la toute est égal aux carrés de chaque partie, et à deux parallélogrammes faits sur ces deux parties.

ARISTE : Que prétendez-vous par là ? Qui ne sait que c'est la même chose de multiplier par lui-même un tout, ou toutes les parties qui font ce tout ?

THÉODORE : Vous le savez. Mais supposons que vous ne le sachiez pas. Je prétends le démontrer à vos yeux, et vous prouver par là que vos sens vous découvrent clairement la vérité.

ARISTE : Voyons.

THÉODORE : Voyez fixement : c'est tout ce que je vous demande. Sans que vous rentriez en vous-même pour consulter la Raison, vous allez découvrir une vérité évidente.

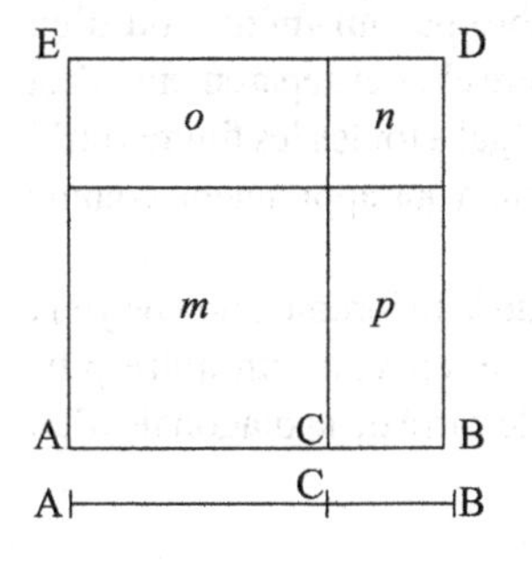

A B D E est le carré | de A B. Or ce carré et égal **111** à tout ce qu'il renferme. Il est égal à lui-même. Donc il est égal aux deux carrés de chaque partie *m* et *n*, et aux deux parallélogrammes *o* et *p* faits sur ces parties A C, et C B.

ARISTE : Cela saute aux yeux.

THÉODORE : Fort bien. Mais de plus cela est évident. Donc il y a des vérités évidentes qui sautent aux yeux. Ainsi nos sens nous apprennent évidemment des vérités.

ARISTE : Voilà une belle vérité et bien difficile à découvrir ! N'avez-vous que cela à dire pour défendre l'honneur des sens ?

THÉODORE : Vous ne répondez pas, Ariste. Ce n'est pas la Raison qui vous inspire cette défaite. Car je vous prie, n'est-ce pas une vérité évidente que vos sens viennent de vous apprendre ?

ARISTE : Rien n'est plus facile.

THÉODORE : C'est que nos sens sont d'excellents maîtres. Ils ont des manières aisées de nous apprendre la vérité. Mais la Raison avec ses idées claires nous laisse dans les ténèbres. Voilà, Ariste, ce qu'on vous répondra. Prouvez à un ignorant, vous dira-t-on, que le carré, par exemple, de 10 est égal aux deux carrés de 4 et de 6 et à deux fois le produit de 4 par 6. Ces idées-là de nombres sont claires ; et cette vérité à prouver est la même en nombres intelligibles, que s'il était question d'une ligne exposée à vos yeux, qui aurait dix pouces, par exemple, et divisée entre 4 et 6. Et cependant vous verrez qu'il y aura quelque difficulté à la faire comprendre : parce que ce principe, que c'est la même chose de multiplier un nombre par lui-même, ou d'en multiplier toutes les parties entre elles et séparément, n'est pas si évident, qu'un carré est égal à toutes les figures qu'il contient. Et c'est ce que vos yeux vous apprennent, comme vous venez de le voir.

II. Mais si vous trouvez que le théorème que vos yeux vous ont appris est trop facile, en voici un autre plus 112 difficile. Je vous | prouve que le carré de la diagonale d'un carré est double de celui des côtés. Ouvrez les yeux : c'est tout ce que je vous demande.

Regardez la figure que je trace sur ce papier. Vos yeux, Ariste, ne vous disent-ils pas que tous ces triangles *a b c d e f g h i* que je suppose, et que vous voyez avoir chacun un angle droit et deux lignes égales, sont égaux entre eux ? Or vous voyez que le carré fait sur la diagonale A B a quatre de ces angles, et que chacun des carrés faits sur les côtés en ont deux. Donc le grand carré est double des autres.

ARISTE : Oui, Théodore. Mais vous raisonnez.

THÉODORE : Je raisonne ! Je regarde : et je vois ce que je vous dis.

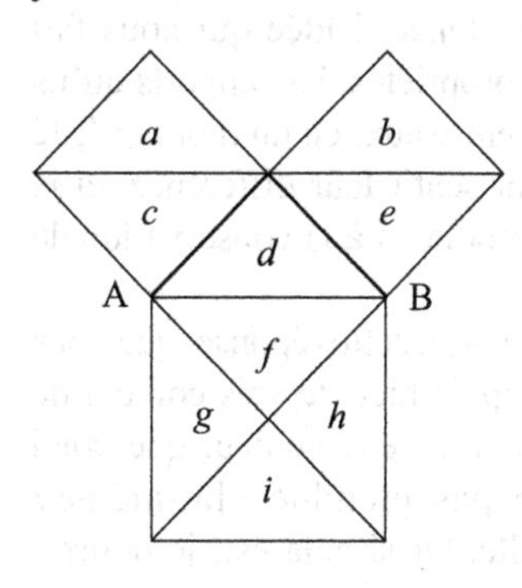

Je raisonne, si vous voulez, mais c'est sur le témoignage fidèle de mes sens. Ouvrez seulement les yeux, et regardez ce que je vous montre. Ce triangle *d* est égal à *e*, et *e* égal à *b* ; et de l'autre part *d* est égal à *f*, et *f* égal à *g*. Donc le petit carré est égal à la moitié du grand. C'est la même chose de l'autre côté. Cela saute aux yeux comme vous dites. Il suffit pour découvrir cette vérité, de regarder fixement cette figure, en comparant par le mouvement des yeux les parties qui la composent. Donc nos sens peuvent nous apprendre la vérité.

ARISTE : Je vous nie cette conséquence, Théodore. Ce ne sont point nos sens, mais la Raison jointe à nos sens qui nous éclaire, et qui nous découvre la vérité. N'apercevez-vous pas que dans la vue sensible que nous avons de cette 113 figure, il se trouve en | même temps que l'idée claire de l'étendue est jointe au sentiment confus de couleur qui nous touche ? Or c'est de l'idée claire de l'étendue, et non du blanc et du noir qui la rendent sensible, que nous découvrons les rapports, en quoi consiste la vérité : de l'idée claire, dis-je, de l'étendue que renferme la Raison, et non du blanc et du noir, qui ne sont que des sentiments ou des modalités confuses de nos sens, dont il n'est pas possible de découvrir les rapports. Il y a toujours idée claire et sentiment confus dans la vue que nous avons des objets sensibles : l'idée qui représente leur essence, et le sentiment qui nous avertit de leur existence, l'idée qui nous fait connaître leur nature, leurs propriétés, les rapports qu'ils ont ou qu'ils peuvent avoir entre eux, en un mot la vérité et le sentiment qui nous fait sentir leur différence, et le rapport qu'ils ont à la commodité et à la conservation de la vie.

III. THÉODORE : Je reconnais à cette réponse, que vous avez bien couru du pays depuis hier. Je suis content de vous, Ariste. Mais, je vous prie, cette couleur que voici sur ce papier, n'est-elle pas étendue elle-même? Certainement je la vois telle. Or si cela est, je pourrai clairement découvrir les rapports de ces parties, sans penser à cette étendue que renferme la Raison. L'étendue de la couleur me suffira pour apprendre la physique et la géométrie.

ARISTE : Je vous nie, Théodore, que la couleur soit étendue. Nous la voyons étendue, mais nos yeux nous trompent. Car l'esprit ne comprendra jamais que l'étendue appartienne à la couleur. Nous voyons comme étendue cette blancheur, mais c'est que nous la rapportons à de l'étendue, à cause que c'est par ce sentiment de l'âme que nous voyons ce papier, ou plutôt c'est que l'étendue intelligible touche l'âme, et la modifie de telle façon, et par là cette étendue intelligible lui devient sensible. Quoi, Théodore ! direz-vous que la douleur est étendue, à cause que lorsqu'on a la goutte ou quelque rhumatisme, on la sent comme étendue ? Direz-vous que le son est étendu, à cause qu'on l'entend remplir tout l'air ? Direz-vous que la lumière est répandue dans ces grands espaces, à cause que nous les voyons tout lumineux ? Puisque ce ne sont là que des modalités ou des sentiments de | l'âme, et que **114** l'âme ne tire point de son fonds l'idée qu'elle a de l'étendue, toutes ces qualités se rapportent à l'étendue, et la font sentir à l'âme, mais elles ne sont nullement étendues.

IV. THÉODORE : Je vous avoue, Ariste, que la couleur, aussi bien que la douleur, n'est point étendue localement. Car puisque l'expérience apprend qu'on sent la douleur dans un bras qu'on n'a plus, et que la nuit en dormant nous voyons des couleurs comme répandues sur des objets imaginaires, il est évident que ce ne sont là que des sentiments ou des modalités de l'âme, qui certainement ne remplit pas tous les lieux qu'elle voit, puisqu'elle n'en remplit aucun, et que les modalités d'une substance ne peuvent être où cette substance n'est pas. Cela est incontestable. La douleur ne peut être localement étendue dans mon bras, ni les couleurs sur les surfaces des corps. Mais pourquoi ne voulez-vous pas qu'elles soient, pour ainsi dire, sensiblement étendues, de même que l'idée des corps, l'étendue intelligible l'est intelligiblement ? Pourquoi ne voulez-vous pas que la lumière que je vois en me pressant le coin de l'œil ou autrement, porte avec elle l'espace sensible qu'elle occupe ? Pourquoi voulez-vous qu'elle se rapporte à l'étendue intelligible ? En un mot, pourquoi voulez-vous que ce soit l'idée ou l'archétype des corps qui touche l'âme, lorsqu'elle voit ou qu'elle sent les qualités sensibles comme répandues dans les corps ?

ARISTE : C'est qu'il n'y a que l'archétype des corps qui puisse me représenter leur nature, que la Raison universelle qui puisse m'éclairer par la manifestation de ses idées. La substance de l'âme n'a rien de commun avec la matière. L'esprit ne renferme point les perfections de tous les êtres qu'il peut connaître. Mais il n'y a rien qui ne participe à l'Être divin. Ainsi Dieu voit en lui-même toutes choses. Mais l'âme ne peut les voir en elle. Elle ne peut les découvrir que dans la Raison divine et universelle. Donc l'étendue que je vois ou que je sens ne m'appartient pas. Autrement je pourrais en me contemplant connaître les ouvrages de Dieu. Je pourrais, en considérant attentivement mes propres modalités, apprendre la physique et plusieurs autres sciences qui ne consistent que dans la **115** connaissance des rapports de l'étendue | comme vous le savez bien. En un mot je serais ma lumière à moi-même ; ce que je ne puis penser sans quelque espèce d'horreur. Mais je vous prie, Théodore, d'éclaircir la difficulté que vous me faites.

V. THÉODORE : Il est impossible de l'éclaircir directement. Il faudrait pour cela que l'idée ou l'archétype de l'âme nous fût découvert. Nous verrions alors clairement, que la couleur, la douleur, la saveur, et les autres sentiments de l'âme, n'ont rien de commun avec l'étendue que nous sentons jointe avec eux. Nous verrions intuitivement, qu'il y a autant de différence entre l'étendue que nous voyons, et la couleur qui nous la rend visible, qu'entre les nombres, par exemple l'infini, ou telle autre idée intelligible qu'il vous plaira, et la perception que nous en avons ; et nous verrions en même temps que nos idées sont bien différentes de nos perceptions ou de nos sentiments : vérité que nous ne pouvons découvrir que par de sérieuses réflexions, que par de longs et de difficiles raisonnements.

Mais pour vous prouver indirectement que nos sentiments ou nos modalités ne renferment point l'idée de l'étendue, à laquelle ils se rapportent nécessairement, à cause que c'est cette idée qui les produit dans notre âme, et que la nature de l'âme est d'apercevoir ce qui la touche, supposons que vous regardiez la couleur de votre main, et que vous y sentiez en même temps quelque douleur, vous verriez comme étendue la couleur de cette main, et vous en sentiriez en même temps la douleur comme étendue. N'en demeurez-vous pas d'accord ?

ARISTE : Oui, Théodore. Et même si je la touchais, je la sentirais encore comme étendue ; et si je la trempais dans de l'eau chaude ou froide, je sentirais la chaleur et la froideur comme étendues.

THÉODORE : Prenez donc garde. La douleur n'est pas la couleur, la couleur n'est pas la chaleur, ni la chaleur la froideur. Or l'étendue de la couleur ou jointe à la couleur, que vous voyez en regardant votre main, est la même que celle de la douleur, que celle de la chaleur, que celle de la froideur, que vous pouvez | y sentir. Donc cette étendue **116** n'est ni à la couleur, ni à la douleur, ni à aucun autre de vos sentiments. Car vous sentiriez autant de mains différentes que vous avez de divers sentiments, si nos sentiments étaient étendus par eux-mêmes, comme ils nous paraissent ; ou si l'étendue colorée que nous voyons n'était qu'un sentiment de l'âme, tel qu'est la couleur, ou la douleur, ou la saveur, ainsi que se l'imaginent ceux d'entre les cartésiens qui savent bien qu'on ne voit pas les objets en eux-mêmes. C'est donc, Ariste, une seule et unique idée de main qui nous affecte diversement, qui agit dans notre âme, et qui la modifie par la couleur, la chaleur, la douleur, etc., car ce ne sont point les corps que nous regardons qui nous affectent de nos divers sentiments, puisque nous voyons souvent des corps qui ne sont point. Et il est même évident que les corps ne peuvent agir sur l'esprit, le modifier, l'éclairer, le rendre heureux et malheureux par des sentiments agréables et désagréables. Ce n'est point l'âme non plus qui agit sur elle-même, et qui se modifie par la douleur, la couleur, etc. Cela n'a pas besoin de preuves après tout ce que nous avons dit. C'est donc l'idée ou l'archétype des corps qui nous affecte diversement. Je veux dire que c'est la substance intelligible de la Raison qui agit dans notre esprit par son efficace toute-puissante, et qui le touche et le modifie de couleur, de saveur, de douleur, par ce qu'il y a en elle qui représente les corps.

Il ne faut donc pas être surpris, mon cher Ariste, que vous puissiez apprendre quelques vérités évidentes par le témoignage de vos sens. Car quoique la substance de l'âme ne soit pas intelligible à l'âme même, et que ses modalités ne puissent l'éclairer, ces mêmes modalités étant jointes à l'étendue intelligible qui est l'archétype des corps, et rendant sensible cette étendue, elles peuvent nous en montrer les rapports, en quoi consistent les vérités de la géométrie et de la physique. Mais il est toujours vrai de dire que l'âme n'est point à elle-même sa propre lumière, que ses modalités ne sont que ténèbres, et qu'elle ne découvre les vérités exactes que dans les idées que renferme la Raison.

VI. ARISTE : Je comprends, ce me semble, ce que vous **117** me dites. | Mais comme cela est abstrait, je le méditerai à loisir. Ce n'est point la douleur ou la couleur par elle-même qui m'apprend les rapports que les corps ont entre eux. Je ne puis découvrir ces rapports que dans l'idée de l'étendue qui les représente ; et cette idée quoique jointe à la couleur ou à la douleur, sentiments * qui la rendent sensible, n'en est point une modalité. Cette idée ne devient sensible ou ne se fait sentir que parce que la substance intelligible de la Raison agit dans l'âme, et lui imprime une telle modalité ou un tel sentiment, et par là elle lui révèle, pour ainsi dire, mais d'une manière confuse, que tel corps existe. Car lorsque les idées des corps deviennent sensibles, elles nous font juger qu'il y a des corps qui agissent en nous ; au lieu que lorsque ces idées ne sont qu'intelligibles, nous croyons naturellement qu'il n'y a rien hors de nous qui agisse sur nous. Dont la raison est ce me semble qu'il dépend de nous de penser à l'étendue, et qu'il ne dépend pas de nous de la sentir. Car sentant l'étendue malgré nous, il faut bien qu'il y ait quelque autre chose que nous qui nous en imprime le sentiment. Or nous croyons que cette autre chose n'est que ce que nous sentons actuellement. D'où nous jugeons que ce sont les corps qui nous environnent qui causent en nous le sentiment que nous en avons, en quoi nous nous trompons toujours ; et nous ne doutons point que ces corps n'existent, en quoi nous nous trompons souvent. Mais comme nous pensons aux corps, et que nous les imaginons lorsque nous le voulons, nous jugeons que ce sont nos volontés qui sont la cause véritable des idées que nous en avons alors, ou des images que nous nous en formons ; et le sentiment intérieur que nous avons de l'effort actuel de notre attention nous confirme dans cette fausse pensée. Quoique Dieu seul puisse agir en nous et nous éclairer, comme son opération n'est point sensible, nous attribuons aux objets ce qu'il fait en nous sans nous, et nous attribuons

* Je nomme dans cet ouvrage *sentiments* ce que je me souviens d'avoir nommé *sensations* dans les autres.

à notre puissance ce qu'il fait en nous dépendamment de nos volontés. Que pensez-vous, Théodore, de cette réflexion ?

118 | VII. THÉODORE : Elle est fort judicieuse, Ariste, et part d'un méditatif. Vous pourriez encore y ajouter que lorsque l'idée du corps touche l'âme d'un sentiment fort intéressant, tel qu'est la douleur, cette idée nous fait juger non seulement que ce corps existe, mais de plus qu'il nous appartient ; comme il arrive à ceux mêmes à qui on a coupé le bras. Mais revenons à la démonstration sensible que je vous ai donnée de l'égalité qu'il y a entre le carré de la diagonale d'un carré, et les deux carrés des côtés. Et prenons garde que cette démonstration ne tire son évidence et sa généralité que de l'idée claire et générale de l'étendue, de la droiture et de l'égalité des lignes, des angles, des triangles, et nullement du blanc et du noir qui rendent sensibles et particulières toutes ces choses, sans les rendre par elles-mêmes plus intelligibles ou plus claires. Prenez garde qu'il est évident par ma démonstration, que généralement tout carré fait sur la diagonale d'un carré est égal aux carrés des deux côtés ; mais qu'il n'est nullement certain que ce carré particulier que vous voyez de vos yeux soit égal aux deux autres. Car vous n'êtes pas même certain, que ce que vous voyez soit carré, que telle ligne, tel angle soit droit. Les rapports que votre esprit conçoit entre les grandeurs ne sont pas les mêmes que ceux de ces figures. Prenez garde enfin que bien que nos sens ne nous éclairent point l'esprit par eux-mêmes, comme ils nous rendent sensibles les idées que nous avons des corps, ils réveillent notre attention, et par là ils nous conduisent indirectement à l'intelligence de la vérité. De sorte que nous devons faire usage de nos sens dans l'étude de toutes les sciences qui ont pour objet les rapports de l'étendue, et ne point craindre

qu'ils nous engagent dans l'erreur, pourvu que nous observions exactement ce précepte, de ne juger des choses que sur les idées qui les représentent, et nullement sur les sentiments que nous en avons : précepte de la dernière importance, et que nous ne devons jamais oublier.

VIII. ARISTE : Tout cela est exactement vrai, Théodore, et c'est ainsi que je l'ai compris depuis que j'y ai sérieusement pensé. | Rien n'est plus certain que nos **119** modalités * ne sont que ténèbres, qu'elles n'éclairent point l'esprit par elles-mêmes, qu'on ne connaît point clairement tout ce qu'on sent le plus vivement. Ce carré que voici n'est point tel que je le vois. Il n'est point de la grandeur que je le vois. Vous le voyez certainement plus grand ou plus petit que je ne le vois. La couleur dont je le vois ne lui appartient point. Peut-être le voyez-vous d'une autre couleur que moi. Ce n'est point proprement ce carré que je vois. Je juge qu'il est tracé sur ce papier, et il n'est pas impossible qu'il n'y ait ici ni carré ni papier, aussi bien qu'il est certain qu'il n'y a point ici de couleur. Mais quoique mes yeux me fassent maintenant tant de rapports faux ou douteux touchant ces figures tracées sur ce papier, cela n'est rien en comparaison des illusions de mes autres sens. Le témoignage de mes yeux approche souvent de la vérité. Ce sens peut aider l'esprit à la découvrir. Il ne déguise pas entièrement son objet. En me rendant attentif, il me conduit à l'intelligence. Mais les autres sens sont si faux qu'on est toujours dans l'illusion lorsqu'on s'y laisse conduire. Ce n'est pas néanmoins que nos yeux nous soient donnés pour découvrir les vérités exactes de la géométrie et de la physique. Ils ne nous sont donnés que pour éclairer

* Voyez le premier Livre de la *Recherche de la Vérité* et la *Réponse au Livre des vraies et des fausses idées*.

tous les mouvements de notre corps par rapport à ceux qui nous environnent; que pour la commodité et la conservation de la vie : et il est nécessaire pour la conserver que nous ayons des objets sensibles quelque espèce de connaissance qui approche un peu de la vérité. C'est pour cela que nous avons, par exemple, tel sentiment de grandeur de tel corps à telle distance. Car si tel corps était trop loin de nous pour nous pouvoir nuire, ou si étant proche il était trop petit, nous ne manquerions pas de le perdre de vue. Il serait anéanti à nos yeux, quoiqu'il subsistât toujours devant notre esprit, et qu'à son égard la division ne puisse jamais l'anéantir : parce que effectivement le rapport d'un grand corps, mais fort éloigné, ou d'un fort proche, mais trop petit pour nous nuire, le rapport, dis-je, de ces corps au nôtre est nul, ou ne doit pas être aperçu par des sens qui **120** ne parlent et ne doivent parler que | pour la conservation de la vie. Tout cela me paraît évident, et conforme à ce qui m'est passé par l'esprit dans le temps de la méditation.

THÉODORE : Je vois bien, Ariste, que vous avez été fort loin dans le pays de la vérité, et que par le commerce que vous avez eu avec la Raison, vous avez acquis des richesses bien plus précieuses et bien plus rares que celles qu'on nous apporte du Nouveau Monde. Vous avez rencontré la source. Vous y avez puisé. Et vous voilà riche pour jamais, pourvu que vous ne la quittiez point. Vous n'avez plus besoin ni de moi, ni de personne ayant trouvé le Maître fidèle qui éclaire et qui enrichit tous ceux qui s'attachent à lui.

ARISTE : Quoi, Théodore ! est-ce que vous voulez déjà rompre nos entretiens ? Je sais bien que c'est avec la Raison qu'il faut philosopher. Mais je ne sais point la manière dont il le faut faire. La Raison me l'apprendra elle-même. Cela n'est pas impossible. Mais je n'ai pas lieu de l'espérer, si je n'ai un moniteur fidèle et vigilant qui me conduise et qui m'anime. Adieu à la philosophie, si vous me quittez ; car seul je craindrais de m'égarer. Je prendrais bientôt les réponses que je me ferais à moi-même pour celles de notre Maître commun.

IX. THÉODORE : Que je n'ai garde, mon cher Ariste, de vous quitter. Car maintenant que vous méditez tout ce qu'on vous dit, j'espère que vous empêcherez en moi le malheur que vous craignez qui ne vous arrive. Nous avons tous besoin les uns des autres, quoique nous ne recevions rien de personne. Vous avez pris à la lettre un mot lâché en l'honneur de la Raison. Oui, c'est d'elle seule que nous recevons la lumière. Mais elle se sert de ceux à qui elle se communique pour rappeler à elle ses enfants égarés, et les conduire par leurs sens à l'intelligence. Ne savez-vous pas, Ariste, que la Raison elle-même s'est incarnée pour être à la portée de tous les hommes, pour frapper les yeux et les oreilles de ceux qui ne peuvent ni voir ni entendre que par leurs sens ? Les hommes ont vu de leurs yeux la Sagesse éternelle, le Dieu invisible qui habite en eux. Ils ont touché de leurs | mains, comme dit le bien-aimé **121** disciple *, le Verbe qui donne la vie. La vérité intérieure a paru hors de nous, grossiers et stupides que nous sommes, afin de nous apprendre d'une manière sensible et palpable les commandements éternels de la loi divine : commandements qu'elle nous fait sans cesse intérieurement, et que nous n'entendons point, répandus au-dehors comme nous le sommes. Ne savez-vous pas que les grandes vérités que la foi nous enseigne sont en dépôt dans l'Église, et que nous ne pouvons les apprendre que par une autorité visible émanée de la Sagesse incarnée ? C'est toujours la vérité

* Première épître de saint Jean, chap. 1.

intérieure qui nous instruit, il est vrai : mais elle se sert de tous les moyens possibles pour nous rappeler à elle, et nous remplir d'intelligence. Ainsi ne craignez point que je vous quitte : car j'espère qu'elle se servira de vous pour empêcher que je ne l'abandonne, et que je ne prenne mes imaginations et mes rêveries pour ses oracles divins.

ARISTE : Vous me faites bien de l'honneur. Mais je vois bien qu'il faut l'accepter, puisqu'il rejaillit sur la Raison, notre commun Maître.

THÉODORE : Je vous fais l'honneur de vous croire raisonnable. Cet honneur est grand. Car tout homme par la Raison, lorsqu'il la consulte et qu'il la suit, devient supérieur à toutes les créatures. Il juge par elle, et condamne souverainement ; ou plutôt c'est elle qui décide et qui condamne par lui. Mais ne croyez pas que je me soumette à vous. Ne croyez pas non plus que je m'élève au-dessus de vous. Je ne me soumets qu'à la Raison, qui peut me parler par vous, comme elle peut vous parler par mon entremise ; et je ne m'élève qu'au-dessus des brutes, qu'au-dessus de ceux qui renoncent à la plus essentielle de leurs qualités. Cependant, mon cher Ariste, quoique nous soyons raisonnables l'un et l'autre, n'oublions pas que nous sommes extrêmement sujets à l'erreur, parce que nous pouvons l'un et l'autre décider sans attendre le jugement infaillible du juste Juge, sans attendre que l'évidence nous arrache, pour ainsi dire, notre consentement. | Car si nous faisions toujours cet honneur à la Raison, de la laisser prononcer en nous ses arrêts, elle nous rendrait infaillibles. Mais au lieu d'attendre ses réponses, et de suivre pas à pas sa lumière, nous la devançons et nous nous égarons. L'impatience nous prend d'être obligés à demeurer attentifs et immobiles, ayant autant de mouvement que nous en avons. Notre indigence nous presse, et l'ardeur que nous avons pour les vrais biens nous précipite souvent dans les derniers malheurs. C'est qu'il nous est libre de suivre la lumière de la Raison, ou de marcher dans les ténèbres à la lueur fausse et trompeuse de nos modalités. Rien n'est plus agréable que de suivre aveuglément les impressions de l'instinct. Mais rien n'est plus difficile que de se tenir ferme à ces idées sublimes et délicates de la vérité, malgré le poids du corps qui nous appesantit l'esprit. Cependant tâchons de nous soutenir l'un l'autre, mon cher Ariste, sans nous fier trop l'un à l'autre. Peut-être que le pied ne nous manquera pas à tous deux en même temps, pourvu que nous marchions fort doucement, et que nous soyons attentifs autant que cela se peut à ne point nous appuyer sur un méchant fonds.

ARISTE : Avançons un peu, Théodore. Que craignez-vous ? La Raison est un fonds excellent. Il n'y a rien de mouvant dans les idées claires. Elles ne cèdent point au temps. Elles ne s'accommodent point à des intérêts particuliers. Elles ne changent point de langage comme nos modalités, qui disent le pour et le contre, selon que le corps les y sollicite. Je suis pleinement convaincu qu'il ne faut suivre que les idées qui répandent la lumière, et que tous nos sentiments et nos autres modalités ne peuvent jamais nous conduire à la vérité. Passons, je vous prie, à quelque autre matière, puisque je suis d'accord avec vous sur tout ceci.

X. THÉODORE : N'allons point si vite, mon cher. Je crains que vous ne m'accordiez plus que je ne vous demande, ou que vous ne compreniez pas encore assez distinctement ce que je vous dis. Nos sens nous trompent, il est vrai ; mais c'est principalement à cause que nous rapportons aux objets sensibles les sentiments que nous en avons. Or il y a en nous plusieurs sentiments que nous n'y rapportons point. Tel est le sentiment de la joie, de la tristesse, de la haine, en un mot tous les sentiments qui accompagnent 123 | les mouvements de l'âme. La couleur n'est point dans l'objet, la douleur n'est point dans mon corps, la chaleur n'est ni dans le feu, ni dans mon corps où ces sentiments se rapportent. Nos sens extérieurs sont de faux témoins. D'accord. Mais les sentiments qui accompagnent l'amour et la haine, la joie et la tristesse, ne se rapportent point aux objets de ces passions. On les sent dans l'âme, et ils y sont. Voilà donc de bons témoins, car ils disent vrai.

ARISTE : Oui, Théodore, ils disent vrai, et les autres sentiments aussi. Car quand je sens de la douleur, il est vrai que je la sens ; il est vrai même en un sens que je la souffre par l'action de l'objet même qui me touche. Voilà de grandes vérités ! Quoi donc, est-ce que les sentiments de l'amour, de la haine et des autres passions ne se rapportent point aux objets qui en sont l'occasion ? Est-ce qu'elles ne répandent pas leur malignité sur eux, et ne nous les représentent pas tout autres qu'ils ne sont en effet ? Pour moi, quand j'ai de l'aversion contre quelqu'un, je me sens disposé à interpréter malignement tout ce qu'il fait. Ses actions innocentes me paraissent criminelles. Je veux avoir de bonnes raisons de le haïr et de le mépriser. Car toutes mes passions se veulent justifier aux dépens de qui il appartiendra. Si mes yeux répandent les couleurs sur la surface des corps, mon cœur répand aussi, autant que cela se peut, ses dispositions intérieures, ou certaines fausses couleurs sur les objets de ses passions. Je ne sais point, Théodore, si les passions font en vous l'effet qu'elles font en moi ; mais je puis vous assurer que je crains encore plus de les écouter et de les suivre que de me rendre aux illusions souvent innocentes et officieuses de mes sens.

XI. THÉODORE : Je ne vous dis pas, Ariste, qu'il faille se rendre aux inspirations secrètes de ses passions ; et je suis bien aise de voir que vous vous apercevez de leur pouvoir et de leur malignité. Mais demeurez d'accord qu'elles nous apprennent certaines vérités. Car enfin c'est une vérité, que j'ai maintenant beaucoup de joie de vous entendre. Il est très vrai que le plaisir que je sens actuellement est plus grand que celui que | j'avais dans nos entretiens **124** précédents. Je connais donc la différence de ces deux plaisirs. Et je ne la connais point ailleurs que par le sentiment que j'en ai, que dans les modalités dont mon âme est touchée : modalités qui ne sont donc point si ténébreuses, qu'elles ne m'apprennent une vérité constante.

ARISTE : Dites, Théodore, que vous sentez cette différence de vos modalités et de vos plaisirs. Mais ne dites pas, s'il vous plaît, que vous la connaissez. Dieu la connaît, et ne la sent pas. Mais pour vous, vous la sentez sans la connaître. Si vous aviez une idée claire de votre âme, si vous en voyiez l'archétype, alors vous connaîtriez ce que vous ne faites que sentir ; alors vous pourriez connaître exactement la différence des divers sentiments de joie que votre bonté pour moi excite dans votre cœur. Mais assurément vous ne la connaissez pas. Comparez, Théodore, le sentiment de joie dont vous êtes touché maintenant, avec celui de l'autre jour ; et dites-m'en précisément le rapport ; et alors je croirai que vos modalités vous sont connues. Car on ne connaît les choses que lorsqu'on sait le rapport qu'elles ont entre elles. Vous savez qu'un plaisir est plus grand qu'un autre. Mais de combien l'est-il ? On sait que le carré inscrit dans le cercle est plus petit que le cercle. Mais on ne sait point pour cela la quadrature du cercle, parce qu'on ne connaît pas le rapport du cercle au carré. On peut en approcher à l'infini, et voir évidemment que la différence du cercle à telle autre figure sera plus petite que telle grandeur donnée. Mais remarquez que c'est parce qu'on a une idée claire de l'étendue. Car la difficulté qu'il y a de découvrir le rapport du cercle au carré ne vient que de la petitesse de notre esprit, au lieu que c'est l'obscurité de nos sentiments, et les ténèbres de nos modalités, qui rendent impossible la découverte de leurs rapports. Fussions-nous d'aussi grands génies que les intelligences les plus sublimes, il me paraît évident que nous ne pourrons jamais découvrir les rapports de nos modalités, si Dieu ne nous en manifeste l'archétype sur lequel il nous a formés. Car vous m'avez convaincu qu'on ne peut connaître les êtres et leurs propriétés, que par les idées éternelles, immuables et nécessaires qui les représentent.

XII. THÉODORE : Cela est fort bien, Ariste. Nos sens et nos passions ne peuvent nous éclairer. Mais que direz-vous **125** de notre | imagination ? Elle forme des images si claires et si distinctes des figures de la géométrie, que vous ne pouvez nier que c'est par leur moyen que nous apprenons cette science.

ARISTE : Croyez-vous, Théodore, que j'aie déjà oublié ce que vous venez de me dire, ou que je ne l'aie pas compris ? L'évidence qui accompagne les raisonnements de géomètres, la clarté des lignes et des figures que forme l'imagination, vient uniquement de nos idées, et nullement de nos modalités, nullement des traces confuses que laisse après lui le cours des esprits animaux. Quand j'imagine une figure, quand je bâtis dans mon esprit un édifice, je travaille sur un fonds qui ne m'appartient point. Car c'est de l'idée claire de l'étendue, c'est de l'archétype des corps que je tire tous les matériaux intelligibles qui me représentent mon dessein, tout l'espace que me donne mon terrain.

C'est de cette idée, que me fournit la Raison, que je forme dans mon esprit le corps de mon ouvrage ; et c'est sur les idées de l'égalité et des proportions que je le travaille et que je le règle, rapportant tout à l'unité arbitraire, qui doit être la commune mesure de toutes les parties qui le composent, ou du moins de toutes les parties qui peuvent être envisagées du même point, et dans le même temps. C'est assurément sur des idées intelligibles que nous réglons ce cours des esprits qui trace ces images ou ces figures de notre imagination. Et tout ce qu'elles ont de lumière et d'évidence ces figures, cela ne procède nullement du sentiment confus qui nous appartient, mais de la réalité intelligible qui appartient à la Raison. Cela ne vient point de la modalité qui nous est propre et particulière ; c'est un éclat de la substance lumineuse de notre Maître commun.

Je ne puis, Théodore, imaginer un carré, par exemple, que je ne le conçoive en même temps. Et il me paraît évident que l'image de ce carré que je me forme n'est exacte et régulière qu'autant qu'elle répond juste à l'idée intelligible que j'ai du carré, c'est-à-dire d'un espace terminé par quatre lignes exactement droites, entièrement égales, et qui étant jointes par toutes leurs extrémités, fassent leurs angles parfaitement droits. Or c'est d'un tel carré dont je suis sûr que le carré fait sur la diagonale est double de celui qui est fait sur un de ses côtés. C'est | d'un **126** tel carré dont je suis sûr qu'il n'y a point de commune mesure entre la diagonale et les côtés. En un mot, c'est d'un tel carré dont on peut découvrir les propriétés, et les démontrer aux autres. Mais on ne peut rien connaître dans cette image confuse et irrégulière que trace dans le cerveau le cours des esprits. Il faut dire la même chose de toutes les autres figures. Ainsi les géomètres ne tirent point leurs connaissances des images confuses de leur imagination, mais uniquement des idées claires de la Raison. Ces images grossières peuvent bien soutenir leur attention, en donnant, pour ainsi dire, du corps à leurs idées ; mais ce sont ces idées, où ils trouvent prise, qui les éclairent, et qui les convainquent de la vérité de leur science.

XIII. Voulez-vous, Théodore, que je m'arrête encore à vous représenter les illusions et les fantômes d'une imagination révoltée contre la Raison, soutenue et animée par les passions, ces fantômes caressants qui nous séduisent, ces fantômes terribles qui nous font peur, ces monstres de toutes manières qui naissent de notre trouble, qui croissent et se multiplient en un moment ? Pures chimères dans le fond, mais chimères dont notre esprit se repaît et s'occupe avec le dernier empressement. Car notre imagination trouve bien plus de réalité dans les spectres à qui elle donne la naissance que dans les idées nécessaires et immuables de la vérité éternelle. C'est qu'ils la frappent ces spectres dangereux, et que ces idées ne la touchent pas. De quel usage peut être une faculté si déréglée, une folle qui se plaît à faire la folle, une volage qu'on a tant de peine à fixer, une insolente qui ne craint point de nous interrompre dans nos plus sérieux commerces avec la Raison ? Je vous avoue néanmoins que notre imagination peut nous rendre l'esprit attentif. Car elle a tant de charmes et d'empire sur lui, qu'elle le fait penser volontiers à ce qui la touche. Mais outre qu'elle ne peut avoir de rapport qu'aux idées qui représentent les corps, elle est si sujette à l'illusion et si emportée que si on ne la gourmande sans cesse, si on ne règle ses mouvements et ses saillies, elle vous transporte en un instant dans le pays des chimères.

THÉODORE : N'en voilà que trop, Ariste. Par tout ce que vous | venez de me dire, et qui me remplit d'étonnement et de joie, je vois bien que vous avez saisi le principe, et pénétré fort avant dans les conséquences qu'il renferme. Je vois bien que vous comprenez suffisamment qu'il n'y a que la Raison qui nous éclaire par les idées intelligibles qu'elle renferme dans sa substance toute lumineuse, et que vous savez parfaitement distinguer ses idées claires, de nos ténébreuses et obscures modalités. Mais prenez-y garde, les principes abstraits, les idées pures s'échappent de l'esprit dès qu'on néglige de les contempler, et qu'on s'arrête aux sensibles. Ainsi je vous conseille de méditer souvent sur cette matière, afin de la posséder si parfaitement, et de vous en rendre si familiers les principes et les conséquences, que vous ne preniez jamais par mégarde la vivacité de vos sentiments pour l'évidence de la vérité. Car il ne suffit pas d'avoir bien compris que le principe général de nos préjugés, c'est que nous ne distinguons pas entre *connaître* et *sentir*, et qu'au lieu de juger des choses par les *idées* qui les représentent, nous en jugeons par les *sentiments* que nous en avons. Il faut nous affermir dans cette vérité fondamentale en l'appliquant à ses conséquences. Tous les principes de pratique ne se comprennent parfaitement que par l'usage qu'on en fait. Tâchez donc, par de continuelles et sérieuses réflexions, d'acquérir une forte et heureuse habitude de vous mettre en garde contre les surprises et les inspirations secrètes de vos fausses et trompeuses modalités. Il n'y a point de travail plus digne d'un philosophe. Car si nous distinguons bien les réponses de la vérité intérieure de ce que nous nous disons à nous-mêmes, ce qui part immédiatement de la Raison de ce qui vient jusqu'à nous par le corps, ou à l'occasion du corps, ce qui est immuable, éternel, nécessaire de ce qui change à tous moments, en un mot l'évidence de la lumière d'avec la vivacité de l'instinct, il n'est presque pas possible que nous tombions dans l'erreur.

ARISTE : Je comprends bien tout ce que vous me dites. Et j'ai trouvé tant de satisfaction dans les réflexions que j'ai déjà faites sur cette matière, que vous ne devez pas appréhender que je n'y pense plus. Passons à autre chose, si vous le jugez à propos.

THÉODORE : Il est bien tard, Ariste, pour nous engager présentement dans une course un peu longue. Mais demain **128** de quel | côté voulez-vous que nous tournions ? Je vous prie d'y penser et de me le dire.

ARISTE : C'est à vous à me conduire.

THÉODORE : Nullement, c'est à vous à choisir. Il ne vous doit point être indifférent de quel côté je vous mène. Est-ce que je ne puis pas vous tromper ? Ne puis-je pas vous conduire où vous ne devez pas tendre ? La plupart des hommes, mon cher Ariste, s'engagent imprudemment dans des études inutiles. Il suffit à tel d'avoir entendu faire l'éloge de la chimie, de l'astronomie, ou de quelque autre science vaine ou peu nécessaire, pour s'y jeter à corps perdu. Celui-ci ne saura pas si l'âme est immortelle ; il serait peut-être bien empêché à vous prouver qu'il y a un Dieu ; et il vous réduira les égalités de l'algèbre avec une facilité surprenante. Et celui-là saura toutes les délicatesses de la langue, toutes les règles des grammairiens, qui n'aura jamais médité sur l'ordre de ses devoirs. Quel renversement d'esprit ! Qu'une imagination dominante loue d'un air passionné la connaissance des médailles, la poésie des Italiens, la langue des Arabes et des Perses devant un jeune homme plein d'ardeur pour les sciences ; cela suffira pour l'engager aveuglément dans ces sortes d'études ; il négligera la connaissance de l'homme, les règles de la morale, et peut-être oubliera-t-il ce qu'on apprend aux enfants dans leur catéchisme. C'est que l'homme est une machine qui va comme on la pousse. C'est beaucoup plus le hasard que la Raison qui le conduit. Tous vivent d'opinion. Tous agissent par imitation. Ils se font même un mérite de suivre ceux qui vont devant, sans savoir où. Faites réflexion sur les diverses applications de vos amis ; ou plutôt repassez dans votre esprit la conduite que vous avez tenue dans vos études ; et jugez si vous avez eu raison de faire comme les autres. Jugez-en, dis-je, non sur les applaudissements que vous avez reçus, mais sur les réponses décisives de la vérité intérieure. Jugez-en sur la loi éternelle, l'Ordre immuable, sans égard aux folles pensées des hommes. Quoi, Ariste ! à cause que tout le monde se jette dans la bagatelle, chacun à sa manière et selon son goût, faudra-t-il le suivre, de peur de passer pour philosophe dans l'esprit des | fous ? Faudra-t-il même suivre partout les philosophes, jusque dans leurs abstractions et dans leurs chimères, de crainte qu'ils ne nous regardent comme des ignorants ou des novateurs ? Il faut mettre chaque chose dans son rang. Il faut donner la préférence aux connaissances qui la méritent. Nous devons apprendre ce que nous devons savoir, et ne pas nous laisser remplir la tête d'un meuble inutile, quelque éclatant qu'il paraisse, lorsque le nécessaire nous manque. Pensez à cela, Ariste ; et vous me direz demain, quel doit être le sujet de nos entretiens. En voilà assez pour aujourd'hui. **129**

ARISTE : Il vaut bien mieux, Théodore, que vous me le disiez vous-même.

THÉODORE : Il vaut infiniment mieux que ce soit la Raison qui nous le dise à tous deux. Consultez-la sérieusement, et j'y penserai de mon côté.

Preuves de l'existence des corps tirées de la révélation. Deux sortes de révélations. D'où vient que les révélations naturelles des sentiments nous sont une occasion d'erreur.

Ariste : Que la question, Théodore, que vous m'avez donnée à résoudre est difficile ! J'avais bien raison de vous dire que c'était à vous, qui savez le fort et le faible des sciences, l'utilité et la fécondité de leurs principes, de régler toutes mes démarches dans ce monde intelligible où vous m'avez transporté. Car je vous avoue que je ne sais de quel côté je dois tourner. Ce que vous m'avez appris peut bien me servir pour m'empêcher de m'égarer dans cette terre inconnue. Je n'ai pour cela qu'à suivre pas à pas la lumière, et ne me rendre qu'à l'évidence qui accompagne les idées claires. Mais il ne suffit pas d'avancer, il faut encore savoir où l'on va. Il ne suffit pas de découvrir sans cesse de nouvelles vérités ; il faut savoir où se trouvent ces vérités fécondes, qui donnent à l'esprit toute la perfection dont il est maintenant capable, ces vérités qui doivent régler les jugements qu'il faut porter de Dieu et de ses ouvrages admirables, qui doivent régler les mouvements du cœur, et nous donner le goût, ou du moins l'avant-goût du souverain bien que nous désirons.

Si dans le choix des sciences il ne fallait s'arrêter qu'à l'évidence, sans peser leur utilité, l'arithmétique serait préférable à toutes les autres. Les vérités des nombres sont les plus claires de toutes, puisque tous les autres rapports ne sont clairement connus qu'autant qu'on peut les exprimer par ces mesures communes de tous les rapports exacts qui se mesurent par l'unité. Et cette science est si féconde et si profonde que quand j'emploierais dix mille siècles pour en percer les profondeurs, j'y trouverais | encore un fonds 131 inépuisable de vérités claires et lumineuses. Cependant je ne crois pas que vous trouviez fort à propos que nous nous tournions de ce côté-là, charmés par l'évidence qui y éclate de toutes parts. Car enfin que nous servirait-il de pénétrer dans les mystères les plus cachés de l'arithmétique et de l'algèbre ? Il ne suffit pas de courir bien du pays, de pénétrer bien avant dans des terres stériles, de découvrir des lieux où personne ne fut jamais ; il faut aller droit à ces heureuses contrées où l'on trouve des fruits en abondance, des viandes solides capables de nous nourrir.

Quand j'ai donc comparé les sciences entre elles selon mes lumières, les divers avantages ou de leur évidence, ou de leur utilité, je me suis trouvé dans un embarras étrange. Tantôt la crainte de tomber dans l'erreur donnait la préférence aux sciences exactes, telles que sont l'arithmétique et la géométrie, dont les démonstrations contentent admirablement notre vaine curiosité. Et tantôt le désir de connaître, non les rapports des idées entre elles, mais les rapports qu'ont entre eux et avec nous les ouvrages de Dieu parmi lesquels nous vivons, m'engageait dans la physique, la morale, et les autres sciences qui dépendent souvent d'expériences et de phénomènes assez incertains. Chose étrange, Théodore, que les sciences les plus utiles soient remplies d'obscurités impénétrables, et que l'on trouve un chemin sûr, et assez facile et uni, dans celles qui ne sont point si nécessaires ! Or, je vous prie, quel moyen de faire une juste estime du rapport de la facilité des unes et de l'utilité des autres, pour donner la préférence à celle qui le mérite ? Et comment pouvoir s'assurer si celles-là mêmes qui paraissent les plus utiles le sont effectivement, et si celles qui ne paraissent qu'évidentes n'ont point de grandes utilités dont on ne s'avise pas ? Je vous avoue, Théodore, qu'après y avoir bien pensé, je ne sais point encore à quoi me déterminer.

I. THÉODORE : Vous n'avez pas perdu votre temps, mon cher Ariste, dans les réflexions que vous avez faites. Car quoique vous ne sachiez pas précisément à quoi vous devez vous appliquer, je suis déjà bien assuré que vous ne donnerez pas dans quantité de fausses études, auxquelles plus de la moitié du monde est furieusement engagé. Je suis bien certain que si je me trompais moi-même dans le choix que 132 je ferai de la suite de nos entretiens |, vous êtes en état de me désabuser. Quand les hommes lèvent la tête et regardent de tous côtés, ils ne suivent pas toujours ceux qui vont devant. Ils ne les suivent que lorsqu'ils vont où il faut aller, et où ils veulent aller eux-mêmes. Et lorsque le premier de la bande s'engage imprudemment dans des routes dangereuses, et qui n'aboutissent à rien, les autres le font revenir. Ainsi continuez vos réflexions sur vos démarches et sur les miennes. Ne vous fiez point trop à moi. Observez avec soin si je vous mène où nous devons aller tous deux.

Prenez donc garde, Ariste. Il y a des sciences de deux sortes. Les unes considèrent les rapports des idées, les autres les rapports des choses par le moyen de leurs idées. Les premières sont évidentes en toutes manières, les autres ne le peuvent être qu'en supposant que les choses sont semblables aux idées que nous en avons, et sur lesquelles nous en raisonnons. Ces dernières sont fort utiles, mais elles sont environnées de grandes obscurités, parce qu'elles supposent des faits dont il est fort difficile de connaître exactement la vérité. Mais si nous pouvions trouver quelque moyen de nous assurer de la justesse de nos suppositions, nous pourrions éviter l'erreur, et en même temps découvrir des vérités qui nous regardent de fort près. Car encore un coup, les vérités ou les rapports des idées entre elles ne nous regardent que lorsqu'elles représentent les rapports qui sont entre les choses qui ont quelque liaison avec nous.

Ainsi il est évident, ce me semble, que le meilleur usage que nous puissions faire de notre esprit, c'est d'examiner quelles sont les choses qui ont avec nous quelque liaison, quelles sont les diverses manières de ces liaisons, quelle en est la cause, quels en sont les effets, tout cela conformément aux idées claires et aux expériences incontestables, qui nous assurent, celles-là, de la nature et des propriétés des choses, et celles-ci, du rapport et de la liaison qu'elles ont avec nous. Mais pour ne point tomber dans la bagatelle et dans l'inutilité, tout notre examen ne doit tendre qu'à ce qui peut nous rendre heureux et parfaits. Ainsi pour réduire en deux mots tout ceci, il me paraît évident que le meilleur usage que nous puissions faire de notre esprit, c'est de tâcher d'acquérir l'intelligence des vérités que nous croyons par la foi, et de tout ce qui va à les confirmer. Car il n'y a nulle comparaison à faire de l'utilité de ces vérités avec l'avantage qu'on peut tirer de la connaissance des autres. Nous les | croyons ces grandes vérités; il est **133** vrai. Mais la foi ne dispense pas ceux qui le peuvent de s'en remplir l'esprit, et de s'en convaincre de toutes les manières possibles. Car au contraire la foi nous est donnée pour régler sur elles toutes les démarches de notre esprit, aussi bien que tous les mouvements de notre cœur. Elle nous est donnée pour nous conduire à l'intelligence des vérités mêmes qu'elle nous enseigne. Il se trouve tant de gens qui scandalisent les fidèles par une métaphysique outrée, et qui nous demandent avec insulte des preuves de ce qu'ils devraient croire sur l'autorité infaillible de l'Église, que quoique la fermeté de votre foi vous rende inébranlable à leurs attaques, votre charité doit vous porter à remédier au désordre et à la confusion qu'ils mettent partout. Approuvez-vous donc, Ariste, le dessein que je vous propose pour la suite de nos entretiens ?

ARISTE : Oui certainement je l'approuve. Mais je ne pensais pas que vous voulussiez quitter la métaphysique. Si je l'avais cru, j'aurais, ce me semble, bien résolu la question de la préférence des sciences. Car il est clair que nulle découverte n'est comparable à l'intelligence des vérités de la foi. Je croyais que vous ne pensiez qu'à me rendre un peu philosophe, et bon métaphysicien.

II. THÉODORE : Je ne pense aussi qu'à cela ; et je ne prétends point quitter la métaphysique, quoique je me donnerai peut-être dans la suite la liberté de faire quelque course au-delà de ses limites ordinaires. Cette science générale a droit sur toutes les autres. Elle en peut tirer des exemples, et un petit détail nécessaire pour rendre sensibles ses principes généraux. Car par la métaphysique je n'entends pas ces considérations abstraites de quelques propriétés imaginaires, dont le principal usage est de fournir à ceux qui veulent disputer de quoi disputer sans fin, j'entends par cette science les vérités générales qui peuvent servir de principes aux sciences particulières.

Je suis persuadé, Ariste, qu'il faut être bon philosophe pour entrer dans l'intelligence des vérités de la foi, et que plus on est fort dans les vrais principes de la métaphysique, plus est-on ferme dans les vérités de la religion. Je suppose, comme vous le pouvez bien penser, ce qui est nécessaire pour rendre cette proposition recevable. Mais non, je ne croirai jamais que la vraie | philosophie soit opposée à la foi, et que les bons philosophes puissent avoir des sentiments différents des vrais chrétiens. Car soit que Jésus-Christ, selon sa divinité, parle aux philosophes dans le plus secret d'eux-mêmes, soit qu'il instruise les chrétiens par l'autorité visible de l'Église, il n'est pas possible qu'il se contredise, quoiqu'il soit fort possible d'imaginer des contradictions dans ses réponses, ou de prendre pour ses réponses nos propres décisions. La vérité nous parle en diverses manières ; mais certainement elle dit toujours la même chose. Il ne faut donc point opposer la philosophie à la religion, si ce n'est la fausse philosophie des païens, la philosophie fondée sur l'autorité humaine, en un mot toutes ces opinions non révélées qui ne portent point le caractère de la vérité, cette évidence invincible qui force les esprits attentifs à se soumettre. Vous pouvez juger par les vérités métaphysiques que nous avons découvertes dans nos entretiens précédents, si la véritable philosophie contredit la religion. Pour moi je suis convaincu que cela n'est point. Car si je vous ai avancé quelques propositions contraires aux vérités que Jésus-Christ nous enseigne par l'autorité visible de son Église, ces propositions étant uniquement de mon fonds, et n'ayant point l'évidence invincible pour leur caractère, elles n'appartiennent nullement à la vraie et solide philosophie. Mais je ne sais comment je m'arrête à vous dire des vérités, dont il est impossible de douter, pour peu d'attention qu'on y donne.

ARISTE : Permettez-moi, Théodore, que je vous déclare, que j'ai été charmé de voir un rapport admirable entre ce que vous m'avez appris, ou plutôt entre ce que la Raison m'a appris par votre moyen, et ces grandes et nécessaires vérités que l'autorité de l'Église fait croire aux simples et aux ignorants, que Dieu veut sauver aussi bien que les philosophes. Vous m'avez, par exemple, convaincu de la corruption de ma nature, et de la nécessité d'un libérateur. Je sais que toutes les intelligences n'ont qu'un seul et unique Maître, le Verbe divin, et qu'il n'y a que la Raison incarnée et rendue sensible qui puisse délivrer des hommes charnels de l'aveuglement dans lequel nous naissons tous. Je vous avoue avec une satisfaction extrême que ces vérités fondamentales de notre foi, et plusieurs autres que je serais trop long de vous dire, sont des suites nécessaires des **135** principes que | vous m'avez démontrés. Continuez, je vous prie. Je tâcherai de vous suivre partout où vous me conduirez.

THÉODORE : Ah ! mon cher Ariste, prenez garde encore un coup que je ne m'égare. J'appréhende que vous ne soyez trop facile et que votre approbation ne m'inspire quelque négligence, et ne me fasse tomber dans l'erreur. Craignez pour moi, et défiez-vous de tout ce que vous peut dire un homme sujet à l'illusion. Aussi bien n'apprendrez-vous rien, si vos réflexions ne vous mettent en possession des vérités que je vais tâcher de vous démontrer.

III. Il n'y a que trois sortes d'êtres dont nous ayons quelque connaissance, et avec qui nous puissions avoir quelque liaison : Dieu, ou l'Être infiniment parfait, qui est le principe ou la cause de toutes choses ; des esprits, que nous ne connaissons que par le sentiment intérieur que nous avons de notre nature ; des corps, dont nous sommes assurés de l'existence par la révélation que nous en avons. Or ce qu'on appelle un homme n'est qu'un composé…

ARISTE : Doucement, Théodore. Je sais qu'il y a un Dieu ou un Être infiniment parfait*. Car si j'y pense, et certainement j'y pense, il faut qu'il soit, puisque rien de fini ne peut représenter l'infini. Je sais aussi qu'il y a des esprits, supposé qu'il y ait des êtres qui me ressemblent**. Car je ne puis douter que je ne pense ; et je sais que ce qui pense est autre chose que de l'étendue ou de la matière.

* 2e Entretien.

** 1er Entretien.

Vous m'avez prouvé ces vérités. Mais que voulez-vous dire, que nous sommes assurés de l'existence des corps *par la révélation que nous en avons*? Quoi donc! est-ce que nous ne les voyons, et que nous ne les sentons pas? Nous n'avons pas besoin de *révélation* pour nous apprendre que nous avons un corps, lorsqu'on nous pique : nous le sentons bien vraiment.

THÉODORE : Oui, sans doute, nous le sentons. Mais ce sentiment de douleur que nous avons est une espèce de *révélation*. Cette expression vous frappe. Mais c'est exprès pour cela que je m'en sers. Car vous oubliez toujours que c'est Dieu lui-même qui produit dans notre âme tous les divers sentiments dont elle | est touchée à l'occasion des changements qui arrivent à votre corps, en conséquence des lois générales de l'union des deux substances qui composent l'homme : lois qui ne sont que les volontés efficaces et constantes du Créateur, ainsi que je vous l'expliquerai dans la suite. La pointe qui nous pique la main ne verse point la douleur par le trou qu'elle fait au corps. Ce n'est point l'âme non plus qui produit en elle ce sentiment incommode, puisqu'elle souffre la douleur malgré qu'elle en ait. C'est assurément une puissance supérieure. C'est donc Dieu lui-même, qui par les sentiments dont il nous frappe nous révèle à nous ce qui se fait hors de nous, je veux dire dans notre corps, et dans ceux qui nous environnent. Souvenez-vous, je vous prie, de ce que je vous ai déjà dit tant de fois. **136**

IV. ARISTE : J'ai tort, Théodore. Mais ce que vous me dites me fait naître dans l'esprit une pensée fort étrange. Je n'oserais presque vous la proposer, car j'appréhende que vous ne me traitiez de visionnaire. C'est que je commence à douter qu'il y ait des corps. La raison est que la révélation que Dieu nous donne de leur existence n'est pas sûre. Car enfin il est certain que nous en voyons quelquefois qui ne sont point, comme lorsque nous dormons, ou que la fièvre nous cause quelque transport au cerveau. Si Dieu en conséquence de ses lois générales, comme vous dites, peut nous donner quelquefois des sentiments trompeurs, s'il peut par nos sens nous révéler des choses fausses, pourquoi ne le pourra-t-il pas toujours, et comment pourrons-nous discerner la vérité de la fausseté dans le témoignage obscur et confus de nos sens ? Il me semble que la prudence m'oblige à suspendre mon jugement sur l'existence des corps. Je vous prie de m'en donner une démonstration exacte.

THÉODORE : *Une démonstration exacte !* C'est un peu trop, Ariste. Je vous avoue que je n'en ai point. Il me semble au contraire que j'ai une *démonstration exacte* de l'impossibilité d'une telle démonstration. Mais rassurez-vous. Je ne manque pas de preuves certaines, et capables de dissiper votre doute. Et je suis bien aise qu'un tel doute vous soit venu dans l'esprit. Car enfin, douter qu'il y a des corps par des raisons qui font qu'on ne peut | douter qu'il y a un Dieu, et que l'âme n'est point corporelle, c'est une marque certaine qu'on se met au-dessus de ses préjugés, et qu'au lieu d'assujettir la raison aux sens, comme font la plupart des hommes, on reconnaît le droit qu'elle a de prononcer en nous souverainement. Qu'il soit impossible de donner une démonstration exacte de l'existence des corps, en voici, si je ne me trompe, une preuve démonstrative.

V. La notion de l'Être infiniment parfait ne renferme point de rapport nécessaire à aucune créature. Dieu se suffit pleinement à lui-même. La matière n'est donc point une émanation nécessaire de la divinité. Du moins, ce qui me suffit présentement, il n'est pas évident qu'elle en soit une émanation nécessaire. Or on ne peut donner une *démonstration exacte* d'une vérité, qu'on ne fasse voir qu'elle a une liaison nécessaire avec son principe, qu'on ne fasse voir que c'est un rapport nécessairement renfermé dans les idées que l'on compare. Donc il n'est pas possible de démontrer en rigueur qu'il y a des corps.

En effet l'existence des corps est arbitraire. S'il y en a, c'est que Dieu a bien voulu en créer. Or il n'en est pas de même de cette volonté de créer des corps, comme de celles de punir les crimes et de récompenser de bonnes œuvres, d'exiger de nous de l'amour et de la crainte, et le reste. Ces volontés de Dieu et mille autres semblables, sont nécessairement renfermées dans la Raison divine, dans cette loi substantielle qui est la règle inviolable des volontés de l'Être infiniment parfait, et généralement de toutes les intelligences. Mais la volonté de créer des corps n'est point nécessairement renfermée dans la notion de l'Être infiniment parfait, de l'Être qui se suffit pleinement à lui-même. Bien loin de cela, cette notion semble exclure de Dieu une telle volonté. Il n'y a donc point d'autre voie que la révélation qui puisse nous assurer que Dieu a bien voulu créer des corps, supposé néanmoins ce dont vous ne doutez plus, savoir qu'ils ne sont point visibles par eux-mêmes, qu'ils ne peuvent agir dans notre esprit, ni se représenter à lui ; et que notre esprit lui-même ne peut les connaître que dans les idées qui les représentent, ni les sentir que par des modalités ou des sentiments | dont ils **138** ne peuvent être la cause, qu'en conséquence des lois arbitraires de l'union de l'âme et du corps.

VI. ARISTE : Je comprends bien, Théodore, qu'on ne peut déduire démonstrativement l'existence des corps de la notion de l'Être infiniment parfait et qui se suffit à lui-même. Car les volontés de Dieu qui ont rapport au monde, ne sont point renfermées dans la notion que nous avons de lui. Or n'y ayant que ces volontés qui puissent donner l'être aux créatures, il est clair qu'on ne peut démontrer qu'il y a des corps. Car on ne peut démontrer que les vérités qui ont une liaison nécessaire avec leur principe. Ainsi, puisqu'on ne peut s'assurer de l'existence des corps par l'évidence d'une démonstration, il n'y a plus d'autre voie que l'autorité de la révélation. Mais cette voie ne me paraît pas sûre. Car encore que je découvre clairement dans la notion de l'Être infiniment parfait qu'il ne peut vouloir me tromper, l'expérience m'apprend que ses révélations sont trompeuses : deux vérités que je ne puis accorder. Car enfin nous avons souvent des sentiments qui nous révèlent des faussetés. Tel sent de la douleur dans un bras qu'il n'a plus. Tous ceux que nous appelons fous voient devant eux des objets qui ne sont point. Et il n'y a peut-être personne qui en dormant n'ait été souvent tout ébranlé et tout épouvanté par de purs fantômes. Dieu n'est point trompeur. Il ne peut vouloir tromper personne, ni les fous, ni les sages. Mais néanmoins nous sommes tous séduits par les sentiments dont il nous touche, et par lesquels il nous révèle l'existence des corps. Il est donc très certain que nous sommes trompés souvent. Mais il me paraît peu certain que nous ne le soyons pas toujours. Voyons donc sur quel fondement vous appuyez la certitude que vous prétendez avoir qu'il y a des corps.

VII. THÉODORE : Il y a en général des révélations de deux sortes. Les unes sont naturelles, les autres surnaturelles. Je veux dire que les unes se font en conséquence de quelques lois générales qui nous sont connues, selon lesquelles l'auteur de la nature agit dans notre esprit à l'occasion de ce qui arrive à notre corps, et les autres, par des lois générales qui nous sont inconnues, ou par des volontés particulières ajoutées aux lois générales, pour remédier aux suites fâcheuses qu'elles ont à cause du péché qui a tout déréglé. Or les unes et les autres révélations, les naturelles | et les surnaturelles, sont véritables en 139 elles-mêmes. Mais les premières nous sont maintenant une occasion d'erreur : non qu'elles soient fausses par elles-mêmes, mais parce que nous n'en faisons pas l'usage pour lequel elles nous sont données, et que le péché a corrompu la nature, et mis une espèce de contradiction dans le rapport que les lois générales ont avec nous. Certainement les lois générales de l'union de l'âme et du corps, en conséquence desquelles Dieu nous révèle que nous avons un corps, et que nous sommes au milieu de beaucoup d'autres, sont très sagement établies. Souvenez-vous de nos entretiens précédents. Elles ne sont point trompeuses par elles-mêmes, dans leur institution, considérées avant le péché et dans le dessein de leur auteur. Car il faut savoir que l'homme avant son péché, avant l'aveuglement et le trouble que la rébellion de son corps a produit dans son esprit, connaissait clairement par la lumière de la Raison :

1. Que Dieu seul pouvait agir en lui, le rendre heureux ou malheureux par le plaisir ou la douleur, en un mot le modifier ou le toucher.

2. Il savait par expérience que Dieu le touchait toujours de la même manière dans les mêmes circonstances.

3. Il reconnaissait donc par l'expérience, aussi bien que par la Raison, que la conduite de Dieu était et devait être uniforme.

4. Ainsi il était déterminé à croire qu'il y avait des êtres qui étaient les causes occasionnelles des lois générales, selon lesquelles il sentait bien que Dieu agissait en lui. Car encore un coup, il savait bien que Dieu seul agissait en lui.

5. Lorsqu'il le voulait, il pouvait s'empêcher de sentir l'action des objets sensibles.

6. Le sentiment intérieur qu'il avait de ses propres volontés, et de l'action respectueuse et soumise de ces objets, lui apprenait donc qu'ils lui étaient inférieurs, puisqu'ils lui étaient subordonnés, car alors tout était parfaitement dans l'Ordre.

7. Ainsi consultant l'idée claire jointe au sentiment dont il était touché à l'occasion de ces objets, il voyait clairement que ce n'était que des corps, puisque cette idée ne représente que des corps.

8. Il concluait donc que les divers sentiments dont Dieu le touchait n'étaient que des révélations par lesquelles il lui apprenait | qu'il avait un corps, et qu'il était environné de plusieurs autres.

140

9. Mais sachant par la Raison que la conduite de Dieu devait être uniforme, et par l'expérience que les lois de l'union de l'âme et du corps étaient toujours les mêmes, voyant bien que ces lois n'étaient établies que pour l'avertir de ce qu'il devait faire pour conserver sa vie, il découvrait aisément qu'il ne devait pas juger de la nature des corps par les sentiments qu'il en avait, ni se laisser persuader de leur existence par ces mêmes sentiments, si ce n'est lorsque son cerveau était ébranlé par une cause étrangère, et non point par un mouvement d'esprits excité par une cause intérieure. Or il pouvait reconnaître quand c'était cette cause étrangère qui produisait des traces actuelles de son cerveau, parce que le cours des esprits animaux était parfaitement soumis à ses volontés. Ainsi il n'était point comme les fous et les fébricitants, ni comme nous dans le sommeil, sujet à prendre des fantômes pour des réalités, à cause qu'il pouvait discerner si les traces de son cerveau étaient produites par le cours intérieur et involontaire des

esprits, ou par l'action des objets; ce cours étant volontaire en lui et dépendant de ses désirs pratiques. Tout cela me paraît évident, et une suite nécessaire de deux vérités incontestables : la première, que l'homme avant le péché avait des idées fort claires, et que son esprit était exempt de préjugés; la seconde, que son corps, ou du moins la principale partie de son cerveau lui était parfaitement soumise.

Cela supposé, Ariste, vous voyez bien que les lois générales, en conséquence desquelles Dieu nous donne ces sentiments ou ces révélations naturelles qui nous assurent de l'existence des corps, et du rapport qu'ils ont avec nous, sont très sagement établies : vous voyez que ces révélations ne sont nullement trompeuses par elles-mêmes. On ne pouvait rien faire de mieux, par les raisons que je vous ai déjà dites. D'où vient donc qu'elles nous jettent maintenant dans une infinité d'erreurs? C'est assurément que notre esprit est obscurci; c'est que nous sommes remplis des préjugés de l'enfance; c'est que nous ne savons pas faire de nos sens l'usage pour lequel ils nous sont donnés. Et tout cela | précisément, prenez-y garde, **141** parce que l'homme a perdu par sa faute le pouvoir qu'il devrait avoir sur la partie principale du cerveau, sur celle dont tous les changements sont toujours suivis de quelque nouvelle pensée. Car notre union avec la Raison universelle est extrêmement affaiblie par la dépendance où nous sommes de notre corps. Car enfin notre esprit est tellement situé entre Dieu qui nous éclaire, et le corps qui nous aveugle, que plus il est uni à l'un, c'est une nécessité qu'il le soit d'autant moins à l'autre.

Comme Dieu suit et doit suivre exactement les lois qu'il a établies de l'union des deux substances dont nous sommes composés, et que nous avons perdu le pouvoir d'empêcher les traces que les esprits rebelles font dans le cerveau, nous prenons des fantômes pour des réalités. Mais la cause de notre erreur ne vient point précisément de la fausseté de nos révélations naturelles, mais de l'imprudence et de la témérité de nos jugements, de l'ignorance où nous sommes de la conduite que Dieu doit tenir, du désordre en un mot que le péché a causé dans toutes nos facultés, et du trouble qu'il a jeté dans nos idées, non en changeant les lois de l'union de l'âme et du corps, mais en soulevant notre corps, et en nous privant par sa rébellion de la facilité de pouvoir faire de ces lois l'usage pour lequel elles ont été établies. Vous comprendrez plus clairement tout ceci dans la suite de nos entretiens, ou quand vous y aurez médité. Cependant, Ariste, nonobstant tout ce que je viens de vous dire, je ne vois pas qu'il puisse y avoir de bonne raison de douter qu'il y ait des corps en général. Car si je me puis tromper à l'égard de l'existence de tel corps, je vois bien que c'est à cause que Dieu suit exactement les lois de l'union de l'âme et du corps ; je vois bien que c'est que l'uniformité de la conduite de Dieu ne doit pas être troublée par l'irrégularité de la nôtre ; et que la perte que nous avons faite par notre faute du pouvoir que nous avions sur notre corps n'a dû rien changer dans les lois de son union avec notre âme. Cette raison me suffit pour m'empêcher de me tromper sur l'existence de tel corps. Je ne suis pas porté invinciblement à croire qu'il est. Mais 142 cette raison me manque, et je | ne vois pas qu'il soit possible d'en trouver quelque autre, pour m'empêcher de croire en général qu'il y a des corps, contre tous les divers sentiments que j'en ai ; sentiments tellement suivis, tellement enchaînés, si bien ordonnés, qu'il me paraît comme certain que Dieu voudrait nous tromper, s'il n'y avait rien de tout ce que nous voyons.

VIII. Mais pour vous délivrer entièrement de votre doute spéculatif, la foi nous fournit une démonstration à laquelle il est impossible de résister. Car qu'il y ait, ou qu'il n'y ait point de corps, il est certain que nous en voyons, et qu'il n'y a que Dieu qui nous en puisse donner les sentiments. C'est donc Dieu qui présente à mon esprit les apparences des hommes avec lesquels je vis, des livres que j'étudie, des prédicateurs que j'entends. Or je lis dans l'apparence du Nouveau Testament les miracles d'un Homme-Dieu, sa résurrection, son ascension au ciel, la prédication des Apôtres, son heureux succès, l'établissement de l'Église. Je compare tout cela avec ce que je sais de l'histoire, avec la loi des Juifs, avec les prophéties de l'Ancien Testament. Ce ne sont encore là que des apparences. Mais encore un coup, je suis certain que c'est Dieu seul qui me les donne, et qu'il n'est point trompeur. Je compare donc de nouveau toutes les apparences que je viens de dire avec l'idée de Dieu, la beauté de la religion, la sainteté de la morale, la nécessité d'un culte, et enfin je me trouve porté à croire ce que la foi nous enseigne. Je le crois en un mot sans avoir besoin de preuve démonstrative en toute rigueur. Car rien ne me paraît plus déraisonnable que l'infidélité, rien de plus imprudent que de ne se pas rendre à la plus grande autorité qu'on puisse avoir dans des choses que nous ne pouvons examiner avec l'exactitude géométrique, ou parce que le temps nous manque, ou pour mille autres raisons. Les hommes ont besoin d'une autorité qui leur apprenne les vérités nécessaires, celles qui doivent les conduire à leur fin : et c'est renverser la Providence, que de rejeter l'autorité de l'Église. Cela me paraît évident, et je vous le prouverai dans la suite *. Or la foi m'apprend que Dieu a créé le ciel et la terre. Elle m'apprend que

* Entretien XIII.

143 l'Écriture est un | livre divin. Et ce livre ou son apparence me dit nettement et positivement qu'il y a mille et mille créatures. Donc voilà toutes mes apparences changées en réalités. Il y a des corps : cela est démontré en toute rigueur, la foi supposée. Ainsi je suis assuré qu'il y a des corps, non seulement par la révélation naturelle des sentiments que Dieu m'en donne, mais encore beaucoup plus par la révélation surnaturelle de la foi. Voilà, mon cher Ariste, de grands raisonnements contre un doute qui ne vient guère naturellement dans l'esprit. Il y a peu de gens assez philosophes pour le proposer. Et quoiqu'on puisse former contre l'existence des corps des difficultés qui paraissent insurmontables principalement à ceux qui ne savent pas que Dieu doit agir en nous par des lois générales, cependant je ne crois pas que jamais personne en puisse douter sérieusement. Ainsi il n'était pas fort nécessaire de nous arrêter à dissiper un doute si peu dangereux. Car je suis bien certain que vous-même n'aviez pas besoin de tout ce que je viens de vous dire, pour vous assurer que vous êtes avec Théodore.

ARISTE : Je ne sais pas trop bien cela. Je suis certain que vous êtes ici. Mais c'est que vous me dites des choses qu'un autre ne me dirait pas, et que je ne me dirais jamais à moi-même. Car du reste l'amitié que j'ai pour Théodore est telle que je le rencontre partout. Que sais-je si cette amitié venant encore à s'augmenter, quoique cela ne me paraisse guère possible, je pourrai toujours bien distinguer entre le vrai et le faux Théodore ?

THÉODORE : Vous n'êtes pas sage, mon cher Ariste. Ne vous déferez-vous jamais de ces manières flatteuses ? Cela est indigne d'un philosophe.

ARISTE : Que vous êtes sévère ! Je ne m'attendais pas à cette réponse.

THÉODORE : Ni moi à la vôtre. Je croyais que vous suiviez mon raisonnement. Mais votre réponse me donne quelque sujet de craindre que vous ne m'ayez fait parler assez inutilement sur votre doute. La plupart des hommes proposent sans réflexion des difficultés ; et au lieu d'être sérieusement attentifs aux réponses qu'on leur donne, ils ne pensent qu'à quelque repartie qui fasse admirer la délicatesse de leur imagination. Bien loin de s'instruire mutuellement, ils ne pensent qu'à se flatter les uns les autres. | Ils se corrompent ensemble par les inspirations **144** secrètes de la plus criminelle des passions ; et au lieu d'étouffer tous ces sentiments, qu'excite en eux la concupiscence de l'orgueil, au lieu de se communiquer les vrais biens dont la Raison leur fait part, ils se donnent de l'encens qui les entête et qui les trouble.

ARISTE : Ah ! Théodore, que je sens vivement ce que vous me dites ! Mais quoi ! est-ce que vous lisez dans mon cœur ?

THÉODORE : Non, Ariste. C'est dans le mien que je lis ce que je vous dis. C'est dans le mien que je trouve ce fonds de concupiscence et de vanité qui me fait médire du genre humain. Je ne sais rien de ce qui se passe dans votre cœur, que par rapport à ce que je sens dans le mien. Je crains pour vous ce que j'appréhende pour moi. Mais je ne suis point assez téméraire pour juger de vos dispositions actuelles. Mes manières vous surprennent. Elles sont dures et incommodes, rustiques, si vous le voulez. Mais quoi ! pensez-vous que l'amitié sincère, fondée sur la Raison, cherche des détours et des déguisements ? Vous ne connaissez pas les privilèges des *méditatifs*. Ils ont droit de dire sans façon à leurs amis ce qu'ils trouvent à redire dans leur conduite. Je voudrais bien, mon cher Ariste, remarquer dans vos réponses un peu plus de simplicité, et beaucoup plus d'attention. Je voudrais que chez vous la Raison fût toujours la supérieure, et que l'imagination se tût. Mais si elle est maintenant trop fatiguée de son silence, quittons la métaphysique. Nous la reprendrons une autre fois. Savez-vous bien que ce méditatif dont je vous parlai il y a deux jours veut venir ici ?

ARISTE : Qui ? Théotime ?

THÉODORE : Hé bien, oui, Théotime lui-même.

ARISTE : Ah l'honnête homme ! Quelle joie ! Que d'honneur !

THÉODORE : Il a appris je ne sais comment que j'étais ici, et que nous philosophions ensemble. Car quand Ariste est quelque part, on le sait bientôt. C'est que tout le monde veut l'avoir. Voilà ce que c'est que d'être bel esprit, et d'avoir tant de qualités brillantes. Il faut se trouver partout pour ne chagriner personne. On n'est plus à soi.

ARISTE : Quelle servitude !

145 | THÉODORE : En voulez-vous être délivré ? Devenez méditatif, et tout le monde vous laissera bientôt là. Le grand secret de se délivrer de l'importunité de bien des gens, c'est de leur parler raison. Ce langage qu'ils n'entendent pas les congédie pour toujours, sans qu'ils aient sujet de s'en plaindre.

ARISTE : Cela est vrai. Mais Théotime, quand l'aurons-nous ?

IX. THÉODORE : Quand il vous plaira.

ARISTE : Hé ! je vous prie de l'avertir incessamment que nous l'attendons, et de l'assurer surtout que je ne suis plus ce que j'étais autrefois. Mais que cela ne rompe point, s'il vous plaît, la suite de nos entretiens. Je renonce à mon doute, Théodore. Mais je ne suis pas fâché de vous l'avoir proposé. Car par les choses que vous m'avez dites, j'entrevois le dénouement de quantité de contradictions apparentes, que je ne pouvais accorder avec la notion que nous avons de la divinité. Lorsque nous dormons, Dieu nous fait voir mille objets qui ne sont point. C'est qu'il suit et doit suivre les lois générales de l'union de l'âme et du corps. Ce n'est point qu'il veuille nous tromper. S'il agissait en nous par des volontés particulières, nous ne verrions point dans le sommeil tous ces fantômes. Je ne m'étonne plus de voir des monstres, et tous les dérèglements de la nature. J'en vois la cause dans la simplicité des voies de Dieu. L'innocence opprimée ne me surprend plus : si les plus forts l'emportent ordinairement, c'est que Dieu gouverne le monde par des lois générales, et qu'il remet à un autre temps la vengeance des crimes. Il est juste, nonobstant les heureux succès des impies, nonobstant la prospérité des armes des conquérants les plus injustes. Il est sage, quoique l'univers soit rempli d'ouvrages où il se rencontre mille défauts. Il est immuable, quoiqu'il semble se contredire à tous moments, quoiqu'il ravage par la grêle les terres qu'il avait couvertes de fruits par l'abondance des pluies. Tous ces effets qui se contredisent ne marquent point de contradiction ni de changement dans la cause qui les produit. C'est au contraire que Dieu suit inviolablement les mêmes lois, et que sa conduite n'a nul rapport à la nôtre. Si tel souffre de la douleur dans un bras qu'il n'a plus, ce n'est point que Dieu ait dessein de le tromper; c'est uniquement que Dieu ne change point de dessein, et qu'il obéit exactement à ses propres lois; c'est qu'il les approuve, | et qu'il ne les condamnera jamais; c'est que rien ne peut troubler l'uniformité de sa conduite, rien ne peut l'obliger à déroger à ce qu'il a fait. Il me semble, Théodore, que j'entrevois que ce principe des lois générales a une infinité de conséquences d'une très grande utilité. **146**

THÉODORE : Bon cela, mon cher Ariste. Vous me donnez bien de la joie. Je ne pensais pas que vous eussiez été assez attentif pour bien prendre les principes dont dépendent les réponses que je vous ai faites. Cela va fort bien. Mais il faudra examiner à fond ces principes, afin que vous en connaissiez plus clairement la solidité, et leur merveilleuse fécondité. Car ne vous imaginez pas qu'il vous suffise de les entrevoir, et même de les avoir compris, pour être en état de les appliquer à toutes les difficultés qui en dépendent. Il faut par l'usage s'en rendre comme le maître, et acquérir la facilité d'y rapporter tout ce qu'ils peuvent éclaircir. Mais je suis d'avis que nous remettions l'examen de ces grands principes jusqu'à ce que Théotime soit arrivé. Tâchez cependant de découvrir par vous-même quelles sont les choses qui ont avec nous quelque liaison, quelles sont les causes de ces liaisons, et quels en sont les effets. Car il est bon que votre esprit soit préparé sur ce qui doit être le sujet de nos entretiens, afin que vous puissiez plus facilement ou me reprendre, si je m'égare, ou me suivre, si je vous conduis directement où nous devons tendre de toutes nos forces.

De l'inefficace des causes naturelles, ou de l'impuissance des créatures. Que nous ne sommes unis immédiatement et directement qu'à Dieu seul.

Après bien des compliments de part et d'autre entre Ariste et Théotime, Ariste ayant remarqué que Théodore n'était pas tout à fait content de ce que cela ne finissait point, et voulant céder au nouveau venu la gloire de ce petit combat d'esprit, il se tut. Et Théodore prenant la parole, crut devoir dire à Théotime en faveur d'Ariste.

THÉODORE : En vérité, Théotime, je ne pensais pas que vous fussiez si galant homme. Vous avez obligé Ariste à se rendre, lui qui ne se rendit jamais à personne. Voilà une victoire qui vous ferait bien de l'honneur, si vous l'aviez remportée chez Philandre. Mais apparemment elle vous aurait coûté plus cher. Car ne vous y trompez pas, c'est qu'Ariste veut faire chez lui les honneurs. Il vous cède ici par complaisance, et par une espèce de devoir.

THÉOTIME : Je n'en doute pas, Théodore. Je vois fort bien qu'il veut m'épargner.

ARISTE : Ah ! cessez l'un et l'autre de me pousser ; ou du moins, Théodore, laissez-moi la liberté de me défendre.

THÉODORE : Non, Ariste. Ne voilà que trop de discours inutiles. Nous nous taisons, Théotime et moi. Parlons de quelque chose de meilleur. Dites-nous, je vous prie, ce qui vous est venu dans l'esprit | sur le sujet que je vous proposai **148** dans notre dernier entretien. Quelles sont les choses avec qui nous avons quelque liaison ? Quelles sont les causes de ces liaisons, et quels en sont les effets ? Car nous aimons mieux vous entendre philosopher que de nous voir accabler d'une profusion de douceurs et d'honnêtetés.

ARISTE : Vous supposez, je crois, Théodore, que j'aie veillé toute la nuit pour régaler Théotime de quelque discours étudié.

THÉODORE : Laissons tout cela, Ariste, et parlons naturellement.

I. ARISTE : Il me semble, Théodore, qu'il n'y a rien à quoi je sois plus étroitement uni qu'à mon propre corps. Car on ne peut le toucher sans m'ébranler moi-même. Dès qu'on le blesse, je sens qu'on m'offense, et qu'on me trouble. Rien n'est plus petit que la trompe de ces cousins importuns qui nous insultent le soir à la promenade ; et cependant, pour peu qu'ils enfoncent sur ma peau la pointe imperceptible de leur trompe venimeuse, je me sens percé dans l'âme. Le seul bruit qu'ils font à mes oreilles me donne l'alarme : marque certaine que je suis uni à mon corps plus étroitement qu'à toute autre chose. Oui, Théodore, cela est si vrai que ce n'est même que par notre corps que nous sommes unis à tous ces objets qui nous environnent. Si le soleil n'ébranlait point mes yeux, il serait invisible à mon égard ; et si malheureusement pour moi je devenais sourd, je ne trouverais plus tant de douceur dans le commerce que j'ai avec mes amis. C'est même par mon corps que je tiens à ma religion. Car c'est par mes oreilles et par mes yeux que la foi m'est entrée dans l'esprit et dans le cœur. Enfin c'est par mon corps que je tiens à tout. Je suis donc uni à mon corps plus étroitement qu'à toute autre chose.

THÉODORE : Avez-vous médité longtemps, mon cher Ariste, pour faire cette grande découverte ?

THÉOTIME : Tout cela se peut fort bien dire, Théodore.

THÉODORE : Oui, Théotime, par des gens qui ne consultent que leurs sens. Pour qui prenez-vous Ariste, 149 d'approuver dans sa | bouche ce qu'il n'y a point de paysan qui ne puisse dire ? Je ne reconnais plus Ariste dans cette réponse.

ARISTE : Je vois bien que j'ai fort mal débuté.

THÉODORE : Fort mal assurément. Je ne m'attendais pas à ce début. Car je ne croyais pas qu'aujourd'hui vous eussiez oublié ce que vous saviez hier. Mais les préjugés reviennent toujours à la charge, et nous chassent de nos conquêtes, si par notre vigilance et de bons retranchements nous ne savons nous y maintenir. Oh bien, je vous soutiens que nous ne sommes nullement unis à notre corps, bien loin de l'être à lui plus étroitement qu'à toute autre chose. J'outre un peu mes expressions, afin qu'elles vous frappent vivement, et que vous n'oubliiez plus ce que je vous dis. Non, Ariste, à parler exactement et en rigueur, votre esprit n'est et ne peut être uni à votre corps. Car il ne peut être uni qu'à ce qui peut agir en lui. Or pensez-vous que votre corps puisse agir dans votre esprit ? Pensez-vous que ce soit par lui que vous êtes raisonnable, heureux ou malheureux, et le reste ? Est-ce votre corps qui vous unit à Dieu, à la Raison qui nous éclaire ; ou si c'est Dieu qui vous unit à votre corps, et par votre corps à tout ce qui vous environne ?

ARISTE : Assurément, Théodore, c'est Dieu qui a uni mon esprit à mon corps. Mais ne pourrait-on pas dire…

THÉODORE : Quoi ! Que c'est votre esprit qui agit maintenant sur votre corps, et votre corps sur votre esprit ? Je vous entends. Dieu a fait cette union de l'esprit et du corps. Mais ensuite voilà votre corps, et par lui tous les objets capables d'agir dans votre esprit. Cette union faite, voilà aussi votre esprit capable d'agir dans votre corps, et par lui sur ceux qui vous environnent. N'est-ce pas là ce qu'on pourrait peut-être dire ?

ARISTE : Il y a là quelque chose que je n'entends pas trop bien. Comment tout cela se fait-il ? Je vous parle comme ayant oublié la meilleure partie de ce que vous m'avez dit, faute d'y avoir pensé.

THÉODORE : Je m'en doute bien. Vous voulez que je vous prouve plus exactement et plus en détail les principes sur lesquels je vous ai parlé jusqu'ici. Il faut tâcher de vous satisfaire. Mais | je vous prie de vous rendre attentif, et de me répondre, et vous Théotime, de nous observer tous deux.

150

II. Pensez-vous, Ariste, que la matière, que vous ne jugez peut-être pas capable de se remuer d'elle-même, ni de se donner aucune modalité, puisse jamais modifier un esprit, le rendre heureux ou malheureux, lui représenter des idées, lui donner divers sentiments ? Pensez-y, et répondez-moi.

ARISTE : Cela ne me paraît pas possible.

THÉODORE : Encore un coup, pensez-y. Consultez l'idée de l'étendue ; et jugez par cette idée qui représente les corps, ou rien ne les représente, s'ils peuvent avoir d'autre propriété que la faculté passive de recevoir diverses figures et divers mouvements. N'est-il pas évident, de la dernière évidence, que toutes les propriétés de l'étendue ne peuvent consister que dans des rapports de distance ?

ARISTE : Cela est clair, et j'en suis déjà demeuré d'accord.

THÉODORE : Donc il n'est pas possible que les corps agissent sur les esprits.

ARISTE : Non par eux-mêmes, par leur propre force, vous dira-t-on. Mais pourquoi ne le pourront-ils point par une puissance qui résulte de leur union avec les esprits ?

THÉODORE : Que dites-vous, *par une puissance qui résulte de leur union* ? Je n'entends rien dans ces termes généraux. Souvenez vous, Ariste, du principe des idées claires. Si vous le quittez, vous voilà dans les ténèbres. Au premier pas vous tomberez dans le précipice. Je conçois bien que les corps, en conséquence de certaines lois naturelles, peuvent agir sur notre esprit en ce sens que leurs modalités déterminent l'efficace des volontés divines ou des lois générales de l'union de l'âme et du corps ; ce que je vous expliquerai bientôt. Mais que les corps puissent recevoir en eux-mêmes une certaine puissance, par l'efficace de laquelle ils puissent agir dans l'esprit, c'est ce que je ne comprends pas. Car que serait-ce que cette puissance ? Serait-ce une substance, ou une modalité ? Si une substance, les corps n'agiront point, mais cette substance dans les corps. Si cette puissance est une modalité, voilà donc une modalité dans les corps qui ne sera ni mouvement | ni **151** figure. L'étendue pourra avoir d'autres modalités que des rapports de distance. Mais à quoi est-ce que je m'arrête ? C'est à vous, Ariste, à me donner quelque idée de cette puissance que vous concevez comme l'effet de l'union de l'âme et du corps.

ARISTE : Nous ne savons pas, vous dira-t-on, ce que c'est que cette puissance. Mais que pouvez-vous conclure de l'aveu que nous faisons de notre ignorance ?

THÉODORE : Qu'il vaut mieux se taire, que de ne savoir ce qu'on dit.

ARISTE : D'accord. Mais on ne dit que ce qu'on sait, lorsqu'on avance que les corps agissent sur les esprits. Car rien n'est plus certain. L'expérience ne permet pas qu'on en doute.

THÉODORE : J'en doute fort néanmoins, ou plutôt je n'en crois rien. L'expérience m'apprend que je sens de la douleur, par exemple, lorsqu'une épine me pique. Cela est certain. Mais demeurons-en là. Car l'expérience ne nous apprend nullement que l'épine agisse sur notre esprit, ni qu'elle ait aucune puissance. N'en croyons rien, je vous le conseille.

III. ARISTE : Je ne crois pas, Théodore, qu'une épine puisse agir sur mon esprit. Mais on vous dira peut-être qu'elle peut agir sur mon corps, et par mon corps sur mon esprit en conséquence de leur union. Car j'avoue que de la matière ne peut agir immédiatement sur un esprit. Prenez garde à ce mot, *immédiatement*.

THÉODORE : Mais votre corps n'est-ce pas de la matière ?

ARISTE : Oui, sans doute.

THÉODORE : Votre corps ne peut donc pas agir *immédiatement* sur votre esprit. Ainsi, quoique votre doigt fût percé de quelque épine, quoique votre cerveau fût ébranlé par son action, ni l'un ni l'autre ne pourrait agir dans votre âme, et lui faire sentir la douleur. Car ni l'un ni l'autre ne peut agir immédiatement sur l'esprit, puisque votre cerveau et votre doigt ne sont que de la matière.

ARISTE : Ce n'est point non plus mon âme qui produit en elle ce | sentiment de douleur qui l'afflige, car elle en souffre malgré elle. Je sens bien que la douleur me vient de quelque cause étrangère. Ainsi votre raisonnement prouve trop. Je vois bien que vous m'allez dire, que c'est Dieu qui cause en moi ma douleur ; et j'en demeure d'accord. Mais il ne la cause qu'en conséquence des lois générales de l'union de l'âme et corps.

THÉODORE : Que voulez-vous dire, Ariste ? Tout cela est vrai. Expliquez plus distinctement votre pensée.

ARISTE : Je crois, Théodore, que Dieu a uni mon esprit à mon corps, et que par cette union mon esprit et mon corps agissent mutuellement l'un sur l'autre, en conséquence des lois naturelles que Dieu suit toujours fort exactement. Voilà tout ce que j'ai à vous dire.

THÉODORE : Vous ne vous expliquez pas, Ariste. C'est une assez bonne marque que vous ne vous entendez pas. Union, lois générales, quelle espèce de réalité entendez-vous par ces termes ?

THÉOTIME : Apparemment Ariste croit que ces termes sont clairs et sans équivoque, parce que l'usage les a rendus fort communs. Car quand on lit souvent une chose obscure ou fausse, sans l'avoir même examinée, on a peine à croire qu'elle ne soit pas véritable. Ce mot *union* est un des plus équivoques qu'il y ait. Mais il est si commun et si agréable qu'il passe partout sans que personne l'arrête, sans que personne examine s'il réveille dans l'esprit quelque idée distincte. Car tout ce qui est familier n'excite point cette attention, sans laquelle il est impossible de rien comprendre ; et tout ce qui touche agréablement l'imagination paraît fort clair à l'esprit, qui ne se défie de rien lorsqu'on le paie comptant.

ARISTE : Quoi, Théotime ! Seriez-vous tout à fait du sentiment de Théodore ? Est-ce que l'on peut douter que l'âme et le corps ne soient unis de la manière du monde la plus étroite ? Je croirais volontiers que vous vous entendez tous deux pour me renverser l'esprit, et vous divertir à mes dépens, si je n'étais persuadé que vous êtes de trop honnêtes gens pour avoir un dessein si peu charitable.

THÉOTIME : Vous êtes, Ariste, un peu trop prévenu. Théodore soutient le parti de la vérité ; et s'il outre un peu les choses, c'est afin de nous redresser. Il voit que le poids de nos préjugés nous | entraîne ; et la violence qu'il nous **153** fait n'est que pour nous retenir. Écoutons-le, je vous prie.

IV. THÉODORE : Vous le voulez, Ariste, que votre âme soit unie à votre corps plus étroitement qu'à toute autre chose. Hé bien j'y consens pour quelque temps ; mais c'est à la charge que vous m'accorderez aussi, pour un jour ou deux, de ne point rendre raison de certains effets par un principe que ni vous ni moi ne connaissons point. Cela n'est-il pas bien raisonnable ?

ARISTE : Que trop raisonnable. Mais que voulez-vous dire ?

THÉODORE : Le voici. Il y a entre votre esprit et votre corps l'union du monde la plus étroite. Eh le moyen d'en douter ! Mais vous ne sauriez dire ce que c'est précisément que cette union. Ne la prenons donc point pour principe de l'explication des effets dont nous recherchons la cause.

ARISTE : Mais si ces effets en dépendent nécessairement ?

THÉODORE : S'ils en dépendent, nous serons bien obligés d'y revenir. Mais ne le supposons pas. Si je vous demandais, Ariste, d'où vient qu'en tirant seulement le bras de cette chaise, tout le reste suit ; croiriez-vous m'avoir suffisamment expliqué cet effet, en me répondant que cela vient de ce que le bras de ce fauteuil est uni avec les autres parties qui le composent ? Assurément Théotime ne serait pas content d'une telle réponse. Il est permis aux enfants d'en rendre de pareilles, mais non aux philosophes, si ce n'est lorsqu'ils ne prétendent pas philosopher. Pour contenter l'esprit de Théotime sur cette question, il faudrait remonter jusqu'à la cause physique de cette union des parties qui composent les corps durs*, et lui démontrer que la dureté des corps ne peut venir que de la compression d'une matière invisible qui les environne. Ce mot *union* n'explique donc rien. Il a besoin lui-même d'explication. Ainsi, Ariste, à vous permis de prendre[1] pour des raisons des mots vagues et généraux. Mais ne prétendez pas nous payer de cette monnaie. Car quoique bien des gens la reçoivent et s'en contentent, nous sommes un peu difficiles, dans l'appréhension que nous avons qu'on ne nous trompe.

154 | ARISTE : Comment voulez-vous que je fasse ? Je vous paie d'une monnaie que j'ai reçue bonnement. Je n'en ai

* Voyez la *Recherche de la vérité*, livre VI, chap. dernier [OC t. III, p. 420-449].

1. Vous pouvez bien prendre si vous le voulez.

point de meilleure. Et puisqu'elle a cours dans le monde, vous pourriez vous en contenter. Mais voyons un peu comment vous payez vous-mêmes les gens. Prouvez-moi par de bonnes raisons que le corps et l'esprit agissent mutuellement l'un sur l'autre, sans avoir recours à leur union.

THÉODORE : Ne supposez point, Ariste, qu'ils agissent mutuellement l'un sur l'autre, mais seulement que leurs modalités sont réciproques. Ne supposez précisément que ce que l'expérience vous apprend, et tâchez de vous rendre attentif à ce que je vais vous dire. Pensez-vous qu'un corps puisse agir sur un autre, et le remuer ?

ARISTE : Qui le peut nier ?

V. THÉODORE : Théotime et moi, et peut-être bientôt Ariste. Car il y a contradiction, je dis contradiction, que les corps puissent agir sur les corps. Je vous prouve ce paradoxe qui paraît si contraire à l'expérience, si opposé à la tradition des philosophes, si incroyable aux savants et aux ignorants. Répondez-moi : un corps peut-il de lui-même se remuer ? Consultez, je vous prie, l'idée que vous avez du corps ; car souvenez-vous toujours * qu'il faut juger des choses par les idées qui les représentent, et nullement par les sentiments que nous en avons.

ARISTE : Non, je ne vois pas que les corps puissent se mouvoir par eux-mêmes. Mais je ne vois pas bien non plus qu'ils ne le puissent pas. J'en doute.

THÉODORE : Vous faites bien de douter, et de demeurer tout court, quand vous ne voyez pas clair. Mais tâchez de voir clair, et de dissiper votre doute. Courage, avançons.

ARISTE : J'appréhende de faire une fausse démarche faute de lumière. Éclairez un peu.

* Entretiens III, IV, V.

THÉODORE : Consultez avec attention les idées claires, mon cher Ariste. Ce sont elles qui répandent dans les esprits attentifs la lumière qui vous manque. Contemplez 155 l'archétype des corps, | l'étendue intelligible. C'est elle qui les représente, puisque c'est sur elle qu'ils ont tous été formés. Cette idée est toute lumineuse ; consultez-la donc. Ne voyez-vous pas clairement que les corps peuvent être remués, mais qu'ils ne peuvent d'eux-mêmes se remuer ? Vous hésitez. Hé bien supposons donc que cette chaise puisse d'elle-même se remuer ; de quel côté ira-t-elle, selon quel degré de vitesse, quand s'avisera-t-elle de se remuer ? Donnez-lui donc encore de l'intelligence, et une volonté capable de se déterminer. Faites en un mot un homme de votre fauteuil. Autrement ce pouvoir de se remuer lui sera assez inutile.

ARISTE : Un homme de mon fauteuil ! quelle étrange pensée !

THÉOTIME : Que trop commune et trop véritable, comme l'entend Théodore. Car tous ceux qui jugent des choses par eux-mêmes, ou par les sentiments qu'ils en ont, et non point par les idées qui les représentent, font de tous les objets quelque chose qui leur ressemble à eux-mêmes. Ils font agir Dieu comme un homme. Ils attribuent aux bêtes ce qu'ils sentent en eux. Ils donnent au feu et aux autres éléments des inclinations, dont ils n'ont point d'autre idée que le sentiment qu'ils en ont. Ainsi ils humanisent toutes choses. Mais ne vous arrêtez point à cela. Suivez Théodore, et répondez lui.

ARISTE : Je crois bien que cette chaise ne se peut remuer d'elle-même. Mais que sais-je s'il n'y a point quelque autre corps à qui Dieu ait donné la puissance de se remuer ? Souvenez-vous, Théodore, que vous avez à prouver qu'il y a contradiction que les corps agissent les uns sur les autres.

VI. THÉODORE : Hé bien, Ariste, je vous le prouve. Il y a contradiction qu'un corps ne soit ni en repos ni en mouvement. Car Dieu même, quoique tout-puissant, ne peut créer quelque corps qui ne soit nulle part, ou qui n'ait avec les autres certains rapports de distance. Tout corps est en repos, quand il a le même rapport de distance avec les autres ; et il est en mouvement, quand ce rapport change sans cesse. Or il est évident que tout corps change ou ne change pas de rapport de distance. Il n'y a point de milieu. Car ces deux propositions, change ou ne change pas, sont contradictoires. Donc il y a contradiction qu'un corps ne soit ni en repos, ni en mouvement.

| ARISTE : Cela n'avait pas besoin de preuve. **156**

THÉODORE : Or c'est la volonté de Dieu qui donne l'existence aux corps et à toutes les créatures, dont certainement l'existence n'est point nécessaire. Cette même volonté qui les a créés subsistant toujours, ils sont toujours ; et cette volonté venant à cesser (je vous parle de Dieu selon notre manière de concevoir), c'est une nécessité que les corps cessent d'être. C'est donc cette même volonté qui met les corps en repos ou en mouvement, puisque c'est elle qui leur donne l'être, et qu'ils ne peuvent exister qu'ils ne soient en repos ou en mouvement. Car prenez-y garde, Dieu ne peut faire l'impossible, ou ce qui renferme une contradiction manifeste. Il ne peut vouloir ce qui ne se peut concevoir. Il ne peut donc vouloir que cette chaise soit, qu'il ne veuille en même temps qu'elle soit là ou là, et que sa volonté ne l'y mette, puisque vous ne sauriez concevoir que cette chaise soit, qu'elle ne soit quelque part, là ou ailleurs.

ARISTE : Il me semble pourtant que je puis penser à un corps, sans le concevoir ni en repos, ni en mouvement.

THÉODORE : Ce n'est pas là ce que je vous dis. Vous pouvez penser à un corps en général, et faire comme il vous plaît des abstractions. J'en conviens. C'est cela qui vous trompe souvent. Mais encore un coup je vous dis que vous ne sauriez concevoir qu'un tel corps existe, qu'il ne soit en même temps quelque part, et que le rapport qu'il a avec les autres change ou ne change pas, et par conséquent qu'il ne soit en repos ou en mouvement. Donc il y a contradiction que Dieu fasse un corps, qu'il ne le fasse en repos ou en mouvement.

ARISTE : Hé bien, Théodore, je vous l'avoue. Quand Dieu crée un corps, il faut d'abord qu'il le mette en repos, ou en mouvement. Mais l'instant de la création passé, ce n'est plus cela ; les corps s'arrangent au hasard, ou selon la loi du plus fort.

VII. THÉODORE : *L'instant de la création passé !* Mais si cet instant ne passe point, vous voilà poussé à bout ; il faudra vous rendre. Prenez donc garde. Dieu veut qu'il y ait un tel monde. Sa volonté est toute-puissante : voilà donc ce monde fait. Que Dieu ne veuille plus qu'il y ait de monde : le voilà donc anéanti. Car assurément le monde 157 dépend des volontés du Créateur. | Si le monde subsiste, c'est donc que Dieu continue de vouloir que le monde soit. La conservation des créatures n'est donc de la part de Dieu que leur création continuée. Je dis de la part de Dieu qui agit. Car de la part des créatures, il y paraît de la différence, puisqu'elles passent du néant à l'être par la création, et que par la conservation elles continuent d'être. Mais dans le fond la création ne passe point, puisqu'en Dieu la conservation et la création ne sont qu'une même volonté, et qui par conséquent est nécessairement suivie des mêmes effets.

ARISTE : Je comprends vos raisons, Théodore, mais je n'en suis pas convaincu. Car cette proposition : *que Dieu ne veuille plus qu'il y ait de monde, le voilà anéanti*, me paraît fausse. Il me semble qu'il ne suffit pas, pour anéantir le monde, que Dieu ne veuille plus qu'il soit ; il faut qu'il veuille positivement qu'il ne soit plus. Il ne faut point de volonté pour ne rien faire. Ainsi maintenant que le monde est fait, que Dieu le laisse là, il sera toujours.

VIII. THÉODORE : Vous n'y pensez pas, Ariste. Vous rendez les créatures indépendantes. Vous jugez de Dieu et de ses ouvrages par les ouvrages des hommes, qui supposent la nature, et ne la font pas. Votre maison subsiste, quoique votre architecte soit mort. C'est que les fondements en sont solides, et qu'elle n'a nulle liaison avec la vie de celui qui l'a bâtie. Elle n'en dépend nullement. Mais le fonds de notre être dépend essentiellement du Créateur. Et quoique l'arrangement de quelques pierres dépende en un sens de la volonté des hommes, en conséquence de l'action des causes naturelles, leur ouvrage n'en dépend point. Mais l'univers étant tiré du néant, il dépend si fort de la cause universelle, qu'il y retomberait nécessairement, si Dieu cessait de le conserver. Car Dieu ne veut, et même il ne peut faire une créature indépendante de ses volontés.

ARISTE : J'avoue, Théodore, qu'il y a entre les créatures et le Créateur un rapport, une liaison, une dépendance essentielle. Mais ne pourrait-on point dire que pour conserver aux êtres créés leur dépendance, il suffit que Dieu puisse les anéantir quand il lui plaira ?

THÉODORE : Non sans doute, mon cher Ariste. Quelle plus grande marque d'indépendance, que de subsister par soi-même et sans | appui ? À parler exactement, votre **158** maison ne dépend point de vous. Pourquoi cela ? C'est qu'elle subsiste sans vous. Vous pouvez y mettre le feu quand il vous plaira ; mais vous ne la soutenez pas. Voilà pourquoi il n'y a point entre elle et vous de dépendance essentielle. Ainsi, que Dieu puisse détruire les créatures quand il lui plaira, si elles peuvent subsister sans l'influence continuelle du Créateur, elles n'en sont point essentiellement dépendantes.

Pour vous convaincre entièrement de ce que je vous dis, concevez pour un moment que Dieu ne soit point. L'univers, selon vous, ne laissera pas de subsister. Car une cause qui n'influe point n'est pas plus nécessaire à la production d'un effet, qu'une cause qui n'est point. Cela est évident. Or selon cette supposition, vous ne pouvez pas concevoir que le monde soit essentiellement dépendant du Créateur, puisque le Créateur est conçu comme n'étant plus. Cette supposition est impossible, il est vrai. Mais l'esprit peut joindre ou séparer les choses comme il lui plaît, pour en découvrir les rapports. Donc si les corps sont essentiellement dépendants du Créateur, ils ont besoin pour subsister d'être soutenus par son influence continuelle, par l'efficace de la même volonté qui les a créés. Si Dieu cesse seulement de vouloir qu'ils soient, il s'ensuivra nécessairement et précisément de cela seul qu'ils ne seront plus. Car s'ils continuaient d'être, quoique Dieu ne continuât plus de vouloir qu'ils fussent, ils seraient indépendants, et même, prenez garde à ceci, tellement indépendants, que Dieu ne pourrait plus les détruire. C'est ce que je vais vous prouver.

IX. Un Dieu infiniment sage ne peut rien vouloir qui ne soit digne, pour ainsi dire, d'être voulu ; il ne peut rien aimer qui ne soit aimable. Or le néant n'a rien d'aimable. Donc il ne peut être le terme des volontés divines. Assurément le néant n'a point assez de réalité, lui qui n'en a point du tout, pour avoir quelque rapport avec l'action d'un Dieu, avec une action d'un prix infini. Donc Dieu ne peut vouloir positivement l'anéantissement de l'univers. Il n'y a que les créatures qui faute de puissance, ou par erreur, puissent prendre le néant pour le terme de leurs volontés. C'est que tel objet peut faire obstacle à l'accomplissement de leurs désirs, ou qu'ils se l'imaginent ainsi. Mais quand | vous y aurez pensé, vous le verrez 159 bien ; rien n'est plus évident, qu'un Dieu infiniment sage et tout-puissant ne peut, sans se démentir, déployer sa puissance pour ne rien faire ! que dis-je, pour ne rien faire ! pour détruire son propre ouvrage, non pour y corriger des désordres qu'il n'y a pas mis, mais pour anéantir les natures qu'il a faites. Ainsi, Ariste, supposé que pour anéantir le monde, il ne suffise pas que Dieu cesse de vouloir qu'il soit ; supposé qu'il faille encore que Dieu veuille positivement qu'il ne soit plus, je tiens le monde nécessaire et indépendant, puisque Dieu ne peut le détruire sans renoncer à ses attributs, et qu'il y a contradiction qu'il y puisse renoncer.

Ne diminuez donc point la dépendance des créatures, de peur de tomber dans cette impiété de la ruiner entièrement. Dieu peut les anéantir quand il lui plaira, comme vous dites. Mais c'est qu'il peut cesser de vouloir ce qu'il lui a été libre de vouloir. Comme il se suffit pleinement à lui-même, il n'aime invinciblement que sa propre substance. La volonté de créer le monde, quoique éternelle et immuable, aussi bien que les opérations immanentes, ne renferme rien de nécessaire. Comme Dieu a pu former le décret de créer le monde dans le temps, il a pu, et il peut toujours cesser de vouloir que le monde soit ; non que l'acte de son décret puisse être ou n'être pas, mais parce que cet acte immuable et éternel est parfaitement libre, et qu'il n'enferme la durée éternelle des êtres créés que par supposition. Dieu de toute éternité a voulu, il continuera éternellement de vouloir, ou pour parler plus juste, Dieu veut sans cesse, mais sans variété, sans succession, sans nécessité, tout ce qu'il fera dans la suite des temps. L'acte de son décret éternel, quoique simple et immuable, n'est nécessaire que parce qu'il est. Il ne peut n'être pas, que parce qu'il est. Mais il n'est que parce que Dieu le veut bien. Car de même qu'un homme, dans le temps même qu'il remue le bras, est libre pour ne le point remuer, quoique dans la supposition qu'il se remue, il y ait contradiction qu'il ne se remue pas. Ainsi, comme Dieu veut toujours, et sans succession, ce qu'il veut; quoique ses décrets soient immuables, ils ne laissent pas d'être parfaitement libres, parce qu'ils ne sont nécessaires que par la force de la supposition, prenez-y garde, que parce que Dieu est immuable dans ses desseins. **160** Mais je crains de m'écarter; | revenons à notre sujet. Êtes-vous bien convaincu maintenant que les créatures sont essentiellement dépendantes du Créateur, si fort dépendantes, qu'elles ne peuvent subsister sans son influence, qu'elles ne peuvent continuer d'être, que Dieu ne continue de vouloir qu'elles soient?

ARISTE : J'ai fait tout ce que j'ai pu pour combattre vos raisons. Mais je me rends. Je n'ai rien à vous répliquer. La dépendance des créatures est tout autre que je ne pensais.

X. THÉODORE : Reprenons donc ce que nous venons de dire, et tirons-en des conséquences. Mais prenez garde que je n'en tire qui ne soient pas clairement renfermées dans le principe.

La création ne passe point, la conservation des créatures n'étant de la part de Dieu qu'une création continuée, qu'une même volonté qui subsiste, et qui opère sans cesse. Or Dieu ne peut concevoir, ni par conséquent vouloir qu'un corps ne soit nulle part, ou qu'il n'ait avec les autres certains rapports de distance. Dieu ne peut donc vouloir que ce fauteuil existe, et par cette volonté le créer ou le conserver, qu'il ne le place là ou là, ou ailleurs. Donc il y a contradiction qu'un corps en puisse remuer un autre. Je dis plus : il y a contradiction que vous puissiez remuer votre fauteuil. Ce n'est pas assez, il y a contradiction que tous les anges et les démons joints ensemble puissent ébranler un fêtu. La démonstration en est claire. Car nulle puissance, quelque grande qu'on l'imagine, ne peut surmonter, ni même égaler celle de Dieu. Or il y a contradiction que Dieu veuille que ce fauteuil soit, qu'il ne veuille qu'il soit quelque part, et que par l'efficace de sa volonté il ne l'y mette, il ne l'y conserve, il ne l'y crée. Donc nulle puissance ne peut le transporter où Dieu ne le transporte pas, ni le fixer ou l'arrêter où Dieu ne l'arrête pas, si ce n'est que Dieu accommode l'efficace de son action à l'action inefficace de ses créatures. C'est ce qu'il faut vous expliquer, pour accorder la raison avec l'expérience, et pour vous donner l'intelligence du plus grand, du plus fécond, et du plus nécessaire de tous les principes, qui est : que Dieu ne communique sa puissance aux créatures, et ne les unit entre elles, que parce qu'il établit leurs modalités causes occasionnelles des effets qu'il produit lui-même ; causes occasionnelles, dis-je, qui déterminent l'efficace de ses volontés, en conséquence des lois générales | qu'il s'est **161** prescrites, pour faire porter à sa conduite le caractère de ses attributs, et répandre dans son ouvrage l'uniformité d'action nécessaire, pour en lier ensemble toutes les parties qui le composent, et pour le tirer de la confusion et de l'irrégularité d'une espèce de chaos, où les esprits ne pourraient jamais rien comprendre. Je vous dis ceci, mon cher Ariste, pour vous donner de l'ardeur et réveiller votre attention. Car comme ce que je viens de vous dire du mouvement et du repos de la matière pourrait bien vous paraître peu de chose, vous croiriez peut-être que des principes si petits et si simples ne pourraient pas vous conduire à ces grandes et importantes vérités que vous avez déjà entrevues, et sur lesquelles est appuyé presque tout ce que je vous ai dit jusqu'ici.

ARISTE : Ne craignez point, Théodore, que je vous perde de vue. Je vous suis, ce me semble, d'assez près ; et vous me charmez de manière qu'il me semble qu'on me transporte. Courage donc. Je saurai bien vous arrêter si vous passez trop légèrement par-dessus quelques endroits trop difficiles et trop périlleux pour moi.

XI. THÉODORE : Supposons donc, Ariste, que Dieu veuille qu'il y ait sur ce plancher un tel corps, une boule par exemple. Aussitôt la voilà faite. Rien n'est plus mobile qu'une sphère sur un plan ; mais toutes les puissances imaginables ne pourront l'ébranler, si Dieu ne s'en mêle. Car encore un coup, tant que Dieu voudra créer, ou conserver cette boule au point A, ou à tel autre qu'il vous plaira – et c'est une nécessité qu'il la mette quelque part – nulle force ne pourra l'en faire sortir. Ne l'oubliez pas, c'est là le principe.

ARISTE : Je le tiens ce principe. Il n'y a que le Créateur qui puisse être le moteur ; que celui qui donne l'être aux corps, qui puisse les placer dans les endroits qu'ils occupent.

THÉODORE : Fort bien. La force mouvante d'un corps n'est donc que l'efficace de la volonté de Dieu, qui le conserve successivement en différents lieux. Cela supposé, concevons que cette boule soit mue, et que dans la ligne de son mouvement elle en rencontre une autre en repos ; l'expérience nous apprend que cette autre sera remuée immanquablement, et selon certaines | proportions toujours exactement observées. Or ce n'est point la première qui meut la seconde. Cela est clair par le principe. Car un corps n'en peut mouvoir un autre sans lui communiquer de sa force mouvante. Or la force mouvante d'un corps mû n'est que la volonté du Créateur qui le conserve successivement en différents lieux. Ce n'est point une qualité qui appartienne à ce corps. Rien ne lui appartient que ses modalités ; et les modalités sont inséparables des substances. Donc les corps ne peuvent se mouvoir les uns les autres, et leur rencontre, ou leur choc, est seulement une cause occasionnelle de la distribution de leur mouvement. Car étant impénétrables, c'est une espèce de nécessité que Dieu, que je suppose agir toujours avec la même efficace, ou la même quantité de force mouvante, répande pour ainsi dire dans le corps choqué la force mouvante de celui qui le choque, et cela à proportion de la grandeur du choc, mais selon cette loi, lorsqu'ils se choquent tous deux, que le plus fort, ou celui qui est transporté avec une plus grande force mouvante, doit vaincre le plus faible et le faire rejaillir sans rien recevoir de lui. Je dis sans rien recevoir du plus faible. Car un corps parfaitement dur, tel que je le suppose, ne peut pas recevoir en même temps deux impressions ou deux mouvements contraires dans les parties dont il est composé. Cela ne peut arriver que dans les corps ou mous ou qui font ressort. Mais il est inutile * d'entrer présentement dans le détail des lois du mouvement. Il suffit | que vous sachiez **163** que les corps ne peuvent se mouvoir eux-mêmes, ni ceux qu'ils rencontrent, ce que la Raison vient de nous découvrir ; et qu'il y a certaines lois selon lesquelles Dieu les meut immanquablement, ce que nous apprenons de l'expérience.

ARISTE : Cela me paraît incontestable. Mais qu'en pensez-vous, Théotime ? Vous ne contredites jamais Théodore.

* Voyez les lois des communications des mouvements, à la fin du troisième volume de la *Recherche de la vérité*, de l'édition de 1700 [OC, t. XVII-1, p. 53-153].

XII. THÉOTIME : Il y a longtemps que je suis convaincu de ces vérités. Mais puisque vous voulez que je combatte les sentiments de Théodore, je vous prie de me résoudre une petite difficulté. La voici. Je conçois bien qu'un corps ne peut de lui-même se mouvoir. Mais supposé qu'il soit mû, je prétends qu'il en peut mouvoir un autre comme cause véritable, comme cause entre laquelle et son effet il y a une liaison nécessaire. Car supposons que Dieu n'ait point encore établi de lois des communications de mouvements, certainement il n'y aura point encore de causes occasionnelles. Cela étant, que le corps A soit mû, et qu'en suivant la ligne de son mouvement il enfile le corps B, que je suppose concave, et comme le moule du corps A : qu'arrivera-t-il ? Choisissez.

ARISTE : Ce qui arrivera ? Rien. Car où il n'y a point de cause, il ne peut y avoir d'effet.

THÉOTIME : Comment, rien ? Il faut bien qu'il arrive quelque chose de nouveau. Car le corps B sera mû ensuite du choc, ou il ne le sera pas.

ARISTE : Il ne le sera pas.

THÉOTIME : Jusqu'ici cela va bien. Mais, Ariste, que deviendra le corps A à la rencontre de B ? Ou il rejaillira, ou il ne rejaillira pas. S'il rejaillit, voilà un effet nouveau, dont B sera la cause. S'il ne rejaillit pas, ce sera bien pis : car voilà une force détruite, ou du moins sans action. Donc le choc des corps n'est point une cause occasionnelle, mais très réelle et très véritable, puisqu'il y a une liaison nécessaire entre le choc et tel effet que vous voudrez. Ainsi…

164 | ARISTE : Attendez un peu, Théotime. Que me prouvez-vous là ? Que les corps étant impénétrables, c'est une nécessité que dans l'instant du choc Dieu se détermine à faire choix sur ce que vous venez de me proposer. Voilà

tout ; je n'y prenais pas garde. Vous ne prouvez nullement qu'un corps mû puisse, par quelque chose qui lui appartienne, mouvoir celui qu'il rencontre. Si Dieu n'a point encore établi de lois des communications des mouvements, la nature des corps, leur impénétrabilité l'obligera à en faire de telles qu'il jugera à propos ; et il se déterminera à celles qui sont les plus simples, si elles suffisent à l'exécution des ouvrages qu'il veut former de la matière. Mais il est clair que l'impénétrabilité n'a point d'efficace propre, et qu'elle ne fait que donner à Dieu, qui traite les choses selon leur nature, une occasion de diversifier son action, sans rien changer dans sa conduite.

Je veux bien néanmoins qu'un corps mû soit la cause véritable du mouvement de ceux qu'il rencontre ; car il ne faut point disputer sur un mot. Mais qu'est-ce qu'un corps mû ? C'est un corps transporté par une action divine. Cette action qui le transporte peut aussi transporter celui qu'il rencontre, si elle y est appliquée. Qui en doute ? Mais cette action, cette force mouvante n'appartient nullement au corps. C'est l'efficace de la volonté de celui qui les crée, ou qui les conserve successivement en différents lieux. La matière est mobile essentiellement. Elle a de sa nature une capacité passive de mouvement. Mais elle n'a de capacité active, elle n'est mue actuellement que par l'action continuelle du Créateur. Ainsi un corps n'en peut ébranler un autre par une efficace qui appartienne à sa nature. Si les corps avaient en eux la force de se mouvoir, les plus forts renverseraient ceux qu'ils rencontrent comme causes efficientes. Mais n'étant mû que par un autre, leur rencontre n'est qu'une cause occasionnelle, qui oblige, à cause de leur impénétrabilité, le moteur ou le Créateur à partager son action. Et parce que Dieu doit agir d'une manière simple et uniforme, il a dû se faire des lois générales, et les plus simples qui puissent être, afin que dans la nécessité de changement il changeât le moins qu'il était possible, et que par une même conduite il produisît une infinité d'effets différents. Voilà, Théotime, comme je comprends les choses.

THÉOTIME : Vous les comprenez fort bien.

XIII. THÉODORE : Parfaitement bien. Nous voilà tous d'accord | sur le principe. Suivons-le un peu. Donc, Ariste, vous ne pouvez de vous-même remuer le bras, changer de place, de situation, de posture, faire aux autres hommes ni bien ni mal, mettre dans l'univers le moindre changement. Vous voilà dans le monde sans aucune puissance, immobile comme un roc, stupide, pour ainsi dire, comme une souche. Que votre âme soit unie à votre corps si étroitement qu'il vous plaira, que par lui elle tienne à tous ceux qui vous environnent, quel avantage tirerez-vous de cette union imaginaire ? Comment ferez-vous pour remuer seulement le bout du doigt, pour prononcer seulement un monosyllabe ? Hélas ! si Dieu ne vient au secours, vous ne ferez que de vains efforts, vous ne formerez que des désirs impuissants. Car, un peu de réflexion, savez-vous bien seulement ce qu'il faut faire pour prononcer le nom de votre meilleur ami, pour courber ou redresser celui de vos doigts dont vous faites le plus d'usage ? Mais supposons que vous sachiez ce que tout le monde ne sait pas, ce dont quelques savants mêmes ne conviennent pas, savoir, qu'on ne peut remuer le bras que par le moyen des esprits animaux, qui coulant par les nerfs dans les muscles, les raccourcissent, et tirent à eux les os auxquels ils sont attachés. Supposons que vous sachiez l'anatomie et le jeu de votre machine, aussi exactement qu'un horlogeur son propre ouvrage. Mais du moins souvenez-vous du principe, qu'il n'y a que le Créateur des corps qui puisse en être le moteur. Ce principe suffit pour lier, que dis-je, pour lier ! pour anéantir toutes vos facultés prétendues. Car enfin les esprits animaux sont des corps, quelque petits qu'ils puissent être : ce n'est que le plus subtil du sang et des humeurs. Dieu seul peut donc les remuer ces petits corps. Lui seul peut et sait les faire couler du cerveau dans les nerfs, des nerfs dans les muscles, d'un muscle dans son antagoniste : toutes choses nécessaires au mouvement de nos membres. Donc nonobstant l'union de l'âme et du corps, telle qu'il vous plaira de l'imaginer, vous voilà mort et sans mouvement ; si ce n'est que Dieu veuille bien accorder ses volontés avec les vôtres ; ses volontés toujours efficaces, avec vos désirs toujours impuissants. Voilà, mon cher Ariste, le dénouement du mystère. C'est que toutes les créatures ne sont unies qu'à Dieu d'une union immédiate. Elles ne dépendent essentiellement et directement que de lui. Comme elles sont toutes également impuissantes, elles ne dépendent point mutuellement les unes des autres. On peut dire qu'elles sont unies | entre elles, et qu'elles dépendent même les **166** unes des autres. Je l'avoue, pourvu qu'on ne l'entende pas selon les idées vulgaires, pourvu qu'on demeure d'accord que ce n'est qu'en conséquence des volontés immuables et toujours efficaces du Créateur, qu'en conséquence des lois générales que Dieu a établies, et par lesquelles il règle le cours ordinaire de sa Providence. Dieu a voulu que mon bras fût remué dans l'instant que je le voudrais moi-même (je suppose les conditions nécessaires). Sa volonté est efficace, elle est immuable. Voilà d'où je tire ma puissance et mes facultés. Il a voulu que j'eusse certains sentiments, certaines émotions, quand il y aurait dans mon cerveau certaines traces, certains ébranlements d'esprits. Il a voulu en un mot, et il veut sans cesse que les modalités de l'esprit et du corps fussent réciproques. Voilà l'union et la dépendance naturelle des deux parties dont nous sommes composés. Ce n'est que la réciprocation mutuelle de nos modalités appuyée sur le fondement inébranlable des décrets divins : décrets qui par leur efficace me communiquent la puissance que j'ai sur mon corps, et par lui sur quelques autres : décrets qui par leur immutabilité m'unissent à mon corps ; et par lui à mes amis, à mes biens, à tout ce qui m'environne. Je ne tiens rien de ma nature, rien de la nature imaginaire des philosophes ; tout de Dieu et de ses décrets. Dieu a lié ensemble tous ses ouvrages, non qu'il ait produit en eux des entités liantes. Il les a subordonnés les uns aux autres, sans les revêtir de qualités efficaces. Vaines prétentions de l'orgueil humain, productions chimériques de l'ignorance des philosophes ! C'est que frappés sensiblement à la présence des corps, touchés intérieurement par le sentiment de leurs propres efforts, ils n'ont point reconnu l'opération invisible du Créateur, l'uniformité de sa conduite, la fécondité de ses lois, l'efficace toujours actuelle de ses volontés, la sagesse infinie de sa Providence ordinaire. Ne dites donc plus, je vous prie, mon cher Ariste, que votre âme et unie à votre corps plus étroitement qu'à toute autre chose ; puisqu'elle n'est unie immédiatement qu'à Dieu seul ; puisque les décrets divins sont les liens indissolubles de toutes les parties de l'univers, et l'enchaînement merveilleux de la subordination de toutes les causes.

XIV. ARISTE : Ah, Théodore ! que vos principes sont clairs qu'ils sont solides, qu'ils sont chrétiens ! Mais qu'ils **167** sont aimables | et touchants ! J'en suis tout pénétré. Quoi ! c'est donc Dieu lui-même qui est présentement au milieu de nous, non comme simple spectateur et observateur de nos actions bonnes ou mauvaises mais comme le principe de notre société, le lien de notre amitié, l'âme, pour ainsi dire, du commerce et des entretiens que nous avons ensemble. Je ne puis vous parler que par l'efficace de sa puissance, ni vous toucher et vous ébranler que par le mouvement qu'il me communique. Je ne sais pas même quelles doivent être les dispositions des organes qui servent à la voix pour prononcer ce que je vous dis sans hésiter. Le jeu de ces organes me passe. La variété des paroles, des tons, des mesures, en rend le détail comme infini. Dieu le sait ce détail; lui seul en règle le mouvement dans l'instant même de mes désirs. Oui, c'est lui qui repousse l'air qu'il m'a fait respirer lui-même. C'est lui qui par mes organes en produit les vibrations ou les secousses. C'est lui qui le répand au-dehors, et qui en forme ces paroles, par lesquelles je pénètre jusque dans votre esprit, et je verse dans votre cœur ce que le mien ne peut contenir. En effet, ce n'est pas moi qui respire : je respire malgré moi. Ce n'est pas moi qui vous parle : je veux seulement vous parler. Mais qu'il dépende de moi de respirer, que je sache exactement ce qu'il faut faire pour m'expliquer, que je forme des paroles, et que je les pousse au-dehors; comment iraient-elles jusqu'à vous, comment frapperaient-elles vos oreilles, comment ébranleraient-elles votre cerveau, comment toucheraient-elles votre cœur, sans l'efficace de cette puissance divine qui unit ensemble toutes les parties de l'univers? Oui, Théodore, tout cela est une suite nécessaire des lois de l'union de l'âme et du corps, et des communications des mouvements. Tout cela dépend de ces deux principes dont je suis convaincu : qu'il n'y a que le Créateur des corps qui en puisse être le moteur : et que Dieu ne nous communique sa puissance que par l'établissement de quelques lois générales, dont nous déterminons l'efficace par nos diverses modalités. Ah, Théodore! Ah, Théotime! Dieu seul est le lien de notre société. Qu'il en soit la fin, puisqu'il en est le principe. N'abusons point de sa puissance. Malheur à ceux qui la font servir à des passions criminelles. Rien n'est plus sacré que la puissance. Rien n'est plus divin. C'est une espèce de sacrilège que d'en faire des usages profanes. Je le comprends aujourd'hui, c'est faire servir à l'iniquité le juste vengeur des crimes. De nous-mêmes nous ne pouvons 168 | rien faire. Donc de nous-mêmes nous ne devons rien vouloir. Nous ne pouvons agir que par l'efficace de la puissance divine. Donc nous ne devons rien vouloir que selon la loi divine. Rien n'est plus évident que ces vérités.

THÉODORE : Voilà d'excellentes conséquences.

XV. THÉOTIME : Ce sont de merveilleux principes pour la morale. Mais revenons à la métaphysique. Notre âme n'est point unie à notre corps selon les idées vulgaires. Elle n'est unie immédiatement et directement qu'à Dieu seul. Ce n'est que par l'efficace de son action que nous voilà tous trois en présence. Que dis-je en présence ! Que nous voilà tous trois unis de sentiments, pénétrés de la même vérité, animés, ce me semble, d'un même esprit, enflammés, pour ainsi dire, d'une même ardeur. Dieu nous unit ensemble par le corps en conséquence des lois des communications des mouvements. Il nous touche des mêmes sentiments en conséquence des lois de l'union de l'âme et du corps. Mais, Ariste, comment sommes-nous si fort unis par l'esprit ? Théodore prononce quelques paroles à vos oreilles. Ce n'est que de l'air battu par les organes de la voix. Dieu transforme, pour ainsi dire, cet air en paroles, en divers sons. Il vous les fait entendre ces divers sons, par les modalités dont il vous touche. Mais le sens de ces paroles, où le prenez-vous ? Qui vous découvre et à moi les mêmes vérités que contemple Théodore ? Si l'air qu'il pousse en parlant ne renferme point les sons que vous entendez, assurément il ne contiendra pas les vérités que vous comprenez.

ARISTE : Je vous entends, Théotime. C'est que nous sommes unis l'un et l'autre à la Raison universelle qui éclaire toutes les intelligences. Je suis plus savant que vous ne pensez. Théodore m'a d'abord transporté où vous voulez me conduire. Il m'a persuadé qu'il n'y a rien de visible, rien qui puisse agir dans l'esprit et se découvrir à lui, que la substance non seulement efficace, mais intelligible de la Raison. Oui, rien de créé ne peut être l'objet immédiat de nos connaissances. Nous ne voyons rien dans ce monde matériel où nos corps habitent que parce que notre esprit par son attention se promène dans un autre, que parce qu'il contemple les beautés du monde archétype et intelligible que renferme la Raison. Comme nos corps vivent sur la terre, et se repaissent des fruits divers qu'elle produit, nos esprits | se nourrissent des mêmes vérités que renferme la **169** substance intelligible et immuable du Verbe divin. Les paroles que Théodore prononce à mes oreilles m'avertissent donc, en conséquence des lois de l'union de l'âme et du corps, d'être attentif aux vérités qu'il découvre dans la souveraine Raison. Cela me tourne l'esprit du même côté que lui. Je vois ce qu'il voit, parce que je regarde où il regarde. Et par les paroles que je rends aux siennes, quoique les unes et les autres soient vides de sens, je m'entretiens avec lui, et je jouis avec lui d'un bien qui nous est commun à tous. Car nous sommes tous essentiellement unis avec la Raison ; tellement unis, que sans elle nous ne pouvons lier de société avec personne.

THÉOTIME : Votre réponse, Ariste, me surprend extrêmement. Comment donc, sachant tout ce que vous me dites là, avez-vous pu répondre à Théodore, que nous sommes unis à notre corps plus étroitement qu'à toute autre chose ?

ARISTE : C'est qu'on ne dit que ce qui se présente à la mémoire, et que les vérités abstraites ne s'offrent pas à l'esprit si naturellement que ce qu'on a ouï dire toute sa vie. Quand j'aurai médité autant que Théotime, je ne parlerai plus par jeu de machine; mais je réglerai mes paroles sur les réponses de la vérité intérieure. Je comprends donc aujourd'hui, et je ne l'oublierai de ma vie, que nous ne sommes unis immédiatement et directement qu'à Dieu. C'est dans la lumière de sa sagesse qu'il nous fait voir la magnificence de ses ouvrages, le modèle sur lequel il les forme, l'art immuable qui en règle les ressorts et les mouvements; et c'est par l'efficace de ses volontés qu'il nous unit à notre corps, et par notre corps à tous ceux qui nous environnent.

XVI. THÉODORE : Vous pourriez ajouter que c'est par l'amour qu'il se porte à lui-même qu'il nous communique cette ardeur invincible que nous avons pour le bien. Mais c'est de quoi nous parlerons une autre fois. Il suffit maintenant que vous soyez bien convaincu, mais bien, que l'esprit ne peut être uni immédiatement et directement qu'à Dieu seul, que nous ne pouvons avoir de commerce avec les créatures que par la puissance du Créateur, qui ne nous est communiquée qu'en conséquence de ses lois; et que nous ne pouvons lier de société entre nous et avec lui que par la Raison qui lui est consubstantielle. Cela une **170** | fois supposé, vous voyez bien qu'il nous est de la dernière conséquence de tâcher d'acquérir quelque connaissance des attributs de cet Être souverain, puisque nous en dépendons si fort. Car enfin il agit en nous nécessairement selon ce qu'il est. Sa manière d'agir doit porter le caractère de ses attributs. Non seulement nos devoirs doivent se rapporter à ses perfections, mais notre conduite doit encore être réglée sur la sienne, afin que nous prenions de justes mesures pour l'exécution de nos desseins, et que nous trouvions une combinaison des causes qui les favorisent. La foi et l'expérience nous apprennent sur cela bien des vérités par la voie abrégée de l'autorité, et par des preuves de sentiment fort agréables et fort commodes. Mais tout cela ne nous en donne pas maintenant l'intelligence : ce doit être le fruit et la récompense de notre travail et de notre application. Au reste étant faits pour connaître et aimer Dieu, il est clair qu'il n'y a point d'occupation qui soit préférable à la méditation des perfections divines, qui doit nous animer de la charité, et régler tous les devoirs d'une créature raisonnable.

ARISTE : Je comprends bien, Théodore, que le culte que Dieu demande des esprits est un culte spirituel. C'est d'en être connu, c'est d'en être aimé ; c'est que nous formions de lui des jugements dignes de ses attributs, et que nous réglions sur ses volontés tous les mouvements de notre cœur. Car Dieu est esprit, et il veut être adoré en esprit et en vérité. Mais il faut que je vous avoue que je crains extrêmement de former sur les perfections divines des jugements qui les déshonorent. Ne vaut-il pas mieux les honorer par le silence et par l'admiration, et nous occuper uniquement à la recherche des vérités moins sublimes, et plus proportionnées à la capacité de notre esprit ?

THÉODORE : Comment, Ariste, l'entendez-vous ? Vous n'y pensez pas. Nous sommes faits, pour connaître et aimer Dieu ; et quoi ! vous ne voulez pas que nous y pensions, que nous en parlions, je pourrais donc ajouter, que nous l'adorions ? Il faut, dites-vous, l'honorer par le silence et par l'admiration. Oui par un silence respectueux, que la contemplation de sa grandeur nous impose, par un silence religieux, où l'éclat de sa majesté nous réduise, par un

171 silence forcé, pour ainsi dire, qui vienne de | notre impuissance, et qui n'ait point pour principe une négligence criminelle, une curiosité déréglée de connaître au lieu de lui des objets bien moins dignes de notre application. Qu'admirerez-vous dans la divinité, si vous n'en connaissez rien ? Comment l'aimerez-vous, si vous ne la contemplez ? Comment nous édifierons-nous les uns les autres dans la charité, si nous bannissons de nos entretiens celui que vous venez de reconnaître pour l'âme du commerce que nous avons ensemble pour le lien de notre petite société ? Assurément, Ariste, plus vous connaîtrez l'Être souverain, plus vous en admirerez les perfections infinies. Ne craignez donc point d'y trop penser, et d'en parler indignement, pourvu que la foi vous conduise. Ne craignez point d'en porter de faux jugements pourvu qu'ils soient toujours conformes à la notion de l'Être infiniment parfait. Vous ne déshonorerez point les perfections divines par des jugements indignes d'elles, pourvu que vous n'en jugiez jamais par vous-même, pourvu que vous ne donniez point au Créateur les imperfections et les limitations des créatures. Pensez-y donc, Ariste. J'y penserai de mon côté, et j'espère que Théotime en fera de même. Cela est nécessaire pour la suite des principes, dont je crois devoir vous entretenir. À demain donc à l'heure ordinaire ; car il est temps que je me retire.

ARISTE : Adieu, Théodore. Je vous prie, Théotime, que nous nous retrouvions tous trois à l'heure marquée.

THÉOTIME : Je suis Théodore. Mais je reviendrai avec lui, puisque vous le voulez bien… Ah, Théodore ! Qu'Ariste est changé ! Il est attentif ; il ne raille plus ; il ne s'arrête plus si fort aux manières ; en un mot il entend raison, et s'y rend de bonne foi.

THÉODORE : Il est vrai. Mais ses préjugés reviennent encore à la traverse, et confondent un peu ses idées. La raison et les préjugés parlent tour à tour par sa bouche. Tantôt la vérité le fait parler, et tantôt la mémoire joue son jeu. Mais son imagination n'ose plus se révolter. C'est ce qui marque un bon fonds, et me fait tout espérer.

THÉOTIME : Que voulez-vous, Théodore, les préjugés ne se quittent pas comme un vieil habit auquel on ne pense plus. Il me semble que nous avons été comme Ariste. Car nous ne naissons pas philosophes, nous le devenons. Il faudra lui rebattre | incessamment les grands principes, **172** afin qu'il y pense si souvent que son esprit s'en mette en possession, et que dans le besoin ils se présentent à lui tout naturellement.

THÉODORE : C'est ce que j'ai tâché de faire jusqu'ici. Mais cela lui fait de la peine, car il aime le détail et la variété des pensées. Je vous prie d'appuyer toujours sur la nécessité qu'il y a de bien comprendre les principes, afin d'arrêter la vivacité de son esprit ; et n'oubliez pas, s'il vous plaît, de méditer le sujet de notre entretien.

173 | VIIIe ENTRETIEN

De Dieu et de ses attributs.

THÉODORE : Hé bien, Ariste, dans quelle disposition êtes-vous ? Il faut que nous sachions l'état où vous vous trouvez, afin que nous puissions y accommoder ce que nous avons à vous dire.

ARISTE : J'ai repassé dans mon esprit ce que vous m'avez dit jusqu'ici, et je vous avoue que je n'ai pu résister à l'évidence des preuves sur lesquelles vos principes sont appuyés. Mais ayant voulu méditer le sujet des attributs divins que vous nous avez proposé, j'y ai trouvé tant de difficultés que je me suis rebuté. Je vous disais bien que cette matière était trop sublime, ou trop abstraite pour moi : je ne saurais y atteindre, et je n'y trouve point de prise.

THÉODORE : Quoi ! vous ne voulez rien nous dire ?

ARISTE : C'est que je n'ai rien de bon, rien qui me satisfasse. Je vous écouterai tous deux, s'il vous plaît.

THÉODORE : Cela ne nous plaît nullement. Mais puisque vous ne voulez pas nous dire ce que vous avez pensé, du moins suivez-moi pour me dire votre sentiment sur ce qui m'est venu dans l'esprit.

ARISTE : Volontiers, mais Théotime ?

THÉODORE : Théotime sera le juge des petits différends qui pourront bien naître de la diversité de nos idées.

174 | THÉOTIME : Le juge ! comment l'entendez-vous ? C'est à la Raison à présider parmi nous, et à décider souverainement.

THÉODORE : J'entends, Théotime, que vous serez juge subalterne par dépendance de la Raison, et que vous ne pourrez prononcer que selon les lois qu'elle vous prescrit comme à nous. Ne perdons point de temps, je vous prie. Confrontez seulement ce que nous dirons l'un et l'autre avec les réponses de la vérité intérieure, pour avertir et redresser celui qui s'égarera. Allons, Ariste. Suivez-moi, et ne m'arrêtez que lorsque je passerai trop légèrement sur des endroits difficiles.

I. Par la divinité nous entendons tous l'infini, l'Être sans restriction, l'Être infiniment parfait. Or rien de fini ne peut représenter l'infini. Donc il suffit de penser à Dieu pour savoir qu'il est. Ne soyez pas surpris, Théotime, si Ariste me passe cela. C'est qu'il en est déjà demeuré d'accord* avant que vous fussiez ici.

ARISTE : Oui, Théotime, je suis convaincu que rien de fini ne peut avoir assez de réalité pour représenter l'infini, qu'en voyant le fini, on puisse y découvrir l'infini qu'il ne contient pas. Or je suis certain que je vois l'infini. Donc l'infini existe, puisque je le vois, et que je ne puis le voir qu'en lui-même. Comme mon esprit est fini, la connaissance que j'ai de l'infini est finie. Je ne le comprends pas, je ne le mesure pas ; je suis même bien certain que je ne pourrai jamais le mesurer. Non seulement je n'y trouve point de fin, je vois de plus qu'il n'en a point. En un mot la perception que j'ai de l'infini est bornée ; mais la réalité objective dans laquelle mon esprit se perd, pour ainsi dire, elle n'a point de bornes. C'est de quoi maintenant il m'est impossible de douter.

THÉOTIME : Je n'en doute pas non plus.

THÉODORE : Cela supposé, il est clair que ce mot, Dieu, n'étant que l'expression abrégée de l'Être infiniment parfait, il y a contradiction qu'on se puisse tromper, lorsqu'on n'attribue à Dieu | que ce que l'on voit clairement convenir **175** à l'Être infiniment parfait. Car enfin si on ne se trompe jamais lorsqu'on ne juge des ouvrages de Dieu que selon ce qu'on voit clairement et distinctement dans leurs idées,

* IIe Entretien.

à cause que Dieu les ayant formés sur ces idées qui sont leur archétype, il ne se peut faire qu'elles ne représentent pas naïvement leur nature ; à plus forte raison on ne se trompera jamais, pourvu qu'on n'attribue à Dieu que ce qu'on voit clairement et distinctement appartenir à l'Être infiniment parfait, que ce qu'on découvre, non dans une idée distinguée de Dieu, mais dans sa substance même. Attribuons donc à Dieu ou à l'Être infiniment parfait toutes les perfections, quelque incompréhensibles qu'elles nous paraissent, pourvu que nous soyons certains que ce sont des réalités, ou de véritables perfections, des réalités, dis-je, et des perfections qui ne tiennent point du néant, qui ne soient point bornées par des imperfection ou des limitations semblables à celles des créatures. Prenez donc garde.

II. [THÉODORE :] Dieu, c'est l'Être infiniment parfait. Donc Dieu est indépendant. Pensez-y, Ariste, et arrêtez-moi seulement, lorsque je dirai quelque chose que vous ne verrez pas clairement être une perfection, et appartenir à l'Être infiniment parfait. Dieu est indépendant. Donc il est immuable.

ARISTE : *Dieu est indépendant. Donc il est immuable !* Pourquoi immuable ?

THÉODORE : C'est qu'il ne peut y avoir d'effet ou de changement sans cause. Or Dieu est indépendant de l'efficace des causes. Donc s'il arrivait en Dieu quelque changement, il en serait lui-même la cause. Or quoique Dieu soit la cause ou le principe de ses volontés ou de ses décrets, il n'a jamais produit en lui aucun changement. Car ses décrets *, quoique parfaitement libres, sont eux-mêmes éternels et immuables, comme je vous ai déjà dit. Dieu les a faits ces décrets, ou plutôt il les forme sans

* Entretien précédent [§ 9].

cesse sur la sagesse éternelle, qui est la règle inviolable de ses volontés. Et quoique les effets de ces décrets soient infinis, et produisent mille et mille changements dans l'univers, ces décrets sont toujours les mêmes. C'est que l'efficace de ces décrets immuables n'est déterminée à l'action que par les circonstances des causes | qu'on appelle **176** naturelles, et que je crois devoir appeler *occasionnelles*, de peur de favoriser le préjugé dangereux d'une *nature* et d'une efficace distinguées de la volonté de Dieu et de sa toute-puissance.

ARISTE : Je ne comprends pas trop bien tout cela. Dieu est libre et indifférent à l'égard, par exemple, du mouvement de tel corps, ou de tel effet qu'il vous plaira. S'il est indifférent, il peut le produire cet effet, ou ne le produire pas. Cet effet est une suite de ces décrets ; je le veux. Mais il est certain que Dieu peut ne le pas produire. Donc il peut ne le vouloir pas produire. Donc Dieu n'est pas immuable, puisqu'il peut changer de volonté, et ne pas vouloir demain ce qu'il veut aujourd'hui.

THÉODORE : Vous ne vous souvenez pas, Ariste, de ce que je vous dis dans notre dernier entretien*. Dieu est libre et même indifférent à l'égard de mille et mille effets. Il peut changer de volonté, en ce sens qu'il est indifférent pour vouloir ou ne pas vouloir tel effet. Mais prenez garde, à présent que vous êtes assis, pouvez-vous être debout ? Vous le pouvez absolument ; mais, selon la supposition, vous ne le pouvez pas. Car vous ne pouvez pas être debout et assis en même temps. Comprenez donc qu'en Dieu il n'y a point de succession de pensées et de volontés, que par un acte éternel et immuable il connaît tout, et veut tout ce qu'il veut. Dieu veut avec une liberté parfaite, et une

* Nombre IX.

entière indifférence, créer le monde. Il veut former des décrets, et établir des lois simples et générales pour le gouverner d'une manière qui porte le caractère de ses attributs. Mais ces décrets posés, ils ne peuvent être changés, non qu'ils soient nécessaires absolument, mais par la force de la supposition. Prenez-y garde, c'est uniquement qu'ils sont posés, et que Dieu en les formant a si bien su ce qu'il faisait qu'ils ne peuvent être révoqués. Car quoiqu'il en ait fait quelques-uns pour un temps, ce n'est pas qu'il ait changé de sentiment et de volonté quand ce temps arrive : mais c'est qu'un même acte de sa volonté se rapporte aux différences des temps que renferme son éternité. Dieu ne change donc point, et ne peut changer ses pensées, ses desseins, ses volontés. Il est immuable ; c'est une des perfections de sa nature ; et néanmoins il est parfaitement libre dans tout ce qu'il fait au-dehors |. Il ne peut changer, parce que ce qu'il veut, il le veut sans succession par un acte simple et invariable. Mais il peut ne le pas vouloir, parce qu'il veut librement ce qu'il veut actuellement.

177

ARISTE : Je penserai, Théodore, à ce que vous me dites. Passons outre. Je crois que Dieu est immuable. Il me paraît évident que c'est une perfection que de n'être point sujet au changement. Cela me suffit. Quand même je ne pourrais pas accorder l'immutabilité de Dieu avec sa liberté, je crois qu'il possède ces deux attributs, puisqu'il est infiniment parfait.

III. THÉOTIME : Permettez-moi, Théodore, de vous proposer une petite difficulté. Vous venez de dire que l'efficace des décrets immuables de Dieu n'est déterminée à l'action que par les circonstances des causes, qu'on appelle naturelles, et que nous appelons occasionnelles. Ce sont vos termes. Mais, je vous prie, que deviendront les miracles ? Le choc des corps, par exemple, est la cause occasionnelle de la communication du mouvement du choquant au choqué. Quoi ! Dieu ne pourra-t-il pas suspendre en tel cas l'effet de la loi générale des communications des mouvements, et ne l'a-t-il pas souvent suspendu ?

THÉODORE : Une fois pour toutes, mon cher Ariste – car je vois bien que c'est à cause de vous que Théotime veut que je m'explique davantage, il appréhende que vous ne preniez pas bien ma pensée. Une fois pour toutes, Ariste, quand je dis que Dieu suit toujours les lois générales qu'il s'est prescrites, je ne parle que de sa Providence générale et ordinaire. Je n'exclus point les miracles, ou les effets qui ne suivent point de ses lois générales. Mais de plus, Théotime, c'est à vous maintenant que je parle, lorsque Dieu fait un miracle, et qu'il n'agit point en conséquence des lois générales qui nous sont connues, je prétends, ou que Dieu agit en conséquence d'autres lois générales qui nous sont inconnues, ou que ce qu'il fait alors, il y est déterminé par de certaines circonstances qu'il a eues en vue de toute éternité, en formant cet acte simple, éternel, invariable, qui renferme et les lois générales de sa Providence ordinaire, et encore les exceptions de ces mêmes lois. Mais ces circonstances ne doivent pas être appelées causes occasionnelles dans le même | sens que le choc des corps, **178** par exemple, l'est des communications des mouvements, parce que Dieu n'a point fait de lois générales pour régler uniformément l'efficace de ses volontés par la rencontre de ces circonstances. Car dans les exceptions des lois générales Dieu agit tantôt d'une manière, et tantôt d'une autre, quoique toujours selon que l'exige celui de ses attributs qui lui est, pour ainsi dire, le plus précieux dans ce moment. Je veux dire que si ce qu'il doit alors à sa justice est de plus grande considération que ce qu'il doit à sa sagesse, ou à tous ses autres attributs, il suivra dans cette exception le mouvement de sa justice. Car Dieu n'agit jamais que selon ce qu'il est, que pour honorer ses attributs divins, que pour satisfaire à ce qu'il se doit à lui-même. Car il est à lui-même le principe et la fin de toutes ses volontés, soit qu'il nous punisse, soit qu'il nous fasse miséricorde, soit qu'il récompense en nous ses propres dons, les mérites que nous avons acquis par sa grâce. Mais je crains, Théotime, qu'Ariste ne soit pas content de notre écart. Revenons. Aussi bien serons-nous obligés dans la suite de nos entretiens d'exposer les principes, dont dépend l'explication des difficultés que vous pourriez proposer.

Dieu, ou l'Être infiniment parfait, est donc indépendant et immuable. Il est aussi tout-puissant, éternel, nécessaire, immense...

ARISTE : Doucement. Il est tout-puissant, éternel, nécessaire. Oui, ces attributs conviennent à l'Être infiniment parfait. Mais pourquoi immense ? que voulez-vous dire ?

IV. THÉODORE : Je veux dire que la substance divine est partout, non seulement dans l'univers, mais infiniment au-delà. Car Dieu n'est pas renfermé dans son ouvrage ; mais son ouvrage est en lui, et subsiste dans sa substance, qui le conserve par son efficace toute-puissante. C'est en lui que nous sommes. C'est en lui que nous avons le mouvement et la vie, comme dit l'Apôtre : *In ipso enim vivimus, movemur, et sumus* *.

ARISTE : Mais Dieu n'est pas corporel. Donc il ne peut être répandu partout.

THÉODORE : C'est parce qu'il n'est pas corporel qu'il peut être partout. S'il était corporel, il ne pourrait pas pénétrer les corps **179** | de la manière dont il les pénètre. Car

* Ac 17, 28 [« Car c'est en lui que nous avons la vie, le mouvement et l'être »].

il y a contradiction que deux pieds d'étendue n'en fassent qu'un. Comme la substance divine n'est pas corporelle, elle n'est pas étendue localement comme les corps, grande dans un éléphant, petite dans un moucheron. Elle est tout entière, pour ainsi dire, partout où elle est, et elle se trouve partout ; ou plutôt c'est en elle que tout se trouve. Car la substance du Créateur est le lieu intime de la créature.

L'étendue créée est à l'immensité divine ce que le temps est à l'éternité. Tous les corps sont étendus dans l'immensité de Dieu, comme tous les temps se succèdent dans son éternité. Dieu est toujours tout ce qu'il est sans succession de temps. Il remplit tout de sa substance, sans extension locale. Il n'y a dans son existence ni passé ni futur ; tout est présent, immuable, éternel : il n'y a dans sa substance ni grand ni petit, tout est simple, égal, infini. Dieu a créé le monde ; mais la volonté de le créer n'est point passée. Dieu le changera ; mais la volonté de le changer n'est point future. La volonté de Dieu qui a fait et qui fera est un acte éternel et immuable, dont les effets changent, sans qu'il y ait en Dieu aucun changement. En un mot, Dieu n'a point été, il ne sera point, mais il est. On peut dire que Dieu était dans le temps passé ; mais il était alors tout ce qu'il sera dans le temps futur. C'est que son existence et sa durée, s'il est permis de se servir de ce terme, est toute entière dans l'éternité, et toute entière dans tous les moments qui passent dans son éternité. De même Dieu n'est point en partie dans le ciel, et en partie dans la Terre. Il est tout entier dans son immensité, et tout entier dans tous les corps qui sont étendus localement dans son immensité ; tout entier dans toutes les parties de la matière, quoique divisible à l'infini. Ou pour parler plus exactement, Dieu n'est pas tant dans le monde, que le monde est en lui, ou dans son immensité ; de même que l'éternité n'est pas tant dans le temps, que le temps dans l'éternité.

ARISTE : Il me semble, Théodore, que vous expliquez une chose obscure par une autre qui n'est pas trop claire. Je ne me sens point frappé de la même évidence que ces jours passés.

V. THÉODORE : Je ne prétends pas, Ariste, vous faire clairement comprendre l'immensité de Dieu, et la manière **180** dont il est partout |. Cela me paraît incompréhensible, aussi bien qu'à vous. Mais je prétends vous donner quelque connaissance de l'immensité de Dieu, en la comparant avec son éternité. Comme vous m'avez accordé que Dieu était éternel, j'ai cru pouvoir vous convaincre qu'il était immense, en comparant l'éternité que vous recevez avec l'immensité que vous refusez de reconnaître.

THÉOTIME : Comment voulez-vous que fasse Théodore ? Il compare les choses divines avec les divines. C'est le moyen de les expliquer autant que cela se peut. Mais vous les comparez avec des choses finies. C'est justement le moyen de vous tromper. L'esprit de l'homme ne remplit aucun espace. Donc la substance divine n'est point immense. Fausse conséquence. L'étendue créée est plus grande dans un grand espace que dans un petit. Donc si Dieu était partout, il serait plus grand dans un géant que dans un pygmée. Autre conséquence tirée de la comparaison de l'infini avec le fini. Si vous voulez juger des attributs divins, consultez l'infini, la notion de l'Être infiniment parfait, et ne vous arrêtez point aux idées des êtres particuliers et finis. C'est ainsi qu'en use Théodore. Il ne juge point de l'immensité divine sur l'idée des créatures ni corporelles, ni spirituelles. Il sait bien que la substance divine n'est point sujette aux imperfections et aux limitations inséparables des êtres créés. Voilà pourquoi il juge que Dieu est partout, et n'est nulle part à la manière des corps.

ARISTE : Quoi ! Dieu est là tout entier, pour ainsi dire, et là aussi, là, là, là, partout ailleurs, et dans les espaces que l'on conçoit au-delà du monde ; cela ne se comprend pas.

THÉODORE : Oui, Dieu est partout, ou plutôt tout est en Dieu ; et le monde, quelque grand qu'on l'imagine, ne peut ni l'égaler, ni le mesurer. Cela ne se comprend pas, je le veux ; mais c'est que l'infini nous passe. Quoi donc Ariste ! est-ce que Dieu n'est pas ici, dans votre jardin, dans le ciel, et tout entier partout où il est ? Oseriez-vous nier que Dieu soit partout ?

ARISTE : Il y est présent par son opération. Mais…

THÉODORE : Comment, par son opération ? Quelle espèce de | réalité est-ce que l'opération de Dieu distinguée **181** et séparée de sa substance ? Par l'opération de Dieu vous n'entendez pas l'effet qu'il produit ; car l'effet n'est pas l'action, mais le terme de l'action. Vous entendez apparemment par l'opération de Dieu l'acte par lequel il opère. Or si l'acte par lequel Dieu produit, ou conserve ce fauteuil, est ici, assurément Dieu y est lui-même ; et s'il y est, il faut bien qu'il y soit tout entier, et ainsi de tous les autres endroits où il opère.

ARISTE : Je crois, Théodore, que Dieu est dans le monde de la manière que vous croyez que votre âme est dans votre corps. Car je sais bien que vous ne pensez pas que l'âme soit répandue dans toutes les parties du corps. Elle est dans la tête, parce qu'elle y raisonne. Elle est dans les bras et dans les pieds, parce qu'elle les remue. De même Dieu est dans le monde parce qu'il le conserve, et qu'il le gouverne.

VI. THÉODORE : Que de préjugés, que d'obscurités dans votre comparaison ! L'âme n'est point dans le corps, ni le corps dans l'âme, quoique leurs modalités soient réciproques en conséquence des lois générales de leur union. Mais l'un et l'autre sont en Dieu, qui est la cause véritable de la réciprocation de leurs modalités. Les esprits, Ariste, sont dans la Raison divine, et les corps dans son immensité ; mais ils ne peuvent être les uns dans les autres. Car l'esprit et le corps n'ont entre eux aucun rapport essentiel. Ce n'est qu'avec Dieu qu'ils ont un rapport nécessaire. L'esprit peut penser sans le corps ; mais il ne peut rien connaître que dans la Raison divine. Le corps peut être étendu sans l'esprit ; mais il ne le peut être que dans l'immensité de Dieu. C'est que les qualités du corps n'ont rien de commun avec celles de l'esprit. Car le corps ne peut penser, ni l'esprit être étendu. Mais l'un et l'autre participe à l'Être divin. Dieu, qui leur donne leur réalité, la possède ; car il possède toutes les perfections des créatures sans leurs limitations. Il connaît comme les esprits, il est étendu comme les corps, mais tout cela tout d'une autre manière que ses créatures. Ainsi Dieu est partout dans le monde, et au-delà. Mais l'âme n'est nulle part dans les corps. Elle ne connaît point dans le cerveau, comme vous vous l'imaginez. Elle ne connaît que dans la substance intelligible du Verbe divin, quoiqu'elle ne connaisse en Dieu qu'à **182** cause de ce qui se passe dans une certaine | portion de matière, qu'on appelle cerveau. Elle ne remue point non plus les membres de son corps par l'application d'une force qui appartienne à sa nature. Elle ne les remue que parce que celui qui est partout par son immensité exécute par sa puissance les désirs impuissants de ses créatures. Ne dites donc pas, Ariste, que Dieu est dans le monde, qu'il gouverne, comme l'âme dans le corps qu'elle anime. Car il n'y a rien de vrai dans votre comparaison : non seulement parce que l'âme ne peut être dans le corps, ni le corps en elle, mais encore parce que les esprits ne pouvant opérer dans les corps qu'ils animent, ils ne peuvent par conséquent se répandre en eux par leur opération, comme vous le prétendez de l'opération divine, par laquelle seule, selon vous, Dieu se trouve partout.

ARISTE : Ce que vous me dites là me paraît bien difficile. J'y penserai. Mais cependant dites-moi, je vous prie : avant que le monde fût, et que Dieu y opérât, où était-il ?

VII. THÉODORE : Je vous le demande, Ariste, vous qui voulez que Dieu ne soit dans le monde que par son opération... Vous ne répondez point. Hé bien je vous dis qu'avant la création du monde Dieu était où il est présentement, et où il serait, quand le monde rentrerait dans le néant. Il était en lui-même. Quand je vous dis que Dieu est dans le monde, et infiniment au-delà, vous n'entrez point dans ma pensée, si vous croyez que le monde et les espaces imaginaires soient, pour ainsi dire, le lieu qu'occupe la substance infinie de la divinité. Dieu n'est dans le monde que parce que le monde est en Dieu. Car Dieu n'est qu'en lui-même, que dans son immensité. S'il crée de nouveaux espaces, il n'acquiert pas pour cela une nouvelle présence, à cause de ces espaces : il n'augmente pas son immensité ; il ne se fait pas un lieu nouveau. Il est éternellement et nécessairement où ces espaces sont créés ; mais il n'y est pas localement comme ces espaces.

L'étendue, Ariste, est une réalité, et dans l'infini toutes les réalités s'y trouvent. Dieu est donc étendu, aussi bien que les corps, puisque Dieu possède toutes les réalités absolues, ou toutes les perfections. Mais Dieu n'est pas étendu comme les corps. Car, comme je viens de vous dire, 183 il n'a pas les limitations et | les imperfections de ses créatures. Dieu connaît aussi bien que les esprits ; mais il ne pense pas comme eux. Il est à lui-même l'objet immédiat de ses connaissances. Il n'y a point en lui de succession ni de variété de pensées. Une de ses pensées n'enferme point, comme en nous, le néant de toutes les autres. Elles ne s'excluent point mutuellement. De même Dieu est étendu aussi bien que les corps ; mais il n'y a point de parties dans sa substance. Une partie n'enferme point, comme dans les corps, le néant d'aucune autre ; et le lieu de sa substance n'est que sa substance même. Il est toujours un, et toujours infini, parfaitement simple, et composé, pour ainsi dire, de toutes les réalités, ou de toutes les perfections. C'est que le vrai Dieu c'est l'Être, et non tel être, ainsi qu'il l'a dit lui-même à Moïse son serviteur par la bouche de l'ange revêtu de ses pouvoirs. C'est l'Être sans restriction, et non l'être fini, l'être composé, pour ainsi dire, de l'être et du néant. N'attribuez donc au Dieu que nous adorons que ce que vous concevez dans l'Être infiniment parfait. N'en retranchez que le fini, que ce qui tient du néant. Et quoique vous ne compreniez pas clairement tout ce que je vous dis, comme je ne le comprends pas moi-même, vous comprendrez du moins que Dieu est tel que je vous le représente. Car vous devez savoir que, pour juger dignement de Dieu, il ne faut lui attribuer que des attributs incompréhensibles. Cela est évident, puisque Dieu c'est l'infini en tout sens, que rien de fini ne lui convient, et que tout ce qui est infini en tout sens est en toutes manières incompréhensible à l'esprit humain.

ARISTE : Ah, Théodore ! je commence à reconnaître que je portais de Dieu des jugements bien indignes, parce que j'en jugeais confusément par moi-même, ou sur des idées, qui ne peuvent représenter que les créatures. Il me paraît évident que tout jugement qui n'est point formé sur la notion de l'Être infiniment parfait, de l'Être incompréhensible, n'est pas digne de la divinité. Assurément si les païens n'avaient abandonné cette notion, ils n'auraient pas fait de leurs chimères de fausses divinités ; et si les chrétiens suivaient toujours cette notion de l'Être, ou de l'infini, qui est naturellement gravée dans notre esprit, ils ne parleraient pas de Dieu comme quelques-uns en parlent.

VIII. THÉOTIME : Vous paraissez, Ariste, bien content de ce que Théodore vient de vous dire, que les attributs de Dieu sont | incompréhensibles en toutes manières. Mais **184** je crains qu'il n'y ait là de l'équivoque. Car il me semble que l'on conçoit clairement une étendue immense, et qui n'a point de bornes. L'esprit ne la comprend pas, ou ne la mesure pas cette étendue, je le veux. Mais il en connaît clairement la nature et les propriétés. Or qu'est-ce que l'immensité de Dieu, sinon une étendue intelligible infinie, par laquelle non seulement Dieu est partout, mais dans laquelle nous voyons des espaces qui n'ont point de bornes. Il n'est donc pas vrai que l'immensité de Dieu soit en tout sens incompréhensible à l'esprit humain, puisque nous connaissons fort clairement l'étendue intelligible, et si clairement que c'est en elle et par elle que les géomètres découvrent toutes leurs démonstrations.

ARISTE : Il me semble, Théotime, que vous ne prenez pas bien la pensée de Théodore. Mais je n'ai pas assez médité cette matière ; je ne puis bien vous expliquer ce que je ne fais qu'entrevoir. Je vous prie, Théodore, de répondre pour moi.

THÉODORE : Quoi, Théotime ! est-ce que vous confondez l'immensité divine avec l'étendue intelligible ? Ne voyez-vous pas qu'il y a entre ces deux choses une différence infinie ? L'immensité de Dieu, c'est sa substance même répandue partout, et partout tout entière, remplissant tous les lieux sans extension locale. Voilà ce que je prétends être tout à fait incompréhensible. Mais l'étendue intelligible n'est que la substance de Dieu, en tant que représentative des corps, et participable par eux avec les limitations ou les imperfections qui leur conviennent, et que représente cette même étendue intelligible, qui est leur idée ou leur archétype. Nul esprit fini ne peut comprendre l'immensité de Dieu, ni tous ces autres attributs, ou manières d'être de la divinité, s'il m'est permis de parler ainsi. Ces manières sont toujours infinies en tout sens, toujours divines, et par conséquent toujours incompréhensibles. Mais rien n'est plus clair que l'étendue intelligible. Rien n'est plus intelligible que les idées des corps, puisque c'est par elles que nous connaissons fort distinctement, non la nature de Dieu, mais la nature de la matière. Assurément, Théotime, si vous jugez de l'immensité de Dieu sur l'idée de l'étendue, vous donnerez à Dieu une étendue corporelle. Vous la ferez infinie cette étendue, immense tant qu'il vous plaira ; mais vous n'en exclurez pas les imperfections que cette idée représente. | La substance de Dieu ne sera pas tout entière partout où elle est. Jugeant de Dieu sur l'idée des créatures, et de la plus vile des créatures, vous corrompez la notion de l'Être infiniment parfait, de l'Être incompréhensible en toutes manières. Prenez donc garde l'un et l'autre aux jugements que vous portez sur ce que je vous dis de la divinité. Car je vous avertis une fois pour toutes que lorsque je parle de Dieu et de ses attributs, si vous comprenez ce que je vous dis, si vous en avez une idée claire et proportionnée à la capacité finie de votre esprit, ou c'est que je me trompe alors, ou c'est que vous n'entendez pas ce que je veux dire. Car tous les attributs absolus de la divinité sont incompréhensibles à l'esprit humain, quoiqu'il puisse clairement comprendre ce qu'il y a en Dieu de relatif à des créatures, je veux dire, les idées intelligibles de tous les ouvrages possibles.

THÉOTIME : Je vois bien, Théodore, que je me trompais, en confondant l'étendue intelligible infinie avec l'immensité de Dieu. Cette étendue n'est pas la substance divine répandue partout ; mais c'est elle en tant que représentative des corps, et participable par eux, à la manière dont la créature corporelle peut participer imparfaitement à l'être. Je savais bien néanmoins, qu'une étendue corporelle infinie, ainsi que quelques-uns conçoivent l'univers, qu'ils composent d'un nombre infini de tourbillons, n'aurait encore rien de divin. Car Dieu n'est pas l'infini en étendue, c'est l'infini tout court, c'est l'Être sans restriction. Or c'est une propriété de l'infini qui est incompréhensible à l'esprit humain, ainsi que je vous l'ai ouï dire souvent, d'être en même temps un et toutes choses, composé, pour ainsi dire, d'une infinité de perfections, et tellement simple que chaque perfection qu'il possède renferme toutes les autres sans aucune distinction réelle. Certainement cette propriété convient moins à l'univers matériel, et aux parties dont il est composé, qu'à la substance de l'âme, qui, sans aucune composition de parties, peut recevoir en même temps diverses modalités : léger crayon néanmoins de la simplicité et de l'universalité divine[1].

THÉODORE : Vous avez raison, Théotime. Il n'y a point de substance plus imparfaite, plus éloignée de la divinité, que la matière, fût-elle infinie. Elle répond parfaitement à

1. Voir *Dictionnaire* de Furetière (1690) : « Crayon signifie une ébauche, un portrait imparfait de quelque chose. [...] On dit figurément que l'homme est un faible crayon de la divinité, pour dire qu'on en voit en lui quelques traits ».

186 l'étendue | intelligible qui est son archétype ; mais elle ne répond à l'immensité divine que fort imparfaitement ; et elle ne répond nullement aux autres attributs de l'Être infiniment parfait.

IX. ARISTE : Ce que vous dites là me fait bien comprendre que cet impie de nos jours, qui faisait son Dieu de l'univers, n'en avait point. C'était un véritable athée. Mais je ne sais que penser de quantité de bonnes gens, qui faute de philosopher un peu ont de la divinité des sentiments bien indignes. Leur Dieu n'est point l'univers, c'est le Créateur de l'univers. Voilà presque tout ce qu'ils en savent. Ce serait beaucoup s'ils s'en tenaient là, sans corrompre la notion de l'infini. Mais en vérité je les plains, quand je pense à l'idée qu'ils se forment de l'Être incompréhensible. Théotime avait bien raison de me dire que naturellement les hommes *humanisent* toutes choses. Encore s'ils ne faisaient qu'incarner, pour ainsi dire, la divinité, en la revêtant des qualités qui leur appartiennent, cela serait pardonnable. Mais il y en a qui la dépouillent de tous les attributs incompréhensibles, et de tous les caractères essentiels à l'Être infiniment parfait, si on en excepte la puissance ; encore la partagent-ils de telle manière avec ce qu'ils appellent la nature, que quoiqu'ils en laissent à Dieu la meilleure part, ils lui en ôtent tout l'exercice.

THÉOTIME : C'est, Ariste, de peur de fatiguer, ou du moins d'abaisser la majesté divine par de petits soins, par des actions indignes de son application et de sa grandeur. Car nous croyons naturellement que Dieu doit être content des jugements que nous portons de lui, lorsque nous le faisons tel que nous voudrions être nous-mêmes. L'homme est toujours pénétré du sentiment intérieur qu'il a de ce qui se passe dans son esprit et dans son cœur. Il ne se peut faire qu'il ne sente confusément ce qu'il est, et ce qu'il souhaite d'être. Ainsi il se répand tout naturellement sur les objets de ses connaissances, et mesure sur l'humanité, non seulement tout ce qui l'environne, mais même la substance infinie de la divinité. Il est vrai que la notion de l'Être infiniment parfait est profondément gravée dans notre esprit. Nous ne sommes jamais sans penser à l'Être. Mais bien loin de prendre cette notion vaste et immense de l'Être sans restriction pour mesurer par elle la divinité qui se présente à nous sans cesse, nous la regardons, cette notion immense, comme une pure fiction de notre esprit. C'est, Ariste, que l'Être en général ne frappe point nos sens, | et que nous jugeons de la réalité et de la solidité des **187** objets par la force dont ils nous ébranlent.

ARISTE : Je comprends bien tout cela, Théotime. C'est justement ce que me disait Théodore il y a sept ou huit jours. Mon esprit ne trouve point de prise aux idées abstraites que vous me proposez. Je n'en suis point sensiblement frappé. Mais je ne juge pas de là que ce ne sont que de purs fantômes. Je crois que ce sont des vérités sublimes, auxquelles on ne peut atteindre qu'en faisant taire son imagination et ses sens, qu'en s'élevant au-dessus de soi. Et je suis bien résolu dans la suite de ne plus juger de Dieu par moi-même, ni sur les idées qui représentent les créatures, mais uniquement par la notion l'Être infiniment parfait. Continuez, je vous prie, Théodore, de m'interroger et de m'instruire.

X. THÉODORE : Hé bien, continuons. Vous croyez que Dieu est bon, sage, juste, miséricordieux, patient, sévère.

ARISTE : Doucement. Ces termes sont bien communs, je m'en défie. Je crois que Dieu est sage, bon, juste, clément, et qu'il a toutes les autres qualités que l'Écriture lui attribue. Mais je ne sais si tous ceux qui prononcent ces mots conçoivent les mêmes choses. L'Être infiniment parfait est bon, juste, miséricordieux ! Cela me paraît obscur. Définissez-moi ces termes.

THÉODORE : Oh oh, Ariste ! vous appréhendez la surprise. Vous faites bien. Quand on philosophe sur des matières délicates et sublimes, les équivoques sont à craindre, et les termes les plus communs n'en sont pas les plus exempts. Il faudrait donc définir ces mots. Mais cela n'est pas si facile. Répondez-moi auparavant à ce qui peut servir à les éclaircir. Pensez-vous que Dieu connaisse et qu'il veuille ?

ARISTE : Pour cela, oui. Je ne doute nullement que Dieu ne connaisse et qu'il ne veuille.

THÉODORE : D'où vient que vous n'en doutez pas ? Est-ce à cause que vous connaissez et que vous voulez vous-même ?

ARISTE : Non, Théodore. C'est que je sais que connaître et vouloir sont des perfections. Car quoique je sente, que je souffre, que je doute, je suis certain que Dieu ne sent et ne doute pas. Et quand je dis que Dieu connaît et qu'il
188 veut, je ne prétends pas | que ce soit comme les hommes. Je prétends seulement en général que Dieu veut et connaît et je vous laisse à vous et à Théotime à en expliquer la manière.

THÉODORE : Comment la manière ! toutes les manières divines sont incompréhensibles. Nous ne savons pas comment nous connaissons nous-mêmes ni comment nous voulons : car n'ayant point d'idée claire de notre âme nous ne pouvons rien comprendre clairement dans nos propres modalités. À plus forte raison nous ne vous expliquerons pas exactement la manière dont Dieu connaît et dont il veut. Néanmoins, consultez la notion de l'Être infiniment parfait. Voyez si je la suis. Car je vous dis hardiment que Dieu est à lui-même sa propre lumière, qu'il découvre dans sa substance les essences de tous les êtres et toutes leurs modalités possibles, et dans ses décrets leur existence et toutes leurs modalités actuelles.

ARISTE : Il me semble que vous ne vous hasardez pas beaucoup.

XI. THÉODORE : Je ne le prétends pas aussi. Mais puisque vous recevez ce principe, tirons-en des conséquences. Dieu connaît en lui tout ce qu'il connaît. Donc toutes les vérités sont en Dieu, puisqu'étant infiniment parfait, il n'y en a aucune qui échappe à ses connaissances. Donc sa substance renferme tous les rapports intelligibles : car les vérités ne sont que des rapports réels, et les faussetés des rapports imaginaires. Donc Dieu n'est pas seulement sage, mais la sagesse, non seulement savant, mais la science, non seulement éclairé, mais la lumière qui l'éclaire lui, et même toutes les intelligences. Car c'est dans sa propre lumière que vous voyez ce que je vois, et qu'il voit lui-même ce que nous voyons tous deux. Je vois que tous les diamètres d'un cercle sont égaux. Je suis certain que Dieu lui-même le voit, et que tous les esprits ou le voient actuellement, ou le peuvent voir. Oui, je suis certain que Dieu voit précisément la même chose que je vois, la même vérité, le même rapport que j'aperçois maintenant entre 2 et 2, et 4. Or Dieu ne voit rien que dans sa substance. Donc cette même vérité que je vois, c'est en lui que je la vois. Vous savez tout cela, Ariste, et vous en êtes déjà demeuré d'accord. Mais ces principes s'échappent si facilement, et ils sont d'ailleurs de si grande importance, que ce n'est pas perdre son temps que de les rappeler dans son esprit, et se les rendre familiers.

| ARISTE : Voilà donc une des grandes différences qu'il **189** y a entre la manière dont Dieu connaît, et celle dont nous connaissons. Dieu connaît en lui-même toutes choses ; et nous ne connaissons rien en nous ; nous ne connaissons

rien que dans une substance qui n'est point à nous. Dieu est sage par sa propre sagesse; mais nous ne devenons sages que par l'union que nous avons avec la sagesse éternelle, immuable, nécessaire, commune à toutes les intelligences. Car il est bien clair qu'un esprit aussi limité que le nôtre ne peut pas trouver dans sa propre substance les idées, ou les archétypes de tous les êtres possibles, et de leurs rapports infinis. Mais de plus je suis si certain que les hommes, les anges et Dieu même voient les mêmes vérités que je vois, qu'il ne m'est pas possible de douter que c'est la même lumière qui éclaire tous les esprits.

XII. THÉOTIME : Assurément, Ariste, si Dieu voit précisément ce que nous voyons, quand nous pensons que deux fois deux sont quatre, c'est en Dieu seul que nous voyons cette vérité, car Dieu ne la voit que dans sa sagesse. Il ne voit même que nous y pensons actuellement que dans ses décrets et dans son éternité : car il ne tire point ses connaissances de ce qui se passe actuellement dans ses créatures. Mais ne pourrait-on point dire que les esprits ne voient point les mêmes vérités, mais des vérités semblables ? Dieu voit que 2 fois 2 sont 4. Vous le voyez, je le vois. Voilà trois vérités semblables, et non point une seule et unique vérité.

ARISTE : Voilà trois perceptions semblables d'une seule et même vérité : mais comment trois vérités semblables ? Et qui vous a dit qu'elles sont semblables ? Avez-vous comparé vos idées avec les miennes, et avec celles de Dieu, pour en reconnaître clairement la ressemblance ? Qui vous a dit que demain, que dans tous les siècles, vous verrez comme aujourd'hui que 2 fois 2 sont 4 ? Qui vous a dit que Dieu même ne peut faire d'esprits capables de voir clairement que 2 fois 2 ne soient pas 4 ? Assurément c'est que vous voyez la même vérité que je vois, mais par une perception qui n'est pas la mienne, quoique peut-être semblable à la mienne. Vous voyez une vérité commune à tous les esprits, mais par une perception qui vous appartient à vous seul : car nos perceptions, nos sentiments, toutes nos modalités sont particulières. Vous voyez une vérité immuable, nécessaire, | éternelle. Car vous êtes si certain **190** de l'immutabilité de vos idées que vous ne craignez point de les voir demain toutes changées. Comme vous savez qu'elles sont avant vous, aussi êtes-vous bien assuré qu'elles ne se dissiperont jamais. Or si vos idées sont éternelles et immuables, il est évident qu'elles ne peuvent se trouver que dans la substance éternelle et immuable de la divinité. Cela ne se peut contester. C'est en Dieu seul que nous voyons la vérité. C'est en lui seul que se trouve la lumière qui l'éclaire lui, et toutes les intelligences. Il est sage par sa propre sagesse ; et nous ne le pouvons être que par l'union que nous avons avec lui. Ne disputons point de ces principes. Ils sont évidents, ce me semble, et le fondement de la certitude que nous trouvons dans les sciences.

THÉOTIME : J'ai bien de la joie, Ariste, de voir que vous êtes convaincu, non seulement que la puissance de Dieu est la cause efficace de nos connaissances, car je pense que vous n'en doutez pas, mais encore que sa sagesse en est la cause formelle, qui nous éclaire immédiatement, et sans l'entremise d'aucune créature. Je vois bien que Théodore vous a entretenu sur cette matière. Je lui dois aussi ce que vous tenez de lui, et qu'il dit tenir de saint Augustin *.

* Voyez la *Réponse aux vraies et fausses idées*, chap. VII et XXI [OC, t. VI, p. 63-69 et 143-150].

THÉODORE : Nous convenons donc tous que Dieu est infiniment sage, et cela essentiellement et par lui-même, par la nécessité de son être, que les hommes ne peuvent être sages que par la lumière de la sagesse divine, que cette lumière leur est communiquée en conséquence de leur attention, qui est la cause occasionnelle qui détermine l'efficace des lois générales de l'union de leur esprit avec la Raison universelle, ainsi que nous expliquerons dans la suite prouvons maintenant que Dieu est juste.

XIII. Dieu renferme dans la simplicité de son être les idées de toutes choses et leurs rapports infinis, généralement toutes les vérités. Or on peut distinguer en Dieu deux sortes de vérités ou de rapports, des rapports de grandeur et des rapports de perfection, des vérités spéculatives et des vérités **191** pratiques ; des | rapports qui n'exigent par leur évidence que des jugements, et d'autres rapports qui excitent encore des mouvements. Ce n'est pas néanmoins que les rapports de perfection puissent être clairement connus, s'ils ne s'expriment par des rapports de grandeur. Mais il ne faut pas nous arrêter à cela. Deux fois deux sont quatre : c'est un rapport d'égalité en grandeur ; c'est une vérité spéculative qui n'excite point de mouvement dans l'âme, ni amour ni haine, ni estime ni mépris, etc. L'homme vaut mieux que la bête : c'est un rapport d'inégalité en perfection, qui exige non seulement que l'esprit s'y rende, mais que l'amour et l'estime se règlent par la connaissance de ce rapport ou de cette vérité. Prenez donc garde.

Dieu renferme en lui tous les rapports de perfection. Or il connaît et il aime tout ce qu'il renferme dans la simplicité de son être. Donc il estime et il aime toutes choses à proportion qu'elles sont aimables et estimables. Il aime invinciblement l'Ordre immuable, qui ne consiste et ne peut consister que dans les rapports de perfection qui sont entre ses attributs, et entre les idées qu'il renferme dans sa substance. Il est donc juste essentiellement et par lui-même. Il ne peut pécher, puisque s'aimant invinciblement, il ne peut[1] qu'il ne rende justice à ses divines perfections, à tout ce qu'il est, à tout ce qu'il renferme. Il ne peut même vouloir positivement et directement produire quelque dérèglement dans son ouvrage, parce qu'il estime toutes les créatures selon la proportion de la perfection de leurs archétypes. Par exemple, il ne peut sans raison vouloir que l'esprit soit soumis au corps ; et si cela se trouve, c'est que maintenant l'homme n'est point tel que Dieu l'a fait. Il ne peut favoriser l'injustice ; et si cela est, c'est que l'uniformité de sa conduite ne doit pas dépendre de l'irrégularité de la nôtre. Le temps de sa vengeance viendra. Il ne peut vouloir ce qui corrompt son ouvrage ; et s'il s'y trouve des monstres qui le défigurent, c'est qu'il rend plus d'honneur à ses attributs par la simplicité et la généralité de ses voies que par l'exemption des défauts qu'il permet dans l'univers, ou qu'il y produit en conséquence des lois générales qu'il a établies pour de meilleurs effets que la génération des monstres, comme nous l'expliquerons dans la suite. Ainsi Dieu est juste en lui-même, juste dans ses voies juste essentiellement ; parce que toutes ses volontés sont nécessairement conformes à l'Ordre immuable | de la **192** justice qu'il se doit à lui-même et à ses divines perfections.

Mais l'homme n'est point juste par lui-même. Car l'Ordre immuable de la justice, qui comprend tous les rapports de perfection de tous les êtres possibles et de toutes leurs qualités, ne se trouvant qu'en Dieu, et nullement dans nos propres modalités ; quand l'homme s'aimerait par un mouvement dont il serait lui-même la cause, bien

1. Il ne peut pas ne pas rendre justice.

loin que son amour propre pût le rendre juste, qu'il le corromprait infiniment plus que l'amour propre du plus scélérat des hommes. Car il n'y eut jamais d'âme assez noire, et possédée d'un amour propre si déréglé, que la beauté de l'Ordre immuable ne l'ait pu frapper en certaines occasions. Nous ne sommes donc parfaitement justes que lorsque voyant en Dieu ce que Dieu y voit lui-même, nous en jugeons comme lui, nous estimons et nous aimons ce qu'il aime et ce qu'il estime. Ainsi bien loin que nous soyons justes par nous-mêmes, nous ne serons parfaitement tels que lorsque délivrés de ce corps qui trouble toutes nos idées, nous verrons sans obscurité la loi éternelle, sur laquelle nous réglerons exactement tous les jugements et tous les mouvements de notre cœur. Ce n'est pas qu'on ne puisse dire que ceux qui ont la charité sont justes véritablement, quoiqu'ils forment souvent des jugements fort injustes. Ils sont justes dans la disposition de leur cœur. Mais ils ne sont pas justes en toute rigueur, parce qu'ils ne connaissent pas exactement tous les rapports de perfection qui doivent régler leur estime et leur amour.

XIV. ARISTE : Je comprends, Théodore, par ce que vous me dites là, que la justice aussi bien que la vérité habitent, pour ainsi dire, éternellement dans une nature immuable. Le juste et l'injuste, aussi bien que le vrai et le faux, ne sont point des inventions de l'esprit humain, ainsi que prétendent certains esprits corrompus. Les hommes, disent-ils, se sont fait des lois pour leur mutuelle conservation. C'est sur l'amour propre qu'ils les ont fondées. Ils sont convenus entre eux ; et par là ils se sont obligés. Car celui qui manque à la convention se trouvant plus faible que le reste des contractants, il se trouve parmi des ennemis qui satisfont à leur amour propre en le punissant. Ainsi, par amour propre, il doit observer les lois du pays où il vit, non parce qu'elles sont justes en elles-mêmes, car delà l'eau, disent-ils, on en observe de toutes contraires; mais parce qu'en s'y | soumettant on **193** n'a rien à craindre de ceux qui sont les plus forts. Selon eux, tout est naturellement permis à tous les hommes. Chaque particulier a droit à tout; et si je cède de mon droit, c'est que la force des concurrents m'y oblige. Ainsi l'amour propre est la règle de mes actions. Ma loi, c'est une puissance étrangère; et si j'étais le plus fort, je rentrerais naturellement dans tous mes droits. Peut-on rien dire de plus brutal et de plus insensé? La force a déféré au lion l'empire sur les autres brutes; et j'avoue que c'est souvent par elle que les hommes l'usurpent les uns sur les autres. Mais de croire que cela soit permis, et que le plus fort ait droit à tout, sans qu'il puisse jamais commettre aucune injustice, c'est assurément se ranger parmi les animaux, et faire de la société humaine une assemblée de bêtes brutes. Oui, Théodore, je conviens que l'Ordre immuable de la justice est une loi dont Dieu même ne se dispense jamais, et sur laquelle tous les esprits doivent régler leur conduite. Dieu est juste essentiellement et par la nécessité de son être. Mais voyons un peu s'il est bon, miséricordieux, patient; car il me semble que tout cela ne peut guère s'accorder avec la sévérité de sa justice.

XV. THÉODORE : Vous avez raison, Ariste. Dieu n'est ni bon, ni miséricordieux, ni patient, selon les idées vulgaires. Ces attributs tels qu'on les conçoit ordinairement sont indignes de l'Être infiniment parfait. Mais Dieu possède ces qualités dans le sens que la Raison nous l'apprend, et que l'Écriture, qui ne peut se contredire, nous le fait croire. Pour expliquer tout cela plus distinctement, voyons d'abord si Dieu est essentiellement juste en ce sens qu'il récompense nécessairement les bonnes œuvres et qu'il punisse indispensablement tout ce qui l'offense, ou qui blesse, pour ainsi dire, ses attributs.

ARISTE : Je conçois bien, Théodore, que si les créatures sont capables d'offenser Dieu, il ne manquera pas de s'en venger, lui qui s'aime par la nécessité de son être. Mais que Dieu puisse en être offensé, c'est ce qui ne me paraît pas concevable. Et si cela était possible, comme il s'aime nécessairement, il n'aurait jamais donné l'être, ou du moins cette liberté ou cette puissance, à des créatures capables de lui résister. Est-ce que cela n'est pas évident ?

194 | THÉODORE : Vous me proposez, Ariste, une difficulté qui s'éclaircira bientôt. Suivez-moi, je vous prie, sans me prévenir. N'est-il pas clair par ce que je viens de vous dire, que l'Ordre immuable est la loi de Dieu, la règle inviolable de ses volontés, et qu'il ne peut s'empêcher d'aimer les choses à proportion qu'elles sont aimables ?

ARISTE : C'est ce que vous venez de démontrer.

THÉODORE : Donc Dieu ne peut pas vouloir que ses créatures n'aiment pas selon ce même Ordre immuable. Il ne peut les dispenser de suivre cette loi. Il ne peut pas vouloir que nous aimions davantage ce qui mérite le moins d'être aimé. Quoi, vous hésitez ! Est-ce que cela ne vous paraît pas certain ?

ARISTE : J'y trouve de la difficulté. Je suis convaincu par une espèce de sentiment intérieur que Dieu ne peut pas vouloir qu'on aime et qu'on estime davantage ce qui mérite le moins d'être aimé et d'être estimé ; mais je ne le vois pas bien clairement. Car que fait à Dieu notre amour et notre estime ? Rien du tout. Nous voulons peut-être qu'on nous estime nous, et qu'on nous aime, parce que nous avons tous besoin les uns des autres. Mais Dieu est si au-dessus de ses créatures, qu'apparemment il ne prend aucun intérêt dans les jugements que nous portons de lui et de ses ouvrages. Cela a du moins quelque vraisemblance.

THÉODORE : Cela n'en a que trop pour des esprits corrompus. Il est vrai, Ariste, que Dieu ne craint et n'espère rien de nos jugements. Il est indépendant ; il se suffit abondamment à lui-même. Cependant il prend nécessairement intérêt dans nos jugements, et dans les mouvements de notre cœur. En voici la preuve. C'est que les esprits n'ont une volonté, ou ne sont capables de vouloir, ou d'aimer, qu'à cause du mouvement naturel et invincible que Dieu leur imprime sans cesse pour le bien. Or Dieu n'agit en nous que parce qu'il veut agir ; et il ne peut vouloir agir que par sa volonté, que par l'amour qu'il se porte à lui-même et à ses divines perfections ; et c'est l'ordre de ces divines perfections, qui est proprement sa loi, puisqu'il est juste essentiellement et par la nécessité de son être, ainsi que je viens de vous le prouver. Il ne peut donc pas vouloir que notre amour, qui n'est que l'effet du sien, soit contraire au sien, tende où le | sien ne tend pas. Il ne peut **195** pas vouloir que nous aimions davantage ce qui est le moins aimable. Il veut nécessairement que l'Ordre immuable, qui est sa loi naturelle, soit aussi la nôtre. Il ne peut ni s'en dispenser, ni nous en dispenser. Et puisqu'il nous a faits tels que nous pouvons suivre, ou ne suivre pas cette loi naturelle et indispensable, il faut que nous soyons tels que nous puissions être ou punis, ou récompensés. Oui, Ariste, si nous sommes libres, c'est une conséquence que nous pouvons être heureux, ou malheureux ; et si nous sommes capables de bonheur, ou de malheur, c'est une preuve certaine que nous sommes libres. Un homme, dont le cœur est déréglé par le mauvais usage de sa liberté, rentre dans l'ordre de la justice, que Dieu doit à ses divines perfections, si ce pécheur est malheureux à proportion de ses désordres. Or Dieu aime l'Ordre invinciblement. Donc il punit indispensablement ce qui le blesse. Ce n'est pas que le pécheur offense Dieu, dans le sens qu'un homme en offense un autre, ni que Dieu le punisse par le plaisir qu'il trouve dans la vengeance. Mais c'est que Dieu ne peut qu'il n'agisse selon ce qu'il est, selon que l'exige l'Ordre immuable des rapports nécessaires de tout ce qu'il renferme, dont la disposition des parties de l'univers doit porter le caractère. Ainsi Dieu n'est point indifférent à l'égard de la punition de nos désordres. Il n'est ni clément, ni miséricordieux, ni bon, selon les idées vulgaires, puisqu'il est juste essentiellement, et par l'amour naturel et nécessaire qu'il porte à ses divines perfections. Il peut différer la récompense et la peine, selon que l'exige, ou le permet l'Ordre de sa Providence, qui l'oblige à suivre ordinairement les lois générales qu'il a établies, pour gouverner le monde d'une manière qui porte le caractère de ses attributs. Mais il ne peut se dispenser de rendre tôt ou tard aux hommes selon leurs œuvres. Dieu est bon aux bons, méchant, pour ainsi dire, aux méchants, comme le dit l'Écriture : *Cum electo electus eris, et cum perverso perverteris**. Il est clément et miséricordieux, mais c'est en son Fils et par son Fils : *Sic enim Deus dilexit mundum, ut Filium suum unigenitum daret, ut omnis, qui credit in eum, non pereat, sed habeat vitam æternam***. Il est bon aux pécheurs en

* Ps 17, 29 [« Vous serez pur et sincère avec celui qui est pur et sincère ; et à l'égard de celui dont la conduite n'est pas droite, vous vous conduirez avec une espèce de dissimulation et de détour » ; ou, plus littéralement : « tu seras fidèle envers le fidèle, tu ruseras avec le pervers »].

** Jn 3, 16 [« Car Dieu a tellement aimé le monde qu'il a donné son Fils unique, afin que tout homme qui croit en lui ne périsse point, mais qu'il ait la vie éternelle »].

ce sens | qu'il leur donne par Jésus-Christ les grâces **196** nécessaires pour changer la méchante disposition de leur cœur, afin qu'ils cessent d'être pécheurs, qu'ils fassent de bonnes œuvres, et qu'étant devenus bons et justes, il puisse être bon à leur égard, leur pardonner leurs péchés en vue des satisfactions de Jésus-Christ, et couronner ses propres dons, ou les mérites qu'ils auront acquis par le bon usage de sa grâce. Mais Dieu est toujours sévère, toujours observateur exact des lois éternelles, toujours agissant selon ce qu'il est, selon ce qu'exigent ses propres attributs, ou cet Ordre immuable des rapports nécessaires des perfections divines, que renferme la substance, qu'il aime invinciblement et par la nécessité de son être. Tout cela, Ariste, est conforme à l'Écriture, aussi bien qu'à la notion, qu'ont tous les hommes de l'Être infiniment parfait; quoique cela ne s'accorde nullement avec les idées grossières de ces pécheurs stupides et endurcis, qui veulent un Dieu humainement débonnaire et indulgent, ou un Dieu, qui ne se mêle point de nos affaires, et qui soit indifférent sur la vie que nous menons.

ARISTE : Je ne crois pas qu'on puisse douter de ces vérités.

THÉODORE : Pensez-y bien, Ariste, afin d'en demeurer convaincu, non seulement par une espèce de sentiment intérieur, par lequel Dieu en persuade intérieurement tous ceux dont le cœur n'est point endurci et entièrement corrompu, mais encore par une évidence telle que vous puissiez le démontrer à ces rares génies, qui croient avoir trouvé dans l'amour propre les vrais principes de la morale naturelle.

Que Dieu agit toujours selon ce qu'il est. Qu'il a tout fait pour sa gloire en Jésus-Christ, et qu'il n'a point formé ses desseins sans avoir égard aux voies de les exécuter.

I. THÉODORE : Que pensez-vous aujourd'hui, Ariste, de ce que nous dîmes hier ? Avez-vous bien contemplé la notion de l'infini, de l'Être sans restriction, de l'Être infiniment parfait ? Et pouvez-vous maintenant l'envisager toute pure, sans la revêtir des idées des créatures, sans l'incarner, pour ainsi dire, sans la limiter, sans la corrompre, pour l'accommoder à la faiblesse de l'esprit humain ?

ARISTE : Ah, Théodore, qu'il est difficile de séparer de la notion de l'Être les idées de tels et tels êtres ! qu'il est difficile de ne rien attribuer à Dieu de ce qu'on sent en soi-même ! Nous humanisons à tout moment la divinité ; nous limitons naturellement l'infini. C'est que l'esprit veut comprendre ce qui est incomprehensible ; il veut voir le Dieu invisible. Il le cherche dans les idées des créatures ; il s'arrête à ses propres sentiments, qui le touchent, et qui le pénètrent. Mais que tout cela est éloigné de représenter la divinité ! et que ceux qui jugent des perfections divines par le sentiment intérieur de ce qui passe en eux portent des jugements étranges des attributs de Dieu, et de sa Providence adorable ! J'entrevois ce que je vous dis ; mais je ne le vois pas encore assez bien pour m'en expliquer.

THÉODORE : Vous avez médité, Ariste. Je le sens bien par votre réponse. Vous comprenez que, pour juger solidement des attributs divins et des règles de la Providence, il faut écarter sans cesse de la notion de l'Être les idées de tels et tels êtres, et ne consulter jamais ses propres sentiments intérieurs. Cela suffit. Continuons | notre route, et prenons

198

garde tous trois que nous ne donnions dans ce dangereux écueil de juger de l'infini par quelque chose de fini.

ARISTE : Nous y donnerons assurément, Théodore, car tous les courants nous y portent. Je l'ai bien éprouvé depuis hier.

THÉODORE : Je le crois, Ariste. Mais peut-être n'y ferons-nous pas naufrage. Du moins n'y donnons pas inconsidérément comme le commun des hommes. J'espère que nous éviterons par notre vigilance mutuelle un bon nombre d'erreurs dangereuses, dans lesquelles on se précipite aveuglément. Ne flattons point, Ariste, notre paresse naturelle. Courage, notre Maître commun, qui est l'auteur de notre foi, nous en donnera quelque intelligence, si nous savons l'interroger avec une attention sérieuse, et avec le respect et la soumission qui est due à sa parole, et à l'autorité infaillible de son Église. Commençons donc.

II. Hier, Ariste, vous demeurâtes d'accord que Dieu connaissait et qu'il voulait, non parce que nous connaissons et que nous voulons, mais parce que connaître et vouloir sont de véritables perfections. Qu'en pensez-vous maintenant ? Je prétends aujourd'hui considérer la divinité dans ses voies, et comme sortant, pour ainsi dire, hors d'elle-même, comme prenant le dessein de se répandre au-dehors dans la production de ses créatures. Ainsi il faut bien s'assurer que Dieu connaît et qu'il veut puisque sans cela il est impossible de comprendre qu'il puisse rien produire au-dehors. Car comment agirait-il sagement sans connaissance ? Comment formerait-il l'univers sans le vouloir ? Croyez-vous donc, Ariste, que celui qui se suffit à lui-même soit capable de former quelque désir ?

ARISTE : Vous m'interrogez de manière que vous faites toujours naître en moi de nouveaux doutes. Je vois bien que c'est que vous ne voulez pas me surprendre, ni laisser derrière nous quelque retraite aux préjugés. Eh bien donc, Théodore, je ne doute nullement que Dieu ne connaisse ; mais je doute qu'il puisse jamais rien vouloir. Car que pourrait-il vouloir, lui qui se suffit pleinement à lui-même ? **199** Nous voulons nous autres | ; mais c'est une marque de notre indigence. N'ayant pas ce qu'il nous faut, nous le désirons. Mais l'Être infiniment parfait ne peut rien vouloir, rien désirer, puisqu'il voit bien que rien ne lui manque.

THÉODORE : Oh, oh, Ariste ! vous me surprenez. *Dieu ne peut rien vouloir*. Mais quoi ! l'Être infiniment parfait peut-il nous avoir créés malgré lui, ou sans l'avoir bien voulu ? Nous sommes, Ariste ; ce fait est constant.

ARISTE : Oui, nous sommes ; mais nous ne sommes point faits. Notre nature est éternelle. Nous sommes une émanation nécessaire de la divinité. Nous en faisons partie. L'Être infiniment parfait c'est l'univers, c'est l'assemblage de tout ce qui est.

THÉODORE : Encore !

ARISTE : Ne pensez pas, Théodore, que je sois assez impie et assez insensé pour donner dans ces rêveries. Mais je suis bien aise que vous m'appreniez à les réfuter. Car j'ai ouï dire qu'il y a des esprits assez corrompus, pour s'en être laissé charmer.

THÉODORE : Je ne sais, Ariste, si tout ce qu'on dit maintenant de certaines gens est bien sûr, et si même ces anciens philosophes, qui ont imaginé l'opinion que vous proposez, l'ont jamais crue véritable. Car quoiqu'il y ait peu d'extravagances dont les hommes ne soient capables, je croirais volontiers que ceux qui produisent de semblables chimères n'en sont guère persuadés. Car enfin l'auteur qui a renouvelé cette impiété convient que Dieu est l'Être infiniment parfait. Et cela étant, comment aurait-il pu croire que tous les êtres créés ne sont que des parties, ou des modifications de la divinité ? Est-ce une perfection que d'être injuste dans ses parties, malheureux dans ses modifications, ignorant, insensé, impie ? Il y a plus de pécheurs que de gens de bien, plus d'idolâtres que de fidèles ; quel désordre, quel combat entre la divinité et ses parties ! Quel monstre, Ariste, quelle épouvantable et ridicule chimère ! Un Dieu nécessairement haï, blasphémé, méprisé, ou du moins ignoré par la meilleure partie de ce qu'il est ; car combien peu de gens s'avisent de reconnaître une telle divinité ? Un Dieu nécessairement ou malheureux, ou insensible dans le plus grand nombre de ses parties, ou de ses modifications, un Dieu se punissant, ou se vengeant de soi-même. En un mot un être infiniment parfait | composé **200** néanmoins de tous les désordres de l'univers. Quelle notion plus remplie de contradictions visibles ! Assurément, s'il y a des gens capables de se forger un Dieu sur une idée si monstrueuse, ou c'est qu'ils n'en veulent point avoir, ou bien ce sont des esprits nés pour chercher dans l'idée du cercle toutes les propriétés des triangles. Croyez-moi, Ariste, jamais homme de bon sens n'a été bien persuadé de cette folie, quoique plusieurs personnes l'aient soutenue, comme en étant bien persuadés. Car l'amour-propre est si bizarre qu'il peut bien nous donner des motifs d'en faire confidence à nos compagnons de débauche, et de vouloir en paraître bien convaincus. Mais il est impossible de la croire véritable, pour peu qu'on soit capable de raisonner, et de craindre de se tromper. Ceux qui la soutiennent n'en peuvent être intérieurement persuadés, si la corruption de leur cœur ne les a tellement aveuglés, que ce serait perdre le temps que de prétendre les éclairer. Revenons donc, Ariste.

III. Nous sommes ; ce fait est constant. Dieu est infiniment parfait. Donc nous dépendons de lui. Nous ne sommes point malgré lui. Nous ne sommes que parce qu'il veut que nous soyons. Mais comment Dieu peut-il vouloir que nous soyons, lui qui n'a nul besoin de nous ? Comment un être à qui rien ne manque, qui se suffit pleinement à lui-même, peut-il vouloir quelque chose ? Voilà ce qui fait la difficulté.

ARISTE : Il me semble qu'il est facile de la lever. Car il n'y a qu'à dire que Dieu n'a pas créé le monde pour lui, mais pour nous.

THÉODORE : Mais nous, pour qui nous a-t-il créés ?

ARISTE : Pour lui-même.

THÉODORE : La difficulté revient. Car Dieu n'a nul besoin de nous.

ARISTE : Disons donc, Théodore, que Dieu ne nous a faits que par pure bonté, par pure charité pour nous-mêmes.

THÉODORE : Ne disons pas cela, Ariste, du moins sans l'expliquer. Car il me paraît évident que l'Être infiniment parfait s'aime infiniment, s'aime nécessairement ; que sa volonté n'est que l'amour qu'il se porte à lui-même, et à **201** ses divines perfections ; | que le mouvement de son amour ne peut, comme en nous, lui venir d'ailleurs, ni par conséquent le porter ailleurs ; qu'étant uniquement le principe de son action, il faut qu'il en soit la fin ; qu'en Dieu en un mot tout autre amour que l'amour-propre serait déréglé, ou contraire à l'Ordre immuable qu'il renferme et qui est la loi inviolable des volontés divines. Nous pouvons dire que Dieu nous a faits par pure bonté en ce sens qu'il nous a faits sans avoir besoin de nous. Mais il nous a faits pour lui. Car Dieu ne peut vouloir que par sa volonté ; et sa volonté n'est que l'amour qu'il se porte à lui-même. La raison, le motif, la fin de ses décrets ne peut se trouver qu'en lui.

ARISTE : Je sens de la peine à me rendre à vos raisons, quoiqu'elles me paraissent évidentes.

THÉOTIME : Ne voyez-vous pas, Ariste, que c'est humaniser la divinité, que de chercher hors d'elle le motif et la fin de son action ? Mais si cette pensée, de faire agir Dieu uniquement par pure bonté pour les hommes, vous charme si fort, d'où vient qu'il y aura vingt fois, cent fois plus de réprouvés que d'élus ?

ARISTE : C'est le péché du premier homme.

THÉOTIME : Oui. Mais que Dieu n'empêchait-il ce péché si funeste à des créatures, qu'il fait*, et qu'il a faites par pure bonté ?

ARISTE : Il a eu ses raisons.

THÉOTIME : Dieu a donc en lui-même de bonnes raisons de tout ce qu'il fait, lesquelles ne s'accordent pas toujours avec une certaine idée de bonté et de charité fort agréable à notre amour-propre, mais qui est contraire à la loi divine, à cet Ordre immuable, qui renferme toutes les bonnes raisons, que Dieu peut avoir.

ARISTE : Mais, Théotime, puisque Dieu se suffit à lui-même, pourquoi prendre le dessein de créer ce monde ?

| THÉOTIME : Dieu a ses raisons, sa fin, son motif, tout **202** cela en lui-même. Car avant ses décrets que pouvait-il y avoir, qui le déterminât à les former ? Comme Dieu se suffit à lui-même, c'est avec une liberté entière qu'il s'est déterminé à créer le monde. Car si Dieu avait besoin de ses créatures, comme il s'aime invinciblement, il les produirait nécessairement. Oui, Ariste, tout ce qu'on peut

* Voyez les *Conversations chrétiennes* de l'édition de 1702, p. 64 *sq*. [OC, t. IV, p. 45 *sq*.].

légitimement conclure de ce que Dieu se suffit à lui-même, c'est que le monde n'est pas une émanation nécessaire de la divinité, ce que la foi nous enseigne. Mais de s'imaginer que l'abondance divine puisse rendre Dieu impuissant, c'est aller contre un fait constant, et priver le Créateur de la gloire, qu'il tirera éternellement de ses créatures.

IV. ARISTE : Comment cela, Théotime ? est-ce que Dieu a créé le monde à cause de la gloire qu'il en devait retirer ? Si cette gloire a été le motif qui a déterminé le Créateur, voilà donc quelque chose d'étranger à Dieu, qui le détermine à agir. D'où vient que Dieu s'est privé de cette gloire pendant une éternité ? Mais gloire ! Que voulez-vous dire par ce mot ? Assurément, Théotime, vous vous engagez là dans un pas dont vous aurez de la peine à vous tirer.

THÉOTIME : Ce pas est difficile. Mais Théodore, qui le franchit heureusement, ne m'y laissera pas engagé

ARISTE : Quoi, Théodore ! Dieu a fait l'univers pour sa gloire. Vous approuvez cette pensée si humaine, et si indigne de l'Être infiniment parfait ! Prenez, je vous prie, la parole au lieu de Théotime : expliquez-vous.

THÉODORE : C'est ici, Ariste, qu'il faut bien de l'attention et de la vigilance, pour ne pas donner dans l'écueil que vous savez. Prenez garde que je n'y échoue.

Lorsqu'un architecte a fait un édifice commode et d'une excellente architecture, il en a une secrète complaisance, parce que son ouvrage lui rend témoignage de son habileté dans son art. Ainsi on peut dire que la beauté de son ouvrage lui fait honneur, parce qu'elle porte le caractère des qualités dont il se glorifie, des qualités qu'il estime et qu'il aime, et qu'il est bien aise de posséder. Que s'il arrive de plus que quelqu'un s'arrête pour contempler son édifice, et pour **203** en admirer la conduite et | les proportions, l'architecte en tire une seconde gloire, qui est encore principalement fondée sur l'amour et l'estime qu'il a des qualités qu'il possède, et qu'il serait bien aise de posséder dans un degré plus éminent. Car s'il croyait que la qualité d'architecte fût indigne de lui, s'il méprisait cet art, ou cette science, son ouvrage cesserait de lui faire honneur, et ceux qui le loueraient de l'avoir construit lui donneraient de la confusion.

ARISTE : Prenez garde, Théodore : vous allez droit donner dans l'écueil.

THÉODORE : Tout ceci, Ariste, n'est qu'une comparaison ; suivez-moi. Il est certain que Dieu s'aime nécessairement et toutes ses qualités. Or il est évident qu'il ne peut agir que selon ce qu'il est. Donc son ouvrage portant le caractère des attributs, dont il se glorifie, il lui fait honneur. Dieu s'estimant et s'aimant invinciblement, il trouve sa gloire, il a de la complaisance dans un ouvrage qui exprime en quelque manière ses excellentes qualités. Voilà donc un des sens, selon lequel Dieu agit pour sa gloire. Et, comme vous voyez, cette gloire ne lui est point étrangère ; car elle n'est fondée que sur l'estime et l'amour qu'il a pour ses propres qualités. Qu'il n'y ait point d'intelligences qui admirent son ouvrage, qu'il n'y ait que des hommes insensés, ou stupides, qui n'en découvrent point les merveilles, qu'ils le méprisent au contraire cet ouvrage admirable, qu'ils le blasphèment, qu'ils le regardent, à cause des monstres qui s'y trouvent, comme l'effet nécessaire d'une nature aveugle, qu'ils se scandalisent de voir l'innocence opprimée, et l'injustice sur le trône ; Dieu n'en tire pas moins de cette gloire, pour laquelle il agit, de cette gloire, qui a pour principe l'amour et l'estime qu'il a de ses qualités, de cette gloire, qui le détermine toujours à agir selon ce qu'il est, ou d'une manière qui porte le caractère de ses attributs. Ainsi, supposé que Dieu veuille agir, il ne peut qu'il n'agisse pour sa gloire selon ce premier sens, puisqu'il ne peut qu'il n'agisse selon ce qu'il est, et par l'amour qu'il se porte à lui-même et à ses divines perfections. Mais comme il se suffit à lui-même, cette gloire ne peut le déterminer invinciblement à vouloir agir ; et je crois même que cette seule gloire ne peut être un motif suffisant de le faire agir, s'il ne trouve le secret de rendre divin son ouvrage, et de le proportionner à son action, qui est divine. Car enfin l'univers, quelque grand, quelque parfait qu'il puisse être, | tant qu'il sera fini, il sera indigne de l'action d'un Dieu, dont le prix est infini. Dieu ne prendra donc pas le dessein de le produire. C'est à mon sens ce qui fait la plus grande difficulté.

204

V. ARISTE : Pourquoi cela, Théodore ? Il est facile de la lever cette difficulté. Faisons le monde infini. Composons-le d'un nombre infini de tourbillons. Car pourquoi s'imaginer un grand ciel, qui environne tous les autres, et au-delà duquel il n'y ait plus rien ?

THÉODORE : Non Ariste, laissons à la créature le caractère, qui lui convient ; ne lui donnons rien qui approche des attributs divins. Mais tâchons néanmoins de tirer l'univers de son état profane, et de le rendre par quelque chose de divin digne de la complaisance divine, digne de l'action d'un Dieu, dont le prix est infini.

ARISTE : Comment cela ?

THÉODORE : Par l'union d'une personne divine.

ARISTE : Ah, Théodore ! vous avez toujours recours aux vérités de la foi pour vous tirer d'affaire. Ce n'est pas là philosopher.

THÉODORE : Que voulez-vous, Ariste ? c'est que j'y trouve mon compte, et que sans cela je ne puis trouver le dénouement de mille et mille difficultés. Quoi donc, est-ce que l'univers, sanctifié par Jésus-Christ, et subsistant en lui, pour ainsi dire, n'est pas plus divin, plus digne de l'action de Dieu, que tous vos tourbillons infinis ?

ARISTE : Oui sans doute. Mais si l'homme n'eût point péché, le Verbe ne se serait point incarné.

THÉODORE : Je ne sais, Ariste. Mais quoique l'homme n'eût point péché, une personne divine n'aurait pas laissé de s'unir à l'univers, pour le sanctifier, pour le tirer de son état profane, pour le rendre divin, pour lui donner une dignité infinie, afin que Dieu, qui ne peut agir que pour sa gloire, en reçût une, qui répondît parfaitement à son action. Est-ce que le Verbe ne peut s'unir à l'ouvrage de Dieu sans s'incarner ? Il s'est fait homme ; mais ne pouvait-il pas se faire ange ? Il est vrai qu'en se faisant homme, il s'unit en même temps aux deux substances, esprit et corps, dont l'univers et composé, et que par cette union il | sanctifie **205** toute la nature. C'est pour cela que je ne crois point que le péché ait été la seule cause de l'Incarnation du Fils de Dieu. Mais Dieu a pu faire à l'ange la grâce qu'il a faite à l'homme. Au reste, Dieu a prévu et permis le péché. Cela suffit. Car c'est une preuve certaine que l'univers réparé par Jésus-Christ vaut mieux que le même univers dans sa première construction ; autrement Dieu n'aurait jamais laissé corrompre son ouvrage. C'est une marque assurée que le principal des desseins de Dieu c'est l'Incarnation de son Fils. Voyons donc, Ariste, comment Dieu agit pour sa gloire. Justifions cette proposition qui vous a paru si commune, et peut-être si vide de sens et si insoutenable.

VI. Premièrement Dieu pense à un ouvrage, qui par son excellence et par sa beauté exprime des qualités qu'il aime invinciblement, et qu'il est bien-aise de posséder. Mais cela néanmoins ne lui suffit pas pour prendre le dessein de le produire, parce qu'un monde fini, un monde profane n'ayant encore rien de divin, il ne peut avoir de rapport réel avec la divinité ; il ne peut exprimer l'attribut essentiel de Dieu, son infinité. Ainsi Dieu ne peut y mettre sa complaisance, ni par conséquent le créer sans se démentir. Que fait-il cependant ? La religion nous l'apprend. Il rend divin son ouvrage par l'union d'une personne divine aux deux substances, esprit et corps, dont il le compose. Et par là il le relève infiniment, et reçoit de lui, à cause principalement de la divinité qu'il lui communique, cette première gloire, qui se rapporte avec celle de cet architecte qui a construit une maison qui lui fait honneur, parce qu'elle exprime des qualités qu'il se glorifie de posséder ; Dieu reçoit, dis-je, cette première gloire rehaussée, pour ainsi dire, d'un éclat infini. Néanmoins Dieu ne tire que de lui-même la gloire qu'il reçoit de la sanctification de son Église, ou de cette maison spirituelle, dont nous sommes les pierres vivantes, sanctifiées par Jésus-Christ, puisque le sujet de sa gloire n'est que le rapport de son ouvrage avec les perfections, dont il se glorifie.

206 | Cet architecte reçoit encore une seconde gloire des spectateurs et des admirateurs de son édifice ; et c'est aussi dans la vue de cette espèce de gloire qu'il s'efforce de le faire le plus magnifique et le plus superbe qu'il peut. C'est aussi principalement dans la vue du culte, que notre souverain prêtre devait établir en l'honneur de la divinité, que Dieu s'est résolu de se faire un temple dans lequel il fut éternellement glorifié. Oui, Ariste, viles et méprisables créatures que nous sommes, nous rendons par notre divin chef, et nous rendrons éternellement à Dieu des honneurs divins, des honneurs dignes de la majesté divine, des honneurs, que Dieu reçoit, et qu'il recevra toujours avec plaisir. Nos adorations et nos louanges sont en Jésus-Christ des sacrifices de bonne odeur. Dieu se plaît dans ces sacrifices spirituels et divins ; et s'il s'est repenti d'avoir

établi un culte charnel, et même d'avoir fait l'homme * ; il en a juré par lui-même, jamais il ne se repentira de l'avoir réparé, de l'avoir sanctifié, de nous avoir faits ses prêtres sous notre souverain pontife le vrai Melchisédech **. Dieu nous regarde en Jésus-Christ comme des dieux, comme ses enfants, comme ses héritiers, et comme les cohéritiers de son Fils bien-aimé ***. Il nous a adoptés en ce cher Fils. C'est par lui qu'il nous donne accès auprès de sa majesté suprême. C'est par lui qu'il se complaît dans son ouvrage. C'est par ce secret qu'il a trouvé dans sa sagesse qu'il sort hors de lui-même, s'il est permis de parler ainsi, hors de sa sainteté, qui le sépare infiniment de toutes les créatures, qu'il sort, dis-je, avec une magnificence dont il tire une gloire capable de le contenter. L'Homme-Dieu le précède partout dans ses voies, il justifie tous ses desseins, il lui fait rendre par ses créatures des honneurs dont il doit être content. Jésus-Christ ne paraît que dans la plénitude des temps ; mais il est avant tous les siècles dans les desseins du Créateur ; et lorsqu'il naît en Bethléem, c'est alors que voilà Dieu glorifié ; c'est alors que le voilà satisfait | de **207** son ouvrage. Tous les esprits bienheureux reconnaissent cette vérité, lorsque l'ange annonce aux pasteurs la naissance du Sauveur. *Gloire à Dieu*, disent-ils tous d'un commun accord, *paix en terre, Dieu se complaît dans les hommes* ****. Oui assurément l'Incarnation du Verbe et le premier et le principal ***** des desseins de Dieu. C'est ce qui justifie sa conduite. C'est, si je ne me trompe, le seul dénouement

* Hé 7, 20-21 ; 6,17.
** 1 P 2,9.
*** 1 Jn 3, 1-22 ; Rm 8, 16-17.
**** Lc 2 [v. 14].
***** *Traité de la Nature et de la Grâce* Ier Discours, et IIe et IIIe Éclaircissements.

de mille et mille difficultés, de mille et mille contradictions apparentes.

L'homme, Ariste, est pécheur : il n'est point tel que Dieu l'a fait. Dieu a donc laissé corrompre son ouvrage. Accordez cela avec sa sagesse et avec sa puissance. Tirez-vous seulement de ce méchant pas sans le secours de l'Homme-Dieu, sans admettre de médiateur, sans concevoir que Dieu a eu principalement en vue l'Incarnation de son Fils. Je vous en défie avec tous les principes de la meilleure philosophie. Pour moi je vous l'avoue, je me trouve court à tous moments, lorsque je prétends philosopher sans le secours de la foi. C'est elle qui me conduit et qui me soutient dans les recherches sur les vérités qui ont quelque rapport à Dieu, comme sont celles de la métaphysique. Car pour les vérités mathématiques, celles qui mesurent les grandeurs, les nombres, les temps, les mouvements, tout ce qui ne diffère que par le plus et par le moins, je demeure d'accord que la foi ne sert de rien pour les découvrir, et que l'expérience suffit avec la raison pour se rendre savant dans toutes les parties de la physique.

VII. ARISTE : Je comprends bien, Théodore, ce que vous me dites là, et je le trouve assez conforme à la raison. Je sens même une secrète joie de voir qu'en suivant la foi on s'élève à l'intelligence des vérités que saint Paul nous apprend en plusieurs endroits de ses admirables épîtres. Mais il se présente à mon esprit deux petites difficultés. La première, c'est qu'il semble que Dieu n'a pas été parfaitement libre dans la production de son ouvrage, puisqu'il en tire une gloire infinie et qui le contente si fort. La seconde, c'est que du moins il ne devait pas se priver une éternité de la satisfaction qu'il a de se voir si divinement honoré par ses créatures.

| THÉODORE : Je vous réponds, Ariste, que l'Être **208** infiniment parfait se suffit pleinement à lui-même, et qu'ainsi il n'aime invinciblement et nécessairement que sa propre substance, que ses divines perfections. Cela est évident, et suffit pour votre première difficulté. Mais pour la seconde, prenez garde que Dieu ne doit jamais rien faire qui démente ses qualités, et qu'il doit laisser aux créatures essentiellement dépendantes toutes les marques de leur dépendance. Or le caractère essentiel de la dépendance, c'est de n'avoir point été. Un monde éternel paraît être une émanation nécessaire de la divinité. Il faut que Dieu marque qu'il se suffit tellement à lui-même, qu'il a pu se passer durant une éternité de son ouvrage. Il en tire par Jésus-Christ une gloire qui le contente. Mais il ne la recevrait pas cette gloire, si l'Incarnation était éternelle, parce que cette Incarnation blesserait ses attributs, qu'elle doit honorer autant que cela est possible.

ARISTE : Je vous l'avoue, Théodore. Il n'y a que l'Être nécessaire et indépendant qui doive être éternel. Tout ce qui n'est pas Dieu doit porter la marque essentielle de sa dépendance. Cela me paraît évident. Mais Dieu, sans faire le monde éternel, pouvait le créer plus tôt qu'il n'a fait de mille millions de siècles. Pourquoi tant retarder un ouvrage dont il tire tant de gloire ?

THÉODORE : Il ne l'a point retardé, Ariste. Le tôt et le tard sont des propriétés du temps qui n'ont nul rapport à l'éternité. Si le monde avait été créé mille millions de siècles plus tôt qu'il ne l'a été, on pourrait vous faire la même instance, et la recommencer sans cesse à l'infini. Ainsi Dieu n'a point créé trop tard son ouvrage, puisqu'il a fallu qu'une éternité le précédât, et que le tôt et le tard de mille millions de siècles n'avancent et ne reculent point par rapport à l'éternité.

ARISTE : Je ne sais que vous répondre, Théodore. Je penserai à ce que vous venez de me dire, que Dieu n'agit que pour sa gloire, que pour l'amour qu'il se porte à lui-même ; car je conçois que ce principe renferme bien des conséquences. Mais, Théotime, qu'en pensez-vous ?

VIII. THÉOTIME : Ce principe me paraît incontestable. Car il est évident que l'Être infiniment parfait ne peut trouver qu'en lui-même le motif de ses volontés, et les raisons de sa conduite. | **209** Mais, je ne sais, je voudrais bien, ce me semble, que Dieu nous aimât un peu davantage, ou qu'il fît quelque chose uniquement pour l'amour de nous. Car enfin l'Écriture nous apprend que Dieu nous a tant aimés qu'il nous a donné son Fils unique. Voilà un grand don, Ariste, et qui semble marquer un amour un peu plus désintéressé que celui que Théodore lui attribue.

ARISTE : Hé bien, Théodore, que dites-vous à cela ?

THÉODORE : Que Théotime donne dans l'écueil, ou plutôt qu'il se sent dans le courant qui l'y porte, si ce n'est peut-être qu'il veut voir dans quelles dispositions vous êtes.

ARISTE : Vous ne répondez pas.

THÉODORE : C'est que je voudrais bien que vous le fissiez vous-même. Mais puisque vous voulez vous taire, donnez-vous du moins la peine de bien prendre ma pensée. Je crois, Ariste, que Dieu nous a tant aimés qu'il nous a donné son Fils, ainsi que le dit l'Écriture*. Mais je crois aussi ce que m'apprend la même Écriture, qu'il a tant aimé son Fils, qu'il nous a donnés à lui, et toutes les nations de la terre**. Enfin, je crois encore, à cause de l'Écriture, que s'il nous a prédestinés en son Fils***, et s'il a choisi

* Jn 3, 16.
** Ps 2, 8 ; Mt 28, 18.
*** Ep 1 [v. 4]

son Fils pour le premier des prédestinés, c'est parce qu'il en voulait faire son pontife, pour recevoir de lui, et de nous par lui, les adorations qui lui sont dues. Car voici en deux mots l'ordre des choses. Tout est à nous ; nous sommes à Jésus-Christ ; et Jésus-Christ est à Dieu. *Omnia vestra sunt*, dit saint Paul *, *sive præsentia, sive futura ; vos autem Christi ; Christus autem Dei*. C'est que Dieu est nécessairement la fin de toutes ses œuvres.

Concevez distinctement, Ariste, que Dieu aime toutes choses à proportion qu'elles sont aimables, que la loi qu'il suit inviolablement n'est que l'Ordre immuable, que je vous ai dit plusieurs fois ne pouvoir consister que dans les rapports nécessaires des perfections divines. En un mot, concevez que Dieu agit selon ce qu'il est ; et vous comprendrez sans peine qu'il nous aime si fort qu'il fait pour nous tout ce qu'il peut faire, agissant comme il doit agir. Vous comprendrez que Dieu aime les natures qu'il | a faites, tant qu'elles sont telles qu'il les a faites, qu'il **210** les aime, dis-je, selon le degré de perfection que renferment leurs archétypes, et qu'il les rendra d'autant plus heureuses qu'elles l'auront mérité, en se conformant à sa loi. Vous comprendrez que Dieu d'abord a créé l'homme juste et sans aucun défaut ; et que s'il l'a fait libre, c'est qu'il a voulu le rendre heureux, sans manquer à ce qu'il se doit à lui-même. Vous croirez aisément que l'homme devenu pécheur, quoique digne de la colère divine, Dieu peut encore l'aimer avec tant de charité et de bonté, que d'envoyer[1] son Fils, pour le délivrer de ses péchés. Vous ne douterez pas que Dieu chérit tellement l'homme sanctifié

* 1 Co 3, 22 [-23 ; « Car tout est à vous, […] soit les choses présentes, soit les futures. […]. Et vous, vous êtes à Jésus-Christ ; et Jésus-Christ est à Dieu »].

1. qu'il envoie.

par Jésus-Christ, qu'il lui fait part de son héritage et d'une éternelle félicité. Mais vous ne comprendrez jamais que Dieu agisse uniquement pour ses créatures, ou par un mouvement de pure bonté, dont le motif ne trouve point sa raison dans les attributs divins. Encore un coup, Ariste, Dieu peut ne point agir ; mais s'il agit, il ne le peut, qu'il[1] ne se règle sur lui-même, sur la loi, qu'il trouve dans sa substance. Il peut aimer les hommes ; mais il ne le peut qu'à cause du rapport qu'ils ont avec lui. Il trouve dans la beauté, que renferme l'archétype de son ouvrage, un motif de l'exécuter ; mais c'est que cette beauté lui fait honneur, parce qu'elle exprime des qualités dont il se glorifie, et qu'il est bien aise de posséder. Ainsi l'amour que Dieu nous porte n'est point intéressé en ce sens qu'il ait quelque besoin de nous ; mais il l'est en ce sens qu'il ne nous aime que par l'amour qu'il se porte à lui-même et à ses divines perfections, que nous exprimons par notre nature (c'est la première gloire, que tous les êtres rendent nécessairement à leur auteur), et que nous adorons par des jugements et des mouvements qui lui sont dus. C'est la seconde gloire, que nous donnons à Dieu par notre souverain prêtre Notre Seigneur Jésus-Christ.

THÉOTIME : Tout cela, Théodore, me paraît suffisamment expliqué. L'Être infiniment parfait se suffit pleinement à lui-même : c'est un des noms que Dieu se donne dans l'Écriture. Et cependant il a tout fait pour lui : *Omnia propter semetipsum operatus est Dominus**. Il a tout fait en Jésus-Christ, et par Jésus-Christ : *Omnia per ipsum et*
211 *in ipso creata sunt*** : tout pour la gloire, | qu'il retire de

* Pr 16, 4 [« Le Seigneur a tout fait pour lui »].
** Col 1,16 [« Tout a été créé par lui et pour lui »].

1. sans qu'il.

son Église en Jésus-Christ : *Ipsi gloria in Ecclesia et in Christo Jesu in omnes generationes sæculi sæculorum* *. Les épîtres de saint Paul sont toutes remplies de ces vérités. C'est là le fondement de notre religion ; et vous nous avez fait voir qu'il n'y a rien de plus conforme à la Raison, et à la notion la plus exacte de l'Être infiniment parfait. Passons à quelqu'autre chose. Quand Ariste aura bien pensé à tout ceci, j'espère qu'il en demeurera convaincu.

ARISTE : J'en suis déjà bien persuadé, Théotime ; et il ne tient pas à moi que Théodore ne descende un peu plus dans le détail qu'il ne fait.

IX. THÉODORE : Tâchons, Ariste, de bien comprendre les principes les plus généraux. Car ensuite tout le reste va tout seul, tout se développe à l'esprit avec ordre, et avec une merveilleuse clarté. Voyons donc encore dans la notion de l'Être infiniment parfait quels peuvent être les desseins de Dieu. Je ne prétends pas que nous en puissions découvrir le détail ; mais peut-être en reconnaîtrons-nous ce qu'il y a de plus général ; et vous verrez dans la suite que le peu que nous en aurons découvert nous sera d'un grand usage. Pensez-vous donc que Dieu veuille faire l'ouvrage le plus beau, le plus parfait qui se puisse ?

ARISTE : Oui, sans doute ; car plus son ouvrage sera parfait, plus il exprimera les qualités et les perfections dont Dieu se glorifie. Cela est évident par tout ce que vous venez de nous dire.

THÉODORE : L'univers est donc le plus parfait que Dieu puisse faire ? Mais quoi ! Tant de monstres, tant de désordres, ce grand nombre d'impies, tout cela contribue-t-il à la perfection de l'univers ?

* Ep 3, 21 [« Que Dieu soit glorifié dans l'Église par Jésus-Christ dans la succession de tous les âges et de tous les siècles »].

ARISTE : Vous m'embarrassez, Théodore. Dieu veut faire un ouvrage le plus parfait qui se puisse. Car plus il sera parfait, plus il l'honorera. Cela me paraît évident. Mais je conçois bien qu'il serait plus accompli s'il était exempt de mille et mille défauts qui le défigurent. Voilà une contradiction qui m'arrête tout court. Il semble que Dieu n'ait pas exécuté son dessein, ou qu'il n'ait pas pris le dessein le plus digne de ses attributs.

212 | THÉODORE : C'est que vous n'avez pas encore bien compris les principes. Vous n'avez pas assez médité la notion de l'Être infiniment parfait qui les renferme. Vous ne savez pas encore faire agir Dieu selon ce qu'il est.

THÉOTIME : Mais, Ariste, ne serait-ce point que les dérèglements de la nature, les monstres, et les impies mêmes sont comme les ombres d'un tableau qui donnent de la force à l'ouvrage et du relief aux figures ?

ARISTE : Cette pensée a je ne sais quoi qui plaît à l'imagination, mais l'esprit n'en est point content. Car je comprends fort bien que l'univers serait plus parfait, s'il n'y avait rien de déréglé dans aucune des parties qui le composent ; et il n'y en a presque point au contraire où il n'y ait quelque défaut.

THÉOTIME : C'est donc que Dieu ne veut pas que son ouvrage soit parfait.

ARISTE : Ce n'est point cela non plus. Car Dieu ne peut pas vouloir positivement et directement des irrégularités qui défigurent son ouvrage, et qui n'expriment aucune des perfections qu'il possède, et dont il se glorifie. Cela me paraît évident. Dieu permet le désordre ; mais il ne le fait pas, il ne le veut pas.

THÉOTIME : *Dieu permet*, je n'entends pas bien ce terme. À qui est-ce que Dieu permet de geler les vignes, et de renverser les moissons qu'il a fait croître ? Pourquoi permet-il qu'on mette dans son ouvrage des monstres qu'il ne fait et ne veut point ? Quoi donc ! est-ce que l'univers n'est point tel que Dieu l'a voulu ?

ARISTE : Non, car l'univers n'est point tel que Dieu l'a fait.

THÉOTIME : Cela peut être véritable à l'égard des désordres qui s'y sont glissés par le mauvais usage de la liberté. Car Dieu n'a pas fait les impies ; il a permis que les hommes le devinssent. Je comprends bien cela, quoique je n'en sache pas les raisons. Mais certainement il n'y a que Dieu qui fasse les monstres.

ARISTE : Voilà d'étranges créatures que les monstres, s'ils ne font point d'honneur à celui qui leur donne l'être. Savez-vous bien, Théotime, pourquoi Dieu, qui couvre aujourd'hui de fleurs | et de fruits toute la campagne, la **213** ravagera demain par la gelée ou par la grêle ?

THÉOTIME : C'est que la campagne sera plus belle dans sa stérilité que dans sa fécondité, quoique cela ne nous accommode pas. Nous jugeons souvent de la beauté des ouvrages de Dieu par l'utilité que nous en recevons, et nous nous trompons.

ARISTE : Encore vaut-il mieux en juger par leur utilité que par leur inutilité. La belle chose qu'un pays désolé par la tempête !

THÉOTIME : Fort belle. Un pays habité par des pécheurs doit être dans la désolation.

ARISTE : Si la tempête épargnait les terres des gens de bien, vous auriez peut-être raison. Encore serait-il plus à propos de refuser la pluie au champ d'un brutal, que de faire germer et croître son blé pour le moissonner par la grêle. Ce serait assurément le plus court. Mais de plus, c'est souvent le moins coupable qui est le plus maltraité. Que de contradictions apparentes dans la conduite de Dieu !

Théodore m'a déjà donné des principes qui dissipent ces contradictions. Mais je les ai si mal compris que je ne m'en souviens plus. Si vous ne voulez pas, Théotime, me mettre dans le bon chemin, car je vois bien que vous vous divertissez de l'embarras où je me trouve, laissez parler Théodore.

THÉOTIME : Cela est juste.

X. THÉODORE : Vous voyez bien, Ariste, qu'il ne suffit pas d'avoir entrevu des principes ; il faut les avoir bien compris, afin qu'ils se présentent à l'esprit dans le besoin. Écoutez donc, puisque Théotime ne veut pas vous dire ce qu'il sait parfaitement bien.

Vous ne vous trompez point de croire que plus un ouvrage est parfait, plus il exprime les perfections de l'ouvrier ; et qu'il lui fait d'autant plus d'honneur que les perfections qu'il exprime plaisent davantage à celui qui les possède, et qu'ainsi Dieu veut faire son ouvrage le plus parfait qui se puisse. Mais vous ne tenez que la moitié du principe ; et c'est ce qui vous laisse dans l'embarras. Dieu **214** veut que son ouvrage l'honore ; vous le comprenez | bien. Mais prenez garde ; Dieu ne veut pas que ses voies le déshonorent. C'est l'autre moitié du principe. Dieu veut que sa conduite, aussi bien que son ouvrage, porte le caractère de ses attributs. Non content que l'univers l'honore par son excellence et sa beauté, il veut que ses voies le glorifient par leur simplicité, leur fécondité, leur universalité, leur uniformité, par tous les caractères qui expriment des qualités qu'il se glorifie de posséder.

Ainsi ne vous imaginez pas que Dieu ait voulu absolument faire l'ouvrage le plus parfait qui se puisse, mais seulement le plus parfait par rapport aux voies les plus dignes de lui. Car ce que Dieu veut uniquement, directement, absolument dans ses desseins, c'est d'agir toujours le plus divinement qui se puisse, c'est de faire porter à sa conduite, aussi bien qu'à son ouvrage, le caractère de ses attributs, c'est d'agir exactement selon ce qu'il est, et selon tout ce qu'il est. Dieu a vu de toute éternité tous les ouvrages possibles, et toutes les voies possibles de produire chacun d'eux ; et comme il n'agit que pour sa gloire, que selon ce qu'il est, il s'est déterminé à vouloir l'ouvrage qui pouvait être produit et conservé par des voies qui, jointes à cet ouvrage, devaient l'honorer davantage que tout autre ouvrage produit par toute autre voie. Il a formé le dessein, qui portait davantage le caractère de ses attributs, qui exprimait plus exactement les qualités qu'il possède, et qu'il se glorifie de posséder. Embrassez bien ce principe, mon cher Ariste, de peur qu'il ne vous échappe ; car de tous les principes c'est peut-être le plus fécond.

Encore un coup, ne vous imaginez pas que Dieu forme jamais aveuglément de dessein, je veux dire, sans l'avoir comparé avec les voies nécessaires pour son exécution. C'est ainsi qu'agissent les hommes, qui se repentent souvent de leurs résolutions à cause des difficultés qu'ils y trouvent. Rien n'est difficile à Dieu. Mais prenez garde, tout n'est pas également digne de lui. Ses voies doivent porter le caractère de ses attributs, aussi bien que son ouvrage. Il faut donc que Dieu ait égard aux voies aussi bien qu'à l'ouvrage. Il ne suffit pas que son ouvrage l'honore par son excellence ; il faut de plus que ses voies le glorifient par leur divinité. Et si un monde plus parfait que le nôtre ne pouvait être créé et conservé que par des voies réciproquement moins parfaites, de manière que l'expression, pour ainsi dire, que | ce nouveau monde et ces voies **215** nouvelles donneraient des qualités divines, serait moindre que celle du nôtre ; je ne crains point de le dire, Dieu est trop sage, il aime trop sa gloire, il agit trop exactement selon ce qu'il est, pour pouvoir le préférer à l'univers qu'il a créé. Car Dieu n'est indifférent dans ses desseins, que lorsqu'ils sont également sages, également divins, également glorieux pour lui, également dignes de ses attributs, que lorsque le rapport, composé de la beauté de l'ouvrage et de la simplicité des voies, est exactement égal. Lorsque ce rapport est inégal, quoique Dieu puisse ne rien faire, à cause qu'il se suffit à lui-même, il ne peut choisir et prendre le pire. Il peut ne point agir, mais il ne peut agir inutilement, ni multiplier ses voies, sans augmenter à proportion la beauté de son ouvrage. Sa sagesse lui défend de prendre de tous les desseins possibles celui qui n'est pas le plus sage. L'amour qu'il se porte à lui-même ne lui permet pas de choisir celui qui ne l'honore pas le plus.

XI. Ariste : Je tiens bien, Théodore, votre principe. Dieu n'agit que selon ce qu'il est, que d'une manière qui porte le caractère de ses attributs, que pour la gloire qu'il trouve uniquement dans le rapport que son ouvrage et ses voies jointes ensemble ont avec les perfections qu'il possède, et qu'il se glorifie de posséder. C'est la grandeur de ce rapport que Dieu considère dans la formation de ses desseins. Car voilà le principe. Dieu ne peut agir que selon ce qu'il est, ni vouloir absolument et directement que sa gloire. Si les défauts de l'univers que nous habitons diminuent ce rapport, la simplicité, la fécondité, la sagesse des voies ou des lois que Dieu suit l'augmentent avec avantage. Un monde plus parfait, mais produit par des voies moins fécondes et moins simples, ne porterait pas tant que le nôtre le caractère des attributs divins. Voilà pourquoi le monde est rempli d'impies, de monstres, de désordres de toutes façons. Dieu pourrait convertir tous les hommes, empêcher tous les désordres. Mais il ne doit pas pour cela troubler la simplicité et l'uniformité de sa conduite. Car il doit s'honorer par la sagesse de ses voies, aussi bien que par la perfection de ses créatures. Il ne permet point les monstres : c'est lui qui les fait. Mais il ne les fait que pour | ne rien changer dans sa conduite, que **216** par respect pour la généralité de ses voies, que pour suivre exactement les lois naturelles qu'il a établies, et qu'il n'a pas néanmoins établies à cause des effets monstrueux qu'elles devaient produire, mais pour des effets plus dignes de sa sagesse et de sa bonté. Voilà pourquoi on peut dire qu'il les permet, quoiqu'il n'y ait que lui qui les fasse. C'est qu'il ne les veut qu'indirectement, qu'à cause qu'ils sont une suite naturelle de ses lois.

THÉODORE : Que vous tirez promptement vos conséquences !

ARISTE : C'est que le principe et clair ; c'est qu'il est fécond.

THÉODORE : D'abord, Ariste, il semble que ce principe, à cause de sa généralité, n'ait aucune solidité. Mais quand on le suit de près, il frappe tellement et si promptement par un détail de vérités étonnantes qu'il découvre, qu'on en est charmé. Apprenez de là que les principes les plus généraux sont les plus féconds. Ils paraissent d'abord comme de pures chimères. C'est leur généralité qui en est cause ; car l'esprit compte pour rien ce qui ne le touche point. Mais tenez-les bien ces principes, si vous pouvez, et suivez-les ; ils vous feront bien voir du pays en peu de temps.

ARISTE : Je l'éprouve bien, Théodore, lorsque je médite un peu ce que vous me dites ; et maintenant même, sans aucun effort d'esprit, je vois, ce me semble, tout d'une vue dans votre principe l'éclaircissement de quantité de difficultés que j'ai toujours eues sur la conduite de Dieu. Je conçois que tous ces effets qui se contredisent, ces ouvrages qui se combattent et qui se détruisent, ces désordres qui défigurent l'univers, que tout cela ne marque nulle contradiction dans la cause qui le gouverne, nul défaut d'intelligence, nulle impuissance, mais une prodigieuse fécondité, et une parfaite uniformité dans les lois de la nature.

THÉODORE : Doucement, Artiste, car nous expliquerons tout cela plus exactement dans la suite.

XII. ARISTE : Je comprends même que la raison de la prédestination des hommes se doit nécessairement trouver dans votre principe. Je croyais que Dieu avait choisi de toute éternité tels et tels, précisément parce qu'il le voulait ainsi, sans raison de | son choix, ni de sa part, ni de la nôtre, et qu'ensuite il avait consulté sa sagesse sur les moyens de les sanctifier et de les conduire sûrement au ciel. Mais je comprends bien que je me trompais. Dieu ne forme point aveuglément ses desseins, sans les comparer avec les moyens. Il est sage dans la formation de ses décrets, aussi bien que dans leur exécution. Il y a en lui des raisons de la prédestination des élus. C'est que l'Église future, formée par les voies que Dieu y emploie, lui fait plus d'honneur que toute autre Église, formée par toute autre voie. Car Dieu ne peut agir que pour sa gloire, que de la manière qui porte le plus le caractère de ses attributs. Dieu ne nous a point prédestinés ni nous, ni même notre divin chef, à cause de nos mérites naturels, mais à cause des raisons que sa loi inviolable, l'Ordre immuable, le rapport nécessaire des perfections, qu'il renferme dans sa substance, lui fournit. Il a voulu unir son Verbe à telle nature, et prédestiner en son Fils tels et tels, parce que sa sagesse lui a marqué d'en user ainsi envers eux pour sa propre gloire. Suis-je bien, Théodore, votre grand principe ?

THÉODORE : Fort bien. Mais n'appréhendez-vous point d'entrer trop avant dans la théologie ? Vous voilà au milieu des plus grands mystères.

ARISTE : Revenons, car il ne m'appartient pas de les pénétrer.

THÉOTIME : Vous faites bien, Ariste, de revenir promptement. Car saint Augustin le grand docteur de la grâce ne veut pas qu'on cherche des raisons du choix que Dieu fait des hommes. La prédestination est purement gratuite, et la raison pourquoi Dieu prend tel, et laisse tel, c'est qu'il fait miséricorde à qui il lui plaît de la faire.

ARISTE : Quoi, Théodore ! Est-ce que saint Augustin prétend que Dieu ne consulte point sa sagesse dans la formation de ses desseins, mais seulement pour leur exécution ?

THÉODORE : Non, Ariste. Mais apparemment Théotime explique saint Augustin selon la pensée de certaines gens. Ce saint docteur, écrivant contre les hérétiques de son temps, rejette la méchante | raison qu'ils donnaient du **218** choix de Dieu, et de la distribution de sa grâce. Mais il a toujours été prêt de recevoir celles qui sont dans l'analogie de la foi, et qui ne détruisent pas la gratuité de la grâce. Voici en deux mots le raisonnement de ces hérétiques ; il est bon que vous le sachiez, et que vous puissiez y répondre. Dieu veut que tous les hommes soient sauvés, et arrivent à la connaissance de la vérité. Donc ils peuvent tous être sauvés par leurs forces naturelles. Mais si cela n'est pas possible sans le secours de la grâce intérieure, disaient les plus modérés, voyons un peu à qui Dieu le donnera. Dieu fait choix des uns plutôt que des autres. Hé bien d'accord ; mais du moins que son choix soit raisonnable. Or c'est une notion commune, que qui prend le pire choisit mal. Donc si Dieu ne donne pas sa grâce également à tous, s'il choisit, il faut bien qu'il préfère les meilleurs, ou les moins méchants aux plus méchants. Car on ne peut pas douter que le choix qu'il fait des uns plutôt que des autres, ne soit sage et raisonnable. Il n'y a point en lui acception de personnes. Il faut donc nécessairement que la raison de son choix dans la distribution de sa grâce se trouve dans le bon usage que nous pouvons encore faire de nos forces naturelles. C'est à nous à vouloir, à désirer notre guérison, à croire au Médiateur, à implorer sa miséricorde, en un mot à commencer, et Dieu viendra au secours ; nous mériterons par le bon usage de notre libre arbitre que Dieu nous donne sa grâce.

ARISTE : Ces gens-là raisonnaient juste.

THÉODORE : Parfaitement bien, mais sur de fausses idées. Ils ne consultaient pas la notion de l'Être infiniment parfait. Ils faisaient agir Dieu comme agissent les hommes. Car, prenez garde, pourquoi pensez-vous que Dieu répande les pluies ?

ARISTE : C'est pour rendre fécondes les terres que nous cultivons.

THÉODORE : Il n'y a donc qu'à semer, ou qu'à planter dans un champ, afin qu'il y pleuve. Car puisque Dieu ne fait pas pleuvoir également sur les terres, puisqu'il fait choix, il doit choisir raisonnablement, et faire pleuvoir sur les terres ensemencées plutôt que sur les autres, plutôt que sur les sablons et dans la mer. Trouvez par cette comparaison le défaut du raisonnement des ennemis de la grâce ; mais ne chicanez point, je vous prie.

219 | ARISTE : Je vous entends, Théodore. Qu'on cultive les terres, ou qu'on les laisse en friche, il n'y pleut ni plus, ni moins. C'est qu'il ne pleut ordinairement qu'en conséquence des lois générales de la nature, selon lesquelles Dieu conserve l'univers. De même la raison de la distribution

de la grâce ne se tire point de nos mérites naturels. Dieu ne donne les premières grâces qu'en conséquence de certaines lois générales *. Car Dieu n'agit pas comme les causes particulières et les intelligences bornées. La raison de son choix vient de la sagesse de ses lois, et la sagesse de ses lois du rapport qu'elles ont avec ses attributs, de leur simplicité, de leur fécondité, en un mot de leur divinité. Le choix que Dieu fait des hommes dans la distribution de ses grâces est donc raisonnable, et parfaitement digne de la sagesse de Dieu, quoiqu'il ne soit fondé ni sur la différence des natures, ni sur l'inégalité des mérites.

THÉODORE : Vous y voilà, Ariste. Vous avez renversé en deux mots l'appui le plus ferme du pélagianisme. Un homme qui arroserait des sablons, ou qui porterait à la mer les eaux nécessaires à son champ, ne serait pas sage. C'est néanmoins ce que Dieu fait en conséquence de ses lois ; et en cela il agit très sagement, divinement. Cela suffit pour faire taire ces orgueilleux hérétiques, qui veulent apprendre à Dieu à faire parmi les hommes un choix sage et raisonnable.

Hé bien, Théotime, appréhenderez-vous encore qu'Ariste ne tombe dans le précipice, dont saint Augustin fait peur, et avec raison, à ceux qui cherchent dans leurs mérites naturels la cause de leur élection ? Ariste veut que la distribution de la grâce soit purement gratuite. Soyons en repos pour lui. Plaignons plutôt certaines gens, que vous connaissez, qui prétendent que Dieu choisit ses élus par pure bonté pour eux, sans sagesse et sans raison de sa part. Car c'est une horrible impiété que de croire | que Dieu **220** n'est pas sage dans la formation de ses desseins, aussi bien

* Voyez le douzième Entretien, nombres 16 et suivants ; 2e Discours du *Traité de la nature et de la grâce* ; *Réponse à la Dissertation de Monsieur Arnauld*, [OC, t. VII] chap. 7, 8, 9, 10, 11, etc.

que dans leur exécution. La prédestination à la grâce est gratuite de notre part. La grâce n'est point distribuée selon nos mérites, ainsi que le soutient saint Augustin après saint Paul, et avec toute l'Église ; mais elle est réglée sur une loi, dont Dieu ne se dispense jamais. Car Dieu a formé le dessein qui renferme la prédestination de tels et tels, plutôt que quantité d'autres, parce qu'il n'y a point de dessein plus sage que celui-là, plus digne de ses attributs. Voilà ce que vos amis ne sauraient comprendre.

XIII. THÉOTIME : Que voulez-vous, Théodore ! c'est qu'on donne naturellement dans cet écueil, de juger de Dieu par soi-même. Nous aimons tous l'indépendance ; ce nous est à nous une espèce de servitude que de nous soumettre à la Raison, une espèce d'impuissance de ne pouvoir faire ce qu'elle défend. Ainsi nous craignons de rendre Dieu impuissant à force de le faire sage. Mais Dieu est à lui-même sa sagesse. La Raison souveraine lui est coéternelle et consubstantielle. Il l'aime nécessairement ; et quoiqu'il soit obligé de la suivre, il demeure indépendant. Tout ce que Dieu veut est sage et raisonnable, non que Dieu soit au-dessus de la Raison, non que ce qu'il veut soit juste précisément et uniquement parce qu'il le veut, mais parce qu'il ne peut se démentir soi-même, rien vouloir qui ne soit conforme à sa loi, à l'Ordre immuable et nécessaire des perfections divines.

THÉODORE : Assurément, Théotime, c'est tout renverser que de prétendre que Dieu soit au-dessus de la Raison, et qu'il n'ait point d'autre règle dans ses desseins que sa pure volonté. Ce faux principe répand des ténèbres si épaisses qu'il confond le bien avec le mal, le vrai avec le faux, et fait de toutes choses un chaos où l'esprit ne connaît plus rien. Saint Augustin a prouvé invinciblement le péché originel par les désordres que nous éprouvons en nous.

L'homme souffre : donc il n'est point innocent. L'esprit dépend du corps : donc l'homme est corrompu, il n'est point tel que Dieu l'a fait. Dieu ne peut soumettre le plus noble au moins noble, car l'Ordre ne le permet pas. Quelles conséquences | pour ceux qui ne craignent point de dire **221** que la volonté de Dieu est la seule règle de ses actions ! Ils n'ont qu'à répondre que Dieu l'a ainsi voulu, que c'est notre amour-propre qui nous fait trouver injuste la douleur que nous souffrons, que c'est notre orgueil qui s'offense que l'esprit soit soumis au corps, que Dieu ayant voulu ces désordres prétendus, c'est une impiété que d'en appeler à la Raison, puisque la volonté de Dieu ne la reconnaît point pour la règle de sa conduite. Selon ce principe, l'univers est parfait, parce que Dieu l'a voulu. Les monstres sont des ouvrages aussi achevés que les autres selon les desseins de Dieu. Il est bon d'avoir les yeux au haut de la tête ; mais ils eussent été aussi sagement placés partout ailleurs, si Dieu les y avait mis. Qu'on renverse donc le monde, qu'on en fasse un chaos, il sera toujours également admirable, puisque toute sa beauté consiste dans sa conformité avec la volonté divine, qui n'est point obligée de se conformer à l'Ordre. Mais quoi ! cette volonté nous est inconnue. Il faut donc que toute la beauté de l'univers disparaisse à la vue de ce grand principe, que Dieu est supérieur à la Raison qui éclaire tous les esprits, et que sa volonté toute pure est l'unique règle de ses actions.

ARISTE : Ah, Théodore, que tous vos principes sont bien liés ! Je comprends encore par ce que vous me dites là que c'est en Dieu et dans une nature immuable que nous voyons la beauté, la vérité, la justice, puisque nous ne craignons point de critiquer son ouvrage, d'y remarquer des défauts, et de conclure même de là qu'il est corrompu. Il faut bien que l'Ordre immuable, que nous voyons en partie, soit la loi de Dieu même, écrite dans sa substance en caractères éternels et divins, puisque nous ne craignons point de juger de sa conduite par la connaissance que nous avons de cette loi. Nous assurons hardiment que l'homme n'est point tel que Dieu l'a fait, que sa nature est corrompue, que Dieu n'a pu en le créant assujettir l'esprit au corps. Sommes-nous des impies, ou des téméraires, de juger ainsi de ce que Dieu doit faire, ou ne faire pas ? Nullement. Nous serions plutôt ou des impies, ou des aveugles, si nous suspendions sur cela notre jugement. C'est, Théodore, que nous ne jugeons point de Dieu par notre autorité, mais par l'autorité souveraine de la loi divine.

222 | THÉODORE : Voilà, mon cher Ariste, une réflexion digne de vous. N'oubliez donc pas d'étudier cette loi, puisque c'est dans ce code sacré de l'Ordre immuable qu'on trouve de si importantes décisions.

De la magnificence de Dieu dans la grandeur et le nombre indéfini de ses différents ouvrages. De la simplicité et de la fécondité des voies par lesquelles il les conserve et les développe. De la Providence de Dieu dans la première impression du mouvement qu'il communique à la matière. Que ce premier pas de sa conduite, qui n'est point déterminé par des lois générales, est réglé par une sagesse infinie.

THÉOTIME : Que pensez-vous, Ariste, de ces principes généraux qu'hier Théodore nous proposa ? Les avez-vous toujours suivis ? Leur généralité, leur sublimité ne vous a-t-elle ni rebuté ni fatigué ? Pour moi, je vous l'avoue à ma confusion, j'ai voulu les suivre, mais ils m'échappaient comme des fantômes, de sorte que je me suis donné bien de la peine assez inutilement.

ARISTE : Quand un principe n'a rien qui touche les sens, il est bien difficile de le suivre, et de le saisir ; ce qu'on embrasse n'a point de corps, quel moyen de le retenir ?

THÉOTIME : On prend cela tout naturellement pour un fantôme. Car l'esprit venant à se distraire, le principe s'éclipse, et on est tout surpris qu'on ne tient rien. On le reprend ce principe, mais il s'échappe de nouveau. Et quoiqu'il ne s'échappe que lorsqu'on ferme les yeux, comme on les ferme souvent sans s'en apercevoir, on croit que c'est le principe qui s'évanouit. Voilà pourquoi on le regarde comme un fantôme, qui nous fait illusion.

ARISTE : Il est vrai, Théotime, c'est je crois pour cela que les principes généraux ont quelque ressemblance avec les chimères, | et que le commun des hommes, qui n'est pas fait au travail de l'attention, les traite de chimériques. 224

THÉOTIME : Il y a néanmoins une extrême différence entre ces deux choses. Car les principes généraux plaisent à l'esprit, qu'ils éclairent par leur évidence, et les fantômes à l'imagination, qui leur donne l'être. Et quoiqu'il semble que c'est l'esprit qui forme ces principes, et généralement, toutes les vérités, à cause qu'elles se présentent à lui en conséquence de son attention, je pense que vous savez bien qu'elles sont avant nous, et qu'elles ne tirent point leur réalité de l'efficace de notre action ; car toutes ces vérités immuables ne sont que les rapports qui se trouvent entre les idées, dont l'existence est nécessaire et éternelle. Mais les fantômes que produit l'imagination, ou qui se produisent dans l'imagination par une suite naturelle des lois générales de l'union de l'âme et du corps, ils n'existent que pour un temps.

ARISTE : Je conviens, Théotime, que rien n'est plus solide que la vérité, et que plus les vérités sont générales, plus ont-elles de réalité et de lumière. Théodore m'en a convaincu. Mais je suis si sensible et si grossier, que souvent je n'y trouve point de goût, et que je suis quelquefois tenté de laisser tout là.

THÉOTIME : Voilà Théodore.

THÉODORE : Vous n'en ferez rien, Ariste. La vérité vaut mieux que les oignons et les choux, c'est une excellente manne.

ARISTE : Fort excellente, je l'avoue. Mais elle paraît quelquefois bien vide et bien peu solide. Je n'y trouve pas grand goût ; et vous voulez chaque jour qu'on en cueille de nouvelle. Cela n'est pas trop plaisant.

THÉODORE : Hé bien, Ariste, passons cette journée, comme les Juifs leur Sabbat. Peut-être qu'hier vous travaillâtes pour deux jours.

ARISTE : Assurément, Théodore, je travaillai beaucoup, mais je ne ramassai rien.

THÉODORE : Je vous laissai pourtant bien en train de tirer des conséquences. Comme vous vous y preniez, vous devriez en avoir vos deux mesures bien pleines.

| ARISTE : Quelles mesures, deux gomor[1] ? Donnez **225** donc, Théodore, plus de corps à vos principes, si vous voulez que j'emplisse ces mesures. Rendez-les plus sensibles et plus palpables. Ils me glissent entre les doigts ; la moindre chaleur les fond ; et après que j'ai bien travaillé, je trouve que je n'ai rien.

THÉODORE : Vous vous nourrissez, Ariste, sans y prendre garde. Ces principes qui vous passent par l'esprit, et qui s'en échappent, y laissent toujours quelque lumière.

ARISTE : Il est vrai ; je le sens bien. Mais recommencer tous les jours, et laisser là ma nourriture ordinaire ! Ne pourriez-vous point nous rendre plus sensibles les principes de votre philosophie ?

THÉODORE : Je crains, Ariste, qu'ils en deviennent moins intelligibles. Croyez-moi, je les rends toujours les plus sensibles que je puis. Mais je crains de les corrompre. Il est permis d'incarner la vérité pour l'accommoder à notre faiblesse naturelle, et pour soutenir l'attention de l'esprit, qui ne trouve point de prise à ce qui n'a point de corps. Mais il faut toujours que le sensible nous mène à l'intelligible, que la chair nous conduise à la Raison, et que la vérité paraisse telle qu'elle est sans aucun déguisement. Le sensible n'est pas le solide. Il n'y a que l'intelligible qui par son évidence et sa lumière puisse

1. Le gomor est une mesure ou un vase dans lequel fut conservée la manne pour transmettre aux Hébreux le souvenir de la nourriture que Dieu leur donna au désert (Ex 16, 32-34).

nourrir les intelligences. Vous le savez. Tâchez de vous en bien souvenir, et de me suivre.

ARISTE : De quoi voulez-vous parler ?

1. THÉODORE : De la Providence générale, ou de la conduite ordinaire que Dieu tient dans le gouvernement du monde.

Vous avez compris, Ariste, et peut-être même oublié, que l'Être infiniment parfait, quoique suffisant à lui-même, a pu prendre le dessein de former cet univers, qu'il l'a créé pour lui, pour sa propre gloire, qu'il a mis Jésus-Christ à la tête de son ouvrage, à l'entrée de ses desseins ou de ses voies, afin que tout fût divin, qu'il n'a pas dû entreprendre l'ouvrage le plus parfait qui fût possible, mais seulement le plus parfait qui pût être produit par les voies les plus sages ou les plus divines, de sorte que tout autre ouvrage produit par toute autre voie ne puisse exprimer plus exactement les perfections que Dieu possède, et qu'il se 226 glorifie de posséder. Voilà donc, pour ainsi dire, | le Créateur prêt à sortir hors de lui-même, hors de son sanctuaire éternel, prêt à se mettre en marche pour la production des créatures. Voyons quelque chose de sa magnificence dans son ouvrage ; mais suivons-le de près dans les démarches majestueuses de sa conduite ordinaire.

Pour la magnificence dans son ouvrage, elle y éclate de toutes parts. De quelque côté qu'on jette les yeux dans l'univers, on y voit une profusion de prodiges. Et si nous cessons de les admirer, c'est assurément que nous cessons de les considérer avec l'attention qu'ils méritent. Car les astronomes qui mesurent la grandeur des astres, et qui voudraient bien savoir le nombre des étoiles, sont d'autant plus surpris d'admiration qu'ils deviennent plus savants. Autrefois le soleil leur paraissait grand comme le

Péloponèse * ; mais aujourd'hui les plus habiles le trouvent un million de fois plus grand que la terre. Les Anciens ne comptaient que mille vingt-deux étoiles ; mais personne aujourd'hui n'ose les compter. Dieu même nous avait dit autrefois que nul homme n'en saurait jamais le nombre ; mais l'invention des téléscopes nous force bien maintenant à reconnaître que les catalogues que nous en avons sont fort imparfaits. Ils ne contiennent que celles qu'on découvre sans lunettes ; et c'est assurément le plus petit nombre. Je crois même qu'il y en a beaucoup plus qu'on ne découvrira jamais, qu'il n'y en a de visibles par les meilleurs télescopes ; et cependant il y a bien de l'apparence qu'une fort grande partie de ces étoiles ne le cèdent point ni en grandeur ni en majesté à ce vaste corps qui nous paraît ici-bas le plus lumineux et le plus beau. Que Dieu est donc grand dans les cieux ! qu'il est élevé dans leur profondeur ! qu'il est magnifique dans leur éclat ! qu'il est sage, qu'il est puissant dans leurs mouvements réglés !

II. Mais, Ariste, quittons le grand. Notre imagination se perd dans ces espaces immenses que nous n'oserions limiter, et que nous craignons de laisser sans bornes. Combien d'ouvrages admirables sur la terre que nous habitons, sur ce point imperceptible à ceux qui ne mesurent que les corps célestes ! Mais cette terre | que Messieurs les **227** astronomes comptent pour rien est encore trop vaste pour moi. Je me renferme dans votre parc. Que d'animaux, que d'oiseaux, que d'insectes, que de plantes, que de fleurs et que de fruits !

L'autre jour que j'étais couché à l'ombre, je m'avisai de remarquer la variété des herbes et des petits animaux que je trouvai sous mes yeux. Je comptai, sans changer de

* Aujourd'hui la Morée.

place, plus de vingt sortes d'insectes dans un fort petit espace, et pour le moins autant de diverses plantes. Je pris un de ces insectes, dont je ne sais point le nom, et peut-être n'en a-t-il point ; car les hommes qui donnent divers noms, et souvent de trop magnifiques, à tout ce qui sort de leurs mains, ne croient pas seulement devoir nommer les ouvrages du Créateur qu'ils ne savent point admirer. Je pris, dis-je, un de ces insectes. Je le considérai attentivement ; et je ne crains point de vous dire de lui ce que Jésus-Christ assure des lys champêtres, que Salomon dans toute sa gloire n'avait point de si magnifiques ornements[1]. Après que j'eus admiré quelque temps cette petite créature si injustement méprisée, et même si indignement et si cruellement traitée par les autres animaux, à qui apparemment elle sert de pâture, je me mis à lire un livre[2]* que j'avais sur moi, et j'y trouvai une chose fort étonnante : c'est qu'il y a dans le monde un nombre infini d'insectes pour le moins un million de fois plus petits que celui que je venais de considérer, dix mille fois plus petits qu'un grain de sable.

Savez-vous bien, Ariste, quelle est la toise, ou la mesure, dont se servent ceux qui veulent exprimer la petitesse de ces atomes vivants, ou, si vous voulez, leur grandeur ; car quoi qu'ils soient petits par rapport à nous, ils ne laissent pas d'être fort grands par rapport à d'autres ? Cette mesure est le diamètre de l'œil de ces petits animaux domestiques, qui ont tant mordu les hommes qu'ils les ont forcés de les honorer d'un nom. C'est par cette toise, mais réduite en pieds et en pouces, car entière elle est trop grande ; c'est,

1. Voir Mt 6, 29.

2. *Lettre de Monsieur Leuwenhœck, à Monsieur Wren* [A. Van Leuwenhœck, *Anatomia, seu interiora rerum…*, Leyde, 1687, p. 11 *sq.*, première lettre du 25 juillet 1684 à la Société Royale de Londres].

dis-je, par les parties de cette nouvelle toise que ces observateurs des curiosités de la nature mesurent les insectes qui se trouvent dans les liqueurs, et qu'ils prouvent par les principes de la géométrie que l'on en découvre une infinité, | qui sont mille fois pour le moins plus petits que l'œil **228** d'un pou ordinaire. Que cette mesure ne vous choque point ; c'est une des plus exactes et des plus communes. Ce petit animal s'est assez fait connaître, et l'on en peut trouver en toute saison. Ces philosophes sont bien aises qu'on puisse vérifier en tout temps les faits qu'ils avancent, et qu'on juge sûrement de la multitude et de la délicatesse des ouvrages admirables de l'auteur de l'univers.

ARISTE : Cela me surprend un peu. Mais, je vous prie, Théodore, ces animaux imperceptibles à nos yeux, et qui paraissent à peu près comme des atomes avec de bons microscopes, sont-ce là les plus petits ? N'y en aurait-il point encore beaucoup d'autres, qui échapperont éternellement à l'industrie des hommes ? Peut-être que les plus petits qu'on ait encore jamais vus sont aux autres, qu'on ne verra jamais, ce que l'éléphant est au moucheron. Qu'en pensez-vous ?

THÉODORE : Nous nous perdons, Ariste, dans le petit aussi bien que dans le grand. Il n'y a personne qui puisse dire qu'il a découvert enfin le plus petit des animaux. Autrefois c'était le ciron ; mais aujourd'hui ce petit ciron est devenu monstrueux pour sa grandeur. Plus on perfectionne les microscopes, plus on se persuade que la petitesse de la matière ne borne point la sagesse du Créateur, et qu'il forme du néant même, pour ainsi dire, d'un atome, qui ne tombe point sous nos sens, des ouvrages, qui passent l'imagination, et même qui vont bien au-delà des plus vastes intelligences. Je vais vous le faire comprendre.

III. Quand on est bien convaincu, Ariste, que cette variété et cette succession de beautés, qui ornent l'univers, n'est qu'une suite des lois générales des communications des mouvements, qui dépendent toutes de cette loi si simple et si naturelle, que les corps mus ou pressés se meuvent toujours du côté, et à proportion qu'ils sont moins pressés. Quand, dis-je, on est bien persuadé que toutes les figures ou modalités de la matière n'ont point d'autre cause que **229** le mouvement, et que le mouvement | se communique selon quelques lois si naturelles et si simples, qu'il semble que la nature n'agisse que par une aveugle impétuosité, on comprend clairement que ce n'est point la terre qui produit les plantes, et qu'il n'est pas possible que l'union des deux sexes forme un ouvrage aussi admirable qu'est le corps d'un animal. On peut bien croire que les lois générales des communications des mouvements suffisent pour développer et pour faire croître les parties des corps organisés. Mais on ne peut se persuader qu'elles puissent jamais former une machine si composée. On voit bien, si on ne veut avoir recours à une Providence extraordinaire, que c'est une nécessité de croire que le germe d'une plante contient en petit celle qu'elle engendre, et que l'animal renferme dans ses entrailles celui qui en doit sortir. On comprend même qu'il est nécessaire que chaque semence contienne toute l'espèce qu'elle peut conserver, que chaque grain de blé, par exemple, contient en petit l'épi qu'il pousse dehors, dont chaque grain renferme de nouveau son épi, dont tous les grains peuvent toujours être féconds aussi bien que ceux du premier épi. Assurément il n'est pas possible que les seules lois des mouvements puissent ajuster ensemble, et par rapport à certaines fins, un nombre presque infini de parties organisées, qui font ce qu'on appelle un animal, ou une plante. C'est beaucoup que ces lois simples et générales soient suffisantes pour faire croître insensiblement, et faire paraître dans leur temps tous ces ouvrages admirables que Dieu a tous formés dans les premiers jours de la création du monde. Ce n'est pas néanmoins que le petit animal, ou le germe de la plante ait entre toutes ses parties précisément la même proportion de grandeur, de solidité, de figure, que les animaux et les plantes. Mais c'est que toutes les parties essentielles à la machine des animaux et des plantes sont si sagement disposées dans leurs germes, qu'elles doivent avec le temps, et en conséquence des lois générales du mouvement, prendre la figure et la forme que nous y remarquons. Cela supposé.

IV. Concevez, Ariste, qu'une mouche a autant, et peut-être plus de parties organisées qu'un cheval ou qu'un bœuf. Un cheval n'a que quatre pieds, et une mouche en a six; mais de plus | elle a des ailes dont la structure est admirable. **230** Vous savez comment est faite la tête d'un bœuf. Regardez donc quelque jour celle d'une mouche dans le microscope, et comparez l'une avec l'autre; vous verrez bien que je ne vous impose point. On ne trouve dans l'œil d'un bœuf qu'un seul cristallin; mais on en découvre aujourd'hui plusieurs milliers dans celui des mouches. Concevez de plus qu'une vache ne fait qu'un ou deux veaux tous les ans, et qu'une mouche fait un essaim qui contient plus de mille mouches : car plus les animaux sont petits, plus ils sont féconds. Et vous savez peut-être qu'aujourd'hui les abeilles n'ont plus de roi qu'ils honorent, mais seulement une reine qu'ils caressent et qui seule produit tout un peuple*. Tâchez donc maintenant de vous imaginer la

* Selon Monsieur Swammerdam une abeille en produit environ 4 000 [voir l'ouvrage cité note suivante, p. 96 *sq*.].

petitesse effroyable, la délicatesse admirable de toutes les abeilles, de mille corps organisés que la mère abeille porte dans ses entrailles. Et quoique votre imagination s'en effraie, ne pensez pas que la mouche se forme du ver sans y être contenue, ni le ver de l'œuf, car cela ne se conçoit pas.

ARISTE : Comme la matière est divisible à l'infini, je comprends fort bien que Dieu a pu faire en petit tout ce que nous voyons en grand. J'ai ouï dire qu'un savant hollandais* avait trouvé le secret de faire voir dans les coques des chenilles les papillons qui en sortent. J'ai vu souvent au milieu même de l'hiver, dans les oignons des tulipes, les tulipes entières avec toutes les parties qu'elles ont au printemps. Ainsi je veux bien supposer que toutes les graines contiennent une plante, et tous les œufs un animal semblable à celui dont ils sont sortis.

V. THÉODORE : Vous n'y êtes pas encore. Il y a environ six mille ans que le monde est monde, et que les abeilles jettent des essaims. Supposons donc que ces essaims soient de mille mouches : la première abeille devait être du moins mille fois plus grande que la seconde, et la seconde mille fois plus grande que la troisième, et la troisième que la **231** quatrième, toujours en diminuant | jusqu'à la six millième, selon la progression de mille à un. Cela est clair selon la supposition, par cette raison que ce qui contient est plus grand que ce qui est contenu. Comprenez donc, si vous le pouvez, la délicatesse admirable qu'avaient dans la première mouche toutes celles de l'année 1696.

* Swammerdam, *Histoire des insectes* [Jan Swammerdam, *Histoire générale des insectes* [1669], trad. fr., Utrecht, G. de Walcheren, 1682 ; Malebranche possédait ce livre dans sa bibliothèque : voir OC, t. XX, p. 279].

Ariste : Cela est bien facile. Il n'y a qu'à chercher la juste valeur du dernier terme d'une progression sous millecuple qui aurait six mille et un termes, et dont le premier exprimerait la grandeur naturelle de la mouche à miel... Les abeilles de cette année étaient au commencement du monde plus petites qu'elles ne sont aujourd'hui, mille fois, mille fois, mille fois, dites encore, Théodore, cinq mille neuf cent quatre-vingt-dix-sept fois mille fois. Voilà leur juste grandeur selon vos suppositions.

Théodore : Je vous entends, Ariste. Pour exprimer le rapport de la grandeur naturelle de l'abeille à celle qu'avaient au commencement du monde les abeilles de cette année 1696, supposé qu'il y ait six mille ans qu'elles soient créées, ou plutôt six mille générations de mouches, il n'y a qu'à écrire une fraction qui ait pour numérateur l'unité, et pour dénominateur aussi l'unité mais accompagnée seulement de dix-huit mille zéros. Voilà une jolie fraction ! Mais ne craignez-vous point qu'une unité si brisée et si rompue ne se dissipe, et que votre abeille et rien ne soient une même chose ?

Ariste : Non assurément, Théodore. Car je sais que la matière est divisible à l'infini, et que le petit n'est tel que par rapport au plus grand. Je conçois sans peine, quoique mon imagination y résiste, que ce que nous appelons un atome, se pouvant diviser sans cesse, toute partie de l'étendue est en un sens infiniment grande, et que Dieu en peut faire en petit tout ce que nous voyons en grand dans le monde que nous admirons. Oui, la petitesse des corps ne peut jamais arrêter la puissance divine, je le conçois clairement. Car la géométrie démontre qu'il n'y a point d'unité dans l'étendue, et que la matière se peut éternellement diviser.

THÉODORE : Cela est fort bien, Ariste. Vous concevez 232 donc | que quand le monde durerait plusieurs milliers de siècles, Dieu a pu former dans une seule mouche toutes celles qui en sortiraient, et ajuster si sagement les lois simples des communications des mouvements au dessein qu'il aurait de les faire croître insensiblement, et de les faire paraître chaque année, que leur espèce ne finirait point. Que voilà d'ouvrages d'une délicatesse merveilleuse renfermés dans un aussi petit espace qu'est le corps d'une seule mouche ! Car sans prophétiser sur la durée incertaine de l'univers, il y a environ six mille ans que les mouches jettent des essaims. Combien pensez-vous donc que la première mouche que Dieu a faite, supposé qu'il n'en ait fait qu'une, en portait d'autres dans ses entrailles pour en fournir jusqu'à ce temps-ci ?

ARISTE : Cela se peut aisément compter en faisant certaines suppositions. Combien voulez-vous que chaque mère abeille fasse de femelles dans chaque essaim ? Il n'y a que cela et le nombre des années à déterminer.

THÉODORE : Ne vous arrêtez point à cette supputation. Elle serait ennuyeuse. Mais ce que vous venez de concevoir des abeilles, pensez-le à proportion d'un nombre infini d'autres animaux. Jugez par là du nombre et de la délicatesse des plantes qui étaient en petit dans les premières, et qui se développent tous les ans pour se faire voir aux hommes.

VI. THÉOTIME : Quittons, Théodore, toutes ces spéculations, Dieu nous fournit assez d'ouvrages à notre portée, sans que nous nous arrêtions à ceux que nous ne pouvons point voir. Il n'y a point d'animal ni de plante qui ne marque suffisamment par sa construction admirable que la sagesse du Créateur nous passe infiniment. Et il en fait tous les ans avec tant de profusion, que sa magnificence et sa grandeur doit étonner et frapper les hommes les plus stupides. Sans sortir hors de nous-mêmes, nous trouvons dans notre corps une machine composée de mille ressorts, et tous si sagement ajustés à leur fin, si bien liés entre eux, et subordonnés les uns aux autres, que cela suffit pour nous abattre et nous prosterner devant l'Auteur de notre être. J'ai lu depuis | peu un livre *Du mouvement des animaux* *, **233** qui mérite qu'on l'examine. L'auteur considère avec soin le jeu de la machine nécessaire pour changer de place. Il explique exactement la force des muscles, et les raisons de leur situation, tout cela par les principes de la géométrie et des mécaniques. Mais quoi qu'il ne s'arrête guère qu'à ce qui est le plus facile à découvrir dans la machine de l'animal, il fait connaître tant d'art et de sagesse dans celui qui l'a formé, qu'il remplit l'esprit du lecteur d'admiration et de surprise.

ARISTE : Il est vrai, Théotime, que l'anatomie seule du corps humain ou du plus méprisé des animaux répand tant de lumière dans l'esprit, et le frappe si vivement, qu'il faut être insensible pour n'en pas reconnaître l'auteur.

VII. THÉODORE : Vous avez raison l'un et l'autre. Mais pour moi, ce que je trouve de plus admirable, c'est que Dieu forme tous ces ouvrages excellents, ou du moins les fait croître et les développe à nos yeux, en suivant exactement certaines lois générales très simples et très fécondes qu'il s'est prescrites. Je n'admire pas tant les arbres couverts de fruits et de fleurs que leur accroissement merveilleux en conséquence des lois naturelles. Un jardinier prend une vieille corde ; il la graisse avec une figue, et l'enterre dans un sillon, et je vois quelque temps après que tous ces petits

* Borelli, *De motu animal* [Giovanni Alfonso Borelli, *De motu animalium*, Rome, Angeni Bernabo, 1680 ; Malebranche possédait ce livre dans sa bibliothèque : voir OC, t. XX, p. 257].

grains qu'on sent sous la dent lorsqu'on mange des figues ont percé la terre, et poussé d'un côté des racines, et de l'autre une pépinière de figuiers. Voilà ce que j'admire ! Arroser les champs en conséquence des lois naturelles, et avec un élément aussi simple qu'est l'eau, faire sortir de la terre une infinité de plantes et d'arbres de différente nature. Un animal se joindre brutalement et machinalement avec un autre, et perpétuer par là son espèce. Un poisson suivre la femelle et répandre la fécondité sur les œufs qu'elle perd dans l'eau. Un pays ravagé par la grêle se trouver quelque temps après tout renouvelé, tout couvert de plantes et de ses richesses ordinaires. Ravir par le moyen **234** du vent les graines des pays épargnés, | et les répandre avec la pluie sur ceux qui ont été désolés. Tout cela et une infinité d'effets produits par cette loi si simple et si naturelle, que tout corps doit se mouvoir du côté qu'il est moins pressé, c'est assurément ce qu'on ne saurait assez admirer. Rien n'est plus beau, plus magnifique dans l'univers, que cette profusion d'animaux et de plantes telle que nous venons de la reconnaître. Mais croyez-moi, rien n'est plus divin que la manière dont Dieu en remplit le monde, que l'usage que Dieu sait faire d'une loi si simple qu'il semble qu'elle n'est bonne à rien.

ARISTE : Je suis de votre avis, Théodore. Laissons aux astronomes à mesurer la grandeur et le mouvement des astres pour en prédire les éclipses. Laissons aux anatomistes à décomposer les corps des animaux et des plantes pour en reconnaître les ressorts et la liaison des parties. Laissons, en un mot, aux physiciens à étudier le détail de la nature pour en admirer toutes les merveilles. Arrêtons-nous principalement aux vérités générales de votre métaphysique. Nous avons ce me semble suffisamment découvert la magnificence du Créateur dans la multitude infinie de ses ouvrages admirables ; suivons-le un peu dans les démarches de sa conduite.

VIII. THÉODORE : Vous admirerez, Ariste, beaucoup plus que vous ne faites toutes les parties de l'univers, ou plutôt la sagesse infinie de son auteur, lorsque vous aurez considéré les règles générales de la Providence. Car quand on examine l'ouvrage de Dieu sans rapport aux voies qui le construisent et qui le conservent, combien y voit-on de défauts qui sautent aux yeux, et qui troublent quelquefois si fort l'esprit même des philosophes, qu'ils le regardent cet ouvrage admirable, ou comme l'effet nécessaire d'une nature aveugle, ou comme un mélange monstrueux de créatures bonnes et mauvaises qui tirent leur être d'un bon et d'un méchant Dieu. Mais quand on le compare avec les voies par lesquelles Dieu doit le gouverner pour faire porter à sa conduite le caractère de ses attributs, tous ces défauts qui défigurent les créatures ne retombent point sur le Créateur. Car s'il y a des défauts dans son ouvrage, s'il y a des monstres et mille et mille désordres, rien n'est plus certain qu'il ne s'en trouve | point dans sa conduite. Vous **235** l'avez déjà compris, mais il faut tâcher de vous le faire mieux comprendre.

IX. Vous souvenez-vous bien encore que je vous ai démontré* qu'il y a contradiction qu'aucune créature puisse remuer un fétu par son efficace propre ?

ARISTE : Oui, Théodore, je m'en souviens, et j'en suis convaincu. Il n'y a que le Créateur de la matière qui en puisse être le moteur.

THÉODORE : Il n'y a donc que le Créateur qui puisse produire quelque changement dans le monde matériel, puisque toutes les modalités possibles de la matière ne

* Entretien VII.

consistent que dans les figures sensibles ou insensibles de ses parties, et que toutes ces figures n'ont point d'autre cause que le mouvement.

ARISTE : Je ne comprends pas trop bien ce que vous me dites. Je crains la surprise.

THÉODORE : Je vous ai prouvé *, Ariste, que la matière et l'étendue n'étaient qu'une même chose ; souvenez-vous en. C'est sur cette supposition, ou plutôt sur cette vérité, que je raisonne. Car il ne faut que de l'étendue pour faire un monde matériel, ou du moins tout à fait semblable à celui que nous habitons. Si vous n'avez pas maintenant les mêmes idées que moi, ce serait en vain que nous parlerions ensemble.

ARISTE : Je me souviens bien que vous m'avez prouvé que l'étendue était un être ou une substance, et non une modalité de substance, par cette raison qu'on pouvait y penser sans penser à autre chose. Car en effet il est évident que tout ce qu'on peut apercevoir seul n'est point une manière d'être, mais un être ou une substance. Ce n'est que par cette voie qu'on peut distinguer les substances de leurs modalités. J'en suis convaincu. Mais la matière ne serait-elle point une autre substance que de l'étendue ? Cela me revient toujours dans l'esprit.

THÉODORE : C'est un autre mot, mais ce n'est point une autre chose, pourvu que par la matière vous entendiez ce dont le monde que nous habitons est composé. Car assurément il est composé | d'étendue ; et je ne crois pas que vous prétendiez que le monde matériel soit composé de deux substances. Il y en aurait une d'inutile, et je pense que ce serait la vôtre ; car je ne vois pas qu'on en puisse rien faire de fort solide. Comment ferait-on, Ariste, un

236

* Ier Entretien, nombre II ; et IIIe Entretien, nombres XI et XII.

bureau, des chaises, un ameublement de votre matière ? Un tel meuble serait bien rare et bien précieux. Mais donnez-moi de l'étendue, et il n'y a rien que je n'en fasse par le moyen du mouvement.

ARISTE : C'est là, Théodore, ce que je ne comprends pas trop bien.

X. THÉODORE : Cela est pourtant bien facile, pourvu qu'on juge des choses par les idées qui les représentent, et qu'on ne s'arrête point aux préjugés des sens. Concevez, Ariste, une étendue indéfinie. Si toutes les parties de cette étendue conservent entre elles le même rapport de distance, ce ne sera là qu'une grande masse de matière. Mais si le mouvement s'y met, et que ses parties changent sans cesse de situation les unes à l'égard des autres, voilà une infinité de formes introduites, je veux dire une infinité de figures et de configurations. J'appelle *figure* la forme d'un corps assez grand pour se faire sentir, et *configuration* la figure des parties insensibles dont les grands corps sont composés.

ARISTE : Oui, voilà toutes sortes de figures et de configurations. Mais ce ne sont peut-être pas là tous ces différents corps que nous voyons. Les corps que vous faites avec votre étendue toute seule ne diffèrent qu'accidentellement ; mais la plupart de ceux que nous voyons diffèrent peut-être essentiellement. De la terre n'est pas de l'eau ; une pierre n'est pas du pain. Mais il me semble que vous ne sauriez faire avec votre étendue toute seule que des corps d'une même espèce.

THÉODORE : Voilà, Ariste, les préjugés des sens qui reviennent. Une pierre n'est pas du pain, cela est vrai. Mais je vous prie, de la farine est-ce du blé ? du pain est-ce de la farine ? du sang, de la chair, des os, est-ce du pain, est-ce de l'herbe ? Sont-ce là des corps de même ou de différente espèce ?

237 | ARISTE : Pourquoi me demandez-vous cela ? Qui ne voit que du pain, de la chair, des os, sont des corps essentiellement différents ?

THÉODORE : C'est qu'avec du blé on fait de la farine, avec de la farine, du pain, et avec du pain, de la chair et des os. C'est partout la même matière. Si donc nonobstant cela vous convenez que tous ces corps sont de différente espèce, pourquoi ne voulez-vous pas qu'avec une même étendue on puisse faire des corps essentiellement différents ?

ARISTE : C'est que vos figures et vos configurations sont accidentelles à la matière, et n'en changent point la nature.

THÉODORE : Il est vrai, la matière demeure toujours matière, quelque figure qu'on lui donne ; mais on peut dire qu'un corps rond n'est pas de même espèce qu'un corps carré.

ARISTE : Quoi ! si je prends de la cire, et que j'en change la figure, ce ne sera pas la même cire ?

THÉODORE : Ce sera la même cire, la même matière ; mais on peut dire que ce ne sera pas le même corps, car assurément ce qui est rond n'est pas carré. Ôtons les équivoques. Il est essentiel au corps rond que toutes les parties de la surface soient également éloignées de celle qui fait le centre ; mais il ne lui est point essentiel que ses parties intérieures ou insensibles aient une telle ou telle configuration. De même il est essentiel à la cire que les petites parties dont elle est composée aient une telle configuration ; mais on ne la change point, quelque figure qu'on donne à sa masse. Enfin il est essentiel à la matière d'être étendue ; mais il ne lui est point essentiel d'avoir ni telle figure dans sa masse, ni telle configuration dans les parties insensibles qui la composent. Prenez donc garde, qu'arrive-t-il au blé, lorsqu'il passe sous la meule ?

Qu'arrive-t-il à la farine, lorsqu'on la pétrit et qu'on la cuit ? Il est clair qu'on change la situation et la configuration de leurs parties insensibles, aussi bien que la figure de leur masse ; et je ne comprends pas qu'il puisse leur arriver de changement plus essentiel.

XI. ARISTE : On prétend, Théodore, qu'il leur survient outre cela une forme substantielle.

| THÉODORE : Je le sais bien qu'on le prétend. Mais je **238** ne vois rien de plus accidentel à la matière que cette chimère. Quel changement cela peut-il faire au blé que l'on broie ?

ARISTE : C'est cela seul qui fait que c'est de la farine.

THÉODORE : Quoi ! sans cela du blé bien broyé ne serait point réduit en farine ?

ARISTE : Mais peut-être que la farine et le blé ne sont pas essentiellement différents. Ce sont peut-être deux corps de même espèce.

THÉODORE : Et la farine et la pâte n'est-ce qu'une même espèce ? Prenez garde, de la pâte n'est que de la farine et de l'eau bien mêlées ensemble. Pensez-vous qu'à force de bien pétrir on ne puisse pas faire de la pâte sans le secours d'une forme substantielle ?

ARISTE : Oui, mais sans elle on ne peut faire du pain.

THÉODORE : C'est donc une forme substantielle qui change la pâte en pain. Nous y voilà. Mais quand est-ce qu'elle survient à la pâte ?

ARISTE : Quand le pain est cuit, bien cuit.

THÉODORE : Il est vrai, car du pain pâteux, ce n'est pas proprement du pain. Cela n'a point encore d'autre forme substantielle que celle du blé, ou de la farine, ou de la pâte, car ces trois corps sont de même espèce. Mais si la forme substantielle manquait à venir, de la pâte bien cuite ne serait-ce pas du pain ? Or elle ne vient, cette forme, que lorsque la pâte est cuite. Tâchons donc de nous en passer. Car enfin il est bien difficile de la tirer à propos de la puissance de la matière; on ne sait comment s'y prendre.

ARISTE : Je vois bien, Théodore, que vous voulez vous divertir; mais que ce ne soit point à mes dépens; car je vous déclare que j'ai toujours regardé ces formes prétendues comme des fictions de l'esprit humain. Dites-moi plutôt d'où vient que tant de gens ont donné dans cette opinion.

239 | THÉODORE : C'est que les sens y conduisent tout naturellement. Comme nous avons des sentiments essentiellement différents à l'occasion des objets sensibles, nous sommes portés à croire que ces objets diffèrent essentiellement. Et cela est vrai en un sens : car les configurations des parties insensibles de la cire sont essentiellement différentes de celles de l'eau. Mais comme nous ne voyons pas ces petites parties, leur configuration, leur différence, nous jugeons que les masses qu'elles composent sont des substances de différente espèce. Or l'expérience nous apprend que dans tous les corps il y a un sujet commun, puisqu'ils se font les uns des autres. Nous concluons donc qu'il faut qu'il y ait quelque chose qui en fasse la différence spécifique; et c'est ce que nous attribuons à la forme substantielle.

XII. ARISTE : Je comprends bien, Théodore, que ce grand principe que vous avez prouvé si au long dans nos entretiens précédents * est bien nécessaire, savoir qu'il ne faut point juger de la nature des corps par les sentiments qu'ils excitent en nous, mais seulement par l'idée qui les représente, et sur laquelle ils ont tous été formés. Nos sens sont des faux témoins, qu'il ne faut écouter que sur les faits. Ils nous marquent confusément le rapport que les

* Entretiens III, IV, V.

corps qui nous environnent ont avec le nôtre, et cela suffisamment bien pour la conservation de la vie ; mais il n'y a rien d'exact dans leurs dépositions. Suivons toujours ce principe.

THÉODORE : Suivons-le, Ariste, et comprenons bien que toutes les modalités de l'étendue ne sont et ne peuvent être que des figures, configurations, mouvements sensibles ou insensibles, en un mot que des rapports de distance. Une étendue indéfinie sans mouvement, sans changement de rapport de distance entre ses parties, ce n'est donc qu'une grande masse de matière informe. Que le mouvement se mette à cette masse, et en meuve les parties en une infinité de façons, voilà donc une infinité de différents corps. Car, prenez-y garde, il est impossible que toutes les parties de cette étendue changent également de rapport de distance à l'égard de toutes les autres : car c'est à cause de cela qu'on ne peut concevoir que les parties de l'étendue se meuvent, qu'on y découvre une infinité de figures, ou de corps différents. | Votre tête, par exemple, conservant **240** avec votre cou et les autres parties de votre corps le même rapport de distance, tout cela ne fait qu'un corps. Mais comme les parties de l'air qui vous environnent se remuent diversement sur votre visage, et sur le reste de votre machine, cet air ne fait point corps avec vous. Considérez chaque partie des fibres de votre corps, et concevez que le rapport de distance qu'a telle ou telle partie déterminée à telle ou telle de ses voisines ne change point, ou très peu, et que le rapport de distance qu'elle a avec quantité d'autres de ses voisines change sans cesse : vous construirez par là une infinité de petits canaux dans lesquels les humeurs circuleront. Telle ou telle partie d'une fibre de votre main ne s'éloigne point d'une autre partie voisine de la même fibre, mais elle change sans cesse de situation par rapport aux esprits, au sang, aux humeurs et à un nombre infini de petits corps qui la viennent toucher en passant, et qui s'échappent continuellement par les pores que laisse dans notre chair l'entrelacement de nos fibres. Voilà ce qui fait que telle partie ou telle fibre est précisément ce qu'elle est. Considérez donc par l'esprit toutes les parties dont vos fibres sont composées. Comparez-les les unes avec les autres, et avec les humeurs fluides de votre corps, et vous verrez sans peine ce que je veux vous faire comprendre.

ARISTE : Je vous suis, Théodore. Assurément rien n'est plus clair, que toutes les modalités possibles de l'étendue ne sont que des rapports de distance, et que ce n'est que par la variété du mouvement et du repos des parties de la matière que se produit cette variété de figures ou de corps différents que nous admirons dans le monde. Quand on juge des objets par les sentiments qu'on en a, on se trouve à tous moments dans un étrange embarras : car on a souvent des sentiments essentiellement différents des mêmes objets, et des sentiments semblables de substances bien différentes. Le rapport des sens est toujours obscur et confus. Il faut juger de toutes choses par les idées qui représentent leur nature. Si je consulte mes sens, la neige, la grêle, la pluie, les vapeurs, sont des corps de différente espèce. Mais en consultant l'idée claire et lumineuse de l'étendue, je conçois bien, ce me semble, qu'un peu de mouvement peut réduire

241 la glace en eau, | et même en vapeur, sans changer la configuration des petites parties dont ces corps sont composés. Je conçois même qu'en changeant leur configuration, il n'y a rien qu'on n'en puisse faire. Car puisque tous les corps ne diffèrent essentiellement que par la grosseur, la configuration, le mouvement, et le repos des parties insensibles dont leurs masses sont composées, il est évident que pour faire de l'or, par exemple, avec du plomb, ou avec tout ce qu'il vous plaira, il n'y a qu'à diviser, ou plutôt qu'à joindre les petites parties du plomb, et leur donner la grosseur et la configuration essentielle aux petites parties de l'or, et qui font que telle matière est de l'or. Cela se conçoit sans peine. Mais je crois néanmoins que ceux qui cherchent la pierre philosophale réduiront plutôt leur or en cendres et en fumée, qu'ils n'en feront de nouveau.

THÉODORE : Il est vrai, Ariste. Car qui sait quelle est la grosseur et la configuration des petites parties de ce métal si recherché ? Mais que cela soit connu ; qui sait comment sont configurées les petites parties du plomb ou du vif-argent ? Mais donnons encore à ces opérateurs qui travaillent aveuglément au hasard, que trois parties de vif-argent jointes ensemble de telle manière fassent au juste une de ces petites parties dont l'or est composé ; je les défie de les joindre si exactement ces trois parties, qu'elles n'en fassent plus qu'une semblable à celles de l'or. Assurément la matière subtile, qui se fait place partout, les empêchera bien de les joindre exactement. Peut-être fixeront-ils le mercure, mais si mal, si imparfaitement, qu'il ne pourra sentir le feu sans s'élever en vapeur. Qu'ils le fixent néanmoins d'une manière qu'il souffre bien les épreuves ; que sera-ce ? Un métal nouveau, plus beau que l'or, je le veux ; mais peut-être fort méprisé. Les parties du vif-argent seront jointes 4 à 4, 5 à 5, 6 à 6. Mais par malheur il fallait qu'elles ne le fussent que trois à trois. Elles seront jointes d'un sens, au lieu de l'être d'un autre. Elles laisseront entre elles certains vides, qui lui ôteront de son poids, et qui lui donneront une couleur dont on sera mécontent. Les corps, Ariste, se changent facilement en d'autres, quand il n'est pas nécessaire que leurs parties insensibles changent de configuration. Les vapeurs se

242 changent facilement en pluie ; | c'est qu'il suffit pour cela qu'elles diminuent leur mouvement, et qu'elles se joignent imparfaitement plusieurs ensemble. Et par une raison semblable, il ne faut qu'un vent froid pour durcir la pluie en grêle. Mais pour changer l'eau, par exemple, en tout ce qui s'en fait dans les plantes, outre le mouvement, sans lequel rien ne se fait, il faut des moules faits exprès pour figer ensemble de telle et telle manière cette matière si coulante.

THÉOTIME : Hé bien, Théodore, à quoi vous arrêtez-vous ? Vous vouliez parler de la Providence, et vous vous engagez dans des questions de physique.

THÉODORE : Je vous remercie, Théotime, peut-être m'allais-je égarer. Néanmoins il me semble que tout ce que nous venons de dire n'est pas fort éloigné de notre sujet. Il fallait qu'Ariste comprît bien que c'est par le mouvement que les corps changent de figure dans leurs masses, et de configuration dans leurs parties insensibles. Il fallait, pour ainsi dire, lui faire sentir cette vérité ; et je pense que ce que nous venons de dire y peut servir. Venons donc à la Providence.

XIII. C'est assurément par le soleil que Dieu anime le monde que nous habitons. C'est par lui qu'il élève les vapeurs. C'est par le mouvement des vapeurs qu'il produit les vents. C'est par la contrariété des vents qu'il amasse les vapeurs, et qu'il les résout en pluies ; et c'est par les pluies qu'il rend fécondes nos terres. Que cela soit, ou ne soit pas, Ariste, tout à fait comme je vous le dis, il n'importe. Vous croyez du moins, par exemple, que la pluie fait croître l'herbe ; car s'il ne pleut tout se sèche. Vous croyez que telle herbe a la force de purger, celle-ci de nourrir, celle-là d'empoisonner, que le feu amollit la cire, qu'il durcit la boue, qu'il brûle le bois, qu'il en réduit une partie en cendre, et enfin en verre. En un mot vous ne doutez pas que tous les corps ont certaines qualités ou vertus, et que la Providence ordinaire de Dieu consiste dans l'application de ces vertus par lesquelles il produit cette variété que nous admirons dans son ouvrage. Or ces vertus aussi bien que leur application ne consistent que dans l'efficace du mouvement, puisque c'est par le mouvement que tout se fait. Car il est évident que le feu ne brûle que par le mouvement de ses parties, qu'il n'a la vertu de durcir la boue que parce que les parties qu'il répand de tous | côtés **243** venant à rencontrer l'eau qui est dans la terre, elles la chassent par le mouvement qu'elles lui communiquent, et ainsi des autres effets. Le feu n'a donc ni force ni vertu que par le mouvement de ses parties ; et l'application de cette force sur tel sujet ne vient que du mouvement qui a transporté ce sujet auprès du feu. De même…

ARISTE : Ce que vous dites du feu, je l'étends à toutes les causes et à tous les effets naturels. Continuez.

XIV. THÉODORE : Vous comprenez donc bien que la Providence ordinaire se réduit principalement à deux choses : aux lois des communications des mouvements, puisque tout se fait dans les corps par le mouvement, et à la sage combinaison que Dieu a mise dans l'ordre de ses créatures au temps de leur création, afin que son ouvrage pût se conserver par les lois naturelles qu'il avait résolu de suivre.

À l'égard des lois naturelles du mouvement, Dieu a choisi les plus simples. Il a voulu, et veut encore maintenant que tout corps mû se meuve, ou tende à se mouvoir en ligne droite, et qu'à la rencontre des autres corps, il ne s'éloigne de la ligne droite que le moins qu'il est possible. Que tout corps se transporte du côté vers lequel il est poussé, et s'il est poussé en même temps par deux mouvements contraires, que le plus grand mouvement l'emporte sur le plus faible ; mais si ces deux mouvements ne sont pas directement contraires, qu'il se meuve selon une ligne qui soit la diagonale d'un parallélogramme, dont les côtés aient même proportion que ces mouvements. En un mot Dieu a choisi les lois les plus simples dépendamment de cet unique principe, que le plus fort doit vaincre le plus faible, et avec cette condition, qu'il y aurait toujours dans le monde une égale quantité de mouvement de même part, je veux dire que le centre de gravité des corps avant et après leur choc demeure toujours le même, soit que ce centre soit en repos ou en mouvement. J'ajoute cette condition, parce que l'expérience nous l'apprend : outre **244** que Dieu étant immuable dans sa nature, | plus on donne d'uniformité à son action, plus on fait porter à sa conduite le caractère de ses attributs.

Il n'est pas nécessaire, Ariste, d'entrer davantage dans le détail de ces lois naturelles * que Dieu suit dans le cours ordinaire de sa Providence. Qu'elles soient telles qu'il vous plaira, cela importe fort peu maintenant. Vous savez certainement que Dieu seul meut les corps**, qu'il fait tout en eux par le mouvement, qu'il ne leur communique le mouvement de l'un à l'autre que selon certaines lois telles qu'elles puissent être, que l'application de ses lois vient de la rencontre des corps. Vous savez que le choc des corps est, à cause de leur impénétrabilité, la cause occasionnelle ou naturelle qui détermine l'efficace des lois générales. Vous savez que Dieu agit toujours d'une manière simple et uniforme, qu'un corps mû va toujours tout droit, mais que l'impénétrabilité oblige le moteur au changement,

* Elles sont expliquées dans le 3ᵉ volume de la *Recherche de la Vérité* de l'édition de Paris en 1700 [OC, t. XVII-1, p. 53-153].

** VIIᵉ Entretien.

que cependant il ne change que le moins qu'il est possible, soit parce qu'il suit toujours les mêmes lois soit parce que les lois qu'il suit sont les plus simples qu'il y ait. Cela suffit pour ce qui regarde les lois générales des communications des mouvements. Venons à la formation de l'univers, et à la sage combinaison que Dieu a mise entre toutes ses parties au temps de la création pour tous les siècles, et par rapport à ces lois générales, car c'est en cela que consiste le merveilleux de la Providence divine. Suivez-moi, je vous prie.

XV. Je pense, Ariste, à une masse de matière sans mouvement. Ne voilà qu'un bloc. J'en veux faire une statue. Un peu de mouvement me la formera bientôt. Car qu'on remue le superflu qui par le repos faisait corps avec elle, la voilà faite. Je veux que cette statue n'ait pas seulement la figure d'un homme, mais qu'elle en ait aussi les organes, et toutes les parties que nous ne voyons pas. Encore un peu de mouvement me les formera. Car que la matière qui environne celle dont je veux, par exemple, faire le cœur, se meuve, le reste demeurant comme | immobile, elle ne fera plus corps avec le cœur. Voilà donc **245** le cœur formé. Je puis de même achever en idée les autres organes, tels que je les conçois. Cela est évident. Enfin je veux que ma statue n'ait pas seulement les organes du corps humain, mais de plus que la masse dont elle est faite se change en chair et en os, en esprits animaux et en sang, en cerveau et le reste. Encore un peu de mouvement me donnera satisfaction. Car supposé que la chair soit composée de fibres de telle ou telle configuration, et entrelacées entre elles de telle ou telle manière, si la matière qui remplit les entrelacements des fibres que je conçois vient à se mouvoir, ou à n'avoir plus le même rapport de distance à celle dont ces fibres doivent être composées, voilà de la chair; et je conçois de même qu'avec un peu de mouvement, le sang, les esprits, les vaisseaux et tout le reste du corps humain se peut former. Mais ce qui passe infiniment la capacité de notre esprit, c'est de savoir quelles sont les parties qu'il faut remuer, quelles sont celles qu'il faut ôter, et celles qu'il faut laisser.

Supposons maintenant que je veuille prendre dans cette machine semblable à la nôtre une fort petite portion de matière, et lui donner telle figure, tels organes, telle configuration dans ses parties qu'il me plaira ; tout cela s'exécutera toujours par le moyen du mouvement, et ne pourra jamais s'exécuter que par lui. Car il est évident qu'une partie de matière qui fait corps avec une autre n'en peut être séparée que par le mouvement. Ainsi je conçois sans peine que dans un corps humain Dieu en peut former un autre de même espèce mille ou dix mille fois plus petit, et dans celui-ci un autre, et ainsi de suite dans la même proportion de mille, ou dix mille à un ; et cela tout d'un coup en donnant une infinité de divers mouvements, que lui seul connaît, aux parties infinies d'une certaine masse de matière.

ARISTE : Ce que vous me dites là du corps humain, il est facile de l'appliquer à tous les corps organisés des animaux et des plantes.

XVI. THÉODORE : Bien donc, Ariste. Concevez maintenant une masse indéfinie de matière aussi grande que l'univers, et que Dieu en veut faire un bel ouvrage, mais un ouvrage qui subsiste, | et dont toutes les beautés se conservent ou se perpétuent dans leurs espèces. Comment s'y prendra-t-il ? Remuera-t-il d'abord les parties de la matière au hasard, pour en former le monde peu à peu en suivant certaines lois ; ou bien s'il le formera tout d'un coup ? Prenez garde, l'Être infiniment parfait connaît toutes les suites de tous les mouvements qu'il peut communiquer

246

à la matière, quelques lois des communications des mouvements que vous supposiez.

ARISTE : Il me paraît clair que Dieu ne remuera point inutilement la matière ; et puisque la première impression qu'il peut communiquer à toutes ses parties suffit pour produire toutes sortes d'ouvrages, assurément il ne s'avisera pas de les former peu à peu par quantité de mouvements inutiles.

THÉOTIME : Mais que deviendront les lois générales des communications des mouvements, si Dieu ne s'en sert point ?

ARISTE : Cela m'embarrasse un peu.

THÉODORE : De quoi vous embarrassez-vous ? Ces lois n'obligent encore à rien, ou plutôt elles ne sont point. Car c'est le choc des corps qui est la cause occasionnelle des lois des communications des mouvements. Or sans cause occasionnelle, il ne peut y avoir de loi générale. Donc avant que Dieu eût mû la matière, et par conséquent avant que les corps pussent se choquer, Dieu ne devait et ne pouvait point suivre les lois générales des communications des mouvements. De plus Dieu ne suit des lois générales que pour rendre sa conduite uniforme, et lui faire porter le caractère de son immutabilité. Ainsi le premier pas de cette conduite, les premiers mouvements ne peuvent et ne doivent pas être déterminés par ces lois. Enfin il faudrait une infinité de lois générales, ce qui ferait qu'elles ne seraient guère générales, afin de pouvoir en les suivant exactement former les corps organisés des animaux et des plantes. Ainsi la première impression de mouvement, que Dieu a mise d'abord dans la matière, ne devant, et ne pouvant pas même être actuellement réglée selon certaines lois générales, elle devait l'être uniquement par rapport à la beauté de l'ouvrage que Dieu voulait former, et qu'il devait conserver dans la suite du temps en conséquence 247 des | lois générales. Or cette première impression de mouvement sagement distribuée suffisait pour former tout d'un coup les animaux et les plantes, qui sont les ouvrages les plus excellents que Dieu ait faits de la matière, et tout le reste de l'univers. Cela est évident, puisque tous les corps ne diffèrent entre eux que par la figure de leurs masses, et par la configuration de leurs parties, et que le mouvement seul peut faire tout cela, comme vous en êtes demeuré d'accord. Donc, Ariste, vous avez eu raison de dire que Dieu a fait tout d'un coup de chaque masse de matière ce qu'il en a voulu former. Car quoique Dieu ait formé les parties de l'univers les unes après les autres, ainsi que l'Écriture semble nous l'apprendre, il ne s'ensuit pas qu'il ait employé quelque temps, et suivi quelques lois générales pour les conduire peu à peu à leur perfection. *Dixit, et facta sunt*[1]. C'est que la première impression de mouvement a suffi pour les produire en un instant.

XVII. THÉOTIME : Cela étant ainsi, je comprends bien que c'est perdre son temps que de vouloir expliquer par les principes cartésiens, ou par d'autres semblables, l'histoire que l'Écriture nous fait de la création.

THÉODORE : Assurément on se trompe, si on prétend prouver que Dieu a formé le monde en suivant certaines lois générales des communications des mouvements. Mais on ne perd pas son temps de rechercher ce qui doit arriver à la matière en conséquence des lois des mouvements. Et voici pourquoi. C'est qu'encore que Dieu ait formé tout d'un coup chaque partie de l'univers, il a dû avoir égard aux lois de la nature, qu'il voulait suivre constamment, pour faire porter à sa conduite le caractère de ses attributs.

1. « Il dit, et cela fut fait » (Gn 1, 3).

Car certainement son ouvrage n'aurait pas pu se conserver dans sa beauté, s'il ne l'avait proportionné aux lois du mouvement. Un soleil carré n'aurait pas pu durer longtemps, un soleil sans lumière serait bientôt devenu tout brillant. Vous avez lu, Théotime, la physique de Monsieur Descartes ; et vous, Ariste, vous la lirez quelque jour, car elle le mérite bien. Ainsi il n'est pas nécessaire que je m'explique davantage.

Il faudrait maintenant examiner quelle a dû être cette première impression de mouvement par laquelle Dieu a formé tout | d'un coup l'univers pour un certain nombre **248** de siècles ; car c'est là, pour ainsi dire, le point de vue dont je veux vous faire regarder et admirer la sagesse infinie de la Providence sur l'arrangement de la matière. Mais j'appréhende que votre imagination, peut-être fatiguée déjà par les choses trop générales dont nous venons de parler, ne vous laissât point assez d'attention pour contempler un si vaste sujet. Car, Ariste, que ce premier pas de la conduite de Dieu, que cette première impression de mouvement que Dieu va faire, renferme de sagesse ! que de rapports, que de combinaisons de rapports ! Certainement Dieu, avant cette première impression, en a connu clairement toutes les suites, et toutes les combinaisons de ces suites, non seulement toutes les combinaisons physiques, mais toutes les combinaisons du physique avec le moral, et toutes les combinaisons du naturel avec le surnaturel. Il a comparé ensemble toutes ces suites avec toutes les suites de toutes les combinaisons possibles dans toutes sortes de suppositions. Il a, dis-je, tout comparé dans le dessein de faire l'ouvrage le plus excellent par les voies les plus sages et les plus divines. Il n'a rien négligé de ce qui pouvait faire porter à son action le caractère de ses attributs, et le voilà qui sans hésiter se détermine à faire ce premier pas. Tâchez, Ariste, de voir où ce premier pas conduit. Prenez garde qu'un grain de matière poussé d'abord à droite au lieu de l'être à gauche, poussé avec un degré de force plus ou moins grand, pouvait tout changer dans le physique, de là dans le moral, que dis-je ! dans même le surnaturel. Pensez donc à la sagesse infinie de celui qui a si bien comparé et réglé toutes choses, que dès le premier pas qu'il fait, il ordonne tout à sa fin, et va majestueusement, invariablement, toujours divinement, sans jamais se démentir, sans jamais se repentir, jusqu'à ce qu'il prenne possession de ce temple spirituel qu'il construit par Jésus-Christ, et auquel il rapporte toutes les démarches de sa conduite.

ARISTE : Vraiment, Théodore, vous avez raison de finir notre entretien ; car nous nous perdrions bientôt dans un si vaste sujet.

THÉODORE : Pensez-y, Ariste, car dès demain il faut
249 nous y engager. |

ARISTE : Si nous nous embarquons sur cet océan, nous y périrons.

THÉODORE : Non, nous n'y périrons point, pourvu que nous ne sortions pas du vaisseau qui nous doit porter. Demeurant dans l'Église, toujours soumis à son autorité, si nous heurtons légèrement contre les écueils, nous n'y ferons pas naufrage. L'homme est fait pour adorer Dieu dans la sagesse de sa conduite ; tâchons de nous perdre heureusement dans ses profondeurs. Jamais l'esprit humain n'est mieux disposé que lorsqu'il adore par un silence forcé les perfections divines. Mais ce silence de l'âme ne peut succéder qu'à la contemplation de ce qui nous passe. Courage donc, Ariste, contemplez, admirez la Providence générale du Créateur. Je vous ai placé au point de vue d'où vous devez découvrir une sagesse incompréhensible.

Continuation du même sujet. De la Providence générale dans l'arrangement des corps, et dans les combinaisons infiniment infinies du physique avec le moral, du naturel avec le surnaturel.

THÉODORE : Avez-vous, Ariste, fait quelques efforts d'esprit pour comparer la première impression du mouvement que Dieu a communiqué à la matière, la première de ses démarches dans l'univers, avec les lois générales de sa Providence ordinaire, et avec les divers ouvrages qui devaient se conserver et se développer par l'efficace de ces lois ? Car c'est de cette première impression de mouvement d'où il faut jeter les yeux sur la conduite de Dieu. C'est le point de vue de la Providence générale : car Dieu ne se repent et ne se dément jamais. Avez-vous donc regardé de là le bel ordre des créatures, et la conduite simple et uniforme du Créateur ?

ARISTE : Oui, Théodore ; mais j'ai la vue trop courte. J'ai découvert bien du pays ; mais cela si confusément, que je ne sais que vous dire. Vous m'avez placé trop haut. On découvre de fort loin, mais on ne sait ce qu'on voit. Vous m'avez, pour ainsi dire, guindé au-dessus des nues, et la tête me tourne quand je regarde sous moi.

THÉODORE : Hé bien, Ariste, descendons un peu.

THÉOTIME : Mais plus bas nous ne verrons rien.

ARISTE : Ah ! je vous prie, Théodore, un peu plus de détail.

| THÉODORE : Descendons, Théotime, puisque Ariste le souhaite. Mais n'oublions pas tous trois notre point de vue, car il y faudra monter bientôt, dès que notre imagination sera un peu rassurée, et fortifiée par un détail plus sensible et plus à notre portée. 251

I. Souvenez-vous, Ariste, de nos abeilles d'hier. C'est un ouvrage admirable que ce petit animal. Combien d'organes différents, que d'ordre, que de liaisons, que de rapports dans toutes ses parties ! ne vous imaginez pas qu'il en ait moins que les éléphants : apparemment il en a davantage. Comprenez donc, si vous le pouvez, le nombre et le jeu merveilleux de tous les ressorts de cette petite machine. C'est l'action faible de la lumière qui les débande tous ces ressorts. C'est la présence seule des objets qui en détermine et qui en règle tous les mouvements. Jugez donc par l'ouvrage si exactement formé, si diligemment achevé de ces petits animaux, non de leur sagesse et de leur prévoyance, car ils n'en ont point, mais de la sagesse et de la prévoyance de celui qui a assemblé tant de ressorts, et qui les a ordonnés si sagement par rapport à tant de divers objets et de fins différentes. Assurément, Ariste, vous seriez plus savant que tout ce qu'il y a jamais eu de philosophes, si vous saviez exactement les raisons de la construction des parties de ce petit animal.

ARISTE : Je le crois, Théodore. Cela nous passe déjà. Mais s'il faut une si grande adresse et une si profonde intelligence pour former une simple mouche, comment en produire une infinité toutes renfermées les unes dans les autres, et par conséquent toutes plus petites toujours dans la proportion sous-millecuple, puisqu'une seule en produit mille, et que ce qui contient est plus grand que ce qui est contenu ? Cela effraie l'imagination ; mais que l'esprit reconnaît de sagesse dans l'auteur de tant de merveilles !

THÉODORE : Pourquoi cela, Ariste ? Si les petites abeilles sont organisées comme les plus grandes, qui en conçoit une grande en peut concevoir une infinité de petites renfermées les unes dans les autres. Ce n'est donc point la multitude et la petitesse de ces animaux tous semblables qui doit augmenter votre admiration pour la sagesse du Créateur. Mais votre imagination effrayée admire en petit ce qu'on a coutume de ne voir qu'en grand.

ARISTE : Je croyais, Théodore, que je ne pouvais trop admirer.

| THÉODORE : Oui, mais il ne faut admirer que par raison. **252** Ne craignez point ; si l'admiration vous plaît, vous trouverez bien de quoi vous satisfaire dans la multitude et la petitesse de ces abeilles renfermées les unes dans les autres.

ARISTE : Comment cela donc ?

THÉODORE : C'est qu'elles ne sont pas toutes semblables.

ARISTE : Je me l'imaginais bien ainsi. Car quelle apparence que les vers de ces mouches, et les œufs de ces vers, aient autant d'organes que les mouches mêmes, comme vous le prétendiez hier ?

II. THÉODORE : Que vous imaginiez mal, Ariste ! Car tout au contraire les vers ont toutes les parties organiques des mouches ; mais ils ont de plus celles qui sont essentielles aux vers, c'est-à-dire celles qui sont absolument nécessaires afin que les vers puissent chercher, dévorer et préparer le suc nourricier de la mouche qu'ils portent en eux et qu'ils conservent par le moyen des organes et sous la forme de ver.

ARISTE : Oh, oh ! à ce compte-là les vers sont plus admirables que les mouches : ils ont bien plus de parties organiques.

THÉODORE : Oui, Ariste. Et les œufs des vers sont encore plus admirables que les vers mêmes, et ainsi en remontant. De sorte que les mouches de cette année avaient beaucoup plus d'organes il y a mille ans qu'elles n'en ont présentement. Voilà un étrange paradoxe. Mais prenez garde. Il est facile de comprendre que les lois générales des communications des mouvements sont trop simples pour construire des corps organisés.

ARISTE : Il est vrai, cela me paraît ainsi. C'est beaucoup qu'elles suffisent pour les faire croître. Il y a des gens qui prétendent que les insectes viennent de pourriture. Mais si une mouche a autant de parties organisées qu'un bœuf, j'aimerais autant dire que ce gros animal se pourrait former d'un tas de boue, que de soutenir que les mouches s'engendrent d'un morceau de chair pourrie.

253 |THÉODORE : Vous avez raison. Mais puisque les lois du mouvement ne peuvent construire des corps composés d'une infinité d'organes, c'est donc une nécessité que les mouches soient renfermées dans les vers dont elles éclosent. Ne pensez pas néanmoins, Ariste, que l'abeille qui est encore renfermée dans le ver dont elle doit sortir ait entre ses parties organiques la même proportion de grosseur, de solidité, de configuration, que lorsqu'elle en est sortie. Car on a remarqué souvent que la tête, par exemple, du poulet, lorsqu'il est dans l'œuf, et qu'il paraît comme sous la forme d'un ver, est beaucoup plus grosse que tout le reste du corps, et que les os ne prennent leur consistance qu'après les autres parties. Je prétends seulement que toutes les parties organiques des abeilles sont formées dans leurs vers, et si bien proportionnées aux lois des mouvements, que par leur propre construction, et l'efficace de ses lois, elles peuvent croître et prendre la figure convenable à leur état, sans que Dieu, pour ainsi dire, y touche de nouveau par une Providence extraordinaire. Car c'est en cela que consiste la sagesse incompréhensible de la Providence divine. C'est ce qui la peut justifier, quoiqu'il s'engendre souvent des animaux monstrueux ; car Dieu ne doit pas

faire un miracle pour les empêcher de se former. Au temps de la création, il a construit pour les siècles futurs les animaux et les plantes. Il a établi les lois des mouvements nécessaires pour les faire croître. Maintenant il se repose, parce qu'il ne fait plus que suivre ces lois.

ARISTE : Que de sagesse dans la Providence générale du Créateur !

THÉODORE : Voulez-vous que nous remontions un peu à notre point de vue, d'où nous devons jeter les yeux sur les merveilles de la Providence ?

ARISTE : J'y suis, ce me semble, Théodore. J'admire et j'adore avec tout le respect dont je suis capable la sagesse infinie du Créateur dans la variété et la justesse incompréhensible des mouvements divers qu'il a imprimés d'abord à cette petite portion de matière dans laquelle il a formé tout d'un coup des abeilles | pour tous les siècles. Que dis-je, des abeilles ! une infinité de vers encore qu'on peut regarder comme des animaux de différente espèce ; et il leur a fourni dans un si petit espace une nourriture insensible par mille moyens qui nous passent. Tout cela par rapport aux lois du mouvement ; lois si simples et si naturelles, que quoique Dieu fasse tout par elles dans le cours ordinaire de sa Providence, il semble qu'il ne touche à rien, qu'il ne se mêle de rien, en un mot qu'il se repose. 254

THÉODORE : Vous trouvez donc, Ariste, que cette conduite est divine, et plus excellente que celle d'un Dieu qui agirait à tous moments par des volontés particulières, au lieu de suivre ces lois générales, ou qui pour se décharger du soin du gouvernement de son ouvrage aurait donné des âmes à toutes les mouches, ou plutôt des intelligences assez éclairées pour former leur corps, ou du moins pour les conduire selon leurs besoins, et régler tous leurs travaux.

ARISTE : Quelle comparaison !

III. THÉODORE : Courage donc, Ariste, jetez les yeux plus loin. Dans l'instant que Dieu a donné cette première impression de mouvement aux parties de cette petite portion de matière dont il a fait des abeilles, ou tel autre insecte qu'il vous plaira pour tous les siècles, pensez-vous qu'il ait prévu que tel de ces petits animaux qui devait éclore en telle année devait aussi à tel jour, telle heure, telles circonstances, faire tourner les yeux à quelqu'un vers l'objet d'une passion criminelle, ou bien se venir imprudemment placer dans les narines d'un cheval, et lui faire faire un mouvement fatal pour le meilleur prince du monde qui par là se renverse et se tue : mort funeste et qui a une infinité de suites fâcheuses. Ou pour ne point combiner le physique avec le moral, car cela renferme des difficultés dont la résolution dépend de certains principes que je ne vous ai point expliqués, pensez-vous que Dieu ait prévu que cet insecte, par tel de ses mouvements, a dû produire quelque chose de monstrueux ou de déréglé dans le monde purement matériel ?

ARISTE : Qui en doute, que Dieu ait prévu toutes les suites de cette première impression de mouvement, qui a formé en un instant dans cette portion de matière toute 255 l'espèce de tel insecte ? | Il a même prévu généralement toutes les suites des mouvements infinis, et tous différents, qu'il pouvait donner d'abord à cette même portion. Il a prévu de plus toutes les suites de toutes les combinaisons de cette portion de matière avec toutes les autres, et leurs divers mouvements selon toutes les suppositions possibles de telles ou telles lois générales.

THÉODORE : Admirez donc, Ariste, adorez la profondeur de la sagesse de Dieu, qui a réglé cette première impression de mouvement à telle petite portion de matière, après un nombre infini de comparaisons de rapports toutes faites par un acte éternel de son intelligence. De cette portion de matière passez à une autre, et de celle-ci à une troisième. Parcourez tout l'univers, et jugez enfin tout d'une vue de la sagesse infiniment infinie qui a réglé la première impression de mouvement, par laquelle s'est formé tout l'univers dans toutes ses parties et pour tous les temps, de telle manière que c'est assurément l'ouvrage le plus beau qui puisse être produit par les voies les plus générales et les plus simples, de telle manière plutôt, que l'ouvrage et les voies expriment mieux les perfections que Dieu possède, et qu'il se glorifie de posséder, que tout autre ouvrage fait par toute autre voie.

ARISTE : Que d'abîmes, que de profondeurs impénétrables ! Que de rapports et de combinaisons de rapports il a fallu considérer dans la première impression de la matière, pour créer l'univers, et l'accommoder aux lois générales du mouvement que Dieu suit dans le cours ordinaire de sa Providence ! Vous m'avez placé au véritable point de vue d'où on découvre la sagesse infinie du Créateur.

THÉODORE : Savez-vous, Ariste, que vous ne voyez encore rien ?

ARISTE : Comment rien ?

IV. THÉODORE : Beaucoup, Ariste, mais comme rien par rapport au reste. Vous avez jeté la vue sur les combinaisons infiniment infinies des mouvements de la matière. Mais combinez le | physique avec le moral, les **256** mouvements des corps avec les volontés des anges et des hommes. Combinez de plus le naturel avec le surnaturel, et rapportez tout cela à Jésus-Christ et à son Église. Car puisque c'est le principal des desseins de Dieu, il n'est pas vraisemblable que dans la première impression que Dieu a communiquée à la matière, il ait négligé de régler son action sur le rapport que les mouvements pouvaient avoir avec son grand et son principal ouvrage. Comprenez donc avec quelle sagesse il a fallu régler les premiers mouvements de la matière, s'il est vrai que l'ordre de la nature est subordonné à celui de la grâce, s'il est vrai que la mort nous surprend maintenant en conséquence des lois naturelles, et qu'il n'y ait rien de miraculeux qu'un homme se trouve écrasé lorsqu'une maison s'écroule sur lui. Car vous savez que c'est de l'heureux ou du malheureux moment de la mort dont dépend notre éternité.

ARISTE : Doucement, Théodore. C'est Dieu qui règle ce moment. Notre mort dépend de lui. Dieu seul peut nous donner le don de la persévérance.

V. THÉODORE : Qui en doute ? Notre mort dépend de Dieu en plusieurs manières. Elle dépend de Dieu, parce qu'elle dépend de nous. Car il est en notre pouvoir de sortir d'une maison qui menace ruine, et c'est Dieu qui nous a donné ce pouvoir. Elle dépend de Dieu, parce qu'elle dépend des anges. Car Dieu a donné aux anges le pouvoir et la commission de gouverner le monde, ou le dehors, pour ainsi dire, de son Église. Notre mort heureuse dépend de Dieu, parce qu'elle dépend de Jésus-Christ. Car Dieu nous a donné en Jésus-Christ un chef qui veille sur nous, et qui ne souffrira pas que la mort nous surprenne malheureusement, si nous lui demandons comme il faut le don de la persévérance. Mais pensez-vous que notre mort ne dépende pas aussi de Dieu, en ce sens qu'il a réglé et produit cette première impression de mouvement, dont une des suites est que telle maison doit s'écrouler dans tel temps et dans telles circonstances ? Tout dépend de Dieu, parce que c'est lui qui a établi toutes les causes, tant libres que nécessaires, et que sa prescience est si grande, qu'il se sert aussi heureusement des unes que des autres. Car

Dieu n'a pas communiqué au hasard sa puissance aux esprits, il ne l'a fait qu'après avoir prévu toutes les suites de leurs mouvements, aussi bien que ceux de la matière. De plus | tout dépend de Dieu, parce que toutes les causes 257 ne peuvent agir que par l'efficace de la puissance divine. Enfin tout dépend de Dieu, parce qu'il peut par des miracles interrompre le cours ordinaire de sa Providence, et qu'il ne manque même jamais de le faire, lorsque l'Ordre immuable de ses perfections l'exige, je veux dire, lorsque ce qu'il doit à son immutabilité est de moindre considération que ce qu'il doit à ses autres attributs. Mais nous vous expliquerons tout cela plus exactement dans la suite. Comprenez donc, Ariste, que notre salut est déjà assuré dans l'enchaînement des causes, tant libres que nécessaires, et que tous les effets de la Providence générale sont tellement liés ensemble, que le moindre mouvement de la matière peut concourir en conséquence des lois générales à une infinité d'événements considérables, et que chaque événement dépend d'une infinité de causes subordonnées. Admirez encore un coup la profondeur de la sagesse de Dieu, qui certainement, avant que de faire son premier pas, a comparé les premiers mouvements de la matière, non seulement avec toutes ses suites naturelles ou nécessaires, mais encore à bien plus forte raison avec toutes les suites morales et surnaturelles dans toutes les suppositions possibles.

ARISTE : Assurément, Théodore, du point de vue où vous m'avez placé, je découvre une sagesse qui n'a point de bornes. Je comprends clairement et distinctement que la Providence générale porte le caractère d'une intelligence infinie, et qu'elle est tout autrement incompréhensible que ne s'imaginent ceux qui ne l'ont jamais examinée. *Ô profondeur des trésors de la sagesse et de la science de*

Dieu ! Que ses jugements sont impénétrables, et ses voies incompréhensibles[1]. Une Providence fondée sur une volonté absolue est bien moins digne de l'Être infiniment parfait ; elle porte bien moins le caractère des attributs divins que celle qui est réglée par des trésors inépuisables *de sagesse et de prescience*.

VI. THÉODORE : C'est ce que je voulais vous faire voir. Descendons maintenant à quelque détail qui vous délasse 258 l'esprit, | et qui vous rende sensible une partie des choses que vous venez de concevoir. Ne vous êtes-vous jamais diverti à nourrir dans une boîte quelque chenille ou quelque autre insecte qu'on croit communément se transformer en papillon ou en mouche ?

ARISTE : Oh, oh, Théodore ! vous allez tout d'un coup du grand au petit. Vous revenez toujours aux insectes.

THÉODORE : C'est que je suis bien aise que nous admirions ce que tout le monde méprise.

ARISTE : Quand j'étais enfant, je me souviens d'avoir nourri des vers à soie. Je prenais plaisir à leur voir faire leur coque, et s'y enterrer tout vivants pour ressusciter quelque temps après.

THÉOTIME : Et moi, Théodore, j'ai actuellement dans une boîte avec du sable un insecte qui me divertit, et dont je sais un peu l'histoire. On l'appelle en latin *Formica-leo*. Il se transforme en une de ces espèces de mouches qui ont le ventre fort long, et qu'on appelle, ce me semble, *Demoiselles*.

THÉODORE : Je sais ce que c'est, Théotime. Mais vous vous trompez de croire qu'il se transforme en Demoiselle.

THÉOTIME : Je l'ai vu, Théodore, ce fait est constant.

1. Rm 11, 33.

THÉODORE : Et moi, Théotime, je vis l'autre jour une taupe qui se transforma en merle. Comment voulez-vous qu'un animal se transforme en un autre ? Il est aussi difficile que cela se fasse, que d'un peu de chair pourrie il se forme des insectes.

THÉOTIME : Je vous entends, Théodore. Le *Formica-leo* ne se transforme point. Il se dépouille seulement de ses habits et de ses armes. Il quitte ses cornes avec lesquelles il fait son trou, et se saisit des fourmis qui y tombent. En effet, je les ai remarquées ces cornes dans le tombeau qu'ils se font dans le sable, et dont ils sortent, non plus en qualité de *Formica-leo*, mais en qualité de *Demoiselles*, sous une forme plus magnifique.

THÉODORE : Vous y voilà. Le *Formica-leo* et la *Demoiselle* ne sont point proprement deux animaux de différente espèce. Le premier contient le second, ou toutes les parties organiques dont il est composé ; mais remarquez qu'il a de plus tout ce qu'il lui faut pour attraper sa proie, pour se nourrir lui-même, et pour | préparer à l'autre une **259** nourriture convenable. Or tâchons maintenant de nous imaginer les ressorts nécessaires aux mouvements que fait ce petit animal. Il ne va qu'à reculons en ligne spirale, et toujours en s'enfonçant dans le sable, de sorte que jetant en dehors, à chaque petit mouvement qu'il fait, le sable qu'il prend avec ses cornes, il fait un trou qui se termine en pointe, au fond duquel il se cache, toujours les cornes entrouvertes, et prêtes à se saisir des fourmis, et autres animaux qui ne peuvent se retenir sur le penchant de sa fosse. Lorsque la proie lui échappe, et fait assez d'efforts pour lui faire craindre de la perdre, il l'accable et l'étourdit à force de lui jeter du sable, et rend encore par ce moyen le penchant du trou plus raide. Il se saisit donc de sa proie, il la tire sous le sable, il lui suce le sang, et la prenant entre ses cornes, il la jette le plus loin qu'il peut de son trou. Enfin au milieu du sable le plus menu et le plus mouvant, il se construit un tombeau parfaitement rond ; il le tapisse en dedans fort proprement pour y mourir, ou plutôt pour y reposer plus à l'aise ; et enfin après quelques semaines, on le voit sortir tout glorieux, et sous la forme de Demoiselle, après avoir laissé plusieurs enveloppes, et les dépouilles de *Formica-leo*. Or combien faut-il de parties organisées pour tous ces mouvements ? Combien de canaux pour conduire ce sang dont le *Formica-leo* se nourrit et sa demoiselle ? Il est donc clair que cet animal s'étant dépouillé de toutes ces parties dans son tombeau, il a beaucoup moins d'organes, lorsqu'il paraît sous la forme de mouche, que lorsqu'on le voit sous celle de *Formica-leo* ; si ce n'est peut-être qu'on veuille soutenir que des organes peuvent se construire et s'ajuster ensemble en conséquence des lois du mouvement. Car que Dieu ait ordonné à quelque intelligence de pourvoir au besoin de ces insectes, d'en entretenir l'espèce, et d'en former toujours de nouvelles, c'est rendre humaine la Providence divine, et lui faire porter le caractère d'une intelligence bornée.

ARISTE : Assurément, Théodore, il y a une plus grande diversité d'organes dans le *Formica-leo* que dans la mouche, et par la même raison dans le ver à soie que dans le papillon. Car ces vers quittent aussi de riches dépouilles, puisqu'ils laissent une espèce de tête, un grand nombre de pieds, et tous les autres organes | nécessaires pour chercher, dévorer, digérer, et distribuer la nourriture propre à la forme de ver et à celle du papillon. Je conçois de même qu'il y a plus d'art dans les œufs des vers que dans les vers mêmes. Car supposé que les parties organiques des vers soient dans l'œuf comme vous dites, il est clair que l'œuf entier contient plus d'art que le ver seul, et ainsi à l'infini.

THÉODORE : Je voudrais bien que vous eussiez lu le livre de Monsieur Malpighi * *Du ver à soie*, et ce qu'il a écrit sur la formation du poulet dans l'œuf. Vous verriez peut-être que tout ce que je vous dis n'est pas sans fondement. Oui, Ariste, l'œuf est l'ouvrage d'une intelligence infinie. Les hommes ne trouvent rien dans un œuf de ver à soie ; et dans un œuf de poulet ils n'y voient que du blanc et du jaune, et peut-être les cordons, encore les prennent-ils pour le germe du poulet. Mais…

ARISTE : Quoi le germe du poulet ! N'est-ce pas ce qu'on y trouve d'abord qu'on l'ouvre, qui est blanc qui a quelque dureté, et qu'on ne mange pas volontiers ?

THÉODORE : Non, Ariste, c'est un des cordons qui sert à tenir le jaune tellement suspendu dans le blanc que de quelque manière qu'on tourne et retourne l'œuf, le côté du jaune le moins pesant, et où est le petit poulet, soit toujours en haut vers le ventre chaud de la poule, car cela était nécessaire pour le faire éclore. Il y a deux de ces cordons qui sont attachés d'un côté à la pointe de l'œuf, et de l'autre au jaune, un à chaque bout.

ARISTE : Voilà une mécanique admirable.

THÉODORE : En cela il n'y a pas beaucoup d'intelligence. Mais vous comprenez toujours par là qu'il faut plus d'art et d'adresse pour former l'œuf et tout ce qu'il renferme, que le poulet seul ; puisque l'œuf contient le poulet, et qu'il a de plus sa construction particulière.

VII. Or, je vous prie, concevez maintenant, si vous le pouvez, quelle doit être actuellement la construction des organes | des œufs ou des vers qui seront papillons dans **261** dix mille ans en conséquence des lois du mouvement.

* *De bombyce* [trad. fr. Marcello Malphighi, *La structure du vers à soie et la formation du poulet dans l'œuf*, Paris, 1686].

Admirez la variété des organes de tous les vers ou de tous les œufs qui sont renfermés les uns dans les autres pour tout ce temps-là. Tâchez de vous imaginer quelle pouvait être la nourriture dont les vers ou les papillons d'aujourd'hui se nourrissaient il y a six mille ans. Il y a une grande différence entre la forme de Demoiselle et celle de *Formica-leo*; mais peut-être qu'il n'y en a pas moins entre le *Formica-leo*, et l'œuf qui le contient, ainsi de suite. Le ver à soie se nourrit de feuilles de mûrier; mais le petit ver enfermé dans l'œuf ne se nourrit pas de rien; il a auprès de lui tout ce qui lui est nécessaire. Il est vrai qu'il ne mange pas toujours. Mais il se conserve sans manger, et il y a six mille ans qu'il se conserve. On trouve étrange que certains animaux passent l'hiver sans nourriture. Quelle merveille donc que les vers à soie ménagent si exactement la leur, qu'elle ne leur manque précisément que lorsqu'ils sont assez forts pour rompre leur prison, et que les mûriers ont poussé des feuilles tendres pour leur en fournir de nouvelles.

Que la Providence est admirable d'avoir enfermé, par exemple, dans les œufs dont éclosent les poulets tout ce qu'il leur faut pour les faire croître, et même pour les nourrir les premiers jours qu'ils sont éclos ! Car comme ils ne savent point encore manger, et qu'ils laissent retomber ce qu'ils becquettent, le jaune de l'œuf dont il n'y a pas la moitié de consumé, et qui reste dans leur estomac, les nourrit et les fortifie. Mais cette même Providence paraît encore plus dans les œufs négligés que les insectes répandent partout. Il faut que la poule couve elle-même ses œufs, ou que l'industrie des hommes vienne au secours. Mais sans que les œufs des insectes soient couvés, ils ne laissent pas d'éclore fort heureusement. Le soleil par sa chaleur les anime, pour ainsi dire, à dévorer leur nourriture dans le même temps qu'il leur en prépare de nouvelle, et dès que les vers ont rompu leur prison, ils se trouvent dans l'abondance au milieu de jeunes bourgeons, ou des feuilles tendres proportionnées à leur besoin. L'insecte dont ils tirent leur naissance a eu soin de les placer dans un endroit propre pour eux, et a laissé le reste à l'Ordre plus général de la Providence. Tel pond ses œufs sous une feuille | repliée **262** et attachée à la branche, de peur qu'elle ne tombe en hiver. Un autre les colle en lieu sûr proche de leur nourriture. La Demoiselle *Formica-leo* les va cacher dans le sable, et à couvert de la pluie. La plupart les répandent dans les eaux. En un mot ils les placent tous dans les lieux où rien ne leur manque, non par une intelligence particulière qui les conduise, mais par la disposition des ressorts dont leur machine est composée, et en conséquence des lois générales des communications des mouvements.

ARISTE : Cela est incompréhensible.

THÉODORE : Il est vrai. Mais il est bon de comprendre clairement que la Providence de Dieu est absolument incompréhensible.

VIII. THÉOTIME : Il faut, Théodore, que je vous dise une expérience que j'ai faite. Un jour en été je pris gros comme une noix de viande que j'enfermai dans une bouteille, et je la couvris d'un morceau de crêpe. Je remarquai que diverses mouches venaient pondre leurs œufs ou leurs vers sur ce crêpe ; et que dès qu'ils étaient éclos ils rongeaient le crêpe, et se laissaient tomber sur la viande, qu'ils dévorèrent en peu de temps. Mais comme cela sentait trop mauvais, je jetai tout.

THÉODORE Voilà comme les mouches viennent de pourriture. Elles font leurs œufs ou leurs vers sur la viande, et s'envolent incontinent. Ces vers mangent, et cette chair se pourrit. Après que ces vers ont bien mangé, ils s'enferment dans leurs coques, et en sortent mouches; et le commun des hommes croit sur cela que les insectes viennent de pourriture.

THÉOTIME Ce que vous dites est sûr. Car j'ai renfermé plusieurs fois de la chair où les mouches n'avaient point été dans une bouteille fermée hermétiquement, et je n'y ai jamais trouvé de vers.

ARISTE : Mais comment donc se peut-il faire qu'on en 263 trouve de fort gros dans toutes sortes de fruits? |

THÉODORE On les trouve gros, mais ils sont entrés petits dans les fruits. Cherchez bien, vous découvrirez sur la peau, ou quelque petit trou, ou sa cicatrice. Mais ne nous arrêtons point, je vous prie, aux preuves qu'on donne qu'il y a des animaux qui viennent de pourriture. Car elles sont si faibles ces preuves, qu'elles ne méritent point de réponse. On trouve des souris dans un vaisseau nouvellement construit, ou dans un lieu où il n'y en avait point. Donc il faut que cet animal se soit engendré de quelque pourriture. Comme s'il était défendu à ces animaux de chercher la nuit leurs besoins, et de passer sur les planches et sur les cordes dans les barques, et de là dans les grands bâtiments, ou qu'on pût construire les vaisseaux ailleurs que sur le rivage. Je ne puis pas comprendre comment un si grand nombre de personnes de bon sens ont pu donner dans une erreur si grossière et si palpable sur de semblables raisons. Car qu'y a-t-il de plus incompréhensible, qu'un animal se forme naturellement d'un peu de viande pourrie? Il est infiniment plus facile de concevoir qu'un morceau de fer rouillé se change en une montre parfaitement bonne : car il y a infiniment plus de ressorts et plus délicats dans la souris que dans la pendule la plus composée.

ARISTE : Assurément on ne comprend pas qu'une machine composée d'une infinité d'organes différents, parfaitement bien accordés ensemble, et ordonnés à diverses fins, ne soit que l'effet de cette loi si simple et si naturelle, que tout corps doit se mouvoir du côté qu'il est le moins poussé ; car cette loi est bien plus propre à détruire cette machine qu'à la former. Mais on ne comprend pas non plus que les animaux de même espèce, qui se succèdent les uns aux autres, aient tous été renfermés dans le premier.

THÉODORE : Si on ne comprend pas que cela soit, on comprend du moins que cela n'est pas impossible, puisque la matière est divisible à l'infini ; mais on ne comprendra jamais que les lois du mouvement puissent construire des corps composés d'une infinité d'organes. On a assez de peine à concevoir que ces lois puissent peu à peu les faire croître. Ce que l'on conçoit bien, c'est qu'elles peuvent les détruire en mille manières. On ne comprend pas comment l'union des deux sexes peut être cause de | la fécondité ; **264** mais on comprend bien que cela n'est pas impossible, dans la supposition que les corps soient déjà formés. Mais que cette union soit la cause de l'organisation des parties de l'animal, et de tel animal, c'est assurément ce qu'on ne comprendra jamais.

ARISTE : J'ai pourtant ouï dire que Monsieur Descartes avait commencé un traité de la *Formation du fœtus*[1], dans lequel il prétend expliquer comment un animal se peut former du mélange de la semence des deux sexes.

THÉODORE : L'ébauche de ce philosophe peut nous aider à comprendre comment les lois du mouvement suffisent pour faire croître peu à peu les parties de l'animal. Mais que ces lois puissent les former, et les lier toutes ensemble, c'est ce que personne ne prouvera jamais.

1. *De la formation du fœtus* était le titre courant de l'édition posthume du traité de Descartes *La Description du corps humain*, AT, t. XI, p. 223-290.

Apparemment Monsieur Descartes l'a bien reconnu lui-même : car il n'a pas poussé fort avant ses conjectures ingénieuses.

ARISTE : Son entreprise était un peu téméraire.

THÉODORE : Fort téméraire, s'il avait dessein de rendre raison de la construction des animaux tels que Dieu les a faits; car ils ont une infinité de ressorts qu'il devait connaître, avant que de chercher les causes de leur formation. Mais apparemment il ne pensait pas à cela. Car on ne serait pas sage si on voulait expliquer exactement comment un horlogeur fait une montre, sans savoir auparavant de quelles parties cet ouvrage est composé.

ARISTE : Ce philosophe aurait peut-être mieux fait d'expliquer par les lois des mouvements la génération des plantes, que celle des animaux.

IX. THÉODORE : Nullement. L'entreprise eût été également impossible. Si les graines ne contenaient en petit ce que nous voyons en grand dans les plantes, les lois générales ne pourraient jamais les rendre fécondes.

ARISTE : Des plantes dans des graines, un pommier dans un pépin ! | On a toujours quelque peine à croire que cela soit, quoiqu'on sache bien que la matière est divisible à l'infini.

265

THÉOTIME : J'ai fait une expérience qui a beaucoup contribué à me le persuader. Ce n'est pas néanmoins que je croie que le pommier, par exemple, qui est dans le germe du pépin, ait à peu près les mêmes proportions de grandeur et des autres qualités entre ses branches, ses feuilles et ses fruits, que les grands arbres; et assurément Théodore ne le prétend pas non plus. Je prétends seulement que toutes les parties organiques du pommier sont formées, et si bien proportionnées aux lois du mouvement, que par leur propre construction et l'efficace de ces lois elles peuvent croître sans le secours d'une Providence particulière.

ARISTE : Je comprends bien votre sentiment ; dites-nous votre expérience.

THÉOTIME : J'ai pris, Ariste, une vingtaine des plus grosses fèves *. J'en ai ouvert deux ou trois, et j'ai remarqué qu'elles étaient composées en dedans de deux parties qui se séparent aisément et que j'ai appris qu'on appelle leurs *lobes*, que le germe était attaché à l'un et à l'autre de ces lobes, que d'un côté il se terminait en pointe vers le dehors, et que de l'autre il se cachait entre les lobes. Voilà ce que j'ai vu d'abord. J'ai semé les autres fèves pour les faire germer, et voir comment elles croissent. Deux jours après j'ai commencé à les ouvrir. J'ai continué pendant environ quinze jours, et j'ai remarqué distinctement que la racine était contenue dans cette partie du germe qui est en dehors et se termine en pointe, que la plante était renfermée dans l'autre partie du germe qui passe entre les deux lobes, que la racine était elle-même une plante qui avait ses racines dans la substance des deux lobes de la fève dont elle tirait sa nourriture, que lorsqu'elle avait poussé en terre comme les plantes dans l'air, elle fournissait abondamment à la plante le suc nécessaire, que dans la plupart des graines la plante en croissant passait entre les lobes, qui après avoir servi à l'accroissement de la racine se changeaient en feuilles, et mettaient la plante à couvert des injures de l'air. Ainsi je me suis persuadé que le germe de la fève contenait

* Voyez l'*Anatomie des plantes* de Monsieur Grew et de Monsieur Malpighi [Nehemiah Grew, *The Anatomy of Plants*, trad. fr., Paris, Roulland, 1675 ; Marcello Malpighi, *Anatome plantarum*, Londres, J. Martyn, 1675 ; Malebranche possédait ces deux ouvrages dans sa bibliothèque].

266 la racine de la plante, et la | plante même, et que les lobes de la fève étaient le fond où cette petite plante était déjà semée, et avait déjà ses racines. Prenez, Ariste, de ces grosses fèves vertes, dont on mange au commencement de l'été. Ouvrez-les délicatement. Considérez-les attentivement. Vous verrez sans microscope une partie de ce que je viens de vous dire. Vous découvrirez même les premières feuilles de la plante dans cette petite partie du germe qui se replie entre les deux lobes.

ARISTE : Je crois bien tout cela. Mais que cette graine contienne la plante que nous verrons dans vingt ans, c'est ce qui est difficile à s'imaginer, et ce que votre expérience ne prouve point.

THÉOTIME : Il est vrai. Mais nous voyons déjà que la plante est dans la graine. Nous voyons sans le secours du microscope qu'en hiver même la tulipe est dans son oignon. Nous ne pouvons pas voir actuellement dans la graine toutes les parties de la plante.

Hé bien, Ariste, il faut tâcher de les imaginer. Nous ne pouvons point imaginer comment les plantes qui viendront dans cent ans sont dans la graine. Il faut tâcher de le concevoir. Du moins cela se peut-il concevoir. Mais on ne voit point que les plantes se forment uniquement en conséquence des lois générales des communications du mouvement. On ne peut imaginer comment cela se peut faire. On peut encore moins le concevoir. Quelles raisons peut-on donc avoir de le soutenir, et de nier ce que Théodore vient de nous dire ?

ARISTE : Je serais fort porté à croire que Dieu conserve les animaux et les plantes par des volontés particulières, si Théodore ne m'avait point fait remarquer que d'ôter à la Providence sa généralité et sa simplicité, c'était la rendre humaine, et lui faire porter le caractère d'une intelligence bornée, et d'une cause particulière. Ainsi il en faut revenir là, et croire que Dieu par la première impression du mouvement qu'il a communiqué à la matière, l'a si sagement divisée qu'il a formé tout d'un coup des animaux et des plantes pour tous les siècles. Cela est possible, puisque la matière est divisible à l'infini. Et cela s'est fait | ainsi, **267** puisque cette conduite est plus digne de l'Être infiniment parfait que toute autre.

THÉOTIME : Ajoutez à cela, Ariste, que l'Écriture nous apprend que maintenant Dieu se repose, et que d'abord il n'a pas fait seulement les plantes de la première année de la création, mais encore la semence pour toutes les autres : *Germinet terra, herbam virentem et facientem semen, et lignum pomiferum faciens fructum, juxta genus suum, CUJUS SEMEN IN SEMETIPSO fit super terram* *. Ces dernières paroles, *cujus semen in semetipso fit*, jointes à celles-ci : *Et requievit die septimo ab omni opere quod patrarat***, marquent, ce me semble, que Dieu, pour conserver ses créatures, n'agit plus comme il a fait dans le temps qu'il les a formées. Or il n'agit qu'en deux manières, ou par des volontés particulières ou des lois générales. Donc il ne fait plus maintenant que suivre ses lois, si ce n'est qu'il y ait de grandes raisons qui l'obligent à interrompre le cours de sa Providence, raisons que je ne crois pas que vous puissiez trouver dans les besoins des animaux ou des plantes.

* Gn 1 [11 ; « Que la terre produise de l'herbe verte qui porte de la graine, et des arbres fruitiers qui portent du fruit chacun selon son espère, ET QUI RENFERMENT LEUR SEMENCE EN EUX-MÊMES pour se reproduire sur la terre »].

** Chap. 2. 2. [Gn 2, 2 ; « Et il se reposa le septième jour, après avoir achevé tous ses ouvrages »].

X. ARISTE : Non sans doute. Car quand il y en aurait la moitié moins, il n'y en aurait que trop. Car, je vous prie, Théodore, à quoi bon tant de plantes inutiles à notre usage, tant d'insectes qui nous incommodent ? Ces petits animaux sont l'ouvrage d'une sagesse infinie : je le veux. Mais c'est cela même qui fait la difficulté. Car pourquoi former tant d'ouvrages excellents pour nourrir les hirondelles, et dévorer nos bourgeons ? Est-ce, Théodore, que le monde ne serait pas aussi parfait qu'il est, si les chenilles et les hannetons ne venaient point dépouiller les arbres de leurs fruits et de leurs feuilles ?

THÉODORE : Si vous jugez, Ariste, des ouvrages de Dieu uniquement par rapport à vous, vous blasphémerez bientôt contre la Providence ; vous porterez bientôt d'étranges jugements de la sagesse du Créateur. | **268**

ARISTE : Mais quoi ! n'est-ce pas pour l'homme que Dieu a tout fait ?

THÉODORE : Oui, Ariste, pour cet homme sous les pieds duquel Dieu a tout assujetti, sans en rien excepter, pour cet homme dont parle saint Paul dans le second chapitre de l'*Épître aux Hébreux*. Dieu a tout fait pour son Fils, tout pour son Église, et son Église pour lui. Mais s'il a fait les puces pour l'homme, c'est assurément pour le mordre et pour le punir. La plupart des animaux ont leur vermine particulière. Mais l'homme a sur eux cet avantage, qu'il en a pour lui seul de plusieurs espèces, tant il est vrai que Dieu a tout fait pour lui. C'est pour dévorer ses blés que Dieu a fait les sauterelles. C'est pour ensemencer ses terres qu'il a donné comme des ailes à la graine des chardons. C'est pour flétrir tous ses fruits qu'il a formé des insectes d'une infinité d'espèces. En ce sens, si Dieu n'a pas fait toutes choses pour l'homme, il ne s'en faut pas beaucoup.

Prenez garde, Ariste, la prescience de Dieu est infinie. Il doit régler sur elle tous ses desseins. Avant que de donner à la matière cette première impression de mouvement qui forme l'univers pour tous les siècles, il a connu clairement toutes les suites de toutes les combinaisons possibles du physique avec le moral dans toutes sortes de suppositions. Il a prévu que l'homme dans telles et telles circonstances pécherait, et que son péché se communiquerait à toute sa postérité en conséquence des lois de l'union de l'âme et du corps *. Donc puisqu'il a voulu le permettre ce funeste péché, il a dû faire usage de sa prescience, et combiner si sagement le physique avec le moral que tous ses ouvrages fissent entre eux, et pour tous les siècles, le plus bel accord qui soit possible. Et cet accord merveilleux consiste en partie dans cet ordre de justice, que l'homme s'étant révolté contre le Créateur, ce que Dieu prévoyait devoir arriver, les créatures se révoltent, pour ainsi dire, contre lui, et le punissent de sa désobéissance**. Voilà pourquoi il y a tant de différents animaux qui nous font la guerre.

| XI. ARISTE : Quoi ! avant que l'homme eût péché, **269** Dieu avait déjà préparé les instruments de sa vengeance ? Car vous savez que l'homme n'a été créé qu'après tout le reste. Cela me paraît bien dur.

THÉODORE : L'homme avant son péché n'avait point d'ennemis : son corps et tout ce qui l'environnait lui était soumis, il ne souffrait point de douleur malgré lui. Il était juste que Dieu le protégeât par une Providence particulière, ou qu'il le commît à la garde de quelque ange tutélaire

* *Recherche de la vérité*, Livre II, chapitre VII ; l'*Éclaircissement* [VII] sur ce même chapitre.

** Eccl., XXXIX, 35 [= Ecclésiastique, 29, 29].

pour empêcher les suites fâcheuses des lois générales des communications des mouvements. S'il avait conservé son innocence, Dieu aurait toujours eu pour lui les mêmes égards, car il ne manque jamais de rendre justice à ses créatures. Mais quoi ! ne voulez-vous pas que Dieu fasse usage de sa prescience, et qu'il choisisse la plus sage combinaison qui soit possible entre le physique et le moral ? Voudriez-vous qu'un être infiniment sage n'eût point fait porter à sa conduite le caractère de sa sagesse, ou qu'il eût fait l'homme et l'eût éprouvé, avant que de faire ces créatures qui nous incommodent, ou enfin qu'il eût changé de dessein et reformé son ouvrage après le péché d'Adam ? Dieu, Ariste, ne se repent et ne se dément jamais. Le premier pas qu'il fait est réglé par la prescience de tout ce qui le doit suivre. Que dis-je ! Dieu ne se détermine à faire ce premier pas qu'après qu'il l'a comparé non seulement avec tout ce qui le doit suivre, mais encore avec une infinité d'autres premières démarches dans une infinité d'autres suppositions, et d'autres combinaisons de toutes espèces du physique avec le moral et du naturel avec le surnaturel.

Encore un coup, Ariste, Dieu a prévu que l'homme dans telles et telles circonstances se révolterait. Après avoir tout comparé, il a cru devoir permettre le péché*. Je dis permettre. Car il n'a pas mis l'homme dans la nécessité de le commettre. Donc il a dû, par une sage combinaison du physique avec le moral, faire porter à sa conduite des marques de sa prescience. Mais, dites-vous, il a donc préparé avant le péché des instruments de sa vengeance. 270 | Pourquoi non, puisqu'il l'a prévu ce péché, et qu'il a voulu le punir ? Si Dieu avait rendu malheureux l'homme

* Voyez les raisons de la permission du péché dans les *Conversations chrétiennes*, p. 63 *sq*. de l'édition de Paris en 1702 [OC, t. IV, p. 45 *sq*.].

innocent, s'il s'était servi de ces instruments avant le péché, on aurait sujet de se plaindre. Mais est-il défendu à un père de tenir des verges prêtes pour châtier son enfant, principalement s'il prévoit qu'il ne manquera pas de lui désobéir ? Ne doit-il pas même lui montrer ces verges menaçantes, pour le retenir dans le devoir ? Peut-on douter que les ours et les lions ne soient créés avant le péché ? Et ne suffit-il pas de croire que ces cruelles bêtes, dont Dieu se sert maintenant pour nous punir, respectaient en Adam son innocence, et la majesté divine ? Mais si vous trouvez mauvais que Dieu avant le péché commis ait préparé des instruments pour le punir, consolez-vous. Car par sa prescience il a aussi trouvé le remède au mal, avant qu'il fût arrivé. Certainement avant la chute du premier homme, Dieu avait déjà dessein de sanctifier son Église par Jésus-Christ. Car saint Paul nous apprend qu'Adam et Ève étaient dans leur mariage, qui a précédé le péché, la figure de Jésus-Christ et de son Église : *Sacramentum hoc magnum est : Ego autem dico in Christo et in Ecclesia* * ; le premier Adam étant la figure du second, *forma futuri* * jusque dans son péché. C'est, Ariste, que la prescience de Dieu étant infinie, elle a réglé toutes choses. Dieu a permis le péché. Pourquoi ? C'est qu'il a prévu que son ouvrage réparé de telle et telle manière vaudrait mieux que le même ouvrage dans sa première construction. Il a établi des lois générales qui devaient faire geler et grêler les campagnes ; il a créé des bêtes cruelles, et une infinité d'animaux fort incommodes. Pourquoi cela ? C'est qu'il a prévu le péché. Il a mis une infinité de rapports merveilleux entre tous ces ouvrages ;

* Ep 5 [32 ; « Ce sacrement est grand, je dis en Jésus-Christ et en l'Église »].

** Rm 5 [14 ; « figure du second »].

il a figuré Jésus-Christ et son Église en mille manières. C'est un effet et une marque certaine de sa prescience et de sa sagesse. Ne trouvez donc point mauvais que Dieu ait fait usage de sa prescience, et qu'il ait d'abord combiné sagement le physique avec le moral, non pour le peu de temps que le premier homme devait conserver son innocence, mais par rapport à lui et à tous ses enfants tels qu'ils devaient être jusqu'à la fin des siècles. Adam ne pouvait pas se plaindre que les animaux se mangeassent 271 les | uns les autres, lui rendant à lui, comme à leur souverain, le respect qui lui était dû. Il devait plutôt apprendre par là que ce n'était que des brutes incapables de raison, et que Dieu l'avait distingué entre toutes ses créatures.

XII. ARISTE : Je comprends bien ce que vous me dites. Dieu a eu de bonnes raisons de créer de grands animaux capables de nous punir. Mais pourquoi tant de petits insectes qui ne nous font ni bien ni mal, et dont la mécanique est peut-être plus merveilleuse que celle des grands animaux ? Mécanique cachée à nos yeux, et qui ne nous fait point connaître la sagesse du Créateur.

THÉODORE : Sans m'arrêter à vous prouver qu'il n'y a point d'animal, pour petit qu'il soit, qui ne puisse de l'un à l'autre avoir quelque rapport à nous, je vous réponds que le principal dessein de Dieu dans la formation de ces petits insectes n'a point été de nous faire par eux quelque bien ou quelque mal, mais d'orner l'univers par des ouvrages dignes de sa sagesse et de ses autres attributs. Le commun des hommes méprise les insectes ; mais il se trouve des gens qui les considèrent. Apparemment les anges mêmes les admirent. Mais quand toutes les intelligences les négligeraient, il suffit que ces petits ouvrages expriment les perfections divines, et rendent l'univers plus parfait en lui-même, quoique moins commode pour des pécheurs, afin que Dieu les créât, supposé qu'il pût les conserver sans multiplier ses voies. Car Dieu a fait assurément l'ouvrage le plus parfait par les voies les plus générales et les plus simples. Il a prévu que les lois des mouvements suffisaient pour conserver dans le monde l'espèce de tel insecte qu'il vous plaira. Il a voulu tirer de ses lois tous les usages possibles pour rendre son ouvrage plus achevé. Il a donc formé d'abord toute l'espèce de cet insecte par la division admirable d'une certaine portion de matière. Car il faut toujours avoir bien dans l'esprit que c'est par le mouvement que tout se fait dans les corps, et que dans la première détermination des mouvements il était indifférent à Dieu de mouvoir les parties de la matière en un sens ou en un autre, n'y ayant point de lois générales des communications de mouvement avant que les corps se fussent choqués[1]*.

| ARISTE : Je conçois cela, Théodore. Un monde rempli **272** d'une infinité d'animaux petits et grands est plus beau et marque plus d'intelligence qu'un autre où il n'y aurait point d'insectes. Or un tel monde ne coûte pas plus à Dieu, pour parler ainsi, qu'un autre, ou ne demande pas une Providence plus composée et plus particulière, et porte par conséquent autant que tout autre le caractère de l'immutabilité divine. Il ne faut donc pas s'étonner que Dieu ait fait un si grand nombre d'insectes.

XIII. THÉODORE : Ce que nous disons là, Ariste, est général, et n'exclut pas une infinité de raisons que Dieu a eues de faire le monde tel qu'il est.

ARISTE : Il faut que je vous dise, Théodore, une pensée qui m'est venue dans l'esprit, lorsque vous me parliez de la transformation apparente des insectes. Les vers rampent

* Entretien X, nombre 17.

sur la terre. Ils y mènent une vie triste et humiliante. Mais ils se font un tombeau d'où ils sortent glorieux. Je me suis imaginé que par là Dieu voulait figurer la vie, la mort et la résurrection de son Fils, et même de tous les chrétiens.

THÉODORE : Je suis bien aise, Ariste, que cette pensée vous soit venue dans l'esprit. Car quoiqu'elle me paraisse fort solide, je n'aurais pas osé vous la proposer.

ARISTE : Pourquoi cela ?

THÉODORE : C'est qu'elle a je ne sais quoi de bas qui déplaît à l'imagination. Outre que ce mot seulement de ver ou d'insecte, joint à la grande idée que nous devons avoir du Sauveur, peut exciter la raillerie. Car je pense que vous savez que le ridicule consiste dans la jonction du petit au grand.

ARISTE : Oui, mais ce qui paraît ridicule à l'imagination est souvent fort raisonnable et fort juste. Car c'est souvent que nous méprisons ce que nous ne connaissons pas.

THÉODORE : Il est vrai, Ariste. Le lys champêtre que nous négligeons est plus magnifiquement paré que Salomon dans toute sa gloire. Jésus-Christ n'a point craint la raillerie, 273 lorsqu'il a | avancé ce paradoxe[1]. L'imagination est contente aussi bien que la raison, lorsque l'on compare la magnificence du roi Salomon à la gloire de Jésus-Christ ressuscité. Mais elle n'est pas trop satisfaite, lorsqu'on cherche dans la beauté des lys une figure du Sauveur. Cependant la magnificence de Salomon n'était que l'ouvrage de la main des hommes ; mais c'est Dieu qui a donné aux fleurs tous leurs ornements.

ARISTE : Vous croyez donc, Théodore, que Dieu a figuré Jésus-Christ dans les plantes aussi bien que dans les insectes ?

1. Voir Mt 6, 28-30.

THÉODORE : Je crois, Ariste, que Dieu a tout rapporté à Jésus-Christ en mille manières différentes, et que non seulement les créatures expriment les perfections divines, mais qu'elles sont aussi autant que cela se peut des emblèmes de son Fils bien-aimé. Le grain qu'on sème doit, pour ainsi dire, mourir pour ressusciter et donner son fruit.

Je trouve que c'est une figure naturelle de Jésus-Christ, qui est mort pour ressusciter glorieux : *Nisi granum frumenti cadens in terram mortuum fuerit, ipsum solum manet ; si autem mortuum fuerit, multum fructum affert* *.

THÉOTIME : On peut se servir de tout ce qu'on veut pour faire des comparaisons. Mais il ne s'ensuit pas de là que Dieu ait voulu figurer Jésus-Christ par toutes les choses qui ont avec lui certains rapports arbitraires.

THÉODORE : Si je ne savais, Théotime, que le principal des desseins de Dieu** c'est Jésus-Christ et son Église, que rien ne plaît à Dieu que par Jésus-Christ, que c'est en Jésus-Christ et par Jésus-Christ que l'univers subsiste, parce qu'il n'y a que lui qui le sanctifie, qui le tire de son état profane, qui le rende divin, je regarderais comme des comparaisons arbitraires et tout à fait basses ce que je prends pour des figures naturelles. Oui, Théotime, je crois que Dieu a eu tellement en vue Jésus-Christ dans la formation de l'univers que ce qu'il y a peut-être de | plus **274** admirable dans la Providence, c'est le rapport qu'elle met sans cesse entre le naturel et le surnaturel, entre ce qui se passe dans le monde et ce qui arrive à l'Église de Jésus-Christ.

* Jn 12, 24 [et 25 : « Si le grain de froment ne meurt après qu'on l'a jeté en terre, il demeure seul ; mais quand il est mort, il porte beaucoup de fruit »].

** Entretien IX, nombre 6.

XIV. ARISTE : Assurément, Théotime, que Dieu ait voulu figurer Jésus-Christ par les changements des insectes, cela saute aux yeux. Un ver est méprisable et impuissant ; voilà Jésus-Christ méprisé : *Ego autem sum vermis, et non homo, opprobrium hominum et abjectio plebis* * ; le voilà chargé de nos infirmités et de nos langueurs : *Vere languores nostros ipse tulit* **. Un ver s'enferme dans son tombeau et ressuscite quelque temps après sans se corrompre. Jésus-Christ meurt et ressuscite sans que son corps ait été sujet à la corruption. *Neque caro ejus vidit corruptionem* ***. Le ver ressuscite à un corps, pour ainsi dire, tout spirituel. Il ne rampe point : il vole. Il ne se nourrit plus de pourriture : il ne fait que sucer des fleurs. Il n'a plus rien de méprisable : on ne peut pas être plus magnifiquement paré. De même Jésus-Christ ressuscité est comblé de gloire. Il s'élève dans les cieux. Il ne rampe point, pour ainsi dire, dans la Judée de bourgade en bourgade. Il n'est plus sujet à la lassitude et aux autres infirmités de sa vie laborieuse. Il gouverne toutes les nations, et il les peut briser *comme un pot de terre* ****, dit l'Écriture. La souveraine puissance lui a été donnée dans le ciel et sur la terre. Peut-on dire que ce parallèle soit arbitraire ? Assurément il est naturel.

XV. THÉODORE : Vous oubliez, Ariste, des rapports trop justes pour être négligés.

ARISTE : Qui sont-ils ?

THÉODORE : Ces vers avant leur transformation croissent toujours. Mais les mouches, les papillons, et généralement

* Ps 21 [6 : « Mais pour moi, je suis un ver de terre, et non un homme ; je suis l'opprobre des hommes et le rebut du peuple »].

** Es 53 [4 ; « Il a pris véritablement nos langueurs sur lui »].

*** Ac 2, 21 [31 : « sa chair n'a point éprouvé la corruption »].

**** Ps 2, 9.

tout ce qui vole après avoir été ver, tout ce qui a été transformé demeure toujours dans le même état.

| ARISTE : C'est que sur la terre on peut mériter sans **275** cesse, et que dans le ciel on demeure tel qu'on est.

THÉODORE : J'ai remarqué que les insectes n'engendrent point qu'ils ne soient ressuscités, et pour ainsi dire, glorifiés.

ARISTE : Vous avez raison. C'est que Jésus-Christ n'a envoyé le Saint-Esprit à son Église, il ne l'a rendue féconde, qu'après sa résurrection, et qu'il est entré en possession de sa gloire. *Nondum erat Spiritus datus*, dit saint Jean *, *quia Jesus nondum erat glorificatus* ; et Jésus-Christ lui-même : *Expedit vobis ut ego vadam. Si enim non abiero, Paraclitus non veniet ad vos. Si autem abiero, mittam eum ad vos***. Je ne m'étonne plus que Dieu ait fait un si grand nombre d'insectes.

THÉODORE : Si Dieu se plaît, Théotime, dans son ouvrage, c'est qu'il y voit partout son Fils bien-aimé. Car nous-mêmes nous ne sommes agréables à Dieu, qu'autant que nous sommes des expressions de Jésus-Christ. La matière, par les modalités dont elle est capable, ne peut pas exprimer exactement les dispositions intérieures de l'âme sainte de Jésus, sa charité, son humilité, sa patience. Mais elle peut fort bien imiter les divers états où son corps adorable s'est trouvé. Et je pense que l'arrangement de la matière, qui figure Jésus-Christ et son Église, honore davantage l'amour du Père pour le Fils, que tout autre arrangement n'honore sa sagesse et ses autres attributs.

* Chapitre 7, verset 39 [Jn 7, 39 : « le Saint Esprit n'avait pas encore été donné parce que Jésus n'avait pas encore été glorifié »].

** Jn 16, 7 [« Il vous est utile que je m'en aille; car si je ne m'en vais point, le Consolateur ne viendra point à vous; mais si je m'en vais, je vous l'enverrai »].

ARISTE : Peut-être même que c'est dans les dispositions de la matière propres à figurer Jésus-Christ qu'il y a le plus d'art et d'intelligence. Car qu'un animal vivant se fasse un tombeau et s'y renferme pour en ressusciter glorieux, peut-on concevoir une mécanique plus admirable que celle par laquelle ces mouvements-là s'exécutent ?

THÉOTIME : J'entre tout à fait dans vos sentiments. Et je crois de plus, Théodore, que Dieu a figuré même par les dispositions des corps celles de l'âme sainte de Jésus, et **276** principalement l'excès | de son amour pour son Église. Car saint Paul * nous apprend que cette passion violente de l'amour qui fait qu'on quitte avec joie son père et sa mère pour sa femme, est une figure de l'excès de l'amour de Jésus-Christ pour son épouse. Or quoique les animaux, à parler en rigueur, soient incapables d'amour, ils expriment par leurs mouvements cette grande passion, et conservent leur espèce à peu près comme les hommes. Ils figurent donc naturellement cet amour violent de Jésus-Christ, qui l'a porté à répandre son sang pour son Église. En effet, pour exprimer fortement et vivement la folie de la croix, l'anéantissement du Fils de Dieu, l'excès de sa charité pour les hommes, il fallait, pour ainsi dire, une passion aveugle et folle, une passion qui ne garde nulle mesure.

Ariste : Admirons donc la sagesse incompréhensible du Créateur dans les rapports merveilleux qu'il a mis entre ses ouvrages et ne regardons point comme des créatures inutiles celles qui peut-être ne nous font ni bien ni mal. Elles rendent l'ouvrage de Dieu plus parfait. Elles expriment les perfections divines. Elles figurent Jésus-Christ. Voilà ce qui fait leur excellence et leur beauté.

* Ep 5 [31-32].

THÉODORE : Admirons, Ariste. Mais puisque Dieu n'aime ses créatures qu'à proportion du rapport qu'elles ont avec ses perfections, qu'autant qu'elles sont des expressions de son Fils, soyons parfaits comme notre Père céleste est parfait, et formons-nous sur le modèle qu'il nous a donné en son Fils. Ce n'est pas assez à des chrétiens de figurer Jésus-Christ comme les animaux et les êtres matériels, ni même comme Salomon par les dehors d'une gloire éclatante. Il faut imiter ses vertus, celles qu'il a pratiquées dans sa vie humiliante et pénible, celles qui nous conviennent tant que nous rampons sur la terre, sachant bien qu'une nouvelle vie nous est réservée dans le ciel, d'où nous attendons notre transformation glorieuse. *Nostra conversatio in cœlis est*, dit saint Paul, *unde etiam Salvatorem expectamus Dominum nostrum Jesum-Christum, QUI REFORMABIT CORPUS HUMILITATIS NOSTRÆ CONFIGURATUM CORPORI CLARITATIS SUÆ* *.

* Ph 3, 20-21 [« nous vivons déjà dans le ciel [...] ; et c'est de là aussi que nous attendons le Sauveur notre Seigneur Jésus-Christ, QUI TRANSFORMERA NOTRE CORPS, TOUT VIL ET ABJECT QU'IL EST, AFIN DE LE RENDRE CONFORME À SON CORPS GLORIEUX »].

| XIIe Entretien

De la Providence divine dans les lois de l'union de l'âme et du corps, et que Dieu nous unit par elles à tous ses ouvrages. Des lois de l'union de l'esprit avec la Raison. C'est par ces deux sortes de lois que se forment les sociétés. Comment Dieu par les anges distribue aux hommes les biens temporels, et par Jésus-Christ la grâce intérieure et toutes sortes de biens. De la généralité de la Providence.

Ariste : Ah, Théodore ! que Dieu est admirable dans ses œuvres ! que de profondeurs dans ses desseins ! que de rapports, que de combinaisons de rapports, il a fallu comparer pour donner à la matière cette première impression qui a formé l'univers avec toutes les parties, non pour un moment, mais pour tous les siècles ! Que de sagesse dans la subordination des causes, dans l'enchaînement des effets, dans l'union de tous les corps dont le monde est composé, dans les combinaisons infinies, non seulement du physique avec le physique, mais du physique avec le moral, et de l'un et de l'autre avec le surnaturel !

Théodore : Si le seul arrangement de la matière, si les effets nécessaires de certaines lois du mouvement très simples et très générales nous paraissent quelque chose de si merveilleux, que devons-nous penser des diverses sociétés qui s'établissent et se conservent en conséquence des lois de l'union de l'âme et du corps ; que jugerons-nous du peuple juif et de la religion, et enfin de l'Église de Jésus-Christ ? Que penserions-nous, mon cher | Ariste, de la céleste Jérusalem, si nous avions une idée claire de la nature des matériaux dont sera construite cette sainte cité, et que nous puissions juger de l'ordre et du concert de toutes les parties qui la composeront ? Car enfin, si avec

278

la plus vile des créatures, avec la matière, Dieu a fait un monde si magnifique, quel ouvrage sera-ce que le Temple du vrai Salomon, qui ne sera construit qu'avec des intelligences ? C'est le choc des corps qui détermine l'efficace des lois naturelles, et cette cause occasionnelle, tout aveugle et simple qu'elle est, elle produit, par la sagesse de la Providence du Créateur, une infinité d'ouvrages admirables. Quelle sera donc, Ariste, la beauté de la maison de Dieu, puisque c'est une nature intelligente éclairée de la sagesse éternelle, et subsistant dans cette même sagesse, puisque c'est Jésus-Christ, comme je vous dirai bientôt, qui détermine l'efficace des lois surnaturelles par lesquelles Dieu exécute ce grand ouvrage ? Que ce Temple du vrai Salomon sera magnifique ! Ne serait-il point d'autant plus parfait que cet univers, que les esprits sont plus nobles que les corps, et que la cause occasionnelle de l'Ordre de la grâce est plus excellente que celle qui détermine l'efficace des lois naturelles ? Assurément Dieu est toujours semblable à lui-même. Sa sagesse n'est point épuisée par les merveilles qu'il a faites. Il tirera sans doute de la nature spirituelle des beautés qui surpasseront infiniment tout ce qu'il a fait de la matière. Qu'en pensez-vous, mon cher Ariste ?

ARISTE : Je pense, Théodore, que vous vous plaisez à me précipiter d'abîmes en abîmes.

THÉODORE : Oui d'abîmes profonds en d'autres encore plus profonds. Est-ce que vous ne voulez considérer que les beautés de ce monde visible, que la Providence générale du Créateur dans la division de la matière, dans la formation et l'arrangement des corps ? Cette terre que nous habitons n'est faite que pour les sociétés qui s'y forment. Si les hommes sont capables de faire des sociétés ensemble, c'est pour servir Dieu dans une même religion. Tout se rapporte naturellement à l'Église de Jésus-Christ, au Temple spirituel que Dieu doit habiter éternellement. Ainsi il ne faut pas nous arrêter dans ce premier abîme de la Providence de 279 Dieu sur la division de la matière et l'arrangement | des corps ; il en faut sortir pour entrer dans un second, et de là dans un troisième, jusqu'à ce que nous soyons arrivés où tout se termine, et où Dieu rapporte toutes choses. Car il ne suffit pas de croire et de dire que la Providence de Dieu est incompréhensible ; il faut le savoir, il faut le comprendre. Et pour bien s'assurer qu'elle est incompréhensible en toutes manières, il faut tâcher de la prendre en tout sens, et de la suivre partout.

ARISTE : Mais nous ne finirons jamais la matière de la Providence, si nous la suivons jusque dans le ciel.

THÉODORE : Oui, si nous la suivons jusque-là. Mais nous la perdrons bientôt de vue. Nous serons bien obligés, Ariste, de passer fort légèrement sur ce qui devrait nous arrêter le plus, soit pour la magnificence de l'ouvrage, soit pour la sagesse de la conduite. Car la Providence de Dieu sur son Église est un abîme, où l'esprit éclairé même par la foi ne découvre presque rien. Mais entrons en matière.

1. Vous savez, Ariste, que l'homme est un composé de deux substances, esprit et corps, dont les modalités sont réciproques en conséquence des lois générales, qui sont causes de l'union de ces deux natures ; et vous n'ignorez pas que ces lois ne sont que les volontés constantes et toujours efficaces du Créateur. Jetons un peu la vue sur la sagesse de ces lois.

Dans l'instant qu'on allume un flambeau, ou que le soleil se lève, il répand la lumière de tous côtés, ou plutôt il presse de tous côtés la matière qui l'environne. Les surfaces des corps étant diversement disposées, elles réfléchissent diversement la lumière, ou plutôt elles modifient diversement la pression que cause le soleil (imaginez cela comme il vous plaira, il n'importe maintenant. Il est vraisemblable que ces modifications de pression ne consistent que dans des vibrations, ou des secousses que reçoit la matière subtile par celle qui la frise en glissant incessamment sur la surface des corps entre elle et ces mêmes corps.). Toutes ces vibrations ou modifications de pression alternativement plus et moins promptes s'étendent, ou se communiquent en rond de tous côtés, et en un instant, à cause que tout est plein. Ainsi dès qu'on a les yeux ouverts, tous les rayons de lumière | réfléchis de la surface **280** des corps, et qui entrent par la prunelle, se rompent dans les humeurs de l'œil pour se réunir sur le nerf optique (c'est une chose admirable que la mécanique de l'œil considérée par rapport à l'action de la lumière; mais ce n'est pas à cela que nous devons nous arrêter. Si vous voulez étudier cette matière, vous pouvez consulter *La Dioptrique* de Monsieur Descartes.). Le nerf optique se trouve donc ébranlé en plusieurs différentes manières par les diverses vibrations de pression de la matière qui passe librement jusqu'à lui; et l'ébranlement de ce nerf se communique jusqu'à cette partie du cerveau à laquelle l'âme est étroitement unie. D'où il arrive en conséquence des lois de l'union de l'âme et du corps :

II. 1. Que nous sommes avertis de la présence des objets. Car encore que les corps soient invisibles par eux-mêmes, le sentiment de couleur que nous avons en nous, et même malgré nous, à leur occasion, nous persuade que nous les voyons eux-mêmes, à cause que l'opération de Dieu en nous n'a rien de sensible. Et comme les couleurs nous touchent légèrement, au lieu de les regarder comme des sentiments qui nous appartiennent, nous les attribuons aux objets. Ainsi nous jugeons que les objets existent, et qu'ils sont blancs et noirs, rouges et bleus, tels en un mot que nous les voyons.

2. Quoique les différences de la lumière réfléchie des objets ne consistent que dans les vibrations de pression plus ou moins promptes ; cependant les sentiments de couleur qui répondent à ces vibrations ou modifications de la lumière ont des différences essentielles, afin que par ce moyen nous discernions plus facilement les objets les uns des autres.

3. Ainsi par les différences sensibles des couleurs, qui terminent exactement les parties intelligibles que nous trouvons dans l'idée de l'espace ou de l'étendue, nous découvrons d'un coup d'œil une infinité d'objets différents, leur grandeur, leur figure, leur situation, leur mouvement, ou leur repos, tout cela fort exactement par rapport à la conservation de la vie, mais d'ailleurs fort confusément et fort imparfaitement. Car il faut toujours se souvenir que **281** les sens ne nous sont pas donnés pour nous découvrir | la vérité, ou les rapports exacts que les objets ont entre eux, mais pour conserver notre corps, et tout ce qui peut lui être utile. Comme tout ce que nous voyons, par exemple, n'est pas toujours ou bon ou mauvais pour la santé, et que souvent deux objets différents peuvent réfléchir la lumière de la même façon (car combien y a-t-il de corps également blancs ou noirs ?), les sentiments de couleur ne nous touchent ou ne nous ébranlent guère. Ils nous servent plutôt à distinguer les objets qu'à nous y unir, ou à nous en séparer. C'est à ces objets qu'on les rapporte ces sentiments, et non aux yeux, qui reçoivent impression de la lumière. Car on rapporte toujours, par une espèce de jugement naturel et qui n'est point libre, les sentiments à ce qu'il est plus à

propos pour le bien du corps de les rapporter. On rapporte la douleur de la piqûre, non à l'épine, mais au doigt piqué. On rapporte la chaleur, l'odeur, la saveur, et aux organes et aux objets. Pour la couleur, on ne la rapporte qu'aux objets. Il est clair que tout cela doit être ainsi pour le bien du corps, et il n'est pas nécessaire que je vous l'explique.

III. Voilà, Ariste, ce qui paraît de plus simple et de plus général dans les sensations des couleurs. Voyons un peu comment tout cela s'exécute. Car il me semble qu'il faut une sagesse infinie pour régler ce détail des couleurs de telle manière que les objets proches ou éloignés soient vus à peu près selon leur grandeur. Quand je dis éloignés, je ne prétends pas qu'ils le soient excessivement : car lorsque des corps sont si petits, ou si éloignés, qu'ils ne peuvent plus nous faire ni bien ni mal, ils nous échappent.

ARISTE : Assurément, Théodore, il faut une sagesse infinie pour faire à chaque clin d'œil cette distribution de couleurs sur l'idée que j'ai de l'espace, de manière qu'il s'en forme, pour ainsi dire, dans mon âme un monde nouveau, et un monde qui se rapporte assez juste à celui dans lequel nous sommes. Mais je doute que Dieu soit si exact dans les sentiments qu'il nous donne : car je sais bien que le soleil ne diminue pas à proportion qu'il s'éloigne de l'horizon ; et cependant il me paraît plus petit.

THÉODORE : Mais du moins vous êtes bien certain que Dieu est toujours exact à vous faire voir le soleil d'autant plus petit | qu'il s'éloigne davantage de l'horizon. Cette **282** exactitude, Ariste, signifie quelque chose.

ARISTE : Je le crois ; mais d'où vient cela ?

THÉODORE : C'est que Dieu, en conséquence de ces lois, nous donne tout d'un coup les sentiments de couleur que nous nous donnerions à nous-mêmes, si nous savions divinement l'optique, et que nous connussions exactement tous les rapports qu'ont entre elles les figures des corps qui se projettent au fond de nos yeux. Car Dieu ne se détermine à agir dans notre âme de telle ou telle manière que par les changements qui arrivent dans notre corps. Il agit en elle comme s'il ne savait rien de ce qui se fait au-dehors que par la connaissance qu'il a de ce qui se passe dans nos organes. Voilà le principe, suivons-le.

Plus un corps est éloigné, plus l'image qui s'en trace au fond de l'œil est petite. Or quand le soleil se lève ou se couche, il paraît plus éloigné de nous qu'à midi : non seulement parce qu'on remarque bien des terres entre nous et l'horizon où il est alors, mais encore parce que le ciel paraît comme un sphéroïde aplati *. Donc l'image du soleil qui se lève devrait être plus petite au fond de nos yeux que celle du soleil levé. Or elle est égale, ou presque égale. Donc il faut que le soleil paraisse plus grand, lorsqu'il est proche de l'horizon, que lorsqu'il est fort élevé.

THÉOTIME : J'ai fait une expérience qui démontre ce que vous dites, que la raison pour laquelle le soleil paraît changer de grandeur vient de ce qu'il paraît changer notablement de distance. J'ai pris un morceau de verre, que j'ai couvert de fumée**, de telle manière que regardant au travers, je ne voyais plus que le soleil. Et j'ai remarqué que cette grandeur apparente disparaissait toutes les fois que je le regardais au travers de ce verre; parce que la fumée faisant éclipser tous les autres objets qui sont entre nous et l'horizon, je ne voyais plus sensiblement de distance au-delà de laquelle je pusse placer le soleil.

* Voyez ma *Réponse à Monsieur Regis* [chap. 1, OC, t. XVII-1, p. 263-278].

** Cela se fait en passant le verre sur la flamme d'une chandelle.

| ARISTE : Ne serait-ce point que ce verre obscurci par 283 la fumée ne laisse entrer dans l'œil que peu de rayons ?

THÉOTIME : Non, Ariste. Car j'ai toujours vu le soleil d'une égale grandeur lorsqu'il est fort élevé sur l'horizon, soit que je l'aie regardé avec ce verre, ou sans ce verre.

ARISTE : Cela est démonstratif.

IV. THÉODORE : Prenez donc garde, Ariste, que quoique vous soyez persuadé que le soleil n'est pas plus petit à midi que le soir, vous le voyez néanmoins beaucoup plus petit. Et jugez par là que le sentiment de cercle lumineux qui vous représente cet astre n'est déterminé justement à telle grandeur que par rapport aux couleurs de tous les objets que nous voyons entre nous et lui, puisque c'est la vue sensible de ces objets qui le fait croire éloigné. Jugez encore de là que toutes les grandeurs apparentes non seulement du soleil, mais généralement de tout ce que nous voyons, doivent toutes être réglées par des raisonnements semblables à celui que je viens de vous faire, pour vous rendre raison des diverses apparences de grandeur du soleil. Et comprenez, si vous le pouvez, la sagesse du Créateur, qui sans hésiter, dès que vos yeux sont ouverts, vous donne d'une infinité d'objets une infinité de divers sentiments de couleur, qui vous marquent leur différence et leur grandeur, non proportionnées à la différence et la grandeur des images qui s'en tracent au fond de l'œil, mais, ce qui est à remarquer, déterminées par des raisonnements d'optique les plus exacts qu'il est possible.

ARISTE : Je n'admire pas tant en cela la sagesse, l'exactitude, l'uniformité du Créateur, que la stupidité ou l'orgueil de ces philosophes, qui s'imaginent que c'est l'âme elle-même qui se forme des idées de tous les objets qui nous environnent. J'avoue néanmoins qu'il faut une

sagesse infinie pour faire dans notre âme, dès que nos yeux sont ouverts, cette distribution de couleurs qui nous révèle en partie comment le monde est fait. Mais je voudrais bien que nos sens ne nous trompassent jamais, du moins dans des choses de conséquence, ni d'une manière trop grossière. L'autre jour que je descendais fort promptement la rivière, il me semblait que les arbres du rivage se remuaient ; et j'ai un de mes amis qui souvent voit tout tourner devant
284 lui, de manière | qu'il ne peut se tenir debout. Voilà des illusions fort grossières et fort incommodes.

V. THÉODORE : Dieu ne pouvait, Ariste, rien faire de mieux, voulant agir en nous en conséquence de quelques lois générales. Car reprenez le principe que je viens de vous dire. Les causes occasionnelles de ce qui doit arriver à l'âme ne peuvent se trouver que dans ce qui arrive au corps, puisque c'est l'âme et le corps que Dieu a voulu unir ensemble. Ainsi Dieu ne doit être déterminé à agir dans notre âme de telle ou telle manière que par les divers changements qui arrivent dans notre corps. Il ne doit pas agir en elle comme sachant ce qui se passe au-dehors, mais comme ne sachant rien de ce qui nous environne que par la connaissance qu'il a de ce qui se passe dans nos organes. Encore un coup, Ariste, c'est le principe. Imaginez-vous que votre âme sait exactement tout ce qui arrive de nouveau dans son corps, et qu'elle se donne à elle-même tous les sentiments le plus à propos qui se puisse par rapport à la conservation de la vie. Ce sera justement ce que Dieu fait en elle.

Vous vous promenez donc, et votre âme a sentiment intérieur des mouvements qui se passent actuellement dans votre corps. Donc, quoique les traces des objets changent de place dans vos yeux, votre âme doit voir ces objets comme immobiles. Mais vous êtes dans un bateau. Vous n'avez aucun sentiment que vous êtes transporté, puisque le mouvement du bateau ne change rien dans votre corps qui puisse vous en avertir. Vous devez donc voir tout le rivage en mouvement, puisque les images des objets changent dans vos yeux continuellement de place.

De même vous penchez la tête ; vous tournez les yeux ; vous regardez, si vous voulez, un clocher par-dessous vos jambes. Vous ne devez pas le voir renversé la pointe en bas. Car encore que l'image de ce clocher fût renversée dans vos yeux, ou plutôt dans votre cerveau, car les objets se peignent toujours à l'envers dans le fond de l'œil, votre âme sachant la disposition de votre corps, par le changement que cette disposition fait dans votre cerveau, elle devrait juger que le clocher serait droit. Or encore un coup, Dieu en conséquence des lois de l'union de l'âme et du corps nous donne tous les sentiments | des objets de la même **285** manière que notre âme se les donnerait si elle raisonnait fort exactement sur la connaissance qu'elle aurait de tout ce qui se passe dans le corps, ou dans la principale partie du cerveau. Mais remarquez que la connaissance que nous avons de la nature de la grandeur, ou de la situation des objets, ne nous sert de rien pour rectifier nos sentiments, si cette connaissance n'est sensible, et produite actuellement par quelque changement qui arrive actuellement dans le cerveau. Car quoique je sache que le soleil n'est pas plus grand le soir et le matin qu'à midi, je ne laisse pas de le voir plus grand. Quoique je sache que le rivage est immobile, il me paraît néanmoins se remuer. Quoique je sache que telle médecine m'est fort bonne, je trouve néanmoins qu'elle est méchante, et ainsi des autres sentiments, parce que Dieu ne règle les sentiments qu'il nous donne que sur l'action de la cause occasionnelle qu'il a établie pour cela, c'est-à-dire sur les changements de la principale partie de notre corps, à laquelle notre âme est immédiatement unie. Or il arrive quelquefois que le cours des esprits est ou si impétueux, ou si irrégulier, qu'il empêche que le changement actuel de la disposition des nerfs et des muscles se communique jusqu'à cette principale partie du cerveau. Et alors tout tourne ; on voit deux objets pour un ; on ne peut plus garder l'équilibre pour demeurer debout ; et c'est peut-être ce qui arrive à votre ami. Mais que voulez-vous ? les lois de l'union de l'âme et du corps sont infiniment sages, et toujours exactement suivies ; mais la cause occasionnelle qui détermine l'efficace de ces lois manque souvent au besoin, à cause que les lois des communications des mouvements ne sont plus soumises à nos volontés.

ARISTE : Qu'il y a d'ordre et de sagesse dans les lois de l'union de l'âme et du corps ! Dès que nos yeux sont ouverts, nous voyons une infinité d'objets différents, et leurs différents rapports sans aucune application de notre part. Assurément rien n'est plus merveilleux, quoique personne n'y fasse réflexion.

VI. THÉODORE : Dieu ne nous découvre pas seulement ses ouvrages par ce moyen, mais il nous y unit en mille et mille manières. Si je vois, par exemple, un enfant prêt à tomber, cette | seule vue, le seul ébranlement du nerf optique débandera dans mon cerveau certains ressorts qui me feront avancer pour le secourir, et crier afin que d'autres le secourent ; et mon âme en même temps sera touchée et émue, comme elle le doit être, pour le bien du genre humain. Si je regarde un homme au visage, je comprends qu'il est triste ou joyeux, qu'il m'estime ou qu'il me méprise, qu'il me veut du bien ou du mal : tout cela par certains mouvements des yeux et des lèvres qui n'ont nul rapport avec ce qu'ils signifient. Car quand un chien me montre

286

les dents, je juge qu'il est en colère. Mais quoiqu'un homme me les montre, je ne crois pas qu'il me veuille mordre. Le ris de l'homme m'inspire de la confiance, et celui du chien me fait peur. Les peintres qui veulent exprimer les passions se trouvent bien embarrassés. Ils prennent souvent un air ou une grimace pour une autre. Mais lorsqu'un homme est animé de quelque passion, tous ceux qui le regardent le remarquent bien, quoiqu'ils ne remarquent peut-être point si ses lèvres se haussent ou se baissent, si son nez s'allonge ou se retire, si ses yeux s'ouvrent ou se ferment. C'est que Dieu nous unit ensemble par les lois de l'union de l'âme et du corps, et non seulement les hommes avec les hommes, mais chaque créature avec toutes celles qui lui sont utiles, chacune à leur manière. Car si je vois, par exemple, mon chien qui me flatte, c'est-à-dire qui remue la queue, qui fléchit les reins, qui baisse la tête, cette vue me lie à lui, et produit non seulement dans mon âme une espèce d'amitié, mais encore certains mouvements dans mon corps qui l'attachent aussi à moi par contrecoup. Voilà ce qui fait la passion d'un homme pour son chien, et la fidélité du chien pour son maître. C'est un peu de lumière qui débande certains ressorts dans deux machines composées par la sagesse du Créateur, de telle manière qu'elles puissent se conserver mutuellement. Cela est commun à l'une et à l'autre ; mais l'homme, outre la machine de son corps, a une âme, et par conséquent des sentiments et des mouvements qui répondent aux changements qui arrivent dans son corps ; et le chien n'est que pure machine, dont les mouvements réglés à leur fin doivent faire admirer l'intelligence infinie de celui qui l'a construite.

Ariste : Je comprends, Théodore, que les lois de l'union de l'âme et du corps ne servent pas seulement à unir notre esprit à une certaine portion de matière, mais encore à tout 287 le reste | de l'univers, à certaines parties néanmoins beaucoup plus qu'à d'autres, selon qu'elles nous sont plus nécessaires. Mon âme se répand, pour ainsi dire, dans mon corps par le plaisir et la douleur. Elle en sort par les autres sentiments moins vifs. Mais par la lumière et les couleurs, elle se répand partout jusque dans les cieux. Elle prend même intérêt dans ce qui s'y passe. Elle en examine les mouvements. Elle s'afflige ou se réjouit des phénomènes qu'elle y remarque, et les rapporte tous à soi, comme ayant droit à toutes les créatures. Que cet enchaînement est merveilleux !

VII. THÉODORE : Considérez plutôt les suites de ces lois dans l'établissement des sociétés, dans l'éducation des enfants, dans l'augmentation des sciences, dans la formation de l'Église. Comment est-ce que vous me connaissez ? Vous ne voyez que mon visage, qu'un certain arrangement de matière qui n'est visible que par la couleur. Je remue l'air par mes paroles. Cet air vous frappe l'oreille ; et vous savez ce que je pense. On ne dresse pas seulement les enfants, comme les chevaux et les chiens ; on leur inspire même des sentiments d'honneur et de probité. Vous avez dans vos livres les opinions des philosophes, et l'histoire de tous les siècles. Mais sans les lois de l'union de l'âme et du corps, toute votre bibliothèque ne serait au plus que du papier blanc et noir. Suivez ces lois dans la religion. Comment êtes-vous chrétien ? C'est que vous n'êtes pas sourd. C'est par les oreilles que la foi s'est répandue dans nos cœurs. C'est par les miracles que l'on a vus que nous sommes certains de ce que nous ne voyons point. C'est par la puissance que nous donnent ces lois que le ministre de Jésus-Christ peut remuer la langue pour annoncer l'Évangile, et pour nous absoudre de nos péchés. Il est évident que ces lois servent à tout dans la religion, dans la morale, dans les sciences, dans les sociétés, pour le bien public et pour le bien particulier. De sorte que c'est un des plus grands moyens dont Dieu se serve dans le cours ordinaire de sa Providence, pour la conservation de l'univers et l'exécution de ses desseins.

| Or, je vous prie, combien a-t-il fallu découvrir de **288** rapports et de combinaisons de rapports pour établir ces admirables lois, et pour les appliquer de telle manière à leurs effets que toutes les suites de ces lois fussent les meilleures, les plus dignes de Dieu qui soient possibles ? Ne considérez pas seulement ces lois par rapport à la conservation du genre humain. Cela nous passe déjà infiniment. Mais courage, comparez-les avec toutes les choses auxquelles elles ont rapport, quelque méprisables qu'elles vous paraissent. Pourquoi, par exemple, le blé et l'orge n'ont-ils point, comme les chardons et les lacerons, de petites ailes, afin que le vent les transporte et les répande dans les champs ? N'est-ce point que Dieu a prévu que les hommes, qui échardonnent leurs terres, auraient assez de soin d'y semer du blé ? D'où vient que le chien a l'odorat si fin pour les odeurs que les animaux transpirent, et qu'il ne sent point les fleurs ? N'est-ce point que Dieu a prévu que l'homme et cet animal iraient ensemble à la chasse ? Si Dieu en créant les plantes et les animaux a eu égard à l'usage que les hommes feraient de la puissance qu'ils ont en conséquence des lois de l'union de l'âme et du corps, assurément il n'aura rien négligé pour faire que ces lois aient des suites avantageuses dans la société et dans la religion. Jugez donc de la sagesse incompréhensible de la Providence de Dieu dans l'établissement de ces lois, comme

vous en avez jugé dans la première impression de mouvement qu'il a communiqué à la matière lorsqu'il en a formé l'univers.

ARISTE : L'esprit se perd dans ces sortes de réflexions.

THÉOTIME : Il est vrai, mais il ne laisse pas de comprendre que la sagesse de Dieu dans sa Providence générale est incompréhensible en toutes manières.

IX. THÉODORE : Continuons donc. L'esprit de l'homme est uni à son corps de telle manière que par son corps il tient à tout ce qui l'environne, non seulement aux objets sensibles, mais à des substances invisibles ; puisque les hommes sont attachés et liés ensemble par l'esprit aussi bien que par le corps, tout cela en conséquence des lois générales, dont Dieu se sert pour gouverner le monde : et c'est le merveilleux de la Providence. L'esprit de l'homme est aussi uni à Dieu, à la sagesse éternelle, à la Raison universelle qui éclaire toutes les intelligences. Et il y est 289 | encore uni par des lois générales, dont notre attention est la cause occasionnelle qui en détermine l'efficace. Les ébranlements qui s'excitent dans mon cerveau sont la cause occasionnelle ou naturelle de mes sentiments. Mais la cause occasionnelle de la présence des idées à mon esprit, c'est mon attention. Je pense à ce que je veux. Il dépend de moi d'examiner le sujet dont nous parlons, ou tout autre. Mais il ne dépend pas de moi de sentir du plaisir, d'entendre la musique, de voir seulement telle et telle couleur. C'est que nous ne sommes pas faits pour connaître les rapports qu'ont entre eux et avec notre corps les objets sensibles. Car il ne serait pas juste que l'âme pour conserver la vie fût obligée de s'appliquer à tout ce qui peut nous la faire perdre. Il fallait qu'elle le discernât par la preuve courte et sûre de l'instinct ou du sentiment, afin qu'elle pût s'occuper tout entière à rendre à Dieu ses devoirs, et à rechercher les vrais biens, les biens de l'esprit. Il est vrai que maintenant nos sentiments jettent le trouble et la confusion dans nos idées, et qu'ainsi nous ne pensons pas toujours à ce que nous voulons. Mais c'est une suite du péché ; et si Dieu l'a permis ce péché, c'est qu'il savait bien que cela donnerait occasion au sacrifice de Jésus-Christ, dont il tire plus de gloire que de la persévérance du premier homme. Outre qu'Adam ayant tous les secours nécessaires pour persévérer, Dieu ne devait pas lui donner de ces grâces prévenantes qui ne conviennent bien qu'à une nature faible et languissante. Mais ce n'est pas le temps d'examiner les raisons de la permission du péché.

X. C'est donc notre attention qui est la cause occasionnelle et naturelle de la présence des idées à notre esprit, en conséquence des lois générales de son union avec la Raison universelle. Et Dieu l'a dû établir ainsi, dans le dessein qu'il avait de nous faire parfaitement libres, et capables de mériter le ciel. Car il est clair que si le premier homme n'eût point été comme le maître de ses idées par son attention, sa distraction n'aurait point été volontaire, distraction qui a été la première cause de sa désobéissance. Comme nous ne pouvons aimer que par l'amour du bien, nous nous déterminons toujours à ce qui nous paraît de meilleur dans l'instant que nous nous déterminons. De sorte que si nous | n'étions nullement les **290** maîtres de notre attention, ou si notre attention n'était point la cause naturelle de nos idées, nous ne serions point libres, ni en état de mériter. Car nous ne pourrions pas même suspendre notre consentement, puisque nous n'aurions pas le pouvoir de considérer les raisons qui peuvent nous porter à le suspendre. Or Dieu a voulu que nous fussions libres, non seulement parce que cette qualité nous est nécessaire pour mériter le ciel, pour lequel nous sommes faits, mais encore parce qu'il voulait faire éclater la sagesse de sa Providence, et sa qualité de scrutateur des cœurs, en se servant aussi heureusement des causes libres que des causes nécessaires pour l'exécution de ses desseins.

Car vous devez savoir que Dieu forme toutes les sociétés, qu'il gouverne toutes les nations, le peuple juif, l'Église présente, l'Église future, par les lois générales de l'union des esprits avec la sagesse éternelle. C'est par le secours de cette sagesse que les souverains règnent heureusement, et qu'ils établissent des lois excellentes : *Per me reges regnant, et legum conditores justa decernunt**. C'est même en la consultant que les méchants réussissent dans leurs pernicieux desseins. Car on peut faire servir à l'injustice les lumières de la Raison en conséquence des lois générales. Si un bon évêque veille sur son troupeau, s'il le sanctifie, si Dieu se sert de lui pour mettre tels et tels au nombre des prédestinés, c'est en partie que ce ministre de Jésus-Christ consulte la Raison par son attention à l'ordre de ses devoirs. Et si au contraire un misérable corrompt l'esprit et le cœur de ceux qui sont soumis à sa conduite, si Dieu permet qu'il soit la cause de leur perte, c'est en partie que ce ministre du démon abuse des lumières qu'il reçoit de Dieu en conséquence des lois naturelles. Les anges, tous les esprits bienheureux, et même l'humanité sainte de Jésus-Christ, mais d'une manière bien différente, sont tous unis à la sagesse éternelle. Leur attention est la cause occasionnelle ou naturelle de leurs connaissances. Or Jésus-Christ gouverne les âmes, et les anges ont pouvoir sur les corps.

* Pr 8,15 [« Les rois règnent par moi, et c'est par moi que les législateurs ordonnent ce qui est juste »].

Dieu se sert de Jésus-Christ pour sanctifier son Église, comme il s'est servi des anges pour conduire le peuple juif. Donc puisque tous les esprits bienheureux, à plus forte raison que nous, consultent toujours la sagesse éternelle, pour ne rien faire qui ne soit conforme | à l'Ordre, il est **291** clair que Dieu se sert des lois générales de l'union des esprits avec la Raison pour exécuter tous les desseins qu'il a commis à des natures intelligentes. Il se sert même de la malice des démons, et de l'usage qu'il prévoit certainement qu'ils feront des lumières naturelles qui leur restent. Non que Dieu à tous moments agisse par des volontés particulières, mais parce qu'il n'a établi telles lois dans telles circonstances que par la connaissance des effets merveilleux qui en devaient suivre : car sa prescience n'a point de bornes, et sa prescience est la règle de sa Providence.

XI. ARISTE : Il me semble, Théodore, que vous ne considérez la sagesse de la Providence que dans l'établissement des lois générales, et dans l'enchaînement des causes avec leurs effets, laissant agir toutes les créatures selon leur propre nature, les libres librement, et les nécessaires selon la puissance qu'elles ont en conséquence des lois générales. Vous voulez que j'admire et que j'adore la profondeur impénétrable de la prescience de Dieu dans les combinaisons infiniment infinies qu'il a fallu faire pour choisir, entre une infinité de voies de produire l'univers, celle qu'il devait suivre pour agir le plus divinement qui se puisse. Assurément, Théodore, c'est là le plus bel endroit de la Providence, mais ce n'est pas le plus agréable. Cette prescience infinie est le fondement de cette généralité et de cette uniformité de conduite qui porte le caractère de la sagesse et de l'immutabilité de Dieu ; mais cela ne porte point, ce me semble, le caractère de sa bonté pour les hommes, ni de la sévérité de sa justice contre les méchants. Il n'est pas possible que par une Providence générale Dieu nous venge de ceux qui nous font quelque injustice, ni qu'il pourvoie à tous nos besoins. Et le moyen d'être content quand quelque chose nous manque ? Ainsi, Théodore, j'admire votre Providence, mais je n'en suis pas bien satisfait. Elle est excellente pour Dieu, mais pas trop bonne pour nous ; car je veux que Dieu pourvoie à toutes ses créatures.

THÉODORE : Il y pourvoit, Ariste, fort abondamment. Voulez-vous que je vous étale les bienfaits du Créateur ?

ARISTE : Je sais que Dieu nous fait tous les jours mille biens. Il semble que tout l'univers ne soit que pour nous.

THÉODORE : Que voulez-vous davantage ?

292 | ARISTE : Que rien ne nous manque. Dieu a fait pour nous toutes les créatures ; mais tel et tel n'a pas de pain. Une Providence qui fournirait également à toutes les natures égales, ou qui distribuerait le bien et le mal exactement selon les mérites, voilà une véritable Providence. À quoi bon ce nombre infini d'étoiles ? Que nous importe que les mouvements des cieux soient si bien réglés ? Que Dieu laisse tout cela et qu'il pense un peu plus à nous. La terre est désolée par l'injustice et la malignité de ses habitants. Que Dieu ne se fait-il craindre : il semble qu'il ne se mêle point du détail de nos affaires. La simplicité et la généralité de ses voies me fait venir cette pensée dans l'esprit.

THÉODORE : Je vous entends, Ariste, vous faites le personnage de ceux qui ne veulent point de Providence, et qui s'imaginent qu'ici-bas, c'est le hasard qui fait et qui règle tout. Et je comprends que par là vous voulez combattre la généralité et l'uniformité de la conduite de Dieu dans le gouvernement du monde, parce que cette conduite ne s'accommode pas à nos besoins, ou à nos inclinations.

Mais prenez garde, je vous prie, que je raisonne sur des faits constants, et sur l'idée de l'Être infiniment parfait. Car enfin le soleil se lève indifféremment sur les bons et sur les méchants. Il brûle souvent les terres des gens de bien, lorsqu'il rend fécondes celles des impies. Les hommes en un mot ne sont point misérables à proportion qu'ils sont criminels. Voilà ce qu'il faut accorder avec une Providence digne de l'Être infiniment parfait.

La grêle, Ariste, ravage les moissons d'un homme de bien. Ou cet effet fâcheux est une suite naturelle des lois générales, ou Dieu le produit par une Providence particulière. Si Dieu produit cet effet par une Providence particulière, bien loin de pourvoir à tout, il veut positivement, et il fait même que le plus honnête homme du pays manque de pain. Il vaut donc mieux soutenir que ce funeste effet est une suite naturelle des lois générales. Et c'est aussi ce que l'on entend communément, lorsqu'on dit que Dieu a permis tel ou tel malheur. Mais de plus vous demeurez d'accord que de gouverner le monde par des lois générales, c'est une conduite belle, et grande, digne des attributs divins. Vous prétendez seulement qu'elle ne porte point assez le caractère de la bonté paternelle de Dieu envers les bons, et de la sévérité de sa justice envers les méchants. C'est que vous ne prenez point garde à la misère des gens de bien, et à la prospérité | des impies. Car les choses étant **293** comme nous voyons qu'elles sont, je vous soutiens qu'une Providence particulière de Dieu ne porterait nullement le caractère de sa bonté et de sa justice, puisque très souvent les justes sont accablés de maux, et que les méchants sont comblés de biens. Mais supposé que la conduite de Dieu doive porter le caractère de sa sagesse, aussi bien que de sa bonté et de sa justice, quoique maintenant les biens et les maux ne soient point proportionnés aux mérites des hommes, je ne trouve aucune dureté dans sa Providence générale. Car premièrement je vous soutiens que d'une infinité de combinaisons possibles des causes avec leurs effets, Dieu a choisi celle qui accordait plus heureusement le physique avec le moral, et que telle grêle, prévue devoir tomber sur la terre de tel homme de bien, n'a point été à l'égard de Dieu un des motifs de faire son choix, mais plutôt telle grêle qu'il a prévu devoir tomber sur la terre d'un méchant homme. Je dis un des *motifs*. Prenez garde à la signification de ce terme. Car si Dieu afflige les justes, c'est qu'il veut les éprouver, et leur faire mériter la récompense. C'est là véritablement son motif. Je vous réponds en second lieu que tous les hommes étant pécheurs, aucun ne mérite que Dieu quitte la simplicité et la généralité de ses voies pour proportionner actuellement les biens et les maux à leurs mérites et à leurs démérites, que tôt ou tard Dieu rendra à chacun selon ses œuvres, du moins au jour qu'il viendra juger les vivants et les morts, et qu'il établira pour les punir des lois générales qui dureront éternellement.

XII. Cependant, Ariste, ne vous imaginez pas que je prétende que Dieu n'agisse jamais par des volontés particulières, et qu'il ne fasse maintenant que suivre les lois naturelles qu'il a établies d'abord. Je prétends seulement que Dieu ne quitte jamais sans de grandes raisons la simplicité de ses voies ou l'uniformité de sa conduite. Car plus la Providence est générale, plus elle porte le caractère des attributs divins.

ARISTE : Mais quand les a-t-il ces grandes raisons ? Peut-être ne les a-t-il jamais.

THÉODORE : Dieu a ces grandes raisons lorsque la gloire qu'il peut tirer de la perfection de son ouvrage contrebalance 294 celle | qu'il doit recevoir de l'uniformité de sa conduite.

Il a ces grandes raisons lorsque ce qu'il doit à son immutabilité est égal, ou de moindre considération, que ce qu'il doit à tel autre de ses attributs. En un mot il a ces raisons lorsqu'il agit autant ou plus selon ce qu'il est, en quittant qu'en suivant les lois générales qu'il s'est prescrites. Car Dieu agit toujours selon ce qu'il est. Il suit inviolablement l'Ordre immuable de ses propres perfections, parce que c'est dans sa propre substance qu'il trouve sa loi, et qu'il ne peut s'empêcher de se rendre justice, ou d'agir pour sa gloire, dans le sens que je vous ai expliqué ces jours-ci *. Que si vous me demandez quand il arrive que Dieu agit autant ou plus selon ce qu'il est, en quittant qu'en suivant ses lois générales, je vous réponds que je n'en sais rien. Mais je sais bien que cela arrive quelquefois. Je le sais, dis-je, parce que la foi me l'apprend. Car la Raison, qui me fait connaître que cela est possible, ne m'assure point que cela se fasse.

ARISTE : Je comprends, Théodore, votre pensée, et je ne vois rien de plus conforme à la Raison, et même à l'expérience. Car effectivement nous voyons bien, par tous les effets qui nous sont connus, qu'ils ont leurs causes naturelles, et qu'ainsi Dieu gouverne le monde selon les lois générales qu'il a établies pour ce dessein.

XIII. THÉOTIME : Il est vrai, mais cependant l'Écriture est remplie de miracles que Dieu a faits en faveur du peuple juif; et je ne pense pas qu'il néglige si fort son Église, qu'il ne quitte en sa faveur la généralité de sa conduite.

THÉODORE : Assurément, Théotime, Dieu fait infiniment plus de miracles pour son Église que pour la Synagogue. Le peuple juif était accoutumé à voir ce qu'on appelle des miracles. Il fallait qu'il s'en fît une prodigieuse quantité,

* IXe Entretien.

puisque l'abondance de leurs terres et la prospérité de leurs armes étaient attachées à leur exactitude à observer les commandements de la loi. Car il n'est pas vraisemblable que le physique et le moral se pussent accorder si exactement, que la Judée ait toujours été fertile à proportion que ses **295** habitants étaient gens de bien. Voilà | donc parmi les Juifs une infinité de miracles*. Mais je crois qu'il s'en fait encore beaucoup plus parmi nous, non pour proportionner les biens et les maux temporels à nos œuvres, mais pour nous distribuer gratuitement les vrais biens ou les secours nécessaires pour les acquérir; tout cela néanmoins sans que Dieu quitte à tous moments la généralité de sa conduite. C'est ce qu'il faut que je vous explique, car c'est assurément ce qu'il y a de plus admirable dans la Providence.

XIV. L'homme étant un composé d'esprit et de corps, il a besoin de deux sortes de biens, de ceux de l'esprit et de ceux du corps. Dieu l'avait aussi pourvu abondamment de ces biens, par l'établissement des lois générales dont je vous ai parlé jusqu'ici. Car non seulement le premier homme fut placé d'abord dans le paradis terrestre, où il trouvait des fruits en abondance, et un entre autres capable de le rendre immortel, mais son corps était encore si bien formé, et si soumis à son esprit, qu'en conséquence des lois générales il pouvait jouir de tous ces biens, sans se détourner du véritable. D'un autre côté il était uni à la Raison souveraine, et son attention dont il était absolument le maître, était la cause occasionnelle ou naturelle de ses connaissances. Jamais ses sentiments ne troublaient malgré lui ses idées. Car il était exempt de cette concupiscence

* Par *miracle*, j'entends les effets qui dépendent des lois générales qui ne nous sont point naturellement connues. Voyez la *deuxième lettre* de ma *Réponse au premier volume des Réflexions philosophiques et théologiques de M. Arnauld* [OC, t. VIII, p. 693-750].

qui sollicite sans cesse l'esprit de renoncer à la Raison pour suivre les passions. Il était donc bien pourvu pour l'esprit et pour le corps. Car il connaissait clairement le vrai bien, et pouvait ne le point perdre. Il sentait les biens du corps, et il pouvait en jouir; tout cela en conséquence des lois générales de l'union de l'esprit d'un côté avec le corps, et de l'autre avec la Raison universelle, sans que ces deux unions se nuisissent l'une à l'autre, parce que le corps était soumis à l'esprit.

Mais l'homme ayant péché, il se trouve tout d'un coup fort mal pourvu de ces deux sortes de biens. Car l'Ordre, qui est la loi que Dieu suit inviolablement, ne permettant pas qu'en faveur d'un rebelle il y ait à tous moments des exceptions dans les lois générales des communications des mouvements, c'est une nécessité | que l'action des objets **296** se communique jusqu'à la partie principale du cerveau, et que l'esprit même en soit frappé, en conséquence des lois de l'union de l'âme et du corps. Or l'esprit inquiété malgré lui de la faim, de la soif, de la lassitude, de la douleur, de mille passions différentes, ne peut ni aimer ni rechercher comme il faut les vrais biens; et au lieu de jouir paisiblement de ceux du corps, la moindre indigence le rend malheureux. De sorte que l'homme rebelle à Dieu ayant perdu l'autorité qu'il avait sur son corps, il se trouve, uniquement par la perte de ce pouvoir, dépourvu des biens dont la Providence l'avait pourvu. Voyons un peu comment Dieu le va tirer de ce malheureux état, sans rien faire contre l'ordre de la justice, et sans changer les lois générales qu'il a établies.

XV. L'homme avant le péché n'était soumis, et ne devait être soumis qu'à Dieu. Car naturellement les anges n'ont point d'autorité sur les esprits, qui leur sont égaux. Ils n'ont pouvoir que sur les corps, substances inférieures. Or comme Adam était le maître de ce qui se passait dans la partie principale de son cerveau, quand même les démons eussent pu troubler l'économie de son corps par l'action des objets ou autrement, ils n'auraient pu l'inquiéter, ni le rendre malheureux. Mais l'homme ayant perdu presque tout le pouvoir qu'il avait sur son corps, car il lui en reste encore autant que cela est nécessaire pour conserver le genre humain que Dieu n'a pas voulu détruire à cause du réparateur, il se trouve nécessairement assujetti à la nature angélique, qui peut maintenant l'inquiéter et le tenter, en produisant dans son corps des traces propres à exciter dans son esprit des pensées fâcheuses. Dieu voyant donc l'homme pêcheur à la discrétion pour ainsi dire du démon, et environné d'une infinité de créatures qui pouvaient lui donner la mort, dépourvu comme il était de tout secours, il le soumet à la conduite des anges, non seulement lui, mais encore toute sa postérité, et principalement la nation dont le Messie devait naître. Ainsi vous voyez que Dieu distribue aux hommes, quoique pécheurs, les biens temporels, non par une Providence aveugle, mais par l'action d'une nature intelligente. Pour les biens de l'esprit, ou cette grâce intérieure qui contrebalance les efforts de la concupiscence, et qui nous délivre de la captivité du **297** péché, vous savez que Dieu | nous les donne par le souverain prêtre des vrais biens, Notre Seigneur Jésus-Christ.

Assurément, Ariste, cette conduite de Dieu est admirable. L'homme par son péché devient l'esclave du démon, la plus méchante des créatures, et dépend du corps, la plus vile des substances. Dieu le soumet aux anges et par justice, et par bonté. Il nous protège par ce moyen contre les démons, et il proportionne les biens et les maux temporels à nos œuvres bonnes ou mauvaises. Mais prenez garde, il ne change rien dans les lois générales des mouvements, ni même dans celles de l'union de l'esprit avec le corps et avec la Raison universelle. Car enfin dans la puissance souveraine que Dieu a donnée à Jésus-Christ comme homme, généralement sur toutes choses, et dans celle qu'ont les anges sur ce qui regarde les biens et les maux temporels, Dieu ne quitte que le moins qu'il est possible la simplicité de ses voies et la généralité de sa Providence, parce qu'il ne communique sa puissance aux créatures, que par l'établissement de quelques lois générales. Suivez-moi, je vous prie.

XVI. Le pouvoir qu'ont les anges n'est que sur les corps. Car s'ils agissent sur nos esprits, c'est à cause de l'union de l'âme et du corps. Or rien ne se fait dans les corps que par le mouvement ; et il y a contradiction que les anges puissent le produire comme causes véritables *. Donc la puissance des anges sur les corps, et sur nous par conséquent, ne vient que d'une loi générale que Dieu s'est faite à lui-même, de remuer les corps à la volonté des anges. Donc Dieu ne quitte point la généralité de sa Providence lorsqu'il se sert du ministère des anges pour gouverner les nations, puisque les anges n'agissent que par l'efficace et en conséquence d'une loi générale.

Il faut dire la même chose de Jésus-Christ comme homme, comme chef de l'Église, comme souverain prêtre des vrais biens. Sa puissance est infiniment plus grande que celle des anges. Elle s'étend à tout, jusque sur les esprits et sur les cœurs. Mais c'est par son intercession que notre médiateur exerce son pouvoir : *semper vivens ad interpellandum pro nobis*** ; c'est par des désirs toujours efficaces, parce qu'ils sont toujours exaucés : *Ego autem* | *sciebam quia semper me audis****. Ce n'est point à la **298**

* Entretien VII, nombres 6, etc.

** He 7, 25 [« étant toujours vivant pour intercéder pour nous »].

*** Jn 11, 42 [« Pour moi, je savais que vous m'exaucez toujours »].

vérité par une intercession morale, semblable à celle d'un homme qui intercède pour un autre, mais par une intercession puissante et toujours immanquable, en vertu de la loi générale que Dieu s'est faite de ne rien refuser à son Fils, par une intercession semblable à celle des désirs pratiques que nous formons de remuer le bras, de marcher, de parler. Car tous les désirs des créatures sont impuissants en eux-mêmes : ils ne sont efficaces que par la puissance divine, ils n'agissent point indépendamment, ce ne sont au fond que des prières. Mais comme Dieu est immuable dans sa conduite, et qu'il suit exactement les lois qu'il a établies, nous avons la puissance de remuer le bras, et le chef de l'Église celle de la sanctifier, parce que Dieu a établi en notre faveur les lois de l'union de l'âme et du corps ; et qu'il a promis à son Fils d'exaucer tous ses désirs, selon ces paroles de Jésus-Christ lui-même : *Ego autem sciebam quia semper me audis* *... *Rogabo Patrem et alium Paraclitum dabit vobis* **... *Data est mihi omnis potestas in cœlo et in terra* *** ; et selon celle que lui dit son Père après sa résurrection, expliquée par saint Pierre et par saint Paul : *Dominus dixit ad me Filius meus es tu, ego hodie genui te* **** ; *Postula a me, et dabo tibi gentes hæriditatem tuam* *****.

* Jn 11, 42 [« Pour moi, je savais que vous m'exaucez toujours »].

** Jn 14, 16 [« Et je prierai mon Père, et il vous donnera un autre consolateur »].

*** Mt 28 [18 ; « Toute puissance m'a été donnée dans le ciel et sur la terre »].

**** Ac 13, 33 ; He 5, 5 [« Le Seigneur m'a dit : Vous êtes mon Fils, je vous ai engendré aujourd'hui »].

***** Ps 2 [8 : « Demandez-moi, et je vous donnerai les nations pour votre héritage ». Les textes des Actes des Apôtres et de l'Épître aux Hébreux cités note précédente citent eux-mêmes le verset 7 de ce même psaume].

XVII. ARISTE : Je suis persuadé, Théodore, que les créatures n'ont point d'efficace propre, et que Dieu ne leur communique sa puissance que par l'établissement de quelques lois générales. J'ai la puissance de remuer le bras ; mais c'est en conséquence des lois générales de l'union de l'âme et du corps, et que Dieu étant immuable, il est constant dans ses décrets. Dieu a donné à l'ange conducteur du peuple juif la puissance de le punir et de le récompenser, parce qu'il a voulu que les volontés de cet | ange fussent suivies de leurs effets. J'en demeure d'accord. **299** Mais c'est Dieu lui-même qui ordonnait à ce ministre tout ce qu'il devait faire. Dieu a donné à Jésus-Christ une souveraine puissance. Mais il lui prescrit tout ce qu'il doit faire. Ce n'est pas Dieu qui obéit aux anges ; ce sont les anges qui obéissent à Dieu. Et Jésus-Christ nous apprend qu'il ne nous a rien dit de lui-même, et que son Père lui a marqué tout ce qu'il avait à nous dire. Jésus-Christ intercède, mais c'est pour ceux que son Père a prédestinés. Il dispose de tout dans la maison de son Père, mais il ne dispose de rien de son chef. Ainsi Dieu quitte la généralité de sa Providence. Car quoiqu'il exécute les volontés de Jésus-Christ et des anges en conséquence des lois générales, il forme en eux toutes leurs volontés, et cela par des inspirations particulières. Il n'y a point pour cela de loi générale.

THÉODORE : En êtes-vous bien certain, Ariste ? Assurément, si * Dieu ordonne en particulier à l'âme sainte du Sauveur, et aux anges, de former tous les désirs qu'ils ont par rapport à nous, Dieu quitte en cela la généralité de

* Tout cela est expliqué fort au long dans mes *Réponses à Monsieur Arnauld* principalement dans la *Réponse à sa Dissertation* [OC, t. VII] et dans ma *Première lettre touchant son troisième volume des Réflexions* [OC, t. VIII, p. 791-890].

sa Providence. Mais, je vous prie, pensez-vous que l'ange conducteur du peuple juif avait besoin de beaucoup de lumière pour le gouverner, et que le vrai Salomon ait dû être uni d'une manière particulière à la sagesse éternelle pour réussir dans la construction de son grand ouvrage ?

ARISTE : Oui, certainement.

THÉODORE : Pourquoi cela ? L'esprit le plus stupide et le moins éclairé peut réussir aussi bien que le plus sage des hommes lorsqu'on lui marque tout ce qu'il doit faire, et la manière dont il le doit faire, principalement si tout ce qu'il y a à faire ne consiste qu'à former certains désirs dans telles et telles circonstances. Or, selon vous, ni l'ange conducteur du peuple, ni Jésus-Christ même n'a rien désiré que son Père ne lui ait ordonné en détail. Je ne vois donc pas qu'il ait eu besoin pour son ouvrage d'une sagesse extraordinaire. Mais de plus, dites-moi, je vous prie, en quoi consiste cette souveraine puissance que Jésus-Christ a reçue.

300 | ARISTE : C'est que tous ses désirs sont exaucés.

THÉODORE : Mais, Ariste, si Jésus-Christ ne peut rien désirer que par un ordre exprès de son Père, si ses désirs ne sont point en son pouvoir, comment sera-t-il capable de recevoir quelque véritable pouvoir ? Vous avez le pouvoir de remuer votre bras, mais c'est qu'il dépend de vous de vouloir ou ne vouloir pas le remuer. Cessez d'être le maître de vos volontés, par cela seul vous perdrez tous vos pouvoirs. Est-ce que cela n'est pas évident ? Prenez donc garde, je vous prie, de ne point offenser la sagesse du Sauveur, et de ne le point priver de sa puissance. Ne lui ôtez pas la gloire qu'il doit retirer de la part qu'il a dans la construction du Temple éternel. S'il n'y a point d'autre part que de former des désirs impuissants commandés par des ordres particuliers, son ouvrage ne doit pas, ce me semble, lui faire beaucoup d'honneur.

XVIII. ARISTE : Non, Théodore. Mais aussi Dieu en retire davantage.

THÉODORE : Si cela est, vous avez raison. Car Dieu doit retirer bien plus de gloire de la magnificence du Temple éternel, que le sage Salomon qui le construit. Mais voyons un peu. Comparons ensemble les deux principales manières de la Providence divine, pour reconnaître celle qui est la plus digne des attributs divins. Selon la première, Dieu forme d'abord un tel dessein indépendamment des voies de l'exécuter. Il en choisit l'architecte. Il le remplit de sagesse et d'intelligence. Outre cela il lui marque en détail tous les désirs qu'il doit former, et toutes les circonstances de ces désirs. Et enfin il exécute lui-même fort exactement tous les désirs qu'il a ordonnés que l'on formât. Voilà l'idée que vous avez de la conduite de Dieu puisque vous voulez qu'il forme par des volontés particulières tous les désirs de l'âme sainte de Jésus-Christ. Et voici l'idée que j'en ai *. Je crois que Dieu, par sa prescience infinie, ayant prévu toutes les suites de toutes les lois possibles qu'il pouvait établir, a uni son Verbe à | telle nature humaine, **301** et dans telles circonstances, que l'ouvrage qui suivra de cette union lui doit faire plus d'honneur que tout autre ouvrage qui serait produit par toute autre voie. Dieu encore un coup ayant prévu qu'agissant dans l'humanité sainte de notre médiateur par des voies très simples et très générales, je veux dire, par les plus dignes des attributs divins, elle devait faire un tel usage de sa puissance, ou former avec une liberté parfaite une telle suite de désirs,

* Voyez le neuvième Entretien, nombres 10, 11, 12.

(car Dieu laisse agir librement les causes libres), que ces désirs étant exaucés, et méritant de l'être à cause de son sacrifice, l'Église future qui en devait être formée serait plus ample et plus parfaite que si Dieu avait choisi toute autre nature dans toute autre circonstance.

Comparez donc, je vous prie, l'idée que vous avez de la Providence avec la mienne. Laquelle des deux marque plus de sagesse et de prescience ? La mienne porte le caractère de la qualité la plus impénétrable de la divinité, qui est de prévoir les actes libres de la créature dans toutes sortes de circonstances. Selon la mienne, Dieu se sert aussi heureusement des causes libres que des causes nécessaires pour l'exécution de ses desseins. Selon la mienne, Dieu ne forme point aveuglément ses sages desseins. Avant que de les former (je parle humainement), il compare tous les ouvrages possibles avec tous les moyens possibles de les exécuter. Selon la mienne, Dieu doit retirer une gloire infinie de la sagesse de sa conduite ; mais sa gloire n'ôte rien à celle des causes libres, auxquelles il communique sa puissance sans les priver de leur liberté. Dieu leur donne part à la gloire de son ouvrage et du leur, en les laissant agir librement selon leur nature ; et par ce moyen il augmente la sienne. Car il est infiniment plus difficile d'exécuter sûrement les desseins par des causes libres que par des causes nécessaires, ou nécessitées, ou invinciblement déterminées par des ordres exprès et des impressions invincibles.

Ariste : Je conviens, Théodore, qu'il y a plus de sagesse, et que Dieu tire plus de gloire, et même l'humanité sainte de notre Médiateur, selon cette idée de la Providence que selon aucune autre.

THÉODORE : Vous pourriez ajouter que selon cette idée, on comprend | fort bien comment Jésus-Christ n'a point **302** reçu inutilement une puissance souveraine sur toutes les nations, et pourquoi il fallait unir son humanité sainte avec la sagesse éternelle, afin qu'il exécutât heureusement son ouvrage. Mais il suffit que vous conveniez qu'une de ces deux Providences est plus sage que l'autre : car il faudrait être bien impie pour attribuer à Dieu celle qui paraît la moins digne de ses attributs.

XIX. ARISTE : Je me rends, Théodore. Mais expliquez-moi, je vous prie, d'où vient que Jésus-Christ dit lui-même qu'il exécute fidèlement les volontés de son Père. *Quæ placita sunt ei facio semper**, dit-il ; et dans un autre endroit : ***Ego ex me ipso non sum locutus, sed qui misit me Pater, ipse mihi mandatum dedit quid dicam et quid loquar. Et scio quia mandatum ejus vita æterna est. Quæ ergo ego loquor, sicut dixit mihi Pater, sic loquor*. Comment accorder ces passages, et quantité d'autres semblables, avec ce sentiment que Dieu ne forme point par des volontés particulières tous les désirs de la volonté humaine de Jésus-Christ ? Cela m'embarrasse un peu.

THÉODORE : Je vous avoue, Ariste, que je ne comprends pas seulement comment ces passages peuvent vous embarrasser. Quoi donc ! est-ce que vous ne savez pas que le Verbe divin, dans lequel subsiste l'humanité sainte du Sauveur, est la loi vivante du Père éternel, et qu'il y a même contradiction que la volonté humaine de Jésus-Christ

* Jn 8, 29 [« je fais toujours ce qui lui est agréable »].

** Jn 12, 49-50 [« Car je n'ai point parlé de moi-même ; mais mon Père qui m'a envoyé est celui qui m'a prescrit par son commandement ce que je dois dire, et comment je dois parler. Et je sais que son commandement est la vie éternelle. Ce que je dis donc, je le dis selon que mon Père me l'a ordonné »].

s'écarte jamais de cette loi ? Dites-moi, je vous prie, lorsque vous donnez l'aumône, n'êtes-vous pas certain que vous faites la volonté de Dieu ; et si vous étiez bien assuré que vous n'avez jamais fait que de bonnes œuvres, ne pourriez-vous pas dire sans crainte *quæ placita sunt ei, facio semper* ?

ARISTE : Il est vrai. Mais il y aurait toujours bien de la différence.

THÉODORE : Fort grande assurément. Car comment savons-nous que nous faisons la volonté de Dieu en donnant l'aumône ? C'est peut-être que nous avons lu dans la loi **303** écrite que Dieu | nous ordonne de secourir les misérables, ou que rentrant en nous-mêmes pour consulter la loi divine, nous avons trouvé dans ce Code éternel, ainsi que l'appelle saint Augustin *, que telle est la volonté de l'être infiniment parfait. Sachez donc, Ariste, que le Verbe divin est la loi de Dieu même, et la règle inviolable de ses volontés ; que c'est là que se trouvent tous les commandements divins. *In Verbo unigenito Patris est omne mandatum*, dit saint Augustin **. Sachez que tous les esprits, les uns plus, les autres moins, ont la liberté de consulter cette loi. Sachez que leur attention est la cause occasionnelle qui leur en explique tous les commandements en conséquence des lois générales de leur union avec la raison. Sachez qu'on ne peut rien faire qui ne soit agréable à Dieu, lorsqu'on observe exactement ce que l'on y trouve écrit. Sachez surtout que l'humanité sainte du Sauveur est unie plus

* *Confessions* livre XIII, chap. 15.

** *Mandatum Patris ipse est Filius. Quomodo enim ; non est mandatum Patris, quod est Verbum Patris ?* [« Le Fils lui-même est le commandement du Père. Car comment ne serait pas commandement du Père ce qui est le Verbe du Père ? »] Augustin, Sermon 140, De Verbis Evang., num. 6.

étroitement à cette loi que la plus éclairée des intelligences, et que c'est par elle que Dieu a voulu nous en expliquer les obscurités. Mais prenez garde qu'il ne l'a pas privée de sa liberté, ou du pouvoir de disposer de cette attention, qui est la cause occasionnelle de nos connaissances. Car assurément l'âme sainte de Jésus *, quoique sous la direction du Verbe, a le pouvoir de penser à ce qui lui plaît pour exécuter l'ouvrage pour lequel Dieu l'a choisie, puisque Dieu par sa qualité de scrutateur des cœurs se sert aussi heureusement des causes libres que des causes nécessaires pour l'exécution de ses desseins.

XX. Ne pensez pas néanmoins, Ariste, que Dieu ne quitte jamais la généralité de sa conduite à l'égard de l'humanité de Jésus-Christ, et qu'il ne forme les désirs de cette âme sainte qu'en conséquence des lois générales de l'union qu'elle a avec le Verbe. Lorsque Dieu prévoit que notre médiateur, entre une infinité de bonnes œuvres qu'il découvre dans le Verbe en conséquence de son attention, doit faire le choix dont les suites | sont les meilleures qui **304** puissent être, alors Dieu, qui ne quitte jamais sans raison la simplicité de ses voies, ne le détermine point par des volontés particulières à faire ce qu'il prévoit qu'il fera suffisamment par l'usage de sa liberté en conséquence des lois générales. Mais lorsque l'âme sainte du Sauveur, à cause des comparaisons infinies et infiniment infinies des combinaisons de tous les effets qui sont ou qui seront des suites de ses désirs, pourrait bien choisir entre plusieurs bonnes œuvres, car il n'en peut faire que de bonnes, celles qui paraissent les meilleures, et dont les suites néanmoins

* Voyez *1re Lettre touchant le deuxième et le troisième volumes des Réflexions de M. Arnauld* [OC, t. VIII, p. 791-890] et la *Réponse à sa Dissertation* [OC, t. VII] et la *Première Lettre* que j'ai écrite touchant les siennes [OC, t. VII, p. 343-375].

ne seraient pas si avantageuses à son ouvrage ; alors si Dieu retire plus de gloire de la beauté de l'ouvrage que de la simplicité des voies, il la quitte cette simplicité, et il agit d'une manière particulière et extraordinaire dans l'humanité du Sauveur, afin qu'elle veuille précisément ce qui l'honorera le plus. Mais quoiqu'il agisse en elle de cette manière, je crois qu'il ne la détermine jamais par des impressions invincibles de sentiment, quoique toujours infaillibles, afin qu'elle ait aussi le plus de part qu'il est possible à la gloire de son ouvrage. Car cette conduite qui fait honneur à la liberté et à la puissance de Jésus-Christ est encore plus glorieuse à Dieu que toute autre, puisqu'elle exprime la qualité de scrutateur des cœurs, et témoigne hautement qu'il sait se servir aussi heureusement des causes libres que des causes nécessaires pour l'exécution de ses desseins.

ARISTE : Je comprends, Théodore, parfaitement votre pensée. Vous voulez que Dieu ne quitte jamais sans de grandes raisons la simplicité et la généralité de ses voies, afin que sa Providence ne ressemble point à celle des intelligences bornées. Vous voulez que sa prescience soit le fondement de la prédestination même de Jésus-Christ, et que s'il a uni son Verbe à telle nature et dans telles circonstances, c'est qu'il a prévu que l'ouvrage qui devait suivre de cette prédestination, laquelle est la cause et le fondement de celle de tous les élus, en conséquence des lois générales qui font l'ordre de la grâce, que cet ouvrage, dis-je, serait le plus beau qui se puisse produire par les voies les plus divines. Vous voulez que l'ouvrage et les voies jointes ensemble, tout cela soit plus digne de Dieu que tout autre ouvrage produit par toute autre voie.

| XXI. THÉODORE : Oui, Ariste, je le veux, par ce principe 305 que Dieu ne peut agir que pour lui, que par l'amour qu'il se porte à lui-même, que par sa volonté, qui n'est point comme en nous une impression qui lui vienne d'ailleurs et qui le porte ailleurs, en un mot que pour sa gloire, que pour exprimer les perfections divines qu'il aime invinciblement, qu'il se glorifie de posséder, et dans lesquelles il se complaît par la nécessité de son être. Il veut que son ouvrage porte par sa beauté et par sa magnificence le caractère de son excellence et de sa grandeur, et que ses voies ne démentent point sa sagesse infinie et son immutabilité. S'il y a des défauts dans son ouvrage, des monstres parmi les corps, et une infinité de pécheurs et de damnés, c'est qu'il ne peut y avoir de défauts dans sa conduite, c'est qu'il ne doit pas former ses desseins indépendamment des voies. Il a fait pour la beauté de l'univers et pour le salut des hommes tout ce qu'il peut faire, non absolument, mais agissant comme il doit agir, agissant pour sa gloire selon tout ce qu'il est. Il aime toutes choses à proportion qu'elles sont aimables. Il veut la beauté de son ouvrage, et que tous les hommes soient sauvés ; il veut la conversion de tous les pécheurs ; mais il aime davantage sa sagesse ; il l'aime invinciblement, il la suit inviolablement. L'Ordre immuable de ses divines perfections, voilà sa loi et la règle de sa conduite, loi qui ne lui défend pas de nous aimer, et de vouloir que toutes ses créatures soient justes, saintes, heureuses et parfaites ; mais loi qui ne lui permet pas de quitter à tous moments pour des pécheurs la généralité de ses voies. Sa Providence porte assez de marques de sa bonté pour les hommes. Souffrons, réjouissons-nous qu'elle exprime aussi tous les autres attributs.

THÉOTIME : Hé bien, Ariste, que pensez-vous de la Providence divine ?

ARISTE : Je l'adore et je m'y soumets.

THÉODORE : Il faudrait, Ariste, des discours infinis pour vous faire considérer toutes les beautés de cette Providence adorable et pour en faire remarquer les principaux traits **306** dans ce que | nous voyons arriver tous les jours. Mais je vous ai, ce me semble, suffisamment expliqué le principe. Suivez-le de près, et vous comprendrez assurément que toutes ces contradictions qui font pitoyablement triompher les ennemis de la Providence sont autant de preuves qui démontrent ce que je viens de vous dire.

Qu'il ne faut point critiquer la manière ordinaire de parler de la Providence. Quelles sont les principales lois générales par lesquelles Dieu gouverne le monde. De la Providence de Dieu dans l'infaillibilité qu'il conserve à son Église.

I. ARISTE : Ah, Théodore ! que l'idée que vous m'avez donnée de la Providence me paraît belle et noble, mais de plus qu'elle est féconde et lumineuse, qu'elle est propre à faire taire les libertins et les impies ! Jamais principe n'eut plus de suites avantageuses à la religion et à la morale. Qu'il répand de lumières, qu'il dissipe de difficultés cet admirable principe ! Tous ces effets qui se contredisent dans l'ordre de la nature et dans celui de la grâce ne marquent nulle contradiction dans la cause qui les produit : ce sont au contraire autant de preuves évidentes de l'uniformité de sa conduite. Tous ces maux qui nous affligent, tous ces désordres qui nous choquent, tout cela s'accorde aisément avec la sagesse, la bonté, la justice de celui qui règle tout. Je voulais qu'on arrachât les méchants qui vivent parmi les bons ; mais j'attends en patience la consommation des siècles, le jour de la moisson, ce grand jour destiné à rendre à chacun selon ses œuvres. Il faut que l'ouvrage de Dieu s'exécute par des voies qui portent le caractère de ses attributs. J'admire présentement le cours majestueux de la Providence générale.

THÉODORE : Je vois bien, Ariste, que vous avez suivi de près et avec plaisir le principe que je vous ai exposé ces jours-ci, car vous en paraissez encore tout ému. Mais l'avez-vous bien saisi, vous en êtes-vous bien rendu le maître ? C'est de quoi je doute | encore, car il est bien **308** difficile que depuis si peu de temps vous l'ayez assez médité pour vous en mettre en pleine possession. Faites-nous part, je vous prie, de quelques-unes de vos réflexions, afin de me délivrer de mon doute, et que je sois en repos. Car plus les principes sont utiles, plus ils sont féconds, plus est-il dangereux de ne les prendre pas tout à fait bien.

II. ARISTE : Je le crois ainsi, Théodore. Mais ce que vous nous avez dit est si clair, votre manière d'expliquer la Providence s'accorde si parfaitement avec l'idée de l'Être infiniment parfait, et avec tout ce que nous voyons arriver, que je sais bien qu'elle est véritable. Que je sens de joie de me voir délivré du préjugé dans lequel je vois que donne le commun du monde, et même bien des philosophes ! Dès qu'il arrive quelque malheur à un méchant homme, ou connu pour tel, chacun juge aussitôt des desseins de Dieu, et décide hardiment que Dieu l'a voulu punir. Mais s'il arrive, ce qui n'arrive que trop, qu'un fourbe, qu'un scélérat réussisse dans ses entreprises, ou qu'un homme de bien succombe à la calomnie de ses ennemis, est-ce que Dieu veut punir celui-ci, et récompenser celui-là ? Nullement. C'est, disent les uns, que Dieu veut éprouver la vertu de cet homme de bien, et les autres, que c'est un malheur qu'il a seulement permis, et qu'il n'a pas eu dessein de causer. Je trouve que ces peuples qui font gloire de haïr et de mépriser les pauvres, sur ce principe que Dieu lui-même hait et méprise les misérables, puisqu'il les laisse dans leurs misères, raisonnent plus conséquemment. De quoi s'avise-t-on de juger des desseins de Dieu ? Ne devrait-on pas comprendre qu'on n'y connaît rien, puisqu'on se contredit à tous moments ?

THÉODORE : Est-ce là, Ariste, comment vous prenez mes principes ? Est-ce là l'usage que vous en faites ? Je trouve que ceux que vous condamnez ont plus de raison que vous.

ARISTE : Comment, Théodore ! Je pense que vous raillez, ou que vous voulez vous divertir à me contredire.

THÉODORE : Nullement.

ARISTE : Quoi donc ! est-ce que vous approuvez l'impertinence | de ces historiens passionnés, qui après **309** avoir raconté la mort d'un prince jugent des desseins de Dieu sur lui selon leur passion et les intérêts de leur nation ? Il faut bien que les écrivains espagnols, ou les français aient tort, ou peut-être les uns et les autres, lorsqu'ils décrivent la mort de Philippe II[1]. Ne faut-il pas que les rois meurent aussi bien que nous ?

THÉODORE : Ces historiens ont tort ; mais vous n'avez pas raison. Il ne faut pas juger que Dieu a dessein de faire du mal à un prince ennemi que nous haïssons. Cela est vrai. Mais on peut, et on doit croire qu'il a dessein de punir les méchants, et de récompenser les bons. Ceux qui jugent de Dieu sur l'idée qu'ils ont de la justice exacte de l'Être infiniment parfait en jugent bien ; et ceux qui lui attribuent des desseins qui favorisent leurs inclinations déréglées en jugent très mal.

III. ARISTE : Il est vrai, mais c'est une des suites des lois naturelles que tel soit accablé sous les ruines de sa maison, et le plus homme de bien n'en aurait pas échappé.

THÉODORE : Qui en doute ? Mais avez-vous déjà oublié que c'est Dieu qui a établi ces lois naturelles ? La fausse idée d'une nature imaginaire vous occupe encore quelque peu l'esprit, et vous empêche de bien prendre le principe

1. Dans sa *Vita de catolico Re Filippo* II (2 vol. 1679 ; ici, voir t. II, livre 20), l'historien italien Gregorio Leti raconte la très douloureuse agonie du roi Philippe II d'Espagne (1527-1598) et les interprétations qu'elle suscita : les partisans du roi y virent l'occasion que Dieu lui avait fournie de manifester ses vertus ; ses opposants (notamment des protestants français) une punition divine frappant celui qui les avait persécutés.

que je vous ai expliqué. Prenez donc garde. Puisque c'est Dieu qui a établi les lois naturelles, il a dû combiner le physique avec le moral de manière que les suites de ces lois soient les meilleures qui puissent être, je veux dire les plus dignes de sa justice et de sa bonté, aussi bien que de ses autres attributs. Ainsi on a raison de dire que la mort terrible d'un brutal et d'un impie est un effet de la vengeance divine. Car quoique cette mort ne soit communément qu'une suite des lois naturelles que Dieu a établies, il ne les a établies que pour de semblables effets. Mais s'il arrive quelque malheur à un homme de bien dans le temps qu'il va faire une bonne œuvre, on ne doit pas dire que Dieu l'a voulu punir, parce que Dieu n'a pas établi des lois générales en vue de semblables effets. On doit dire ou que Dieu l'a permis ce malheur, à cause que c'est une suite naturelle **310** de ces lois qu'il a établies pour de | meilleurs effets, ou qu'il a eu dessein par là d'éprouver cet homme de bien, et de lui faire mériter sa récompense. Car entre les motifs que Dieu a eus de combiner de telle et telle manière le physique avec le moral, il faut assurément mettre en compte les grands biens que Dieu a prévu que par le secours de sa grâce nous tirerions de nos misères présentes.

Ainsi les hommes ont raison d'attribuer à la justice de Dieu les maux qui arrivent aux méchants. Mais je crois qu'ils se trompent en deux manières. La première, c'est qu'ils ne font de ces jugements que dans les punitions extraordinaires, et qui leur frappent l'esprit. Car si un scélérat meurt de la fièvre, ils ne jugent pas ordinairement que c'est une punition de Dieu. Il faut pour cela qu'il meure d'un coup de foudre, ou par la main du bourreau. La seconde, c'est qu'ils s'imaginent que les punitions remarquables sont des effets d'une volonté particulière de Dieu. Autre faux jugement, qui ôtant à la Providence divine sa simplicité et sa généralité en efface le caractère de la prescience infinie et de l'immutabilité. Car assurément il faut infiniment plus de sagesse pour combiner le physique avec le moral, de manière que tel se trouve justement puni de ses violences en conséquence de l'enchaînement des causes, que de le punir par une Providence particulière et miraculeuse.

ARISTE : C'est ainsi, Théodore, que je le comprends. Mais ce que vous dites là ne justifie pas la témérité de ceux qui jugent hardiment des desseins de Dieu dans tout ce qu'ils voient arriver.

IV. THÉODORE : Je ne prétends pas aussi qu'ils aient toujours raison. Je dis seulement qu'ils ont raison, quand leurs jugements sont exempts de passion et d'intérêt, et qu'ils sont appuyés sur l'idée que nous avons tous de l'Être infiniment parfait. Encore ne prétends-je pas qu'ils fassent bien de dire trop affirmativement que Dieu a eu tel ou tel dessein. Par exemple, il me paraît certain qu'un motif de l'établissement des lois générales a été telle affliction de tel homme de bien, si Dieu a prévu que ce lui serait un grand sujet de mérite. Ainsi Dieu a voulu cette affliction, qui nous paraît à nous autres, qui n'en prévoyons pas les suites, ne pas s'accorder avec sa bonté. Ceux donc qui décident que | Dieu a seulement permis que tel malheur **311** arrivât à tel font un faux jugement. Mais que voulez-vous, Ariste ? Il vaut mieux laisser aux hommes, prévenus comme ils sont de leur nature imaginaire, la liberté de juger trop affirmativement des desseins de Dieu, que de les critiquer sur la contradiction de leurs jugements touchant des effets qui paraissent contredire les attributs divins. Qu'importe que les esprits se contredisent et s'embarrassent selon leurs fausses idées, pourvu qu'au fond on ne se trompe point dans les choses essentielles ? Pourvu que les hommes ne donnent point à Dieu des desseins contraires à ses attributs, et qu'ils ne le fassent point agir pour favoriser leurs passions, je crois qu'il faut les écouter paisiblement. Au lieu de les embarrasser par des contradictions qui selon leurs principes sont inexplicables, la charité veut qu'on reçoive ce qu'ils disent, pour les affermir dans l'idée qu'ils ont de la Providence, puisqu'ils ne sont point en état d'en avoir une meilleure. Car il vaut encore mieux attribuer à Dieu une Providence humaine que de croire que tout se fait au hasard. Mais de plus ils ont raison dans le fond. Tel impie est mort; on peut dire hardiment que Dieu a eu dessein de le punir. On aurait encore plus de raison de dire que Dieu a voulu empêcher qu'il ne corrompît les autres, parce qu'effectivement Dieu veut toujours par les lois générales qu'il a établies faire tout le bien qui se peut. Tel homme de bien est mort avant l'âge, lorsqu'il allait secourir un misérable; on ne doit point craindre de juger, quand même il aurait été frappé de la foudre, que Dieu l'a voulu récompenser. On peut dire de lui ce que l'Écriture dit d'Hénoch : *Raptus est ne malitia mutaret intellectum ejus, aut ne fictio deciperet animam illius*[1]. La mort l'a enlevé, de peur que le siècle ne lui corrompît l'esprit et le cœur. C'est que tous ces jugements sont conformes à l'idée que nous avons de la justice et de la bonté de Dieu, et qu'ils s'accordent assez bien avec les desseins qu'il a eus lorsqu'il a établi les lois générales qui règlent le cours ordinaire de sa Providence. Ce n'est pas qu'on ne se trompe souvent dans ces jugements. Car apparemment tel ou tel homme de bien qui est mort jeune aurait encore acquis de plus grands mérites et converti bien des pécheurs s'il eût vécu plus longtemps dans les 312 circonstances où il se serait trouvé | en conséquence des

1. « Il fut enlevé de peur que le mal n'affectât son intelligence, ou que le mensonge ne trompât son âme » (Sg 4, 11).

lois générales de la nature et de la grâce. Mais ces sortes de jugements, quoiqu'un peu téméraires ou hardis, n'ont point de mauvais effets ; et ceux qui les font ne prétendent point tant qu'on les croie véritables, qu'on adore la sagesse et la bonté de Dieu dans le gouvernement du monde.

ARISTE : Je vous entends, Théodore. Il vaut mieux que les hommes parlent mal de la Providence, que de n'en parler jamais.

THÉODORE : Non, Ariste. Mais il vaut mieux que les hommes parlent souvent de la Providence selon leurs faibles idées, que de n'en parler jamais. Il vaut mieux que les hommes parlent de Dieu humainement, que de n'en dire jamais rien. Il ne faut jamais mal parler ni de Dieu, ni de sa Providence. Cela est vrai. Mais il nous est permis de bégayer sur ces matières si relevées, pourvu que ce soit selon l'analogie de la foi. Car Dieu se plaît dans les efforts que nous faisons pour raconter ses merveilles. Croyez-moi, Ariste, on ne peut guère plus mal parler de la Providence, que de n'en dire jamais rien.

THÉOTIME : Voudriez-vous, Ariste, qu'il n'y eût que les philosophes qui parlassent de la Providence, et entre les philosophes que ceux qui en ont l'idée que vous en avez maintenant ?

V. ARISTE : Je voudrais, Théotime, que les hommes ne parlassent jamais de la Providence d'une manière propre à faire croire aux simples que les méchants ne réussissent jamais dans leurs entreprises. Car la prospérité des impies est un fait si constant que cela peut jeter, et que cela jette souvent de la défiance dans les esprits. Si les biens et les maux temporels étaient à peu près réglés suivant les mérites, et la confiance en Dieu, la manière dont on parle ordinairement de la Providence n'aurait point de mauvaises suites. Mais prenez garde, la plupart des hommes, et ceux-là principalement qui ont le plus de piété, tombent dans de très grands malheurs, parce qu'au lieu de se servir dans leurs besoins des moyens sûrs que leur fournit la Providence générale, ils tentent Dieu dans l'espérance trompeuse d'une Providence particulière. S'ils ont un procès, par exemple, ils négligent de faire les écritures nécessaires pour instruire 313 les | juges de la justice de leur cause. S'ils ont des ennemis ou des envieux qui leur dressent des embûches ; au lieu de veiller sur eux pour découvrir leurs desseins, ils s'attendent que Dieu ne manquera pas de les protéger. Les femmes qui ont un mari fâcheux, au lieu de le gagner par de la patience et l'humilité, vont en faire leurs plaintes à tous les gens de bien qu'elles connaissent, et le recommander à leurs prières. On n'obtient pas toujours par ce moyen ce qu'on désire et ce qu'on espère ; et alors on ne manque guère de murmurer contre la Providence, et d'entrer dans des sentiments qui offensent les perfections divines. Vous savez, Théotime, les funestes effets que produit dans l'esprit des simples une Providence mal entendue, et que c'est principalement de là que la superstition tire son origine, superstition qui cause dans le monde une infinité de maux.

THÉOTIME : Je vous avoue, Ariste, qu'il serait à souhaiter que tous les hommes eussent une juste idée de la Providence divine. Mais je vous soutiens avec Théodore que cela n'étant pas possible, il vaut mieux qu'ils en parlent comme ils font, que de n'en rien dire du tout. L'idée qu'ils en ont, toute fausse qu'elle est, et même cette pente naturelle qui fait que les esprits se portent à la superstition, leur est fort avantageuse dans l'état où ils sont, car cela les empêche de tomber dans mille désordres. Quand vous y aurez bien pensé, je crois que vous en demeurerez d'accord. Tel perd son procès pour avoir négligé les voies naturelles de le gagner. Qu'importe, Ariste ? La perte de son bien sera peut-être la cause de son salut. Assurément, si ce n'est point la paresse et la négligence qui l'ont porté à laisser tout là, mais un saint mouvement de confiance en Dieu, et la crainte d'entrer dans un esprit de chicane et de perdre son temps assez inutilement; si cela est, il a gagné son procès devant Dieu, quoiqu'il l'ait peut-être perdu devant les hommes. Car il lui reviendra plus de profit d'un procès perdu de cette manière, que gagné d'une autre avec dépens, dommages et intérêts.

VI. THÉODORE : Nous sommes chrétiens, Ariste, nous avons droit aux vrais biens; le ciel est maintenant ouvert, et Jésus-Christ notre précurseur et notre chef y est déjà entré pour nous. Ainsi Dieu ne | récompense plus, comme **314** autrefois, notre confiance en lui par l'abondance des biens temporels. Il en a de meilleurs pour ses enfants adoptés en Jésus-Christ. Ce temps est passé avec la Loi. L'alliance ancienne et figurative de la nouvelle est maintenant abrogée. Si nous étions Juifs, j'entends des Juifs charnels, nous aurions ici-bas une récompense proportionnée à nos mérites; encore un coup, je dis des Juifs charnels. Car les Juifs chrétiens ont eu part à la croix de Jésus-Christ, avant que d'avoir part à sa gloire. Mais nous avons de meilleures espérances qu'eux, *meliorem et manentem substantiam* *, fondées sur une meilleure alliance et de meilleures victimes : *Melioris testamenti sponsor factus est Jesus... Melioribus hostiis quam istis* **. La prospérité des méchants ne doit plus étonner que les chrétiens juifs, que les Mahométans, que ceux qui ne savent pas la différence qu'il y a entre les

* He 10, 34 [« d'autres biens plus excellents et qui ne périront jamais »].

** *Ibid.*, 7, 22 [« l'alliance dont Jésus est le médiateur est plus parfaite »]; 9, 23[« par des victimes plus excellentes que n'ont été les premières »].

deux alliances, entre la grâce de l'Ancien Testament et celle du Nouveau, entre les biens temporels que Dieu distribuait aux Juifs par le ministère des anges, et les vrais biens que Dieu donne à ses enfants par notre chef et notre médiateur Jésus-Christ. On croit que les hommes doivent être misérables à proportion qu'ils sont criminels. Il est vrai, mais dans le fond on a raison de le croire, car cela arrivera tôt ou tard. Il n'y a point de chrétien qui ne sache que le jour viendra auquel Dieu rendra à chacun selon ses œuvres. La prospérité des méchants ne peut donc ébranler que ceux qui manquent de foi, et qui ne reconnaissent point d'autres biens que ceux de la vie présente. Ainsi, Ariste, l'idée confuse et imparfaite de la Providence qu'ont la plupart des hommes ne produit point tant de mauvais effets que vous le pensez dans les vrais chrétiens, quoiqu'elle trouble l'esprit, et qu'elle inquiète extrêmement le commun des hommes, qui remarquent souvent qu'elle ne s'accorde pas avec l'expérience. Mais il vaut mieux qu'ils en aient cette idée que de n'en avoir point du tout ; ce qui arriverait peu à peu, s'ils la laissaient effacer de leur esprit par un silence pernicieux.

ARISTE : Je vous avoue, Théotime, que la foi empêche souvent qu'on ne tire des conséquences impies de la prospérité des méchants et des afflictions des gens de bien. Mais comme la foi n'est pas si sensible que l'expérience
315 continuelle de ces événements fâcheux, | elle n'empêche pas toujours que l'esprit ne s'ébranle et ne se défie de la Providence. De plus les chrétiens ne suivent presque jamais les principes de leur religion : ils parlent des biens et des maux comme les Juifs charnels. Quand un père exhorte son fils à la vertu, il ne craint point de lui dire que s'il est homme de bien, toutes ses entreprises réussiront. Croyez-vous que son fils pense aux vrais biens ? Hélas ! peut-être

que le père n'y pensa jamais lui-même. Cependant les libertins, qui remarquent avec soin les contradictions de tous ces discours qu'on fait sans réflexion sur la Providence, ne manquent pas d'en tirer des preuves de leur impiété; et elles sont si sensibles ces preuves, et si palpables, qu'il suffit qu'ils les proposent pour ébranler les gens de bien, et pour renverser ceux que la foi ne soutient point. *Pensez-vous*, dit Jésus-Christ*, *que ces dix-huit personnes qui furent écrasées sous les ruines de la tour de Siloé, fussent plus criminelles ou plus redevables à la justice de Dieu, que les autres habitants de Jérusalem? Non*, dit-il, *mais vous périrez tous si vous ne faites pénitence*. Voilà comme il faut parler aux hommes pour leur apprendre qu'en cette vie les plus misérables ne sont pas pour cela les plus criminels, et que ceux qui vivent dans l'abondance, au milieu des plaisirs et des honneurs, ne sont pas pour cela plus chéris de Dieu, ni protégés d'une Providence plus particulière.

VII. THÉOTIME : Oui, Ariste. Mais tout le monde n'est pas toujours en état de goûter cette vérité. *Durus est hic sermo*[1]. Les charnels, ceux qui ont encore l'esprit juif, n'y comprennent rien. Il faut parler aux hommes selon leur portée, et s'accommoder à leur faiblesse pour les gagner peu à peu. Il faut conserver soigneusement dans leur esprit l'idée de la Providence telle qu'ils sont capables de l'avoir. Il faut leur promettre le centuple; qu'ils l'entendent comme ils pourront selon les dispositions de leur cœur. Les charnels l'entendront mal, il est vrai; mais il vaut encore mieux qu'ils croient que la vertu sera mal récompensée, que de ne l'être point du tout. Elle le sera même parfaitement bien

* Lc 13, 4.

1. Cette parole est dure (Jn 6, 60).

selon leurs fausses idées. Quelque libertin leur fera remarquer qu'on leur fait de vaines promesses. Je le veux. Mais peut-être cela servira-t-il à leur faire comprendre qu'ils se trompent eux-mêmes, et que les biens qu'ils 316 estiment si fort sont bien peu de | chose, puisque Dieu les distribue si mal à leur gré, et selon leurs préjugés. Assurément, Ariste, on ne peut guère trop parler de la Providence, quand même on n'y connaîtrait rien. Car cela réveille toujours dans l'esprit cette pensée, qui est le fondement de toutes les religions, qu'il y a un Dieu qui récompense et qui punit. L'idée confuse de la Providence est aussi utile que celle que vous en avez, pour porter à la vertu le commun des hommes. Elle ne peut éclaircir les difficultés des impies ; on ne peut la défendre sans tomber dans un nombre infini de contradictions. Cela est vrai. Mais c'est de quoi les simples ne s'embarrassent guère. La foi les soutient ; et leur simplicité, leur humilité les met à couvert contre les attaques des libertins. Ainsi je crois que dans les discours faits pour tout le monde, il faut parler de la Providence selon l'idée la plus commune ; et ce que Théodore nous a appris, il faut le garder pour faire taire les prétendus esprits forts, et pour rassurer ceux qui se trouveraient ébranlés par la considération des effets qui paraissent contredire les perfections divines. Encore doit-on supposer qu'ils soient capables de l'attention nécessaire pour suivre nos[1] principes ; car autrement ce serait bien le plus court, s'ils étaient chrétiens, de les arrêter uniquement par l'autorité de l'Écriture.

ARISTE : Je me rends, Théotime. Il faut parler aux hommes selon leurs idées, lorsqu'ils ne sont point en état d'approfondir les matières. Si on critiquait le sentiment

1. Imprimé *vos*.

confus qu'ils ont de la Providence, on leur serait peut-être un sujet de chute. Il serait facile de les embarrasser par les contradictions où ils tombent. Mais il serait fort difficile de les délivrer de leur embarras. Car il faut trop d'application pour reconnaître et pour suivre les vrais principes de la Providence. Je le comprends, Théotime, et je pense que c'est principalement pour cela que Jésus-Christ et les Apôtres ne nous ont point enseigné formellement les principes de raison dont les théologiens se servent pour appuyer les vérités de la foi. Ils ont supposé que les personnes éclairées sauraient ces principes, et que les simples, qui se rendent uniquement à l'autorité, n'en auraient pas besoin, et qu'ils pourraient même en être choqués et les prendre mal, faute d'application | et d'intel- **317** ligence. Je suis donc bien résolu de laisser aux hommes la liberté de parler à leur manière de la Providence, pourvu qu'ils ne disent rien qui blesse ouvertement les attributs divins, pourvu qu'ils ne donnent pas à Dieu des desseins injustes et bizarres, et qu'ils ne le fassent point agir pour satisfaire leurs inclinations déréglées. Mais pour les philosophes, et surtout certains prétendus esprits forts, assurément je ne souffrirai pas leurs impertinentes railleries. J'espère que j'aurai mon tour, et que je les embarrasserai fort. Ils m'ont quelquefois réduit au silence, mais je les obligerai bien à se taire. Car j'ai maintenant de quoi répondre à tout ce qu'ils m'ont objecté de plus spécieux et de plus fort.

VIII. THÉODORE : Prenez garde, Ariste, que la vanité et l'amour-propre n'animent un peu votre zèle. Ne cherchez point d'adversaires pour avoir la gloire et le plaisir de les vaincre. C'est la vérité qu'il faut faire triompher de ceux qui l'ont combattue. Si vous prétendez les confondre, vous ne les gagnerez pas, et peut-être qu'ils vous confondront encore. Car je le veux, vous avez de quoi les obliger au silence ; mais c'est supposé qu'ils veulent entendre raison ; ce qu'assurément ils ne feront pas, quand ils sentiront que vous voulez l'emporter. S'ils vous raillent, ils auront les rieurs de leur côté. S'ils s'effraient, ils répandront la frayeur dans les esprits. Vous serez seul avec vos principes, auxquels personne ne comprendra rien. Je vous conseille donc, Ariste, de prendre en particulier ces personnes que vous avez en vue, et de leur proposer votre sentiment comme pour apprendre d'eux ce que vous devez en croire. Il faudra pour vous répondre qu'ils s'appliquent à l'examiner, et peut-être que l'évidence les convaincra. Prenez garde surtout qu'ils ne s'imaginent pas que vous les jouez. Parlez en disciple de bonne foi, afin qu'ils ne reconnaissent point votre charitable dissimulation. Mais lorsque vous aurez reconnu que la vérité les pénètre, alors combattez-la sans craindre qu'ils l'abandonnent. Ils la regarderont comme un bien qui leur appartient, et qu'ils auront acquis par leur application et par leur travail. Ils prendront intérêt dans sa défense, non peut-être qu'ils l'aiment véritablement, mais parce que leur amour-propre y trouvera son compte. Ainsi vous les engagerez dans le parti de la vérité, et vous formerez entre elle et eux des liaisons d'intérêt qu'ils ne rompront 318 pas facilement. La plupart | des hommes regardent la vérité comme un meuble fort inutile, ou plutôt comme un meuble fort embarrassant et fort incommode. Mais lorsqu'elle est de leur invention, et qu'ils la regardent comme un bien qu'on veut leur enlever, ils s'y attachent si fort, et la considèrent si attentivement, qu'ils ne peuvent plus l'oublier.

ARISTE : Vous avez raison, Théodore, pour gagner sûrement les gens, il faut trouver le moyen de dédommager leur amour-propre : c'est là le secret. Je tâcherai de suivre exactement votre conseil charitable. Mais pensez-vous que je possède assez bien vos principes pour en convaincre les autres, et pour répondre à toutes leurs difficultés ?

THÉODORE : Si vous êtes bien résolu de prendre avec vos gens l'air et les manières de disciple, il n'est pas nécessaire que vous les sachiez plus exactement ces principes. Il vous les apprendront aussi bien que moi.

ARISTE : Comment, Théodore, aussi bien que vous ?

THÉODORE : Mieux que moi, Ariste, vous le verrez par expérience. Souvenez-vous seulement des principales vérités que je vous ai expliquées, et auxquelles vous devez rapporter toutes les interrogations que vous leur ferez.

Souvenez-vous que Dieu ne peut agir que selon ce qu'il est, que d'une manière qui porte le caractère de ses attributs, qu'ainsi il ne forme point ses desseins indépendamment des voies de les exécuter, mais qu'il choisit et l'ouvrage et les voies qui toutes ensemble expriment davantage les perfections qu'il se glorifie de posséder, que tout autre ouvrage par toute autre voie. Voilà Ariste, le principe le plus général et le plus fécond.

Souvenez-vous que plus il y a de simplicité, d'uniformité, de généralité dans la Providence, y ayant égalité dans le reste, plus elle porte le caractère de la divinité ; qu'ainsi Dieu gouverne le monde par des lois générales, pour faire éclater sa sagesse dans l'enchaînement des causes.

Mais souvenez-vous que les créatures n'agissent point les unes sur les autres par leur efficace propre, et que Dieu ne leur a communiqué sa puissance que parce qu'il a établi leurs modalités | causes occasionnelles, qui déterminent 319 l'efficace des lois générales qu'il s'est prescrites. Tout dépend de ce principe.

IX. Voici, Ariste, les lois générales selon lesquelles Dieu règle le cours ordinaire de sa Providence.

1. Les lois générales des communications des mouvements, desquelles lois le choc des corps est la cause occasionnelle ou naturelle. C'est par l'établissement de ces lois que Dieu a communiqué au soleil la puissance d'éclairer, au feu celle de brûler, et ainsi des autres vertus qu'ont les corps pour agir les uns sur les autres ; et c'est en obéissant à ses propres lois que Dieu fait tout ce que font les causes secondes.

2. Les lois de l'union de l'âme et du corps, dont les modalités sont réciproquement causes occasionnelles de leurs changements. C'est par ces lois que j'ai la puissance de parler, de marcher, de sentir, d'imaginer, et le reste, et que les objets ont par mes organes le pouvoir de me toucher et de m'ébranler. C'est par ces lois que Dieu m'unit à tous ses ouvrages.

3. Les lois de l'union de l'âme avec Dieu, avec la substance intelligible de la raison universelle, desquelles lois notre attention est la cause occasionnelle. C'est par l'établissement de ces lois que l'esprit a le pouvoir de penser à ce qu'il veut, et de découvrir la vérité. Il n'y a que ces trois lois générales que la raison et l'expérience nous apprennent ; mais l'autorité de l'Écriture nous en fait connaître encore deux autres, savoir :

4. Les lois générales qui donnent aux anges bons et mauvais pouvoir sur les corps, substances inférieures à leur nature *. C'est par l'efficace de ces lois que les anges ont gouverné le peuple juif, qu'ils l'ont puni et récompensé par des biens et des maux temporels, selon l'ordre qu'ils en avaient reçu de Dieu. C'est par l'efficace de ces lois que les démons ont encore le pouvoir de nous tenter, et

* Voyez le dernier Éclaircissement du *Traité de la nature et de la grâce* et la *Réponse à La Dissertation de M. Arnauld* contre cet Éclaircissement [OC, t. VII].

que nos anges tutélaires ont celui de nous défendre. Les causes occasionnelles de ces lois sont leurs désirs pratiques : | car il y a contradiction qu'un autre que le Créateur des corps en puisse être le moteur. 320

5. Les lois enfin par lesquelles Jésus-Christ a reçu la souveraine puissance dans le ciel et sur la terre *, non seulement sur les corps, mais sur les esprits, non seulement pour distribuer les biens temporels, comme les anges à la synagogue, mais pour répandre dans les cœurs la grâce intérieure qui nous rend enfants de Dieu, et qui nous donne droit aux biens éternels. Les causes occasionnelles de ces lois sont les divers mouvements de l'âme sainte de Jésus. Car notre médiateur et souverain prêtre intercède sans cesse, et son intercession est toujours et très promptement exaucée.

Voilà, Ariste, les lois les plus générales de la nature et de la grâce, que Dieu suit dans le cours ordinaire de sa Providence. C'est par ces lois qu'il exécute ses desseins d'une manière qui porte admirablement le caractère de sa prescience infinie, de sa qualité de scrutateur des cœurs, de son immutabilité et de ses autres attributs. C'est par ces lois qu'il communique sa puissance aux créatures, et qu'il leur donne part à la gloire de l'ouvrage qu'il exécute par leur ministère. C'est même par cette communication de sa puissance et de sa gloire qu'il rend le plus d'honneur à ses attributs. Car il faut une sagesse infinie pour se servir aussi heureusement des causes libres que des causes nécessaires dans l'exécution de ses desseins.

Mais quoique Dieu se soit prescrit ces lois générales, et encore quelques autres dont il n'est pas nécessaire de parler, comme sont celles par lesquelles le feu de l'enfer

* Voyez le deuxième Discours du *Traité de la nature et de la grâce*.

a le pouvoir de tourmenter les démons, les eaux du baptême celui de nous purifier, et autrefois les eaux très amères de la jalousie celui de punir l'infidélité des femmes *, et ainsi des autres, quoique Dieu se soit, dis-je, prescrit ces lois, et qu'il ne quitte point sans de grandes raisons la généralité de sa conduite, souvenez-vous bien que lorsqu'il reçoit plus de gloire en la quittant qu'en la suivant, alors il ne manque jamais de l'abandonner. Car pour accorder les contradictions qui paraissent dans les effets de la Providence, 321 | il suffit que vous souteniez que Dieu agit et doit agir ordinairement par des lois générales. Retenez donc bien ces principes, et réglez vos interrogations de manière qu'elles ne tendent qu'à les faire envisager aux personnes que vous prétendez convertir.

ARISTE : Je le ferai, Théodore, et j'espère que je réussirai dans mon dessein. Car tous ces principes me paraissent si évidents, si bien liés les uns avec les autres, et tellement d'accord avec ce que nous voyons arriver, que pourvu que les préjugés et les passions ne mettent point trop d'obstacle à l'impression qu'ils doivent faire sur leur esprit, il sera bien difficile qu'ils y résistent. Je vous remercie de l'avis que vous m'avez donné de dédommager leur amour-propre ; car je vois bien que je gâterais tout, si je m'y prenais comme j'en aurais bonne envie. Mais, Théodore, supposé que je réussisse dans mon dessein, et que je les aie bien convaincus de la vérité de nos principes, comment pourrais-je les obliger à reconnaître l'autorité de l'Église, car ils sont nés dans l'hérésie, et je voudrais bien les en retirer ?

THÉODORE : Vraiment, Ariste, voilà bien une autre affaire. Vous pensez peut-être qu'il suffit de donner de bonnes preuves de l'infaillibilité de l'Église pour convertir

* Nb 6 [23-28].

les hérétiques. Il faut, Ariste, que le ciel s'en mêle. Car l'esprit de parti forme tous les jours tant de liaisons secrètes dans le cœur de ceux qui y sont malheureusement engagés, que cela les aveugle et les ferme à la vérité. Si quelqu'un vous exhortait à vous faire huguenot, assurément vous ne l'écouteriez pas volontiers. Sachez donc qu'ils sont peut-être plus ardents que nous : parce que dans l'état où ils se trouvent, ils se sont, plus souvent que nous, exhortés les uns les autres à donner des marques de leur fermeté. Ayant donc une infinité d'engagements, de liaisons, de préjugés, de raisons d'amour-propre qui les arrête dans leur secte, quelle adresse ne faut-il point pour les obliger à considérer sans prévention les preuves qu'on peut leur donner qu'ils sont dans l'erreur ?

ARISTE : Je sais, Théodore, que leur délicatesse et extrême sur le fait de la religion, et que pour peu qu'on les frappe par cet endroit-là, toutes leurs passions se révoltent. Mais ne craignez point. Car outre que ceux dont je parle ne sont pas si sensibles | que beaucoup d'autres, **322** je prendrai si bien les manières d'un disciple bien soumis, que je les obligerai pour me répondre à examiner les doutes que je leur proposerai. Donnez-moi seulement quelques preuves de l'infaillibilité de l'Église conformes à l'idée que vous m'avez donnée de la Providence.

X. THÉODORE : Il est certain par l'Écriture, que les hérétiques n'osent rejeter, *que Dieu veut que tous les hommes soient sauvés, et qu'ils viennent à la connaissance de la vérité**. Il faut donc trouver dans l'Ordre de la Providence de bons moyens pour faire venir tous les hommes à la connaissance de la vérité.

* 1 Tm 2, 4.

ARISTE : Je nie cette conséquence. Dieu veut que tous les hommes soient sauvés ; mais il ne veut pas faire tout ce qu'il faudrait pour les sauver tous. S'il le voulait, tous seraient sauvés : les Chinois et tant d'autres peuples ne seraient pas privés de la connaissance du vrai Dieu et de son Fils Jésus-Christ, en quoi consiste la vie éternelle.

THÉODORE : Je ne vous dis pas, Ariste, que Dieu veuille faire tout ce qu'il faudrait pour sauver tous les hommes. Il ne veut pas faire à tous moments des miracles. Il ne veut pas répandre dans tous les cœurs des grâces victorieuses. Sa conduite doit porter le caractère de ses attributs, et il ne doit point quitter sans de grandes raisons la généralité de sa Providence. Sa sagesse ne lui permet pas de proportionner toujours son secours au besoin actuel des méchants et à la négligence prévue des justes. Tous les hommes seraient sauvés, s'il en usait de la sorte envers nous. Je prétends seulement qu'il faut trouver dans la Providence des moyens généraux qui répondent à la volonté que Dieu a que tous les hommes viennent à la connaissance de la vérité. Or on ne peut y arriver à cette connaissance que par deux voies, par celle de l'examen, ou par celle de l'autorité.

ARISTE : Je vous entends, Théodore, la voie de l'examen répond peut-être à la volonté que Dieu a de sauver les savants ; mais Dieu veut sauver les pauvres, les simples, 323 les ignorants, ceux qui | ne savent pas lire, aussi bien que Messieurs les critiques. Encore ne vois-je pas que les Grotius, les Cocceius, les Saumaise, les Buxtorf,[1] soient arrivés à cette connaissance de la vérité où Dieu veut que nous arrivions tous. Peut-être que Grotius en était proche quand la mort l'a surpris. Mais quoi ! la Providence ne

1. Il s'agit de protestants célèbres du XVIIe siècle.

pourvoit-elle qu'au salut de ceux qui ont assez de vie, aussi bien que d'esprit et de science, pour discerner la vérité de l'erreur ? Assurément cela n'est pas vraisemblable. La voie de l'examen est tout à fait insuffisante. Maintenant que la raison de l'homme est affaiblie, il faut le conduire par la voie de l'autorité. Cette voie est sensible, elle est sûre, elle est générale, elle répond parfaitement à la volonté que Dieu a que tous les hommes viennent à la connaissance de la vérité. Mais où trouverons-nous cette autorité infaillible, cette voie sûre que nous puissions suivre sans craindre l'erreur ? Les hérétiques prétendent qu'elle ne se trouve que dans les Livres sacrés.

XI. THÉODORE : Elle se trouve dans les Livres sacrés, mais c'est par l'autorité de l'Église que nous le savons. Saint Augustin a eu raison de dire que sans l'Église il ne croirait pas à l'Évangile[1]. Comment est-ce que les simples peuvent être certains que les quatre Évangiles que nous avons ont une autorité infaillible ? Les ignorants n'ont aucune preuve qu'ils sont des auteurs qui portent leur nom, et qu'ils n'ont point été corrompus dans les choses essentielles ; et je ne sais si les savants en ont des preuves bien sûres. Mais quand nous serions certains que l'Évangile de saint Matthieu, par exemple, est de cet apôtre, et qu'il est tel aujourd'hui qu'il l'a composé, assurément si nous n'avons point d'autorité infaillible qui nous apprenne que cet évangéliste a été divinement inspiré, nous ne pouvons point appuyer notre foi sur ses paroles comme sur celle de Dieu même. Il y en a qui prétendent que la divinité des Livres sacrés est si sensible, qu'on ne peut les lire sans

1. Augustin, *Contre la lettre de Mani dite « du fondement »*, chap. 4 (BA, t. XVII) : « Je ne croirais pas à l'Évangile si je n'y étais poussé par l'autorité de l'Église catholique ».

s'en apercevoir. Mais sur quoi cette prétention est-elle appuyée ? Il faut autre chose que des soupçons et des préjugés pour leur attribuer l'infaillibilité. Il faut ou que le Saint Esprit le révèle à chaque particulier, ou qu'il le révèle à l'Église pour tous les particuliers. Or l'un est bien plus simple, plus général, plus digne de la Providence, que l'autre.

Mais je veux que tous ceux qui lisent l'Écriture sachent par une révélation particulière que l'Évangile est un livre 324 divin, et | qui n'a point été corrompu par la malice et la négligence des copistes ; qui nous en donnera l'intelligence ? Car la raison ne suffit pas pour en prendre toujours le vrai sens. Les sociniens sont raisonnables aussi bien que les autres hommes ; et ils y trouvent que le Fils n'est point consubstantiel au Père. Les calvinistes sont hommes comme les luthériens ; et ils prétendent que ces paroles : *Prenez, mangez, ceci est mon corps*, signifient, dans le lieu où elles sont, que ce que Jésus-Christ donne à ses Apôtres n'est que la figure de son corps. Qui détrompera les uns ou les autres ? Qui les conduira à la connaissance de la vérité où Dieu veut que nous arrivions tous ? Il faudra à tous moments à chaque particulier une assistance du Saint Esprit que les hérétiques refusent à toute l'Église, lorsqu'elle est assemblée pour former ces décisions. Quelle extravagance, quel aveuglement, que d'orgueil ! On s'imagine qu'on entend mieux l'Écriture que l'Église universelle, qui conserve le sacré dépôt de la tradition, et qui mérite un peu plus que chaque particulier que Jésus-Christ, qui en est le chef, s'applique à la défendre contre les puissances de l'enfer.

XII. La plupart des hommes sont persuadés que Dieu les conduit par une Providence particulière, ou plutôt qu'il conduit ainsi ceux pour lesquels ils sont prévenus d'une grande estime. Ils sont disposés à croire que tel est chéri de Dieu de manière qu'il ne permettra pas qu'il tombe dans l'erreur ni qu'ils l'y engagent. Ils lui attribuent une espèce d'infaillibilité, et ils s'appuient volontiers sur cette autorité chimérique qu'ils se sont faite par quantité de réflexions sur les grandes et excellentes qualités du personnage, pour se délivrer du travail incommode de l'examen. Ce sont des aveugles qui en suivent d'autres, et qui tomberont avec eux dans le précipice. C'est que tout homme est sujet à l'erreur : *Omnis homo mendax*[1]. Il est vrai que nous avons besoin d'une autorité visible maintenant que nous ne pouvons pas facilement rentrer en nous-mêmes pour consulter la Raison, et qu'il y a des vérités nécessaires au salut que nous ne pouvons apprendre que par la révélation. Mais cette autorité sur laquelle nous devons nous appuyer doit être générale, et l'effet | d'une Providence générale. **325** Dieu n'agit point ordinairement par des volontés particulières dans les esprits pour empêcher qu'ils ne se trompent. Cela ne s'accommode pas avec l'idée que nous devons avoir de la Providence, qui doit porter le caractère des attributs divins. Dieu a commis à notre médiateur le soin de notre salut. Mais Jésus-Christ lui-même imite autant que cela se peut la conduite de son Père, en faisant servir la nature à la grâce, et en choisissant des moyens généraux pour l'exécution de son ouvrage. Il a envoyé ses Apôtres par tout le monde pour annoncer aux peuples les vérités de l'Évangile. Il a donné à son Église des évêques, des prêtres, des docteurs, un chef visible pour la gouverner. Il a établi des sacrements pour répandre sa grâce dans les cœurs, marques certaines qu'il construit son ouvrage par des voies générales, et que les lois de la nature lui fournissent. Jésus-Christ peut sans doute éclairer intérieurement les esprits sans le secours de la prédication; mais certainement

1. « Tout homme est menteur » (Ps 115, 11).

il ne le fait pas. Il peut sans le baptême nous régénérer ; mais il ne veut pas rendre inutiles ses sacrements. Il n'agira jamais en tel et tel d'une manière particulière, sans quelque raison particulière, sans quelque espèce de nécessité. Mais où est la nécessité qu'il éclaire particulièrement tel et tel critique, afin qu'il prenne bien le sens d'un passage de l'Écriture ? L'autorité de l'Église suffit pour empêcher qu'on ne s'égare ; pourquoi ne veut-on pas s'y soumettre ? Il suffit que Jésus-Christ conserve à l'Église son infaillibilité, pour conserver en même temps la foi dans tous les enfants humbles et obéissants à leur mère. Malheur aux téméraires et aux présomptueux qui s'attendent que Jésus-Christ les éclaire particulièrement contre la Raison, contre l'ordre de sa conduite qu'il a réglé sur l'Ordre immuable. Jésus-Christ ne manque jamais d'assister les justes dans leurs besoins. Il ne leur refuse jamais la grâce nécessaire pour vaincre les tentations. Il leur ouvre l'esprit dans la lecture des Livres saints. Il récompense souvent leur foi par le don de l'intelligence. C'est que cela est conforme à l'Ordre, et nécessaire pour leur instruction, et l'édification des peuples. Mais pour conserver notre foi dans les matières décidées, nous avons l'autorité de l'Église. Cela suffit ; il veut que nous y soyons soumis. Il n'y a que lui de qui nous **326** | puissions recevoir les secours nécessaires pour vaincre les tentations. Voilà pourquoi il intercède sans cesse pour conserver en nous notre charité. Mais il n'intercède point sans cesse afin que les présomptueux ne tombent point dans l'erreur en lisant les Écritures, nous ayant donné une autorité infaillible sur laquelle nous devons nous appuyer, celle de l'Église du Dieu vivant, qui est la colonne et le ferme appui de la vérité, *columna et firmamentum veritatis* *.

* I Tm 3, 15.

ARISTE : Ce que vous me dites là, Théodore, s'accorde parfaitement avec l'idée que vous m'avez donnée de la Providence. Dieu a ses lois générales ; et notre médiateur et notre chef ses règles, qu'il suit inviolablement, comme Dieu ses lois, si l'Ordre immuable qui est la loi primitive de toutes les intelligences ne demande des exceptions. Il est infiniment plus simple et plus conforme à la Raison, que Jésus-Christ assiste son Église pour l'empêcher de tomber dans l'erreur, que chaque particulier, et principalement que celui qui a la témérité de révoquer en doute des matières décidées, et qui par là accuse le Sauveur ou d'avoir abandonné son épouse, ou de n'avoir pu la défendre ; car un hérétique ne peut refuser de croire les décisions de l'Église, que sur ce principe qu'elle enseigne l'erreur, et qu'ainsi Jésus-Christ ne peut ou ne veut pas la conduire. Il croit donc que Jésus-Christ contre sa promesse abandonne sa chère épouse, et par conséquent tous les catholiques, plutôt que lui. Nous avons besoin maintenant d'une autorité infaillible. La Providence y a pourvu ; et cela d'une manière qui me paraît digne des attributs divins, et des qualités de notre sauveur Jésus-Christ, d'une manière qui répond parfaitement à cette volonté de Dieu, que tous les hommes soient sauvés, et qu'ils viennent à la connaissance de la vérité.

THÉODORE : Il est vrai, Ariste. Car l'Église apostolique et romaine est visible et reconnaissable. Elle est perpétuelle pour tous les temps, et universelle pour tous les lieux ; du moins est-ce la | société la plus exposée aux yeux de toute **327** la terre, et la plus vénérable pour son antiquité. Toutes les sectes particulières n'ont aucun caractère de vérité, aucune marque de divinité. Celles qui paraissent maintenant avoir quelque éclat ont commencé longtemps après elle. C'est ce que tout le monde sait, et ceux-là mêmes qui se laissent éblouir de ce petit éclat qui ne passe guère les bornes de leur pays. Ainsi Dieu a pourvu tous les hommes, autant que ses lois générales le lui ont permis, d'un moyen facile et sûr pour arriver à la connaissance de la vérité.

THÉOTIME : Je ne comprends pas, Ariste, sur quel fondement on peut douter de l'infaillibilité de l'Église de Jésus-Christ. Est-ce que les hérétiques ne croient pas qu'elle a été divinement établie, qu'elle est divinement gouvernée, pour douter qu'elle soit divinement inspirée ? Il faut n'avoir nulle idée de l'Église de Jésus-Christ, il faut la regarder comme les autres sociétés, pour la croire sujette à l'erreur dans les décisions qu'elle fait pour l'instruction de ses enfants. Oui, Ariste, il n'y a personne, s'il n'est étrangement prévenu, qui ne voie d'abord que puisque Jésus-Christ est le chef de l'Église, qu'il en est l'époux, qu'il en est le protecteur, il est impossible que les portes de l'enfer prévalent contre elle[1] et qu'elle enseigne l'erreur. Pourvu qu'on ait de Jésus-Christ l'idée qu'il en faut avoir, on ne peut pas concevoir que son Église devienne la maîtresse de l'erreur. Il ne faut point pour cela entrer dans un grand examen : c'est une vérité qui saute aux yeux des plus simples et des plus grossiers. Dans toutes les sociétés il faut une autorité. Tout le monde en est convaincu. Les hérétiques mêmes veulent que ceux de leur secte se soumettent aux décisions de leurs synodes. En effet une société sans autorité c'est un monstre à plusieurs têtes. Or l'Église est une société établie divinement pour conduire les hommes à la connaissance de la vérité. Donc il est évident que son autorité doit être infaillible, afin qu'on puisse parvenir où Dieu veut que nous arrivions tous, sans

1. Voir Mt 16, 18.

être obligés de suivre la voie périlleuse et insuffisante de l'examen.

THÉODORE : Supposons même, Ariste, que Jésus-Christ ne soit ni le chef ni l'époux de l'Église, qu'il ne veille point sur elle, | qu'il ne soit point au milieu d'elle jusqu'à **328** la consommation des siècles, pour la défendre contre les puissances de l'enfer : elle n'aurait plus cette infaillibilité divine qui est le fondement inébranlable de notre foi. Néanmoins il me paraît évident qu'il faut avoir perdu l'esprit, ou être prévenu d'un entêtement prodigieux, pour préférer les opinions des hérétiques aux décisions de ses conciles. Prenons un exemple. Nous sommes en peine de savoir si c'est le corps de Jésus-Christ ou la figure de son corps qui est dans l'Eucharistie. Nous concevons tous que les Apôtres savaient bien ce qui en était. Nous convenons qu'ils ont enseigné ce qu'il en fallait croire dans toutes les Églises qu'ils ont fondées. Que fait-on pour éclaircir ce dont on conteste ? On convoque des assemblées les plus générales que l'on peut. On fait venir dans un même lieu les meilleurs témoins que l'on puisse avoir de ce que l'on croit dans divers pays. Les évêques savent bien si dans l'Église où ils président on croit, ou non, que le corps de Jésus-Christ soit dans l'Eucharistie. On leur demande donc à eux ce qu'ils en pensent ; ils déclarent que c'est un article de leur foi que le pain est changé au corps de Jésus-Christ. Ils prononcent anathème contre ceux qui soutiennent le contraire. Les évêques des autres Églises, qui n'ont pu se trouver à l'assemblée, approuvent positivement la décision ; ou s'ils n'ont point de commerce avec ceux du concile, ils se taisent, et témoignent assez par leur silence qu'ils sont dans le même sentiment, autrement ils ne manqueraient pas de le condamner, car les Grecs n'épargnent pas trop les Latins. Cela étant, je soutiens que même dans la supposition que Jésus-Christ ait abandonné son Église, il faut avoir renoncé au sens commun pour préférer l'opinion de Calvin, ou de Zwingli[1] à celle de tous ces témoins qui attestent un fait qu'il n'est pas possible qu'ils ignorent.

ARISTE : Cela est dans la dernière évidence. Mais on vous dira, que ces évêques qui ne peuvent ignorer ce que l'on croit actuellement dans leurs Églises sur le fait de l'Eucharistie, peuvent ne pas savoir ce que l'on en croyait il y a mille ans, et qu'il se peut faire que toutes les Églises particulières soient insensiblement tombées dans l'erreur.

THÉODORE : En supposant que Jésus-Christ ne gouverne **329** point | son Église, je conviens qu'il se peut faire que toutes les Églises généralement tombent dans l'erreur. Mais qu'elles tombent toutes dans la même erreur, cela est moralement impossible. Qu'elles y tombent sans que l'histoire ait laissé des marques éclatantes de leurs contestations : autre impossibilité morale. Qu'elles tombent toutes enfin dans une erreur semblable à celle que les calvinistes nous attribuent : impossibilité absolue. Car qu'est-ce que l'Église a décidé ? Que le corps d'un homme se trouve en même temps en une infinité de lieux, que le corps d'un homme se trouve dans un aussi petit espace qu'est l'Eucharistie, qu'après que le prêtre a prononcé quelques paroles, le pain se change au corps de Jésus-Christ, et le vin en son sang. Quoi ! cette folie, je parle en hérétique, cette extravagance sera montée dans la tête des chrétiens de toutes les Églises ? Il faut ce me semble être insensé pour le soutenir. Jamais une même erreur n'est généralement approuvée, si elle n'est généralement conforme aux

1. Les auteurs réformés Calvin et Zwingli ont, de diverses manières, contesté le dogme catholique de la présence réelle du Christ dans le pain et le vin consacrés, pour voir dans l'eucharistie un signe ou un symbole.

dispositions de l'esprit. Tous les peuples ont pu adorer le soleil. Pourquoi ? C'est que cet astre éblouit généralement tous les hommes. Mais si un peuple insensé a adoré les souris, un autre aura adoré les chats. Si Jésus-Christ abandonnait son Église, tous les chrétiens pourraient bien donner peu à peu dans l'hérésie de Calvin sur l'Eucharistie, parce qu'effectivement cette erreur ne choque ni la raison ni les sens. Mais que toutes les Églises chrétiennes soient entrées dans une opinion qui révolte l'imagination, qui choque les sens, qui étonne la raison, et cela si insensiblement qu'on ne s'en soit point aperçu, encore un coup il faut avoir renoncé au sens commun, il faut n'avoir nulle connaissance de l'homme, et n'avoir jamais fait de réflexion sur ses dispositions intérieures, pour le soutenir.

Mais je le veux, Ariste, que Dieu ayant abandonné son Église, il soit possible que tous les chrétiens tombent dans une même erreur : erreur choquante, et tout à fait contraire aux dispositions de l'esprit humain, et cela sans même qu'on s'en aperçoive. Je prétends encore, nonobstant cette supposition, qu'on ne peut refuser de se soumettre aux décisions de l'Église sans une prévention ridicule. Selon la supposition, il est possible que l'Église se trompe. Il est vrai. Mais sans rien supposer, il peut | arriver bien plus **330** naturellement qu'un particulier tombe dans l'erreur. Il ne s'agit pas d'une vérité qui dépende de quelques principes de métaphysique, mais d'un fait, de ce que, par exemple, Jésus-Christ a voulu dire par ces paroles, *Ceci est mon corps*, ce qu'on ne peut mieux savoir que par le témoignage de ceux qui ont succédé aux Apôtres : ce que le concile a décidé est contraire à ce qu'on a cru autrefois. Fort bien. C'est donc que tous les évêques ensemble ne savaient pas la tradition aussi bien que Calvin. Mais où sont les auteurs anciens qui disent aux peuples, comme ils y étaient obligés :

prenez garde, ces paroles, *Ceci est mon corps*, ne veulent pas dire que c'est le corps de Jésus-Christ, mais seulement la figure de son corps ? Pourquoi les confirment-ils dans la pensée que ces paroles si claires font naître naturellement dans l'esprit, et si naturellement, que quoique rien ne paraisse plus incroyable que le sens qu'elles renferment, toutes les Églises se sont crues obligées de le recevoir ? Comme une même chose peut être à divers égards et figure et réalité, j'avoue qu'il y a des Pères qui ont parlé de l'Eucharistie comme d'une figure. Car effectivement le sacrifice de la messe figure ou représente celui de la croix. Mais ils ne devaient pas se contenter d'appuyer sur la figure, ils devaient rejeter avec soin la réalité. Cependant on remarque tout le contraire. Ils ont peur que notre foi ne chancelle sur la difficulté qu'il y a à croire la réalité, et ils nous rassurent souvent par l'autorité de Jésus-Christ, et par la connaissance que nous avons de la puissance divine.

Que si on se retranche à dire que la décision du concile est contraire à la raison et au bon sens, je soutiens encore que plus elle paraît choquer la raison et le bon sens, plus il est certain qu'elle est conforme à la vérité. Car enfin est-ce que les hommes des siècles passés n'étaient pas faits comme ceux d'aujourd'hui ? Notre imagination se révolte, lorsqu'on nous dit que le corps de Jésus-Christ et en même temps dans le ciel et sur nos autels. Mais sérieusement pense-t-on qu'il y ait eu un siècle où les hommes ne fussent point frappés d'une pensée si effrayante ? Cependant on a cru dans toutes les Églises chrétiennes ce terrible mystère. Le fait est constant par le témoignage de ceux qui peuvent mieux le savoir, je veux dire, par les suffrages des évêques. C'est donc que les hommes ont été instruits par une autorité supérieure, par | une autorité qu'ils ont crue infaillible, et que l'on voit d'abord sans aucun examen être infaillible,

331

lorsqu'on a de Jésus-Christ et de son Église l'idée qu'il en faut avoir. Ainsi qu'on suppose tout ce qu'on voudra, il n'y a pas à balancer sur ce qu'on doit croire, lorsqu'on voit d'un côté la décision d'un concile, et de l'autre les dogmes d'un particulier, ou d'une assemblée particulière que l'Église n'approuve pas.

ARISTE : Je comprends, Théodore, par les raisons que vous me dites-là, que ceux qui ôtent à l'Église de Jésus-Christ l'infaillibilité qui lui est essentielle ne se délivrent pas pour cela de l'obligation de se soumettre à ses décisions. Pour en être francs et quittes de cette obligation, il faut qu'ils renoncent au sens commun. Néanmoins on remarque si souvent que les opinions les plus communes ne sont pas les plus véritables, qu'on est assez porté à croire que ce qu'avance un savant homme est bien plus sûr que ce qu'on entend dire à tout le monde.

THÉODORE : Vous touchez, Ariste, une des principales causes de la prévention et de l'opiniâtreté des hérétiques. Ils ne distinguent point assez entre les dogmes de la foi, et les vérités que l'on ne peut découvrir que par le travail de l'attention. Tout ce qui dépend d'un principe abstrait n'étant point à la portée de tout le monde, le bon sens veut qu'on se défie de ce qu'en pense la multitude. Il est infiniment plus vraisemblable qu'un seul homme qui s'applique sérieusement à la recherche de la vérité l'ait rencontrée, qu'un million d'autres qui n'y pensent seulement pas. Il est donc vrai, et on le remarque souvent, que les sentiments les plus communs ne sont pas les plus véritables. Mais en matière de foi, c'est tout le contraire. Plus il y a de témoins qui attestent un fait, plus ce fait a de certitude. Les dogmes de la religion ne s'apprennent point par la spéculation : c'est par l'autorité, par le témoignage de ceux qui conservent le dépôt sacré de la tradition. Ce que tout le monde croit, ce que l'on a toujours cru, c'est ce qu'il faudra croire éternellement. Car en matière de foi, de vérités révélées, de dogmes décidés, les sentiments communs sont les véritables. Mais le désir de se distinguer fait qu'on révoque en doute ce que tout le monde croit, et qu'on 332 assure pour indubitable ce qui passe ordinairement | pour fort incertain. L'amour-propre n'est pas satisfait quand on n'excelle point au-dessus des autres, et qu'on ne sait que ce que personne n'ignore. Au lieu de bâtir solidement sur les fondements de la foi, et de s'élever par l'humilité à l'intelligence des vérités sublimes où elle conduit, au lieu de mériter par là, et devant Dieu et devant les personnes équitables une véritable et solide gloire, on se fait un plaisir malin, et un sujet de vanité, d'ébranler ces fondements sacrés, et on se va froisser imprudemment sur cette pierre terrible qui écrasera tous ceux qui auront l'insolence de la heurter.

ARISTE : En voilà, Théodore, plus qu'il ne m'en faut pour interroger mes gens, et pour les conduire où je le souhaite depuis longtemps. Si l'Église est divinement gouvernée, il faut bien qu'elle soit divinement inspirée. Si Jésus-Christ en est le chef, elle ne peut pas devenir la maîtresse de l'erreur. Dieu voulant que tous les hommes viennent à la connaissance de la vérité, il n'a pas dû laisser à la discussion de l'esprit humain la voie qui y conduit. Il faut que sa Providence ait trouvé un moyen sûr et facile pour les simples aussi bien que pour les savants. Les révélations particulières faites à tous ceux qui lisent l'Écriture ne s'accommodent nullement avec l'idée que nous devons avoir de la Providence divine. L'expérience nous apprend que chacun l'explique selon ses préjugés. Enfin dans la supposition même que Jésus-Christ ne gouverne point son Église, on ne peut, sans une prévention contraire au bon sens, préférer à la décision d'un concile les opinions particulières à quelque secte que ce soit. Tout cela, Théodore, me paraît évident. Je ne crains plus que l'entêtement dans mes amis, et je ne cherche plus que de bons moyens pour dédommager leur amour-propre. Car j'appréhende fort de n'avoir pas les manières propres à les dégager des engagements de toutes sortes où je les trouverai peut-être.

THÉODORE : Vous avez, Ariste, tout ce qu'il vous faut pour cela. Courage. Vous ne savez que trop comment l'homme se manie, ce qui le cabre, et ce qui le fait courir. Il faut espérer que la grâce rompra ce qui pourrait les arrêter, j'entends ces liens secrets que vous ne pouvez défaire. Dans le temps que vous parlerez à leurs oreilles, peut-être que Dieu par sa bonté leur ouvrira l'esprit et leur touchera le cœur.

333 | XIVe ENTRETIEN

Continuation du même sujet. L'incompréhensibilité de nos mystères est une preuve certaine de leur vérité. Manière d'éclaircir les dogmes de la foi. De l'Incarnation de Jésus-Christ. Preuve de sa divinité contre les Sociniens. Nulle créature, les anges mêmes, ne peuvent adorer Dieu que par lui. Comment la foi en Jésus-Christ nous rend agréables à Dieu.

1. ARISTE : Ah, Théodore ! Comment pourrai-je vous ouvrir mon cœur ? Comment vous exprimer ma joie ? Comment vous faire sentir l'état heureux où vous m'avez mis ? Je ressemble maintenant à un homme échappé du naufrage, ou qui trouve tout calme après la tempête. Je me suis senti souvent agité par des mouvements dangereux à la vue de nos incompréhensibles mystères. Leur profondeur m'effrayait, leur obscurité me troublait ; et quoique mon cœur se rendît à la force de l'autorité, ce n'était pas sans peine de la part de l'esprit. Car, comme vous savez, l'esprit appréhende naturellement dans les ténèbres. Mais maintenant je trouve qu'en moi tout est d'accord ; l'esprit suit le cœur. Que dis-je ! l'esprit conduit, l'esprit transporte le cœur. Car plus nos mystères sont obscurs, quel paradoxe ! ils me paraissent aujourd'hui d'autant plus croyables. Oui, Théodore, je trouve dans l'obscurité même de nos mystères, reçus comme ils sont aujourd'hui de tant de nations différentes, une preuve invincible de leur vérité.

Comment, par exemple, accorder l'unité avec la Trinité, une société de trois personnes différentes dans la simplicité parfaite de la nature divine ? Cela est incompréhensible assurément, mais cela n'est pas incroyable. Cela nous 334 passe, il est vrai. Mais un | peu de bon sens, et nous le croirons, du moins si nous voulons être de la religion des Apôtres. Car enfin supposé qu'ils n'aient point connu cet ineffable mystère, ou qu'ils ne l'aient point enseigné à leurs successeurs, je soutiens qu'il n'est pas possible qu'un sentiment si extraordinaire ait pu trouver dans les esprits cette créance universelle qu'on lui donne dans toute l'Église, et parmi tant de diverses nations. Plus cet adorable mystère paraît monstrueux – souffrez cette expression des ennemis de la foi – plus il choque la raison humaine, plus il soulève l'imagination, plus il est obscur, incompréhensible, impénétrable, moins est-il croyable qu'il se soit insinué naturellement dans l'esprit et dans le cœur de tous les catholiques de tant de pays si éloignés. Je le comprends, Théodore ; jamais les mêmes erreurs ne se répandent universellement partout, principalement ces sortes d'erreurs qui révoltent étrangement l'imagination, qui n'ont rien de sensible, et qui semblent contredire les notions les plus simples et les plus communes.

Si Jésus-Christ ne veillait point sur son Église, le nombre des unitaires[1] surpasserait bientôt celui des vrais catholiques. Je comprends cela. Car il n'y a rien dans les sentiments de ces hérétiques qui n'entre naturellement dans l'esprit. Je conçois bien que des opinions proportionnées à notre intelligence peuvent s'établir avec le temps. Je conçois même que les sentiments les plus bizarres peuvent dominer parmi certains peuples d'un tour d'imagination tout singulier. Mais qu'une vérité aussi sublime, aussi éloignée des sens, aussi opposée à la raison humaine, aussi contraire en un mot à toute la nature qu'est ce grand mystère de notre foi, qu'une vérité, dis-je, de ce caractère se puisse

1. Unitaires : les courants du christianisme qui nient la pluralité des personnes divines (notamment les sociniens aux XVIe et XVIIe siècles).

répandre universellement, et triompher dans toutes les nations où les Apôtres ont prêché l'Évangile, surtout dans la supposition que ces premiers prédicateurs de notre foi n'eussent rien su et rien dit de ce mystère, c'est assurément ce qui ne se peut concevoir, pour peu de connaissance qu'on ait de l'esprit humain.

Qu'il y ait eu des hérétiques qui se soient opposés à un dogme si relevé, je n'en suis nullement surpris. Je le serais étrangement, si jamais personne ne l'eût combattu. Peu s'en est fallu que cette vérité n'ait été opprimée. Cela peut être. On se fera toujours un mérite d'attaquer ce qui semble blesser la Raison. Mais qu'enfin le mystère de la Trinité ait prévalu, qu'il se soit établi partout où la religion 335 de Jésus-Christ est reçue, sans qu'il ait été | connu et enseigné par les Apôtres, sans une autorité et une force divine, il ne faut, ce me semble, qu'un peu de bon sens pour reconnaître que rien n'est moins vraisemblable. Car il n'est pas même vraisemblable qu'un dogme si divin, si au-dessus de la raison, si éloigné de tout ce qui peut frapper l'imagination et les sens, puisse venir naturellement dans l'esprit de qui que ce soit.

II. THÉODORE : Assurément, Ariste, vous devez avoir l'esprit fort en repos, puisque vous savez maintenant tirer la lumière des ténèbres mêmes, et tourner en preuve évidente de nos mystères l'obscurité impénétrable qui les environne. Que les sociniens blasphèment contre notre sainte religion, qu'ils la tournent en ridicule; leurs blasphèmes et ce ridicule, dont ils prétendent la couvrir, vous en inspirent du respect. Ce qui ébranle les autres ne peut que vous affermir; comment ne jouiriez-vous pas d'une paix profonde ? Car enfin ce qui peut faire naître en nous quelque frayeur et quelque trouble, ce ne sont pas ces vérités plausibles que tout le monde croit sans peine, c'est la profondeur et l'impénétrabilité de nos mystères. Je comprends donc que vous voilà dans un grand calme. Jouissez-en, mon cher Ariste. Mais, je vous prie, ne jugeons pas de l'Église de Jésus-Christ comme des sociétés purement humaines. Elle a un chef qui ne permettra jamais qu'elle devienne la maîtresse de l'erreur. Son infaillibilité est appuyée sur la divinité de celui qui la conduit. Il ne faut pas juger uniquement par les règles du bon sens que tels et tels de nos mystères ne peuvent être des inventions de l'esprit humain. Nous avons une autorité décisive, une voie encore et plus courte et plus sûre que cette espèce d'examen. Suivons humblement cette voie, pour honorer par notre confiance et notre soumission la puissance, la vigilance, la bonté, et les autres qualités du souverain pasteur de nos âmes. Car c'est en quelque manière blasphémer contre la divinité de Jésus-Christ, ou du moins contre sa charité pour son épouse, que de vouloir absolument d'autres preuves des vérités nécessaires à notre salut, que celles qui se tirent de l'autorité de l'Église.

Si vous croyez, Ariste, tel article de notre foi, parce que vous reconnaissez clairement par l'examen que vous en faites qu'il est de tradition apostolique, vous honorez par votre foi la mission et l'apostolat de Jésus-Christ. Car votre foi exprime ce jugement que vous faites, que Dieu a envoyé Jésus-Christ au monde | pour l'instruire de la **336** vérité. Mais si vous ne croyez que par cette raison, sans égard à l'autorité infaillible de l'Église, vous n'honorez pas la sagesse et la généralité de la Providence, qui fournit aux simples et aux ignorants un moyen fort sûr et fort naturel de s'instruire des vérités nécessaires au salut. Vous n'honorez pas la puissance, ou du moins la vigilance de Jésus-Christ sur son Église. Il semble que vous le soupçonniez de vouloir l'abandonner à l'esprit d'erreur.

De sorte que la foi de ceux qui se soumettent humblement à l'autorité de l'Église rend beaucoup plus d'honneur à Dieu et à Jésus-Christ que la vôtre, puisqu'elle exprime plus exactement les attributs divins, et les qualités de notre médiateur. Ajoutez à cela qu'elle se rapporte parfaitement avec le jugement que nous devons former de la faiblesse et de la limitation de notre esprit, et que si d'un côté elle exprime notre confiance en Dieu et en la charité de Jésus-Christ, elle marque clairement de l'autre que nous avons de nous-mêmes une juste et salutaire défiance. Ainsi vous voyez bien que la foi de celui qui se soumet à l'autorité de l'Église est fort agréable à Dieu : puisque de quelque côté qu'on la considère, elle exprime les jugements que Dieu veut que nous portions de ses propres attributs, des qualités de Jésus-Christ, et de la limitation de l'esprit humain.

III. Souvenez-vous néanmoins, Ariste, que la foi humble et soumise de ceux qui se rendent à l'autorité n'est ni aveugle ni indiscrète ; elle est fondée en raison. Assurément l'infaillibilité est renfermée dans l'idée d'une religion divine, d'une société qui a pour chef une nature subsistante dans la sagesse éternelle, d'une société établie pour le salut des simples et des ignorants. Le bon sens veut qu'on croie l'Église infaillible. Il faudra donc se rendre aveuglément à son autorité. Mais c'est que la Raison fait voir qu'il n'y a nul danger de s'y soumettre, et que le chrétien qui refuse de le faire dément par son refus le jugement qu'il doit porter des qualités de Jésus-Christ.

Notre foi est parfaitement raisonnable dans son principe. Elle ne doit point son établissement aux préjugés, mais à la droite raison. Car Jésus-Christ a prouvé d'une manière invincible sa mission et ses qualités. Sa résurrection glorieuse est tellement | attestée qu'il faut renoncer au sens [337] commun pour la révoquer en doute. Maintenant la vérité ne se fait presque plus respecter par l'éclat et la majesté des miracles. C'est qu'elle est soutenue de l'autorité de Jésus-Christ, qu'on reconnaît pour infaillible, et qui a promis son assistance toute-puissante, et sa vigilance pleine de tendresse, à la divine société dont il est le chef. Que la foi de l'Église soit combattue par les diverses hérésies des sectes particulières, il faut que cela arrive pour manifester la fidélité des gens de bien. Le vaisseau où repose Jésus-Christ peut être battu de la tempête, mais il ne court aucun danger. C'est manquer de foi que d'appréhender l'orage. Il faut que les vents grondent, et que la mer enfle ses flots, avant que de rendre le calme. On ne peut sans cela faire sentir le pouvoir qu'on a de leur commander. Mais si le Seigneur permet que les puissances de l'enfer…

THÉOTIME : Souffrez, Théodore, que je vous interrompe. Vous savez que nous n'avons plus à passer avec vous que le reste de la journée. N'en voilà que trop sur l'infaillibilité de l'Église. Ariste en est convaincu. Donnez-nous, je vous prie, quelques principes qui puissent nous conduire à l'intelligence des vérités que nous croyons, qui puissent augmenter en nous le profond respect que nous devons avoir pour la religion et pour la morale chrétienne ; ou bien donnez-nous quelque idée de la méthode dont vous vous servez dans une matière si sublime.

IV. THÉODORE : Je n'ai point pour cela de méthode particulière. Je ne juge des choses que sur les idées qui les représentent dépendamment des faits qui me sont connus : voilà toute ma méthode. Les principes de mes connaissances se trouvent tous dans mes idées, et les règles de ma conduite par rapport à la religion, dans les vérités de la foi. Toute ma méthode se réduit à une attention sérieuse à ce qui m'éclaire et à ce qui me conduit.

ARISTE : Je ne sais si Théotime conçoit ce que vous nous dites. Mais pour moi je n'y comprends rien. Cela est trop général.

THÉODORE : Je crois que Théotime m'entend bien. Mais il faut s'expliquer davantage. Je distingue toujours avec soin les dogmes de la foi des preuves et des explications qu'on en peut donner. Pour les dogmes, je les cherche dans la tradition, et dans le consentement de l'Église universelle ; 338 et je les trouve mieux marqués | dans les définitions des conciles que partout ailleurs. Je pense que vous en demeurez d'accord, puisque l'Église étant infaillible, il faut s'en tenir à ce qu'elle a décidé.

ARISTE : Mais ne les cherchez-vous pas aussi dans les Saintes Écritures ?

THÉODORE : Je crois, Ariste, que le plus sûr et le plus court est de les chercher dans les Saintes Écritures, mais expliquées par la tradition, je veux dire, par les conciles généraux, ou reçus généralement partout, expliquées par le même Esprit qui les a dictées. Je sais bien que l'Écriture est un livre divin, et la règle de notre foi. Mais je ne la sépare pas de la tradition, parce que je ne doute pas que les conciles ne l'interprètent mieux que moi. Prenez équitablement ce que je vous dis. Les conciles ne rejettent pas l'Écriture. Ils la reçoivent avec respect ; et par cela même ils l'autorisent par rapport aux fidèles, qui pourraient bien la confondre avec des livres apocryphes. Mais outre cela ils nous apprennent plusieurs vérités que les Apôtres ont confiées à l'Église, et que l'on a combattues ; lesquelles vérités ne se trouvent pas facilement dans les Écritures canoniques, car combien d'hérétiques y trouvent tout le contraire ? En un mot, Ariste, je tâche de bien m'assurer des dogmes sur lesquels je veux méditer pour en avoir quelque intelligence. Et alors je fais de mon esprit le même usage que font ceux qui étudient la physique. Je consulte, avec toute l'attention dont je suis capable, l'idée que j'ai de mon sujet, telle que la foi me la propose. Je remonte toujours à ce qui me paraît de plus simple et de plus général, afin de trouver quelque lumière. Lorsque j'en trouve, je la contemple. Mais je ne la suis qu'autant qu'elle m'attire invinciblement par la force de son évidence. La moindre obscurité fait que je me rabats sur le dogme, qui dans la crainte que j'ai de l'erreur est et sera toujours inviolablement ma règle dans les questions qui regardent la foi.

Ceux qui étudient la physique ne raisonnent jamais contre l'expérience. Mais aussi ne concluent-ils jamais par l'expérience contre la Raison. Ils hésitent, ne voyant pas le moyen de passer de l'une à l'autre. Ils hésitent, dis-je, non sur la certitude de | l'expérience, ni sur l'évidence de **339** la Raison, mais sur le moyen d'accorder l'une avec l'autre. Les faits de la religion ou les dogmes décidés sont mes expériences en matière de théologie. Jamais je ne les révoque en doute. C'est ce qui me règle et qui me conduit à l'intelligence. Mais lorsqu'en croyant les suivre je me sens heurter contre la Raison, je m'arrête tout court, sachant bien que les dogmes de la foi et les principes de la Raison doivent être d'accord dans la vérité, quelque opposition qu'ils aient dans mon esprit. Je demeure donc soumis à l'autorité, plein de respect pour la Raison, convaincu seulement de la faiblesse de mon esprit, et dans une perpétuelle défiance de moi-même. Enfin si l'ardeur pour la vérité se rallume, je recommence de nouveau mes recherches, et par une attention alternative aux idées qui m'éclairent et aux dogmes qui me soutiennent et qui me conduisent, je découvre sans autre méthode particulière le moyen de passer de la foi à l'intelligence. Mais pour l'ordinaire fatigué de mes efforts, je laisse aux personnes plus éclairées ou plus laborieuses que moi une recherche dont je ne me crois pas capable ; et toute la récompense que je tire de mon travail, c'est que je sens toujours de mieux en mieux la petitesse de mon esprit, la profondeur de nos mystères, et le besoin extrême que nous avons tous d'une autorité qui nous conduise. Hé bien, Ariste, êtes-vous content ?

ARISTE : Pas trop. Tout ce que vous dites là est encore si général qu'il me semble que vous ne m'appreniez rien. Des exemples, s'il vous plaît. Découvrez-moi quelque vérité. Que je voie un peu comment vous vous y prenez.

THÉODORE : Quelle vérité ?

ARISTE : La vérité fondamentale de notre religion.

THÉODORE : Mais cette vérité vous est déjà connue, et je crois vous l'avoir bien démontrée.

ARISTE : Il n'importe. Voyons. On ne peut trop la prouver. C'est par là qu'il faut commencer.

THÉOTIME : Il est vrai. Mais ce sera là que nous finirons. Car bientôt il faudra nous séparer.

340 | ARISTE : J'espère aussi que nous ne serons pas longtemps sans nous rejoindre.

V. THÉODORE : C'est ce que je ne sais point. Car je le souhaite si fort que je crains bien que cela n'arrive pas. Mais ne raisonnons point sur l'avenir. Profitons du présent. Soyez attentifs à ce que je vais vous dire.

Pour découvrir par la Raison entre toutes les religions celle que Dieu a établie, il faut consulter attentivement la notion que nous avons de Dieu ou de l'Être infiniment parfait. Car il est évident que tout ce que font les causes doit nécessairement avoir avec elles quelque rapport. Consultons-la donc, Ariste, cette notion de l'Être infiniment parfait, et repassons dans notre esprit tout ce que nous savons des attributs divins, puisque c'est de là que nous devons tirer la lumière dont nous avons besoin pour découvrir ce que nous cherchons.

ARISTE : Hé bien. Cela supposé ?

THÉODORE : Doucement, doucement, je vous prie. Dieu connaît parfaitement ces attributs que je suppose que vous avez présents à l'esprit. Il se glorifie de les posséder, il en a une complaisance infinie. Il ne peut donc agir que selon ce qu'il est, que d'une manière qui porte le caractère de ces mêmes attributs. Prenez bien garde à cela. Car c'est le grand principe que nous devons suivre lorsque nous prétendons connaître ce que Dieu fait ou ne fait pas. Les hommes n'agissent pas toujours selon ce qu'ils sont. Mais c'est qu'ils ont honte d'eux-mêmes. Je connais un avaricieux que vous prendriez pour l'homme du monde le plus libéral. Ainsi ne vous y trompez pas. Les hommes ne prononcent pas toujours par leurs actions et encore moins par leurs paroles, le jugement qu'ils portent d'eux-mêmes, parce qu'ils ne sont point ce qu'ils devraient être. Mais il n'en est pas de même de Dieu. L'Être infiniment parfait ne peut qu'il n'agisse[1] selon ce qu'il est. Lorsqu'il agit, il prononce nécessairement au dehors le jugement éternel et immuable qu'il porte de ses attributs, parce qu'il se complaît en eux, et qu'il se glorifie de les posséder.

ARISTE : Cela est évident. Mais je ne vois pas où tendent toutes ces généralités.

| VI. THÉODORE : À cela, Ariste, que Dieu ne prononce **341** parfaitement le jugement qu'il porte de lui-même que par l'Incarnation de son Fils, que par la consécration de son pontife, que par l'établissement de la religion que nous professons, dans laquelle seule il peut trouver le culte et l'adoration qui exprime ses divines perfections, et qui

1. ne peut qu'agir.

s'accorde avec le jugement qu'il en porte. Quand Dieu tira du néant le chaos, il prononça : Je suis le Tout-Puissant. Quand il en forma l'univers, il se complut dans sa sagesse. Quand il créa l'homme libre et capable du bien et du mal, il exprima le jugement qu'il porte de sa justice et de sa bonté. Mais quand il unit son Verbe à son ouvrage, il prononce qu'il est infini dans tous ses attributs, que ce grand univers n'est rien par rapport à lui, que tout est profane par rapport à sa sainteté, à son excellence, à sa souveraine majesté. En un mot il parle en Dieu, il agit selon ce qu'il est, et selon tout ce qu'il est. Comparez, Ariste, notre religion avec celle des Juifs, des Mahométans, et toutes les autres que vous connaissez ; et jugez quelle est celle qui prononce plus distinctement le jugement que Dieu porte, et que nous devons porter de ses attributs.

ARISTE : Ah, Théodore ! je vous entends.

VII. THÉODORE : Je le suppose. Mais prenez garde à ceci. Dieu est esprit et veut être adoré en esprit et en vérité[1]. Le vrai culte ne consiste pas dans l'extérieur, dans telle ou telle situation de nos corps, mais dans telle et telle situation de nos esprits en présence de la majesté divine, c'est-à-dire dans les jugements et les mouvements de l'âme. Or celui qui offre le Fils au Père, qui adore Dieu par Jésus-Christ, prononce par son action un jugement pareil à celui que Dieu porte de lui-même. Il prononce, dis-je, de tous les jugements celui qui exprime plus exactement les perfections divines, et surtout cette excellence ou sainteté infinie qui sépare la divinité de tout le reste, ou qui la relève infiniment au-dessus de toutes les créatures. Donc la foi en Jésus-Christ est la véritable religion, l'accès auprès de Dieu par Jésus-Christ le seul vrai culte, la seule voie de

1. Voir Jn 4, 24.

mettre nos esprits dans une situation qui adore Dieu, la seule voie par conséquent qui puisse nous attirer les regards de complaisance et de bienveillance de l'auteur de la félicité que nous espérons.

Celui qui fait part aux pauvres de son bien, ou qui expose sa | vie pour le salut de sa patrie; celui-là même **342** qui la perd généreusement pour ne pas commettre une injustice, sachant bien que Dieu est assez puissant pour le récompenser du sacrifice qu'il en fait, celui-là prononce à la vérité par cette action un jugement qui honore la justice divine, et qui la lui rend favorable. Mais cette action, toute méritoire qu'elle est, n'adore point Dieu parfaitement si celui que je suppose ici capable de la faire refuse de croire en Jésus-Christ, et prétend avoir accès auprès de Dieu sans son entremise. Le jugement que cet homme par son refus porte de lui-même, de valoir quelque chose par rapport à Dieu, étant directement opposé à celui que Dieu prononce par la mission et la consécration de son pontife, ce jugement présomptueux rend inutile à son salut éternel une action d'ailleurs si méritoire. C'est que pour mériter à juste titre la possession d'un bien infini, il ne suffit pas d'exprimer par quelques bonnes œuvres d'une bonté morale la justice de Dieu; il faut prononcer divinement par la foi en Jésus-Christ un jugement qui honore Dieu selon tout ce qu'il est. Car ce n'est que par le mérite de cette foi que nos bonnes œuvres reçoivent cette excellence surnaturelle qui nous donne droit à l'héritage des enfants de Dieu. Ce n'est même que par le mérite de cette foi que nous pouvons obtenir la force de vaincre notre passion dominante, et de sacrifier notre vie par un pur amour pour la justice. Nos actions tirent bien leur moralité du rapport qu'elles ont avec l'Ordre immuable, et leur mérite des jugements que nous prononçons par elles de la puissance et de la justice divine. Mais elles ne tirent leur dignité surnaturelle, et pour ainsi dire, leur infinité et leur divinité, que par Jésus-Christ, dont l'Incarnation, le sacrifice, le sacerdoce prononçant clairement qu'il n'y a point de rapport entre le Créateur et la créature, y met par cela même un si grand rapport, que Dieu se complaît et se glorifie parfaitement dans son ouvrage. Comprenez-vous, Ariste, bien distinctement ce que je ne puis vous exprimer que fort imparfaitement?

VIII. ARISTE : Je le comprends, ce me semble. Il n'y a point de rapport entre le fini et l'infini. Cela peut passer pour une notion commune. L'univers comparé à Dieu n'est rien, et doit être compté pour rien. Mais il n'y a que les chrétiens, que ceux | qui croient la divinité de Jésus-Christ, qui comptent véritablement pour rien leur être propre, et ce vaste univers que nous admirons. Peut-être que les philosophes portent ce jugement-là. Mais ils ne le prononcent point. Ils démentent au contraire ce jugement spéculatif par leurs actions. Ils osent s'approcher de Dieu, comme s'ils ne savaient plus que la distance de lui à nous est infinie. Ils s'imaginent que Dieu se complaît dans le culte profane qu'ils lui rendent. Ils ont l'insolence, ou si vous voulez la présomption de l'adorer. Qu'ils se taisent. Leur silence respectueux prononcera mieux que leurs paroles le jugement spéculatif qu'ils forment de ce qu'ils sont par rapport à Dieu. Il n'y a que les chrétiens à qui il soit permis d'ouvrir la bouche, et de louer divinement le Seigneur. Il n'y a qu'eux qui aient accès auprès de sa souveraine majesté. C'est qu'ils se comptent véritablement pour rien, eux et tout le reste de l'univers, par rapport à Dieu, lorsqu'ils protestent que ce n'est que par Jésus-Christ qu'ils prétendent avoir avec lui quelque rapport. Cet anéantissement où leur foi les réduit leur donne devant Dieu une véritable réalité. Ce jugement qu'ils prononcent d'accord avec Dieu même donne à tout leur culte un prix infini. Tout est profane par rapport à Dieu, et doit être consacré par la divinité du Fils pour être digne de la sainteté du Père, pour mériter sa complaisance et sa bienveillance. Voilà le fondement inébranlable de notre sainte religion.

IX. THÉODORE : Assurément, Ariste, vous comprenez bien ma pensée. Du fini à l'infini, et qui plus est du néant profond où le péché nous a réduits à la sainteté divine, à la droite du Très-Haut, la distance est infinie. Nous ne sommes par la nature que des enfants de colère : *Natura filii iræ**. Nous étions en ce monde comme les *athées*** sans Dieu, sans bienfaiteur : *Sine Deo in hoc mundo****. Mais par Jésus-Christ nous voilà déjà ressuscités, nous voilà élevés et assis dans le plus haut des cieux : *Convivificavit nos in Christo, et conresuscitavit, et consedere fecit in cœlestibus in Christo Jesu*****. Maintenant nous ne sentons point notre | adoption en Jésus-Christ, notre divinité : *Divine consortes naturæ******. Mais c'est que notre vie est cachée en Dieu avec Jésus-Christ. Lorsque Jésus-Christ viendra à paraître, alors nous paraîtrons aussi avec lui dans la gloire : *scimus quoniam cum apparuerit, similes ei erimus*******. *Vita vestra*, dit saint Paul, *est abscondita cum Christo in Deo. Cum Christus apparuerit vita vestra, tunc et vos apparebitis cum ipso in*

344

* Ep 2, 3.

**Αθεοί.

*** Verset 12 [Ep 2 : « sans Dieu en ce monde »].

**** Versets 5 et 6 [Dieu « nous a rendu la vie en Jésus-Christ. [...] Et il nous a ressuscités avec lui, et nous a fait asseoir dans le ciel en Jésus-Christ »].

***** 2 P [1,] 4 [« participants de la nature divine »].

****** 1 Jn 3, 2 [« Nous savons que lorsque Jésus-Christ se montrera dans sa gloire, nous serons semblables à lui »].

*gloria**. Il n'y a plus entre nous et la divinité cette distance infinie qui nous séparait. *Nunc autem in Christo Jesu vos, qui aliquando eratis longe, facti estis prope in sanguine Christi : ipse enim est pax nostra***. C'est que par Jésus-Christ nous avons tous accès auprès du Père. *Quoniam per ipsum habemus accessum ambo in uno spiritu ad Patrem****. *Ergo*, écoutez encore cette conclusion de l'Apôtre : *Jam non estis hospites et advenæ, sed estis cives sanctorum et domestici Dei, superædificati super fundamentum apostolorum et prophetarum, ipso summo angulari lapide Christo Jesu, in quo omnis ædificatio constructa crescit in templum sanctum Domino : in quo et vos coædificamini in habitaculum Dei in Spiritu*[1]. Pesez, Ariste, toutes ces paroles, et principalement celle-ci : *In quo omnis ædificatio constructa crescit in templum sanctum Domino*[2].

* Col 3, 3 [-4 : « votre vie est cachée en Dieu avec Jésus-Christ. Lorsque Jésus-Christ, qui est votre vie, viendra à paraître, vous paraîtrez aussi avec lui dans la gloire »].

** Ep 2, 13 [-14 : « Mais, maintenant que vous êtes en Jésus-Christ, vous qui étiez autrefois éloignés de Dieu, vous vous en êtes approchés en vertu du sang de Jésus-Christ. Car c'est lui qui est notre paix »].

*** Verset 18 [Ep 2 : « Parce que c'est par lui que nous avons accès les uns et les autres vers le Père dans un même esprit »].

1. Ep 2, 19-22 : « Vous n'êtes donc plus des étrangers qui sont hors de leur maison ; mais vous êtes citoyens de la même cité que les saints et domestiques de la maison de Dieu, puisque vous êtes édifiés sur le fondement des Apôtres et des Prophètes, et unis en Jésus-Christ, qui est lui-même la principale pierre de l'angle, sur lequel tout édifice, étant posé, s'élève et s'accroît dans ses proportions et sa symétrie, pour être un saint temple consacré au Seigneur. Et vous-mêmes aussi, ô gentils, vous entrez dans la structure de cet édifice, pour devenir la maison de Dieu par le Saint Esprit ».

2. Ep 2, 21 : « Sur lequel tout édifice, étant posé, s'élève et s'accroît [...] pour être un saint temple consacré au Seigneur ».

ARISTE : Il n'y a, Théodore, que l'Homme-Dieu qui puisse joindre la créature au Créateur, sanctifier des profanes, construire un temple où Dieu habite avec honneur. Je comprends maintenant le sens de ces paroles : *Deus erat in Christo mundum reconcilians sibi**. C'est une notion commune, qu'entre le fini et l'infini il n'y a point de rapport. Tout dépend de ce principe incontestable. Tout culte qui dément ce principe choque la Raison, et déshonore la divinité. La Sagesse éternelle n'en peut être l'auteur. Il n'y a que l'orgueil, que l'ignorance, ou du moins que la stupidité de l'esprit humain qui puisse maintenant l'approuver. Car il n'y a que la religion de Jésus-Christ qui prononce le jugement que Dieu porte, et que nous devons former nous-mêmes, de la limitation de la créature, et de la souveraine majesté du Créateur.

| THÉODORE : Que dites-vous donc, Ariste, des Sociniens et des Ariens, de tous ces faux chrétiens qui nient la divinité de Jésus-Christ, et qui néanmoins prétendent par lui avoir accès auprès de Dieu ? 345

ARISTE : Ce sont des gens qui trouvent entre l'infini et le fini quelque rapport, et qui comparés à Dieu se comptent pour quelque chose.

THÉOTIME : Nullement, Ariste, puisqu'ils reconnaissent que ce n'est que par Jésus-Christ qu'ils ont accès auprès de Dieu.

ARISTE : Oui, mais leur Jésus n'est qu'une pure créature. Ils trouvent donc quelque rapport entre le fini et l'infini, et ils prononcent ce faux jugement, ce jugement injurieux à la divinité, lorsqu'ils adorent Dieu par Jésus-Christ. Comment le Jésus des hérétiques leur donnera-t-il accès

* 2 Co 5,19 [« Dieu a réconcilié le monde avec soi en Jésus-Christ »].

auprès de la divine majesté, lui qui en est infiniment éloigné ? Comment établira-t-il un culte qui nous fasse prononcer le jugement que Dieu porte de lui-même, qui exprime la sainteté, la divinité, l'infinité de son essence ? Tout culte fondé sur un tel Jésus, suppose, Théotime, entre le fini et l'infini quelque rapport, et rabaisse infiniment la divine majesté. C'est un culte faux, injurieux à Dieu, incapable de le réconcilier avec les hommes. Il ne peut y avoir de religion véritable que celle qui est fondée sur le Fils unique du Père, sur cet Homme-Dieu qui joint le ciel avec la terre, le fini avec l'infini, par l'accord incompréhensible des deux natures, qui le rendent en même temps égal à son Père, et semblable à nous. Cela me paraît évident.

X. THÉOTIME : Cela est clair, je vous l'avoue. Mais que dirons-nous des anges ? Ont-ils attendu à glorifier Dieu, que Jésus-Christ fût à leur tête ?

ARISTE : N'abandonnons point, Théotime, ce qui nous paraît évident, quelque difficulté que nous ayons à l'accorder avec certaines choses que nous ne connaissons guère. Répondez pour moi, Théodore, je vous en prie.

THÉODORE : Les anges n'ont point attendu après **346** Jésus-Christ, | car Jésus-Christ est avant eux. C'est le premier-né de toutes les créatures. *Primogenitus omnis creaturæ* *. Il n'y a pas deux mille ans qu'il est né en Bethléem ; mais il y en a six mille qu'il a été immolé : *Agnus occisus est ab origine mundi* **. Comment cela ? C'est que le premier des desseins de Dieu, c'est l'Incarnation de son Fils, parce que ce n'est qu'en lui que Dieu reçoit l'adoration des anges, qu'il a souffert les sacrifices des

* Col 1, 15.

** Ap 13, 8 [« l'agneau, qui a été immolé dès la création du monde »].

Juifs, et qu'il reçoit et recevra éternellement nos louanges, *Jesus Christus heri, et hodie, ipse et in sæcula**. Tout exprime et figure Jésus-Christ. Tout a rapport à lui à sa manière depuis la plus noble des intelligences jusqu'aux insectes les plus méprisés. Quand Jésus-Christ naît en Bethléem, alors les anges glorifient le Seigneur. Ils chantent tous d'un commun accord, *Gloria in altissimis Deo***. Ils déclarent tous que c'est par Jésus-Christ que le ciel est plein de gloire. Mais c'est à nous qu'ils le déclarent, à nous à qui le futur n'est point présent. Ils ont toujours protesté devant celui qui est immuable dans ses desseins, et qui voit ses ouvrages avant qu'ils soient exécutés, qu'il leur fallait un pontife pour l'adorer divinement. Ils ont reconnu pour leur chef le Sauveur des hommes, avant même sa naissance temporelle. Ils se sont toujours comptés pour rien par rapport à Dieu, si ce n'est peut-être ces anges superbes qui ont été précipités dans les enfers à cause de leur orgueil.

ARISTE : Vous me faites souvenir, Théodore, de ce que chante l'Église, lorsqu'on est prêt d'offrir à Dieu le sacrifice : *Per quem majestatem tuam laudant angeli, adorant dominationes, tremunt potestates*, et le reste. Le prêtre hausse sa voix pour élever nos esprits vers le ciel : *Sursum corda*, pour nous apprendre que c'est par Jésus-Christ que les anges mêmes adorent la divine majesté, et pour nous porter à nous joindre à eux sous ce divin chef, afin de ne faire qu'un même chœur de louanges, et de pouvoir dire à Dieu : *Sanctus, sanctus, sanctus, Dominus Deus*

* He 13, 8 [« Jésus-Christ était hier, il est aujourd'hui, et il sera le même dans tous les siècles »].

** Lc 2, 13 [14 : « Gloire à Dieu au plus haut des cieux »].

Sabaoth : Pleni sunt cœli et terra gloria tua[1]. Le ciel et la terre sont pleins de la gloire de Dieu, mais c'est par Jésus-Christ, le pontife du Très-Haut. Ce n'est que par lui
347 que les créatures, quelque excellentes | qu'elles soient, peuvent adorer Dieu, le prier, lui rendre des actions de grâces de ses bienfaits.

THÉOTIME : Assurément, c'est en Jésus-Christ que tout subsiste, puisque sans lui le ciel même n'est pas digne de la majesté du Créateur. Les anges par eux-mêmes ne peuvent avoir de rapport, d'accès, de société avec l'Être infini. Il faut que Jésus-Christ s'en mêle, qu'il pacifie le ciel aussi bien que la terre, en un mot qu'il réconcilie avec Dieu généralement toutes choses. Il est vrai qu'il n'est pas le Sauveur des anges dans le même sens qu'il l'est des hommes. Il ne les a pas délivrés de leurs péchés comme nous ; mais il les a délivrés de l'incapacité naturelle à la créature d'avoir avec Dieu quelque rapport, de pouvoir l'honorer divinement. Ainsi il est leur chef aussi bien que le nôtre, leur Médiateur, leur Sauveur ; puisque ce n'est que par lui qu'ils subsistent, et qu'ils s'approchent de la majesté infinie de Dieu, qu'ils peuvent prononcer d'accord avec Dieu même le jugement qu'ils portent de sa sainteté. Il me semble que saint Paul avait en vue cette vérité, lorsqu'il écrivait aux Colossiens ces paroles toutes divines : *Eripuit nos de potestate tenebrarum, et transtulit in regnum filii dilectionis suæ, in quo habemus redemptionem per sanguinem ejus, remissionem peccatorum : qui est imago Dei invisibilis, PRIMOGENITUS OMNIS CREATURÆ, quoniam in*

1. « Par lui [le Christ] les anges louent ta Majesté, les dominations l'adorent, les puissances frémissent. [...] Élevons nos cœurs. [...] Saint, saint, saint le Seigneur, Dieu de l'Univers : les cieux et la terre sont remplis de ta gloire ». Il s'agit de textes de la « préface » du « canon » de la messe telle qu'elle est célébrée dans la liturgie catholique.

ipso condita sunt universa in cœlis et in terra, visibilia et invisibilia, sive Throni, sive Dominationes, sive Principatus, sive Potestates : omnia per ipsum et in ipso creata sunt ; ET IPSE EST ANTE OMNES, ET OMNIA IN IPSO CONSTANT : ET IPSE EST CAPUT CORPORIS ECCLESIÆ, *qui est principium, primogenitus ex mortuis,* UT SIT IN OMNIBUS IPSE PRIMATUM TENENS, *quia in ipso complacuit omnem plenitudinem inhabitare, et per eum reconciliare* OMNIA *in ipsum, pacificans per sanguinem crucis ejus sive quæ in terris, sive quæ* IN CŒLIS SUNT[1]. Que ces paroles sont excellentes, et qu'elles expriment noblement la grande idée que nous devons avoir de notre sainte religion !

XI. ARISTE : Il est vrai, Théotime, que cet endroit de saint Paul, et peut-être quelques autres, s'accorde parfaitement bien avec ce que nous venons de dire. Mais il faut avouer de bonne foi que le grand motif que l'Écriture donne à Dieu de l'Incarnation de son Fils, c'est sa bonté pour les hommes. *Sic Deus dilexit mundum*, dit saint Jean, *ut filium suum unigenitum* | *daret*[2]. Il y a quantité d'autres **348**

1. Col 1, 13-20 « Il nous a arrachés de la puissance des ténèbres, et nous a fait passer dans le royaume de son Fils bien-aimé, par le sang duquel nous avons été rachetés, et avons reçu la rémission de nos péchés ; qui est à l'image du Dieu invisible, et QUI EST NÉ AVANT TOUTES LES CRÉATURES. Car tout a été créé par lui dans le ciel et sur la terre, les choses visibles et les invisibles, soit les trônes, soit les dominations, soit les principautés, soit les puissances, tout a été créé par lui et pour lui. IL EST AVANT TOUTES CHOSES, ET TOUTES CHOSES SUBSISTENT EN LUI. IL EST LE CHEF ET LA TÊTE DU CORPS DE L'ÉGLISE. Il est comme les prémices et le premier-né d'entre les morts, AFIN QU'IL SOIT LE PREMIER EN TOUT, parce qu'il a plu au Père que toute plénitude résidât en lui, et de réconcilier TOUTES CHOSES par lui et en lui-même, ayant pacifié par le sang qu'il a répandu sur sa croix tant ce qui est sur la terre que ce qui est AU CIEL ».

2. Jn 3, 16 : « Dieu a tellement aimé le monde qu'il a donné son Fils unique ».

passages que vous savez mieux que moi, qui nous apprennent cette vérité.

THÉOTIME : Qui doute que le Fils de Dieu se soit fait homme par bonté pour les hommes, pour les délivrer de leurs péchés ? Mais qui peut aussi douter qu'il nous délivre de nos péchés pour nous consacrer un temple vivant à la gloire de son Père, afin que nous, et les anges mêmes, honorions par lui divinement la souveraine majesté ? Ces deux motifs ne sont pas contraires ; ils sont subordonnés l'un à l'autre. Et puisque Dieu aime toutes choses à proportion qu'elles sont aimables, puisqu'il s'aime infiniment plus que nous, il est clair que le plus grand de ces deux motifs, celui à qui tous les autres se rapportent, c'est que ses attributs soient divinement glorifiés par toutes ses créatures en Jésus-Christ Notre-Seigneur.

Comme l'Écriture n'est pas faite pour les anges, il n'était pas nécessaire qu'elle nous rebattît souvent que Jésus-Christ était venu pour être leur chef aussi bien que le nôtre, et que nous ne ferons avec eux qu'une seule Église et qu'un seul concert de louanges. L'Écriture, faite pour des hommes, et pour des hommes pécheurs, devait parler comme elle a fait, et nous proposer sans cesse le motif le plus capable d'exciter en nous une ardente charité pour notre libérateur. Elle devait nous représenter notre indignité, et la nécessité absolue d'un médiateur, pour avoir accès auprès de Dieu : nécessité encore bien mieux fondée sur le néant et l'abomination du péché, que sur l'incapacité naturelle à tous les êtres créés. Toutes les pures créatures ne peuvent par elles-mêmes honorer Dieu divinement ; mais aussi ne le déshonorent-elles pas comme le pécheur. Dieu ne met point en elles sa complaisance ; mais aussi ne les a-t-il pas en horreur comme le péché, et celui qui le commet. Il fallait donc que l'Écriture parlât comme elle a fait de l'Incarnation de Jésus-Christ, pour faire sentir aux hommes leurs misères, et la miséricorde de Dieu ; afin que le sentiment de nos misères nous retînt dans l'humilité, et que la miséricorde de Dieu nous remplît de confiance et de charité.

THÉODORE : Vous avez raison, Théotime. L'Écriture sainte nous parle selon les desseins de Dieu, qui sont d'humilier la créature, de la lier à Jésus-Christ, et par Jésus-Christ à lui. Si Dieu a laissé envelopper tous les hommes dans le péché pour leur faire miséricorde en Jésus-Christ, c'est afin d'abattre leur orgueil, et de | relever **349** la puissance et la dignité de son pontife. Il a voulu que nous dussions à notre divin chef tout ce que nous sommes, pour nous lier avec lui plus étroitement. Il a permis la corruption de son ouvrage, afin que le Père du monde futur, l'auteur de la céleste Jérusalem travaillât sur le néant, non de l'être, mais de la sainteté et de la justice, et que par une grâce qui ne peut être méritée, nous devinssions en lui et par lui une nouvelle créature, afin que remplis de la divinité, dont la plénitude habite en lui substantiellement, nous puissions uniquement par Jésus-Christ rendre à Dieu des honneurs divins. Lisez avec réflexion les épîtres de saint Paul, et vous y trouverez ce que je vous dis. Que ne devons-nous point à celui qui nous élève à la dignité d'enfants de Dieu, après nous avoir tirés d'un état pire que le néant même, et qui pour nous en tirer s'anéantit jusqu'à se rendre semblable à nous, afin d'être la victime de nos péchés ? Pourquoi donc l'Écriture, qui n'est pas faite pour les anges, qui n'est pas tant faite pour les philosophes que pour les simples, qui n'est faite que pour nous faire aimer Dieu, et nous lier avec Jésus-Christ, et par Jésus-Christ à lui : pourquoi, dis-je, l'Écriture nous expliquerait-elle les desseins de l'Incarnation par rapport aux anges ? pourquoi appuierait-elle sur l'indignité naturelle à toutes les créatures, l'indignité du péché étant infiniment plus sensible, et la vue de cette indignité beaucoup plus capable de nous humilier et de nous anéantir devant Dieu ?

Les anges qui sont dans le ciel n'ont jamais offensé Dieu. Cependant saint Paul nous apprend que Jésus-Christ pacifie ce qui est dans le ciel aussi bien que ce qui est sur la terre : *Pacificans per sanguinem crucis ejus sive quæ in terris sunt, sive quæ in cœlis* *, que Dieu rétablit, qu'il soutient, ou selon le grec **, qu'il réunit toutes choses sous un même chef, ce qui est dans le ciel et ce qui est sur la terre : *Instaurare omnia in Christo, quæ in cœlis et quæ in terra sunt in ipso* *** ; que Jésus-Christ en un mot, est le chef de toute l'Église : *Et ipsum dedit caput supra omnem Ecclesiam* ****. Cela ne suffit-il pas pour nous faire 350 | comprendre, que ce n'est que par Jésus-Christ que les anges mêmes adorent Dieu divinement, et qu'ils n'ont de société, d'accès, de rapport avec lui que par ce Fils bien-aimé, en qui le Père se plaît uniquement, par qui il se complaît parfaitement en lui-même ? *Dilectus meus in quo bene complacuit animæ meæ* *****.

* Col 1 [20 : « ayant pacifié par le sang qu'il a répandu sur sa croix tant ce qui est sur la terre que ce qui est au ciel »].

** Ἀνακεφαλαιώσασθαι [littéralement : « réunir sous la tête ». Du grec *kephalé*, tête, *caput* en latin, qui a donné le mot « chef ». Les traductions contemporaines parlent souvent de « tout *récapituler* dans le Christ »].

*** Ep 1, 10 [« ...Il réunirait tout en Jésus-Christ comme dans le chef, tant ce qui est dans le ciel que ce qui est sur la terre »].

**** Verset 22 [Ep 1, 22 : « Il l'a donné pour chef à toute l'Église »].

***** Mt 12, 18 [« mon bien-aimé dans lequel j'ai mis toute mon affection »].

ARISTE : Cela me paraît évident. Il n'y a point deux Églises différentes, deux saintes Sion. *Accessistis*, dit saint Paul *, *ad Sion montem et civitatem Dei viventis, Jerusalem cœlestem, et multorum angelorum frequentiam*. Et puisque Dieu a établi Jésus-Christ sur toute l'Église, je crois que ce n'est que par lui que les anges mêmes rendent à Dieu leurs devoirs, et qu'ils en sont et ont toujours été reçus favorablement. Mais j'ai une difficulté à vous proposer contre le principe que vous avez établi d'abord.

XII. Vous nous avez dit, Théodore, que Dieu veut être adoré en esprit et en vérité, c'est-à-dire par des jugements et des mouvements de l'âme, et que notre culte, et même nos bonnes œuvres tirent leur bonté morale des jugements qu'elles prononcent, lesquels jugements sont conformes aux attributs divins, ou à l'Ordre immuable des perfections divines. Vous m'entendez bien. Mais, je vous prie, pensez-vous que les simples y entendent tant de finesse ? Pensez-vous qu'ils forment de ces jugements qui adorent Dieu en esprit et en vérité ? Cependant si le commun des hommes ne porte point des attributs ou des perfections divines le jugement qu'ils en doivent porter, ils ne prononceront point ces jugements par leurs actions. Ainsi ils ne feront point de bonnes œuvres. Ils n'adoreront point aussi en esprit et en vérité par leur foi en Jésus-Christ, s'ils ne savent bien qu'offrir le Fils au Père, c'est déclarer que la créature et que les pécheurs ne peuvent avoir directement de rapport à Dieu. Et c'est à quoi il me semble que beaucoup de

* He 12, 22 [« vous vous êtes approchés de la montagne de Sion, de la ville du Dieu vivant, de la Jérusalem céleste, d'une troupe innombrable d'anges »].

chrétiens ne pensent point. Bons chrétiens toutefois, et que je ne crois pas que vous osiez condamner.

THÉODORE : Prenez bien garde, Ariste. Il n'est pas absolument nécessaire, pour faire une bonne action, de savoir distinctement qu'on prononce par elle un jugement qui honore les attributs divins, ou qui soit conforme à
351 l'Ordre immuable des perfections | que renferme l'essence divine. Mais afin que nos actions soient bonnes, il faut nécessairement qu'elles prononcent par elles-mêmes de tels jugements, et que celui qui agit ait du moins confusément l'idée de l'Ordre, et qu'il l'aime, quoiqu'il ne sache pas trop ce que c'est. Je m'explique. Quand un homme fait l'aumône, il se peut faire qu'il ne pense point alors que Dieu est juste. Bien loin de porter ce jugement, qu'il rend honneur par son aumône à la justice divine, et qu'il se la rend favorable, il se peut faire qu'il ne pense point à la récompense. Il se peut faire aussi qu'il ne sache point que Dieu renferme en lui-même cet Ordre immuable dont la beauté le frappe actuellement, ni que c'est la conformité qu'a son action avec cet Ordre qui la rend essentiellement bonne, et agréable à celui dont la loi inviolable n'est que ce même Ordre. Cependant il est vrai de dire que celui qui fait quelque aumône prononce par sa libéralité ce jugement, que Dieu est juste, et qu'il le prononce d'autant plus distinctement que le bien dont il se prive par sa charité lui serait plus nécessaire pour satisfaire ses passions, et que plus enfin il le prononce distinctement, il rend d'autant plus d'honneur à la justice divine, il l'engage d'autant plus à le récompenser, il acquiert devant Dieu de plus grands mérites. De même quoiqu'il ne sache point précisément ce que c'est que l'Ordre immuable, et que la bonté de son action consiste dans la conformité qu'elle a avec ce même Ordre, il est vrai néanmoins qu'elle n'est et qu'elle ne peut être juste que par cette conformité.

Depuis le péché nos idées sont si confuses, et la loi naturelle est tellement éteinte, que nous avons besoin d'une loi écrite pour nous apprendre sensiblement ce que nous devons faire ou ne faire pas. Comme la plupart des hommes ne rentrent point en eux-mêmes, ils n'entendent point cette voix intérieure qui leur crie : *Non concupisces*[1]. Il a fallu que cette voix se prononçât au-dehors, et qu'elle entrât dans leur esprit par leurs sens. Néanmoins ils n'ont jamais pu effacer entièrement l'idée de l'Ordre, cette idée générale qui répond à ces mots : *Il faut, on doit, il est juste de*. Car le moindre signe réveille cette idée ineffaçable dans les enfants mêmes qui sont encore pendus à la mamelle. Sans cela les hommes seraient tout à fait incorrigibles, ou plutôt absolument incapables de bien et de mal. Or pourvu que l'on agisse par dépendance de cette idée confuse et générale de l'Ordre, et que ce que l'on fait y soit d'ailleurs parfaitement conforme, | il est certain que le mouvement du cœur **352** est réglé, quoique l'esprit ne soit point fort éclairé. Il est vrai que c'est l'obéissance à l'autorité divine qui fait les fidèles et les gens de bien. Mais comme Dieu ne peut commander que selon sa loi inviolable, l'Ordre immuable, que selon le jugement éternel et invariable qu'il porte de lui-même et des perfections qu'il renferme dans son essence : il est clair que toutes nos œuvres ne sont essentiellement bonnes que parce qu'elles expriment, et qu'elles prononcent, pour ainsi dire, ce jugement. Venons maintenant à l'objection de ces bons chrétiens qui adorent Dieu dans la simplicité de leur foi.

XIII. Il est évident que l'Incarnation de Jésus-Christ prononce, pour ainsi dire, au dehors ce jugement que Dieu porte de lui-même, que rien de fini ne peut avoir de rapport à lui. Celui qui reconnaît la nécessité d'un médiateur

1. « Tu ne convoiteras pas » [Ex 20, 17].

prononce sur sa propre indignité; et s'il croit en même temps que ce médiateur ne peut être une pure créature, quelque excellente qu'on veuille la supposer, il relève infiniment la divine majesté. Sa foi en elle-même est donc conforme au jugement que Dieu porte de nous et de ses divines perfections. Ainsi elle adore Dieu parfaitement : puisque par ces jugements véritables, et conformes à ceux que Dieu porte de lui-même, elle met l'esprit dans la situation la plus respectueuse où il puisse être en présence de son infinie majesté. Mais dites-vous, la plupart des chrétiens n'y entendent point tant de finesse. Ils vont à Dieu tout simplement. Ils ne s'aperçoivent seulement pas qu'ils sont dans cette situation si respectueuse. Je vous l'avoue. Ils ne le savent pas tous de la manière dont vous le savez. Mais ils ne laissent pas d'y être. Et Dieu voit fort bien qu'ils y sont, du moins dans la disposition de leur cœur. Ils abandonnent à Jésus-Christ qui est à leur tête, et qui, pour ainsi dire, porte la parole de les présenter à Dieu dans l'état qui leur convient. Et Jésus-Christ qui les regarde comme son peuple, comme les membres de son propre corps, comme unis à lui par leur charité et par leur foi, ne manque pas de parler pour eux, et de prononcer hautement ce qu'ils ne sauraient exprimer. Ainsi tous les chrétiens dans la simplicité de leur foi, et la préparation de leur cœur, 353 adorent incessamment | par Jésus-Christ, d'une adoration très parfaite et très agréable à Dieu, tous ses attributs divins. Il n'est pas nécessaire, Ariste, que nous sachions exactement les raisons de notre foi, j'entends les raisons que la métaphysique peut nous fournir. Mais il est absolument nécessaire que nous la professions, de même qu'il n'est pas nécessaire que nous concevions distinctement ce qui fait la moralité de nos œuvres, quoiqu'il soit absolument nécessaire que nous en fassions de bonnes. Je ne crois pas cependant que ceux qui se mêlent de philosopher puissent employer leur temps plus utilement que de tâcher d'obtenir quelque intelligence des vérités que la foi nous enseigne.

ARISTE : Assurément, Théodore, il n'y a point de plaisir plus sensible, ou du moins de joie plus solide, que celle que produit en nous l'intelligence des vérités de la foi.

THÉOTIME : Oui, dans ceux qui ont beaucoup d'amour pour la religion, et dont le cœur n'est point corrompu. Car il y a des gens à qui la lumière fait de la peine. Ils se fâchent de voir ce qu'ils voudraient peut-être qui ne fût point.

THÉODORE : Il y a peu de ces gens-là, Théotime. Mais il y en a beaucoup qui appréhendent, et avec raison, qu'on ne tombe dans quelque erreur, et qu'on n'y entraîne les autres. Ils seraient bien aises qu'on éclaircît les matières, et qu'on défendît la religion. Mais comme on se défie naturellement de ceux qu'on ne connaît point, on craint, on s'effraie, on s'anime, et on prononce ensuite des jugements de passion, toujours injustes et contraires à la charité. Cela fait taire bien des gens, qui devraient peut-être parler, et de qui j'aurais appris de meilleurs principes que ceux que je vous ai proposés. Mais souvent cela n'oblige point au silence ces auteurs étourdis et téméraires, qui publient hardiment tout ce qui leur vient dans l'esprit. Pour moi, quand un homme a pour principe de ne se rendre qu'à l'évidence et à l'autorité, quand je m'aperçois qu'il ne travaille qu'à chercher de bonnes preuves des dogmes reçus, je ne crains point qu'il puisse s'égarer dangereusement. Peut-être tombera-t-il dans quelque erreur. Mais que voulez-vous ? Cela est attaché à notre misérable condition. C'est bannir la Raison de ce monde, s'il faut être infaillible pour avoir droit de raisonner.

ARISTE : Il faut, Théodore, que je vous avoue de bonne foi | ma prévention. Avant notre entrevue, j'étais dans ce **354** sentiment qu'il fallait absolument bannir la Raison de la religion, comme n'étant capable que de la troubler. Mais je reconnais présentement que si nous l'abandonnions aux ennemis de la foi, nous serions bientôt poussés à bout, et décriés comme des brutes. Celui qui a la Raison de son côté a des armes bien puissantes pour se rendre maître des esprits. Car enfin nous sommes tous raisonnables, et essentiellement raisonnables. Et de prétendre se dépouiller de sa raison, comme on se décharge d'un habit de cérémonie, c'est se rendre ridicule, et tenter inutilement l'impossible. Aussi dans le temps que je décidais qu'il ne fallait jamais raisonner en théologie, je sentais bien que j'exigeais des théologiens ce qu'ils ne m'accorderaient jamais. Je comprends maintenant, Théodore, que je donnais dans un excès bien dangereux, et qui ne faisait pas beaucoup d'honneur à notre sainte religion, fondée par la souveraine Raison, qui s'est accommodée à nous afin de nous rendre plus raisonnables. Il vaut mieux s'en tenir au tempérament que vous avez pris, d'appuyer les dogmes sur l'autorité de l'Église, et de chercher des preuves de ces dogmes dans les principes les plus simples et les plus clairs que la Raison nous fournisse. Il faut ainsi faire servir la métaphysique à la religion (car de toutes les parties de la philosophie il n'y a guère que celle-là qui puisse lui être utile), et répandre sur les vérités de la foi cette lumière qui sert à rassurer l'esprit, et à le mettre bien d'accord avec le cœur. Nous conserverons par ce moyen la qualité de raisonnables, nonobstant notre obéissance et notre soumission à l'autorité de l'Église.

THÉODORE : Demeurez ferme, Ariste, dans cette pensée, toujours soumis à l'autorité de l'Église, toujours prêt de vous rendre à la Raison. Mais ne prenez pas les opinions de quelques docteurs, de quelques communautés, et même d'une nation entière, pour des vérités certaines. Ne les condamnez pas non plus trop légèrement. À l'égard des sentiments des philosophes, ne vous y rendez jamais entièrement que lorsque l'évidence vous y oblige et vous y force. Je vous donne cet avis, afin de guérir le mal que je pourrais avoir fait, et que si j'ai eu le malheur de vous proposer comme véritables des sentiments peu certains, vous puissiez en reconnaître la fausseté en suivant ce bon avis, cet avis si nécessaire, et que je crains fort d'avoir souvent négligé.

TABLE DES MATIÈRES

NICOLAS MALEBRANCHE

ENTRETIENS SUR LA MÉTAPHYSIQUE ET SUR LA RELIGION

Dépôt légal : août 2017
IMPRIMÉ EN FRANCE

[illegible]

[illegible]

Dépôt légal : août 2017
IMPRIMÉ EN FRANCE

Achevé d'imprimer le 4 août 2017
sur les presses de l'imprimerie «La Source d'Or»
63039 Clermont-Ferrand
Imprimeur n° 19565K

Dans le cadre de sa politique de développement durable,
La Source d'Or a été référencée IMPRIM'VERT®
par son organisme consulaire de tutelle.
Cet ouvrage est imprimé - pour l'intérieur - sur papier offset 80 g
provenant de la gestion durable des forêts,
produit par des papetiers dont les usines ont obtenu
les certifications environnementales ISO 14001 et E.M.A.S.